战略人力资源管理学（第二版）

Strategic Human Resource Management

王建民 主　编
孙庆章 钱　诚 副主编

北京大学出版社
PEKING UNIVERSITY PRESS

图书在版编目(CIP)数据

战略人力资源管理学/王建民主编.—2版.—北京:北京大学出版社,2013.7
(21世纪经济与管理规划教材·工商管理系列)
ISBN 978-7-301-22773-2

Ⅰ.①战…　Ⅱ.①王…　Ⅲ.①人力资源管理-高等学校-教材　Ⅳ.①F241

中国版本图书馆CIP数据核字(2013)第146243号

书　　名:战略人力资源管理学(第二版)
著作责任者:王建民　主编
责 任 编 辑:马　霄
标 准 书 号:ISBN 978-7-301-22773-2/F·3659
出 版 发 行:北京大学出版社
地　　址:北京市海淀区成府路205号　100871
网　　址:http://www.pup.cn
电 子 信 箱:em@pup.cn　　　　QQ:552063295
新 浪 微 博:@北京大学出版社　　@北京大学出版社经管图书
电　　话:邮购部62752015　发行部62750672　编辑部62752926　出版部62754962
印　刷　者:北京宏伟双华印刷有限公司
经　销　者:新华书店
787毫米×1092毫米　16开本　18.75印张　444千字
2009年1月第1版
2013年7月第2版　2015年12月第3次印刷
印　　数:8001—11000册
定　　价:38.00元

献给未来的领导者、执行者和作业者！

人力资源是第一战略资源！

战略人力资源管理是第一战略管理！

丛书出版前言

作为一家综合性的大学出版社，北京大学出版社始终坚持为教学科研服务，为人才培养服务。呈现在您面前的这套“21世纪经济与管理规划教材”是由我国经济与管理领域颇具影响力和潜力的专家学者编写而成，力求结合中国实际，反映当前学科发展的前沿水平。

“21世纪经济与管理规划教材”面向各高等院校经济与管理专业的本科生，不仅涵盖了经济与管理类传统课程的教材，还包括根据学科发展不断开发的新兴课程教材；在注重系统性和综合性的同时，注重与研究生教育接轨、与国际接轨，培养学生的综合素质，帮助学生打下扎实的专业基础和掌握最新的学科前沿知识，以满足高等院校培养精英人才的需要。

针对目前国内本科层次教材质量参差不齐、国外教材适用性不强的问题，本系列教材在保持相对一致的风格和体例的基础上，力求吸收国内外同类教材的优点，增加支持先进教学手段和多元化教学方法的内容，如增加课堂讨论素材以适应启发式教学，增加本土化案例及相关知识链接，在增强教材可读性的同时给学生进一步学习提供指引。

为帮助教师取得更好的教学效果，本系列教材以精品课程建设标准严格要求各教材的编写，努力配备丰富、多元的教辅材料，如电子课件、习题答案、案例分析要点等。

为了使本系列教材具有持续的生命力，我们将积极与作者沟通，争取三年左右对教材不断进行修订。无论您是教师还是学生，您在使用本系列教材的过程中，如果发现任何问题或者有任何意见或者建议，欢迎及时与我们联系（发送邮件至 em@pup.cn）。我们会将您的宝贵意见或者建议及时反馈给作者，以便修订再版时进一步完善教材内容，更好地满足教师教学和学生学习的需要。

最后，感谢所有参与编写和为我们出谋划策提供帮助的专家学者，以及广大使用本系列教材的师生，希望本系列教材能够为我国高等院校经管专业教育贡献绵薄之力。

北京大学出版社

经济与管理图书事业部

2012年1月

第二版前言

有四则中央媒体的报道引人深思：

(1) 人民网转载报道：2013 年高校毕业生达 699 万人，求职市场僧多粥少，遭遇“最难就业季”。[①]

(2) 新华网转载报道：人力资源和社会保障部部长指出，未来 5 年，高校毕业生就业规模保持在年均 700 万人左右，且这一比例将进一步提高，我国青年就业压力巨大。[②]

(3)《人民日报》报道：我国流失顶尖人才数居世界首位。[③]

(4) 新华社转载报道：2020 年高技能人才缺口 2400 万，中国高校毕业生加速蓝领化。[④]

为什么会出现这样的局面？一方面高校毕业生就业难，另一方面用人单位招不到“蓝领”技能人才，还有一方面是“高端人才”严重流失。我们不禁要问，既然市场需要的是“蓝领”，为什么要培养如此多的“白领”——高校毕业生？中国“高端人才”流失世界第一，为什么？难道我们真的需要留住或者有条件留住这么多的“高端人才”吗？

“教非所需”、“需无所教”，“学无所用”、“用无所学”，问题既矛盾又复杂，而且短时期内难以缓解。这类问题，可以用战略人力资源管理学的逻辑去认识和解决。教育和培训活动，主要目的就是生产和供给社会需要的人力资源（或称为人才、劳动力）。生产和供给的依据是什么？国家和组织

---

① 2013 年 5 月 14 日中国广播网记者丁玲娜：《今年高校毕业生达 699 万，僧多粥少遭遇“最难就业季”》（2013 年 6 月 18 日，人民网：http://edu. people. com. cn/n/2013/0514/c1053-21481538. html）。

② 2013 年 6 月 18 日《京华时报》记者赵鹏：《人社部：史上最难就业季或再持续五年》（2013 年 6 月 18 日，新华网：http://news. xinhuanet. com/edu/2013-06/18/c_124868740. htm）。

③ 2013 年 6 月 6 日《人民日报》记者盛若蔚：《我国流失顶尖人才数居世界首位》（2013 年 6 月 18 日，人民网-人民日报：http://paper. people. com. cn/rmrb/html/2013-06/06/nw. D110000renmrb_20130606_1-09. htm）。

④ 2013 年 6 月 17 日《经济参考报》麦可思研究院：《2020 年高技能人才缺口 2400 万，高校毕业生加速蓝领化》（2013 年 6 月 10 日，新华网：http://news. xinhuanet. com/edu/2013-06/17/c_116163940. htm）。

所制定的人力资源规划(人才规划),而制定人力资源规划(人才规划)的根据,是国家和组织制定的事业发展战略规划。基本逻辑顺序是:事业规划——人才规划——教育规划。如果各自为政,各行其是,就会造成逻辑混乱,问题重重。"高端人才"需要为"高端事业"服务,而且"高端人才"的服务需要"高端环境";如果没有那么多"高端事业"可干,也没有良好的"高端环境"可提供,哪有"高端人才"不流失之理?

显然,如果国家事业、人力资源和教育主管部门决策者,学习和掌握战略人力资源管理学的思想、理论与方法,按照战略人力资源管理的逻辑行事,上述问题很可能就不会发生。

尽管这属于宏观层面的战略与人力资源管理问题,目前还没有确立"宏观战略人力资源管理学"的范式,但是从针对微观主体的《战略人力资源管理学》中,也可以获得有价值的启示和技术。实际上,如果把组织层面战略管理与人力资源管理的问题解决好,宏观领域发生问题的可能性就会大幅下降。

我们在编写这本教材的过程中,充分考虑了如何引导读者认识和思考宏观战略人力资源管理问题。我们认为,企业和事业等微观组织是开放的复杂系统,与环境之间不断发生物质、能量和信息等要素的交换。不了解宏观环境,就难以解决企业等组织的问题。开展企业战略人力资源管理活动,如战略规划、招聘选拔、绩效考核、培训发展、薪酬福利、国际管理等,无不与国家甚至国际环境因素有高度的相关性。

这是我们体现在本书第一版中的认识和原则,在第二版中得以进一步强化。目的在于促进人力资源管理的学习者和实践者,让他们时刻以战略高度和宏观视野来审视现实、解决问题。这一点十分重要,大体上已成为人力资源管理学习者、从业者、教学者和研究者的共识:人力资源是第一战略资源;战略人力资源管理是第一战略管理。战略人力资源管理,是高校学生的必修课,是职业人必备的知识与技能。

为便于学习和教学,保持内容的系统性和科学性,第二版继承了第一版的体系和框架。下图所示,为全书的逻辑结构示意图:

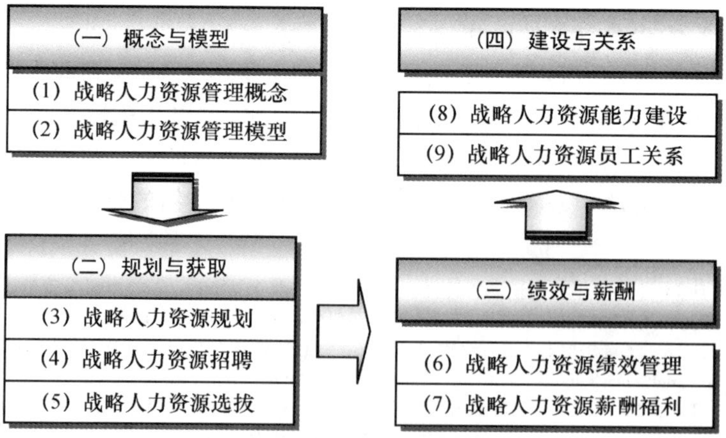

《战略人力资源管理学》逻辑结构图

全书由四篇9章组成。主要内容概述如下：

第一篇，概念与模型，包括"战略人力资源管理概念"和"战略人力资源管理模型"两章。第1章全面界定和梳理了战略、资源、有形资源、无形资源、人力资源、人力资本、人力资源管理、战略管理和战略人力资源管理等相关概念。第2章分为四节，分别说明了模型与管理模型、战略管理模型、人力资源管理模型和战略人力资源管理模型等问题。

第二篇，规划与获取，由第3章"战略人力资源规划"、第4章"战略人力资源招聘"和第5章"战略人力资源选拔"三章组成。主要介绍如何在组织战略基础之上规划人力资源战略，以及如何根据所规划的战略目标去招聘和选拔符合组织需要的人力资源等内容。

第三篇，绩效与薪酬，包含第6章"战略人力资源绩效管理"和第7章"战略人力资源薪酬福利"。第6章介绍了绩效管理的概念、理论和方法，其中包括关键绩效指标与平衡计分卡两种重要的现代绩效管理技术。第7章介绍了薪酬福利与战略的相关性、薪酬的决定与构成、福利的形式与作用以及薪酬与福利的设计等内容。

第四篇，建设与关系，分别是第8章"战略人力资源能力建设"和第9章"战略人力资源员工关系"。第8章主要包括开发的基本问题、开发需求分析、开发与职业发展、战略生产力开发、战略执行力开发和战略领导力开发六方面的内容；第9章包括员工权利与法律规定、雇佣关系与工会制度以及组织制度与和谐文化三个方面的内容。

在第二版的修订中，对全部正文内容进行了修正和升级。替换了几乎全部案例和"知识·信息"专栏内容。原计划只在第一版基础上做部分修改和更新，不用重新排版。但因为变动较大，修改完成后出版社不得不按照新书出版程序重新排版、编校。衷心感谢北京大学出版社的编辑李娟，没有李娟编辑的积极支持，第二版修订可能不会这么顺利。

第二版增加了两位副主编：孙庆章，管理学博士，北京第二外国语学院副教授；钱诚，管理学博士，人力资源和社会保障部劳动工资研究所助理研究员。这两位年轻的学者为本书的修订做出了重要贡献，并将作为本教材学习与教学支持团队的核心成员，为读者、老师和学生们提供服务。

本教材第一版出版后，根据不完全统计，被全国近20所高等学校采用为教材。北京师范大学网络教育本科国家精品课程"战略人力资源管理"，以本书为主教材。收到多所高校老师电子邮件，告知使用本教材，索取教学课件。其中有西安交通大学蒋园园老师、北京工业大学刘幸菡老师、安徽师范大学吴秀莲老师、广西大学漆贤军老师、江苏大学施进华老师、北京理工大学周锐老师、郑州大学夏德峰老师、安徽师范大学吴秀莲老师、武汉纺织大学周玉艳老师等。本书编著团队，希望为这些老师和其他所有使用本教材的老师，提供一流的专业化的服务！

最后，要感谢北京师范大学政府管理学院从事组织与人力资源管理教学研究的同事——于海波博士、李永瑞博士、王颖博士、柯江林博士、余芸春博士、王昌海博士，以及张玉书老师和宋晓娟老师。他们卓越的专业工作和教学服务，给了我们莫大的启发、支持与帮助！感谢所有为本书的修订与出版给予支持与协助的博士后、博士生和硕士生！

再次重复一句话：请把这本书的优点告诉大家，把缺点告诉主编（wangjm@ vip. sina. com）！谢谢！

王建民
2013 年 6 月 26 日
于北京

目 录

第一篇 概念与模型

第二篇　规划与获取

第三篇 绩效与薪酬

第四篇 建设与关系

第一篇　概念与模型

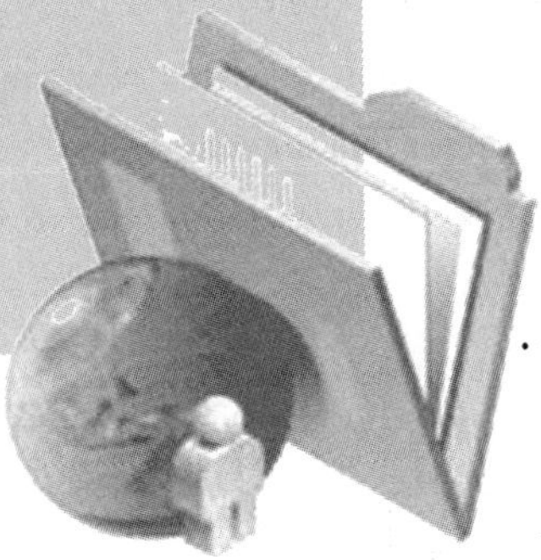

第1章

战略人力资源管理概念

I don't like to pigeonhole, but the fact is that you get a lot more bang for your buck when strategy and skills fit.

Strategy, then, is simply finding the big aha and setting a broad direction, putting the right people behind it and then executing with an unyielding emphasis on continual improvement.

——Jack Welch with Suzy Welch: *Winning*, HarperCollins, p. 167

【我并不喜欢戴着有色眼镜看人，但必须承认，如果你的战略和员工的技能能够匹配起来，那可是一件大好事。

战略不过是制定基本的规划，确立大致的方向，把合适的人放到合适的位置上，然后以不屈不挠的态度改进和执行而已。

——杰克·韦尔奇和苏茜·韦尔奇:《赢》，中信出版社，2005年5月第1版，第153页】

主要内容

- 战略与资源
- 资源中的人力资源
- 战略管理与人力资源管理

核心概念

战略（strategy）
资源(resource)
有形资源(tangible resources)
无形资源(intangible resources)
人力资源(human resource)

人力资本(human capital)
人力资源管理(human resource management)
战略管理(strategic management)
战略人力资源管理(strategic human resource management)

预期目标

通过本章学习,你可以获得以下知识和能力:

- 明确战略、资源、人力资源管理、战略管理等概念的涵义;
- 区分有形资源和无形资源,人力资源、人力资本和人才资源的概念;
- 理解战略人力资源管理概念的内涵和外延;
- 认识组织战略与组织人力资源能力的高度相关性。

开篇案例

沃尔玛的人力资源战略

沃尔玛是世界上最大的零售业企业,那么究竟是什么使沃尔玛打败业内的所有巨头,创造了世界零售业史上如此辉煌的奇迹?

零售业的竞争,归根结底是人才的竞争。沃尔玛最独特的优势是其员工的献身精神和团队精神。山姆·沃尔玛和他的继任者一再强调人对沃尔玛的重要性,员工被视为公司最大的财富。

沃尔玛的人力资源战略可以归纳为三点:留住人才、发展人才、吸纳人才。

留住人才

沃尔玛致力于为每一位员工提供良好和谐的工作氛围,完善的薪酬福利制度,广阔的事业发展空间,并且在这方面已经形成了一整套独特的政策和制度。

1. 合伙人政策。在沃尔玛的术语中,公司员工不被称为员工,而称为"合伙人"。这一概念具体化的政策体现为三个互相补充的计划:利润分享计划、雇员购股计划和损耗奖励计划。公司经理人员的纽扣上刻着"我们关心我们的员工"的字样,管理者必须亲切对待员工,必须尊重和赞赏他们,关心他们,认真倾听他们的意见,真诚地帮助他们成长和发展。总之,合伙关系在沃尔玛公司内部处处体现出来,使沃尔玛凝聚为一个整体。

2. 门户开放政策。沃尔玛公司重视信息的沟通,提出并贯彻门户开放政策,即员工在任何时间、任何地点,只要有想法或者意见,都可以口头或者以书面的形式与管理人员乃至总裁进行沟通,并且不必担心受到报复。任何管理层人员如借"门户开放"政策实施打击报复,将会受到严厉的纪律处分甚至被解雇。

3."公仆"领导。在公司内,领导和员工是"倒金字塔"的组织关系,领导处于最低层,员工是中间的基石,顾客永远是第一位的。员工为顾客服务,领导则是为员工服务,是员工的"公仆"。在沃尔玛,每一位员工佩戴的工牌上都写有这样一句话"OUR PEOPLE MAKE DIFFERENCE"(我们的员工有所作为)。工牌上只有姓名没有职务,最高总裁也不例外。公司内部没有上下级之分,可以直呼其名,这有助于营造一个温暖友好的氛围,给员工提供一个愉快的工作环境。另外,还有离职面试制度。

发展人才

沃尔玛把加强对现有员工的培养和安置当成一件头等大事。

1. 建立终身培训机制。沃尔玛重视对员工的培训和教育,建立了一套行之有效的培训机制,并投入大量的资金予以保证。各国际公司必须在每年的9月份与总公司的国际部共同制订并审核年度培训计划。培训项目分为任职培训、升职培训、转职培训、全球最佳实践交流培训和各种专题培训。在每一个培训项目中又包括30天、60天、90天的回顾培训,以巩固培训成果。培训又分为不同的层次。

2. 重视好学与责任感。沃尔玛创始人山姆先生推崇小镇美国人的努力工作和待人友好,因此在用人中注重的是能力和团队协作精神,学历、文凭并不十分重要。而在沃尔玛,经过6个月的训练后,如果表现良好,具有管理员工、擅长商品销售的能力,公司就会给他们一试身手的机会,先做助理经理或去协助开设新店,然后如果干得不错,就会有机会单独管理一个分店。

3. 内部提升制。过去,沃尔玛推行的是"招募、保留、发展"的用人哲学,现在则改为"保留、发展、招募"的模式。

吸纳人才

除了从公司内部选拔现有优秀人才之外,沃尔玛开始从外部适时引进高级人才,补充新鲜血液,以丰富公司的人力储备。在招聘员工时,对于每一位应聘人员,无论种族、年龄、性别、地域、宗教信仰等,沃尔玛都为他们提供相等的就业机会。

沃尔玛总裁兼首席执行官大卫·格拉斯说:"是我们的员工创造了沃尔玛的价值体系。"

资料来源:整理、改编自百度文库《沃尔玛的人力资源战略体系》(2013-3-10:http://wenku.baidu.com/view/75fc6b42cf84b9d528ea7aeb.html)。

讨论题:

(1) 沃尔玛公司的人力资源管理战略与公司发展战略有何联系?

(2) 沃尔玛公司的人力资源管理战略对于中国企业有何借鉴意义?

沃尔玛辉煌的发展历史,根本上是人力资源管理成功的历史。沃尔玛认为,员工是公司的主体,尊重员工,与员工建立利益共享的伙伴关系,最大限度地挖掘员工的创造潜力,让每一位员工充分实现个人的价值,在各项工作中达到卓越的境界,是实现企业战略目标的关键所在。

新的时代已经到来,经济、政治和社会发展日新月异,全方位、全球化的竞争日趋激烈。新时代的竞争是战略的竞争。新时代战略的竞争是资源的获取和资源利用效率的竞争。资源的竞争,最关键的是人力资源的竞争,或者说是核心人力资源的竞争。

人力资源是最重要的战略资源。认识并掌握战略人力资源管理的理念与技术,对于未来营利组织和非营利组织的决策者、执行者和建设者,都具有极其重要的意义。

本章界定战略、人力资源、战略管理、人力资源管理和战略人力资源管理等概念,为读者建立战略人力资源管理观察视角和思维模式奠定基础。

1.1 战略与资源

什么是战略？什么是资源？资源对于战略意味着什么？正确认识这三个问题，是建立战略人力资源管理概念框架的初始条件。

1.1.1 什么是战略

在一般意义上，战略(strategy)一词可以定义为"指导全局工作、决定全局命运的方针、方式和计划"①。

认识的角度或者关注的重点不同，研究者对战略概念有不同的界定或表述。詹姆斯·布赖恩·奎因(James Brian Quinn)从方向性、协调性和决策结构角度观察，认为战略是把组织的主要目标、政策和行为有序整合为一体的计划或模式。② 威廉姆·亨(William Hen)强调战略的资源分配作用，提出战略是为取得竞争优势，围绕所选择的机会进行资源集中的行动方案。③

威廉·P. 安东尼(William P. Anthony)等专家认为，战略是指在明确承认竞争和外部环境力量作用的前提下，确立的组织使命与目标，以及为了实现使命与目标而制订的行动计划。④

"战略"的原意为"指导战争全局的计划和策略(overall plan and tactics for a war)"。⑤《中国大百科全书·军事》对战略的定义是："战争指导者为达成战争的政治目的，依据战争规律所制定和采取的准备和实施战争的方针、策略和方法。"⑥

"发生在民族与民族之间、国与国之间，或者政治集团与政治集团之间的军事战争……关系民族、国家或者政治集团的主权、尊严、利益，直至生死存亡，因而需要精心计划、全面准备、竭力实施。""战争意味着荣辱——胜者为王，败者为寇，意味着胜败——你胜我负，意味着存亡——你死我活。类似的情况，在市场化、全球化、知识化、数字化、网络化的现代经济和社会生活中普遍存在，有经济大战、商业战、人才争夺战等多种说法。"⑦制定和实施战略，是取得"战争"胜利的有力保证。

战略概念大约在20世纪五六十年代开始应用于工商企业管理领域。"商场如战场"，随着技术进步和生产力水平的不断提高，市场竞争日趋激烈。企业所面对的外部环

---

① 参见王建民编著：《战略管理学》，北京大学出版社，2013年2月第3版，第7页。

② Quinn, James B., *Strategic for Chang*: *Logical Incrementalism*. Homewood, IL: Richard D. Irwin, 1980, p.7.

③ 转引自查尔斯·R. 格里尔(Charles R. Greer)著，孙非等译，《战略人力资源管理》，机械工业出版社，2004年12月第1版，第81页。

④ 参见威廉·P. 安东尼(William P. Anthony)等著，赵玮、徐建军译：《人力资源管理：战略方法》(第四版)，中信出版社，2004年9月第1版，第9页。

⑤ 中国社会科学院语言研究所词典编辑室编：《(英汉双语)现代汉语词典》(2002年增补本)，外语教学与研究出版社，2002年11月第1版，第2413页。

⑥ 根据中国大百科全书出版社《中国大百科全书》光盘(1.1版)军事卷"战略"词条。

⑦ 参见王建民编著：《战略管理学》，北京大学出版社，2013年2月第3版，第6页。

境危机四伏，不确定性程度显著提高，经营者和研究者借鉴战略理论和方法的需要油然而生。据考证，1962 年美国管理学家艾尔弗雷德 · D. 钱德勒（Alfred D. Chandler, Jr.）[①]所著《战略与结构》，首次运用军事术语战略分析公司管理问题，开创了企业战略管理研究的先河。1965 年，美国教授安索夫出版研究企业战略的制定和实施的著作《公司战略》，大大促进了战略管理在企业的广泛应用。[②]

上述是"理论家"对"战略"的理解。下面再看看一位"实践家"怎么说。

有"全球第一 CEO"之称的美国通用电器前董事长兼首席执行官（Chief Executive Officer）杰克 · 韦尔奇（Jack Welch）（详见"知识 · 信息"专栏 1-1）抱着"怀疑的态度"看待"战略大师"的战略理论。

杰克 · 韦尔奇认为战略并不是什么高深莫测的科学方法，"战略不过是鲜活的、有呼吸的、完全动态的游戏而已。（I know that strategy is a living, breathing, totally dynamic *game*.）"战略是"有趣的、迅速的，是有生命力的。（It's fun—and fast. And it's alive）""在真实的生活中，战略其实是非常直截了当的。你选中一个努力的方向，然后不顾一切地实现它罢了。（In real life, strategy is actually very straightforward. You pick a general direction and implement like hell.）""战略其实就是对如何开展竞争的问题做出清晰的选择。（Strategy means making clear-cut choices about how to compete.）"[③]

≺知识 · 信息≻

专栏 1-1　全球第一 CEO 杰克 · 韦尔奇

杰克 · 韦尔奇于 1960 年加入通用，1981 年出任公司董事长兼 CEO。他发动了大刀阔斧的变革，显示了非凡的领导才能，创造了 20 世纪的商业奇迹。从他的成长经历中，不难看出他的领导作风和精神气质。

一切从自信开始

杰克出生在一个典型的美国中产阶级家庭。与其他独生子女的母亲不太一样的是，她对儿子的关心更主要体现在提升他的能力和意志上，杰克非常尊敬乃至崇拜母亲："她是一位非常有权威性的母亲，总是让我觉得自己什么都能干，是母亲训练了我，要我学习独立。每次当我的行为稍有越轨，她就一鞭子把我抽回来，但通常都是正面而有建设性的，还能促使我振作起来。她向来不说什么多余的话，总是那么坚决，我对她心服口服。"

母亲教给杰克 3 门非常重要的功课：坦率的沟通，面对现实，主宰自己的命运。这是

---

① 艾尔弗雷德 · D. 钱德勒（Alfred D. Chandler, Jr. 1918—2007），伟大的企业史学家、战略管理领域的奠基者之一。1952 年在哈佛大学历史系获博士学位，随后任教于麻省理工学院和霍普金斯大学。1971 年被哈佛商学院聘为企业史教授，在那里工作至近 80 岁退休。（2013-3-17 百度百科：http://baike. baidu. com/view/1177300. htm）

② 参见王建民编著：《战略管理学》，北京大学出版社，2013 年 2 月第 3 版，第 6 页。王建民在书中介绍了"战略"与"战术"概念的联系与区别。摘录于此，供读者参考："战略与战术不同。二者是全局与局部、宏观与微观的关系。战略是路线、方针、政策，战术是手段、措施、方法。战略指导、制约战术的运用，战术决定、影响战略目标的实现。"

③ 参见杰克 · 韦尔奇和苏茜 · 韦尔奇：《赢》，中信出版社，2005 年第 1 版第 150、155 页。英文摘自英文版：Jack Welch and Suzy Welch, *Winning*, HarperCollins, 2005, pp. 167, 169。

母亲始终坚持的理念，在杰克日后的管理生涯中，这种禀赋被发挥得淋漓尽致。

杰克从小就喜欢运动，尤其喜欢打曲棍球，经常到其他城市去参加比赛。母亲很早就把他当大人看待，她总是把杰克送上火车，让他独自去参加球赛。在中学的时候，杰克当上了曲棍球队的队长，杰克说自己的领导才能是在球场上培养出来的。

杰克进了麻州大学。"如果当时我选择了麻省理工学院，那我就会被昔日的伙伴们挤压，很难有出头之日，正是这所较小的州立大学，让我获得了许多自信。"因此，"自信"成为通用电气的核心价值观之一，杰克说："所有的管理都是围绕'自信'展开的。"

加盟 GE

1960 年 10 月 17 日，杰克开始了在通用电气公司的职业生涯。他的第一项任务是找到一个制造 PPO(一种用于化工的新材料)的示范场地，把工厂建立起来。在皮茨菲尔德的一座破败的楼房里，他与另外一名化学专家花了一年时间建立了这座工厂。

一年之后，他得到了很高的年度评语。但通用电气公司只按照标准给他加了 1 000 美元的薪水。因为无论表现得好与坏，每个人都获得了同样的加薪。

杰克非常气愤，认为老板是个"吝啬鬼"，毅然辞去工作。就在老板准备给他开欢送会的头天晚上，通用电气公司总经理亲自飞到这个城市，向他提出了几乎无法抗拒的条件：假如他留下来，公司将在经济上让他感到值得为它工作下去，杰克接受了，并认为那是"一剂医治创伤的良药"。

随后杰克成了 PPO 工艺开发项目领导人，任务是将 PPO 转变成具有商业价值的产品。但这种材料看起来并不具有很多潜在的市场价值，因为它很难塑造成型。但杰克坚持搞下去，后来终于找到了突破口，制成了一种在高温下具有很高的强度，并且容易塑造的材料。这种塑料制品的商业名称叫"诺瑞尔"。

塑料部的工作为杰克的成功奠定了根基。他说："我这一生中最兴奋、最值得纪念的时光，就是那段使塑料部门在匹兹菲尔德突破成长的璀璨岁月，它让我深深懂得，快速流动的水不会结冰。"杰克也因此被喻为"推销天才"。

改写企业管理模式

杰克被指定负责其他企业。这些都是通用电气公司的老企业，杰克对它庞大的官僚机构颇不赞成，他渴望动摇这一切。杰克意识到，对企业的深刻变革，是能创造出奇迹的。

杰克认为，有一条道路，即使不通向成功，至少也能通向知识。当你提出一个问题时，你就得拿出解决的办法，最后你总得干点什么才成。他的方法是督促人们做出决定。

1981 年，年仅 45 岁的杰克·韦尔奇正式接替琼斯成为 GE 第八位首席执行官，琼斯对于自己的眼光非常满意："我们需要一位深思熟虑且敢于冒险的企业家——不仅如此，他也必须了解该如何在这个巨大的企业体系中协调地拓展工作。因此，在才智能力上的需求，远远地超过那些较不复杂的组织在这方面的需求。"他认为杰克正是这样的人选。

外界常说商业是一场非常严肃的角力、拳击，但杰克认为，商业其实是一种集理念、乐趣、兴奋、庆贺于一体的活动。

关于 GE

"GE 是一家多元化的科技、媒体和金融服务公司，致力于解决世界上最棘手的一些问题。GE 的产品和服务范围广阔,从飞机发动机、发电设备、水处理和安防技术,到医疗成像、商务和消费者融资、媒体以及高新材料,客户遍及全球 100 多个国家,拥有 30 多万员工。杰夫·伊梅尔特先生是现任董事长及首席执行官。”(http://www.ge.com.cn/ourcompany/fact.html)

资料来源:改编自张哲诚:《杰克·韦尔奇全球第一 CEO》,2001 年 4 月 1 日《市场报》第四版(2013-3-7 人民网:http://www.people.com.cn/GB/paper53/3074/410546.html)。

≺概念·要点≻

战略,是指导全局工作、决定全局命运的方针、方式和计划。

1.1.2 所谓资源

战略可以理解为事关全局生存与发展的方针和政策。资源(resource)如何理解?

联合国机构认为,资源一般指在一定时期、一定地点和一定条件下,能够产生经济价值,以提高人类当前和未来福利的自然因素和条件。《辞海》把资源概念解释为“资财的来源。一般指天然的财源”①。显然,这里所强调的是自然形态的资源。

马克思主义经典作家从自然因素和劳动因素两个角度阐释了资源的涵义。马克思在《资本论》中指出,社会的财富表现为“庞大的商品堆积”,而这“种种商品体,是自然物质和劳动这两种要素的结合”,“正像威廉·配第所说,劳动是财富之父,土地是财富之母”。② 恩格斯进一步提出,劳动和自然界在一起才是一切财富的源泉,“自然界为劳动提供材料,劳动把材料转变为财富”③。从自然界获取的材料是指自然资源,而人类社会的劳动涉及人力、物力、财力、知识、技能、信息、制度等多方面的资源。

综合而言,资源可以理解为用来创造物质财富和精神财富的各种投入要素和条件保障的总称。资源以多种形态广泛存在于自然界和人类社会。按照现代科学的观点,资源可以分为人力资源、物力资源、信息资源和制度资源等类型。

对于一个组织而言,资源是组织生存与成长的“必需品”——是组织的“阳光、空气、水和食物”;是打造组织比较优势的基本材料;是构建组织竞争与发展战略的基础和模块;是组织生产产品和服务、创造效用与价值的投入要素和条件保障。④

组织中的资源,可以分为有形资源(tangible resources)和无形资源(intangible resources)两类。有形资源是指能够看得见的并且可以量化的资产,比如土地、写字楼、工

① 参见辞海编辑委员会编:《辞海》(缩印本),上海辞书出版社,1980 年 8 月第 1 版,第 1436 页。
② 参见中共中央编译局译:《资本论》第一卷,人民出版社,1975 年 6 月第 1 版,第 47、56、57 页。
③ 参见中共中央编译局译:《马克思恩格斯选集》第四卷,人民出版社,1995 年 6 月第 2 版,第 373 页。
④ 参见王建民编著:《战略管理学》,北京大学出版社,2013 年 2 月第 3 版,第 94 页。

厂、车间、机器设备，以及正式的（信息）报告系统、技术手段等，均属于有形资源。无形资源是指植根于组织历史，伴随组织的成长而积累，以独特方式存在，并且不易被竞争对手了解和模仿的资产。这类资产的外在特点是“无形”——看不见、摸不着。但其存在是可以意会和感知的。组织中管理者和员工所掌握的知识与技能、相互之间的信任程度和交往方式、思想观念、创新能力、领导风格、管理制度、产品或服务的声誉、人际交往方式等，都可归于无形资产一类。①

有形资源的价值是确定的，通常可以在财务报表上反映出来。与有形资源不同，无形资源的价值难以估计，一般没有确定的数值。事实上，无形资源对组织绩效和组织发展的贡献也是难以估计的。无形资源有两个特点：一是不易被竞争对手获知、模仿或取得，二是价值的不转移性。②

≺概念·要点≻

资源，是用来创造物质财富和精神财富的各种投入要素和条件保障的总称。

组织中的资源，可以分为有形资源和无形资源两类。有形资源是指能够看得见的可以量化的资产；无形资源是指植根于组织历史，伴随组织的成长而积累，以独特方式存在，并且不易被竞争对手了解和模仿的资产。

1.1.3 资源与战略

资源是组织存在与成长的“阳光、空气、水和食物”，战略是事关组织全局生存与发展的方针和政策。资源对于战略意味着什么？意味着基础条件和决定因素。

资源是战略制定的基础和根据。任何一项活动都离不开资源投入。战略制定是对未来组织活动的规划。在制定战略的过程中，必须以现有的和潜在的资源条件为基础和根据。超越或滞后于资源基础的战略，必然造成资源的浪费。

资源是战略成功与失败的决定因素。战略的生命在于执行，战略执行最重要的因素之一，在于战略资源有效的和持续的供应。战略资源供应链的中断，必然导致战略的失败。

资源的开发与利用，是战略的重要内容。为了开发自然资源和非自然资源，满足经济和社会发展的需求，有关组织或机构常常会制定战略。

---

① 参见王建民编著：《战略管理学》，北京大学出版社，2013 年 2 月第 3 版，第 97—98 页。

② 无形资源的“价值不转移性”是指：作为投入要素，在完成产品和服务的价值创造之后，资源自身的价值不会转移到产品中去。有形资源会越用越少、越用越旧，在使用中其价值会逐步转移到产品和服务之中。但是，无形资源无论使用多少次都不会减少。无形资源在创造价值的同时，自身的价值水平不会下降。比如，员工在生产中要投入自己掌握的知识和技能，生产过程结束之后，产品中包含了知识和技能创造的价值。此时，员工自己的知识和技能的价值不但没有下降，反而会因为使用提高了熟练程度而使价值增加。

资源对于战略的基础性和决定性,可以从企业战略实践的成败中得到证明。这里不妨审视一下两家中国企业集团的战略之道。一个是海尔集团(Haier),另一个是 TCL 集团。张瑞敏与李东生的战略决策,是否依据了集团的资源条件?海尔的四个阶段的战略是否成功?TCL 的"全球彩电业霸主"战略为什么失败?

海尔集团在首席执行官张瑞敏确立的"名牌战略"指导下,先后实施了名牌战略(1984—1991 年)、多元化战略(1992—1998 年)、国际化战略(1998—2005 年)、全球化品牌战略(2005—2012 年)和网络化战略(2012—2019 年)。海尔集团对每一个战略阶段的特征,都有清晰的概括和总结。图 1-1 所示为海尔集团公司迄今为止制定的五个阶段的发展战略。①

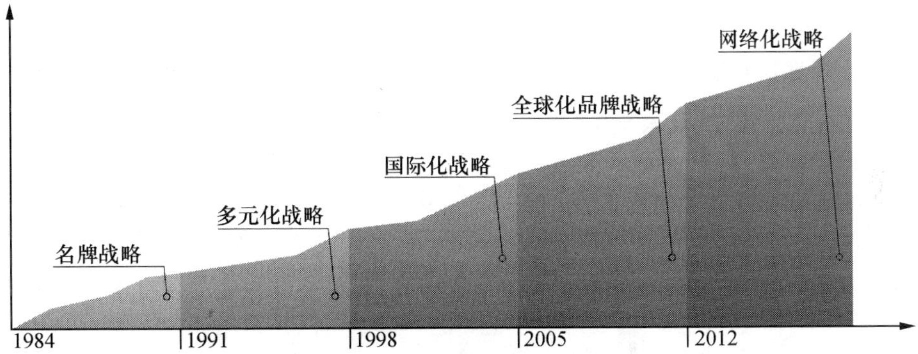

图 1-1 海尔集团五阶段发展战略

2007 年 2 月 11 日,TCL 集团董事长李东生做客 CCTV《对话》节目,"坦陈国际化道路成败"。2004 年 7 月,TCL 多媒体(TMT)并购法国汤姆逊公司彩电业务,双方合资成立 TCL 汤姆逊公司(TTE)。这次并购让 TCL 几乎在一夜之间一跃成为全球彩电业霸主。鲜花与掌声背后掩藏的却是巨大危机。截至 2006 年 9 月 30 日,TMT 在欧洲业务上的累计投资损失约 2.03 亿欧元(约合人民币 20.3 亿元)。之后,TCL 集团对外公布重组方案,意味着 TMT 暂时放弃了欧洲业务。在《对话》现场,李东生对这次失利进行了深刻的反思:"在国际化中一定要做的,就是要有很清晰的国际化战略。要战略牵引,而不是机会牵引。特别是一些并购项目,必须做好整体规划。"李东生强调"国际化战略是企业未来发展的必由之路,想好这条路就要坚韧不拔地走下去。'山石方土木,百折不回头'"②。

---

① 海尔集团网站资料《集团战略》(2013-3-16:http://www.haier.net/cn/about_haier/strategy/)。海尔集团是全球领先的整套家电解决方案提供商和虚实融合通路商。1984 年创立于青岛。海尔坚持以用户需求为中心的创新体系驱动企业持续健康发展,从一家资不抵债、濒临倒闭的集体小厂发展成为全球最大的家用电器制造商之一。2012 年,海尔集团全球营业额 1631 亿元,在全球 17 个国家拥有 8 万多名员工,海尔的用户遍布世界 100 多个国家和地区(2013 年 3 月 16 日,海尔集团简介:http://www.haier.net/cn/about_haier/)。

② 参见 2007 年 2 月 9 日央视国际报道:《对话》现场 TCL 董事长李东生坦陈国际化道路成败(http://www.cctv.com/program/dialogue/20070209/108235.shtml)。李东生做客《对话》的文字报道,详见 2007 年 2 月 12 日央视国际《对话》:《李东生 · 远征心得》(http://www.cctv.com/program/dialogue/20070212/102304.shtml)(TCL 远征欧洲"失败",以及之后李东生的公开"反思",很有借鉴意义)

《概念·要点》

资源是战略制定的基础和根据，是战略成功与失败的决定因素。资源的开发与利用，是战略的重要内容。

1.2 资源中的人力资源

按照形态，资源可以分为有形资源和无形资源两类。按照性质，资源有人力资源、物力资源、信息资源和制度资源等类型。在各类资源中，人力资源是最重要的资源。

1.2.1 什么是人力资源

人力资源(human resource)有三个层次的含义。一是指一个国家或地区内，具有劳动能力的人口的总和(如图1-2所示)；二是指在一个组织中发挥生产力作用的全体人员；三是指一个人具有的劳动能力。这是国内学者比较普遍接受的人力资源定义。

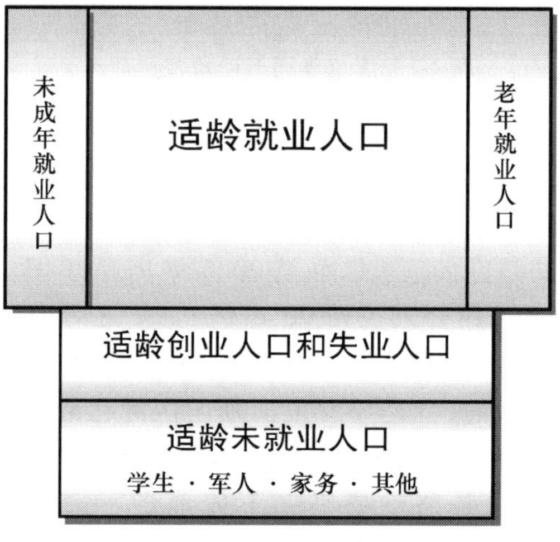

图1-2 一个国家或地区内人力资源构成

管理学是发展中的学科。管理学科的概念，与经济学等比较成熟的学科的概念相比，概念的内涵和外延，往往不是那么确定，一般没有清楚的、统一的内容和边界。尽管各路专家、学者达成"共识"的趋势不断加强，"共同语言"日益增多，但是持不同意见者仍然大有人在。

对人力资源概念的认识，除了上述三种理解之外，还有多种说法。这里择要介绍几位专家的观点。

管理学大师彼得·德鲁克(Peter Drucker)在1954年出版的《管理的实践》这部经典著作中，首次在管理学领域阐释了人力资源概念的含义，奠定了人力资源管理学理论的基础。德鲁克教授指出,“人力资源——完整的人——是所有可用资源中最有生产力、最有用处、最为多产的资源。(The human resource—the whole man—is, of all resources entrusted to man, the most productive, the most versatile, the most resourceful.)”“人力资源具有一种其他资源所没有的特性:具有协调、整合、判断和想象的能力。(…the human being has one of set of qualities possessed by no other resource: it has the ability to coordinate, to integrate, to judge and to imagine.)”“人力资源还有与其他任何资源都不同的一点,对于自己要不要工作,拥有绝对的自主权。(The human being, unlike any other resource, has absolute control over whether he work at all.)”因此,德鲁克教授认为,企业在雇用员工时,要雇用整个人,不能只是雇用“人手”,必须连双手的主人一起雇用。(In hiring a worker one always hires the whole man…. one cannot “hire a hand”; its owner always comes with.)① 从德鲁克的阐释中可以得出这样的结论,即人力资源是组织中由人员所发挥出的生产能力。来自人的生产能力是最重要和最有价值的能力。人力资源作用的发挥具有特殊性。

一位美国学者认为,人力资源是人类可用于生产产品或提供各种服务的活力、技能和知识。另一位专家提出,人力资源是企业内部成员及外部的与企业相关的人,即总经理、雇员、合作伙伴和顾客等可提供潜在合作与服务及有利于企业预期经营活动的人力的总和。还有专家认为,所谓人力资源管理,就是指运用现代化的科学方法,对与一定物力相结合的人力进行合理的培训、组织和调配,使人力、物力经常保持最佳比例,同时对人的思想、心理和行为进行恰当的诱导、控制和协调,充分发挥人的主观能动性,使人尽其才,事得其人,人事相宜,以实现组织目标。②

《知识·信息》

专栏 1-2　国外人力资源管理的六种方法

专家认为,西方工业化是“**三分靠技术,七分靠管理**”,尤其是人力资源管理。人力资源管理的六种方法,有了解的必要和借鉴的价值。

一、“抽屉式”管理

在现代管理中称为“职务分析”。当今一些经济发达国家的大中型企业,都非常重视“抽屉式”管理和职位分类,并且都在“抽屉式”管理的基础上,不同程度地建立了职位分类制度。

企业进行“抽屉式”管理有如下五个步骤:第一步,建立一个由企业各个部门组成的职务分析小组;第二步,正确处理企业内部集权与分权关系;第三步,围绕企业的总体目标,层层分解,逐级落实职责权限范围;第四步,编写“职务说明”、“职务规格”,制定出对

---

① 参见彼得·德鲁克著,齐若兰译,那国毅审订:《管理的实践》(*The Practice of Management*)(中英文双语典藏版),机械工业出版社,2006 年 5 月第 1 版,第 522—523 页。在引用时,根据原文对译文做了修订,同时注出英文原文,以方便读者学习参考。1954 年《管理的实践》一书的出版,标志着管理学科的诞生。彼得·德鲁克的《管理的实践》这部著作对管理学的贡献,相当于亚当·斯密所著的《国民财富的性质和原因的研究》一书对经济学的贡献。学习管理学专业,必读《管理的实践》。

② 参见百度百科“人力资源管理”(2013 年 3 月 14 日,http://baike.baidu.com/view/1692.htm)。

每个职务工作的要求准则;第五步,必须考虑到考核制度与奖惩制度相结合。

二、"危机式"管理

在世界著名大企业中,随着世界经济竞争日趋激烈化,相当一部分进入维持和衰退阶段,可口可乐、杜邦、福特这样的大企业,也曾出现大量的经营亏损。为改变状况,美国企业较为重视推行"危机式"生产管理,掀起了一股"末日管理"的浪潮。美国企业界认为,如果一位经营者不能很好地与员工沟通,不能向他的员工们表明危机确实存在,那么他很快就会失去信誉,因而也会失去效率和效益。美国技术公司总裁威廉·伟思看到,全世界已变成一个竞争的战场,全球电信业正在变革中发挥重要作用。因此,他启用两名大胆改革的高级管理人员为副董事长,免去5名倾向于循序渐进改革的高级人员的职务,在职工中广泛宣传某些企业由于忽视产品质量、成本上升,导致失去用户的危机,他要全体员工知道,如果技术公司不把产品质量、生产成本及用户时刻放在突出位置,公司的末日就会来临。

三、"一分钟"管理

目前,西方许多企业纷纷采用"一分钟"管理法则,并取得了显著的成效。具体内容为:一分钟目标(指企业中的每个人都将自己的主要目标和职责明确地记在一张纸上来明确自己的实践目的)、一分钟赞美(指人力资源激励,促使员工向完美的方向发展)及一分钟惩罚(指某件事应该做好,但却没有做好,对有关的人员首先进行及时批评,指出其错误,然后提醒他你是如何器重他,不满的只是他此时此地的工作)。"一分钟"管理法则妙就妙在它大大缩短了管理过程,有立竿见影的效果。

四、"破格式"管理

企业的诸多管理,最终都是通过对人事的管理达到变革创新的目的。因此,世界发达企业都根据企业内部竞争形势的变化,积极实行人事管理制度变革,以激发员工的创造性。世界大企业人事制度的变革,如日本韩国企业在不同阶段不断改革人事制度,集中反映出对人的潜力的充分挖掘,以搞活人事制度来搞活企业组织结构,注意培养和形成企业内部的"强人"机制,形成竞争、奋发、进取、开拓的新气象。

五、"和拢式"管理

"和拢"表示管理必须强调个人和整体的配合,创造整体和个体的高度和谐。在管理中,欧美企业主要强调个人奋斗,促使不同的管理相互融洽借鉴。它的具体特点是:既有整体性,又有个体性;自我组织性;波动性;相辅相成;个体分散与整体协调性;韵律性。

六、"走动式"管理

这是世界上流行的一种创新管理方式,它主要是指企业主管体察民意,了解实情,与部属打成一片,共创业绩。这种管理风格,已显示出其优越性,如:主管动部属也跟着动;投资小,收益大;看得见的管理;现场管理;"得人心者昌"。

资料来源:孙庆章整理自中国人事科学研究网《国外人力资源的六种方法》(2013年2月28日:http://www.rky.org.cn/c/cn/news/2010-07/06/news_9276.html)。

≺概念 · 要点≻

人力资源，指一个国家或地区内具有劳动能力的人口的总和；在一个组织中发挥生产力作用的全体人员；一个人所具有的劳动能力。

1.2.2 人力资源与人力资本

在谈论人力资源的时候，经常可以遇到另一个词：人力资本。二者是同义词、近义词，还是互不相干？在此简要说明。

什么是人力资本(human capital)？简而言之，人力资本是指"凝聚"在人体中的知识和技能。"凝聚"的过程，是资本的投资过程；"凝聚"在人体中的知识和技能，是具有价值和使用价值的生产要素。

人力资本是一种特殊的"资本"；资本"是一种产生于经济过程之中并用于进一步生产，以获得最大化的剩余劳动产品或剩余价值的生产要素。"按照资本定义的逻辑，人力资本概念可以界定为："生产于经济过程之中，并用于进一步生产，由人的使用产生的力量推动生产进行，以实现产出最大化目标的生产要素。"与人力资本相对应的概念是"物力资本"——"生产于经济过程之中，并用于进一步生产，由物的使用产生的力量推动生产进行，以实现产出最大化目标的生产要素"。①

任何生产中投入的要素，都可以归纳为人力资本和物力资本两种类型。人力资本和物力资本，均具有"推动生产进行"和"实现产出最大化目标"的功能。二者的区别在于"人的使用"和"物的使用"这方面。随着经济和社会的发展，生产过程中"人的使用"所发挥的作用越来越强，人力资本日益成为最重要的、具有决定作用的生产要素。

人力资本概念，有广义和狭义之分。广义的人力资本，包括人的体质、智力、知识和技能四部分；狭义的人力资本，只包括"凝聚"在人体中的知识和技能两部分。体质和智力是作为生物体的人本身所具有的运动功能状态和认识、决策能力。体能和智能的提高，决定于全社会的营养、健康和医药发展水平与保障制度。知识和技能是社会或个人有计划投资——参加教育与培训等学习活动——的产物。这种产物，以具有一定发展水平的体能和智能的人为载体，能够在经济过程的使用中，为所有者带来收益或剩余价值。国内外文献中所指称的一般是狭义的"人力资本"范畴。②

在现代经济学文献中，对人力资本概念的第一次正式阐述，出现于 1935 年。美国经济学家、哈佛大学教授沃尔什(J. R. Walsh)，在发表于《经济学季刊》的一篇名为《运用于人的资本概念》的文章中完成了这一工作。1960 年，诺贝尔经济学奖获得者西奥多 · W. 舒

---

① 参见(1) 王建民著：《人力资本生产制度研究》，经济科学出版社，2001 年 12 月第 1 版，第 47—49 页；(2) 王建民著：《研究生人力资本研究》(华夏英才基金学术文库)，科学出版社，2010 年 1 月第 1 版，第 5 页。

② 参见王建民著：《人力资本生产制度研究》，经济科学出版社，2001 年 12 月第 1 版，第 49 页。

尔茨(Theodore W. Schultz)[①]在美国经济学年会上,以会长的身份发表了题为《人力资本投资》的演讲,对人力资本概念做了充分的论述,初步建立了人力资本理论体系。[②] 人力资本概念于20世纪80年代初传入中国,经过20多年的研究、认识、运用,目前已被专家、学者、政府官员和新闻媒体等社会各界普遍接受。

通过讨论可以发现,人力资源和人力资本这两个概念,既有区别又有联系。

第一,人力资源是管理学或一般意义上的概念,而人力资本是由经济学家在解决经济学问题时提出的经济学概念。

第二,人力资本强调投资收益关系,人力资源着重创造社会财富的能力资源性质。人力资本是通过有计划的投资活动——教育与培训活动——“凝聚”在人体中的、可以带来收益的“无形资产”——知识和技能。人力资源是已经存在的、有待开发和利用的社会或组织中的生产能力。

第三,人力资源是人力投资的结果,是资本性质的资源。

第四,人力资本理论是人力资源理论的理论基础和重点内容。

第五,人力资源和人力资本,都以“人力”的使用产生的力量推动生产系统运行,创造产品和服务的价值。

≮概念·要点≯

人力资本是指“凝聚”在人体中的知识和技能。人力资本是产生于经济过程之中,并用于进一步生产,由人的使用产生的力量推动生产进行,以实现产出最大化目标的生产要素。

1.2.3 人力资源与人才资源

“人才”、“人才资源”、“人才队伍资源”等词语,在国内正式和非正式场合有很高的使用频率。这几个词语与人力资源有何区别?

推敲发现,“人才资源”基本等价于“人力资源”。换句话说,人才资源,就是本土化的人力资源。也有人认为,“人才”是指人力资源中的优秀分子。但是,从《中共中央国务院关于进一步加强人才工作的决定》(简称《决定》)中对人才的界定来看,人才概念还是属于人力资源范畴。《决定》指出:“只要具有一定知识或技能,能够进行创造性劳动,为推进社会主义物质文明、政治文明、精神文明建设,在建设中国特色社会主义伟大事业中做出积极贡献,都是党和国家需要的人才。”

众多的人才为了共同的目标汇聚在一起,形成人才资源或人才队伍资源。按照人才

① 西奥多·W.舒尔茨(Theodore W. Schultz)(1902—1998),著名美国经济学家,人力资本理论之父,农业经济学大师,1979年获得诺贝尔经济学奖。

② 参见王建民著:《人力资本生产制度研究》,经济科学出版社,2001年12月第1版,第48—49页。

资源概念的逻辑，我国的人才队伍资源可以分为党政人才、企业经营管理人才、专业技术人才、高技能人才和农村实用人才等类型。

1.3 战略管理与人力资源管理

了解了战略、资源与人力资源等概念，还需要进一步辨析战略管理、人力资源管理和战略人力资源管理的含义。辨析从认识管理开始。

什么是管理？管理是“一个协调工作活动的过程，以便能够有效率和有效果地同别人一起或通过别人实现组织目标”。管理者在“协调工作活动”的过程中，通常要履行四项职能。这四项职能是计划(planning)、组织(organizing)、领导(leading)和控制(controlling)。①

1.3.1 战略管理

战略管理(strategic management)总是要针对一个组织(如政府部门、企业、学校、协会)的整体活动，或者是组织中某方面的活动展开。在组织中开展的战略活动，主要包括如何制定战略，如何把战略方案付诸实践，以及如何评估和调整战略活动结果等内容。

具体而言，所谓战略管理，是指“在制定、实施和评价指导全局工作并决定全局命运的方针、方式和计划活动中，通过一定的程序和技术，获取最优效率和效果的过程”②。战略管理过程，主要分为战略制定、战略实施和战略评价三个阶段。企业的战略管理，主要致力于对人力资源、生产作业、市场营销、财务会计、研究与开发和信息系统的综合管理，以实现企业年度目标和长期目标。

战略管理与战略规划(strategic planning)既有区别，又有联系。战略规划一词主要在实际操作中应用，而战略管理则更多地为学界所青睐。在有些场合，战略管理指战略的制定、实施与评价，而战略规划仅指战略制定。战略管理和战略规划的运用目的也有所不同。战略管理的目的，在于为未来的发展开拓和创造新的机会，而战略规划(长期规划)的目的，则在于为明天的经营而优化今天的条件。③

≺概念·要点≻

战略管理是指在制定、实施和评价指导全局工作并决定全局命运的方针、方式和计划活动中，通过一定的程序和技术，获取最优效率和效果的过程。

---

① 详见斯蒂芬·P.罗宾斯(Stephen P. Robbins)和玛丽·库尔特(Mary Coulter)著，孙建敏等译:《管理学》(第7版)，中国人民大学出版社，2004年1月第1版，第7页。

② 参见王建民著:《人力资本生产制度研究》，经济科学出版社，2001年12月第1版，第6页。

③ 参考2001年9月清华大学出版社影印本(英文)，Prentice Hall 2001年第8版，Fred R. David著 *Strategic Management: Concepts and Cases*，第5页。

1.3.2 人力资源管理

如前所述,人力资源有三层含义:(1) 一个国家或地区内具有劳动能力的人口的总和;(2) 在一个组织中发挥生产力作用的全体人员;(3) 一个人所具有的劳动能力。因此,人力资源管理(human resource management)自然就应该是分别对这三个层次的劳动能力或生产能力进行“管理”的过程。但实际上,作为一门学科研究或者作为一门功课学习的“人力资源管理”,主要针对一个组织中全体员工的生产力这一层面的问题。

常见的人力资源管理定义有以下几种:

(1) 加里·德斯勒(Gary Dessler)认为,“人力资源管理是指履行管理工作中有关人或人事方面职能所需要掌握的政策规定和实务技术”。包括以下10个方面:

■ 工作分析(确定每一位员工的岗位职责)
■ 劳动力需求规划与员工招募
■ 员工选拔
■ 新员工岗前培训
■ 薪酬管理(决定如何给员工发放报酬)
■ 激励与员工福利
■ 绩效评价
■ 沟通(面谈、咨询与纪律)
■ 培训与开发
■ 培养员工责任感

【Human resource management refers to the practices and policies you need to carry out the people or personnel aspects of your management job. These include:

■ Conducting job analyses (determining the nature of each employee's job)
■ Planning labor needs and recruiting job candidates
■ Selecting job candidates
■ Orienting and training new emp1oyees
■ Managing wages and salaries (determining how to compensate employees)
■ Providing incentives and benefits
■ Appraising performance
■ Communicating (interviewing, counseling, disciplining)
■ Training and developing
■ Building employee commitment】①

(2) 美国人力资源管理专家雷蒙德·A.诺伊(Raymond A. Noe)等人认为,人力资源管理是指影响雇员的行为、态度以及绩效的各种政策、管理实践和制度。②

---

① Gary Dessler, *Human Resource Management*, 8th ed. , Prentice Hall, Inc. , 2000, p. 2.

② 参见雷蒙德·A.诺伊(Raymond A. Noe)等著,刘昕译:《人力资源管理:赢得竞争优势》(第3版),中国人民大学出版社,2001年4月第1版,第3页。

(3) 台湾的人力资源管理专家黄英忠提出：人力资源管理是将组织的所有人力资源做最适当的确保(acquisition)、开发(development)、维持(maintenance)和使用(utilization)，以及为此所规划、执行和统制的过程。①

(4) 国内学者赵曙明把人力资源管理概念界定为：对人力这一特殊的资源进行有效开发、合理利用与科学管理。②

管理学大师彼得·德鲁克在 1954 年出版的《管理的实践》中，首次提出了人力资源概念，阐述了企业人力资源管理的"人本主义"新思想。德鲁克强调，在把"人"当成"资源"管理的过程中，要特别注意把"人力"作为"人"来看待。要高度重视"人性面"，要认识到"人是有道德感和社会性的动物"，要"设法让工作设计安排符合人的特质"。人类以个体存在，但是通常在群体中工作。因此，在组织的工作安排中，要保证个体与群体之间实现和谐关系。

德鲁克指出："这意味着工作的组织方式，必须始终按照这样的方式设计，即让个体所有的长处、进取心、责任感和能力，能够成为整个群体优势和绩效的来源。"

【This means specifically that work must always be organized in such a manner that whatever strength, initiative, responsibility and competence there is in individuals becomes a source of strength and performance for the entire group.】③

1958 年，研究培训和跨学科工业关系的社会学家怀特·巴克(E. Wight Bakke)出版了《人力资源职能》(*The Human Resources Function*)一书，从管理职能的角度，深入探讨了把管理人力资源作为组织管理中一项重要工作的问题。巴克强调指出，人力资源管理的职能，对于组织的成功来讲，与会计、生产、营销等其他管理职能一样是至关重要的。④ 巴克的研究，促进了人力资源管理理论体系的系统化发展。

综合上述观点，可以把人力资源管理概念理解为规划、获取、配置、使用和建设组织中员工生产能力的一系列活动。开展这一系列活动的动力和目的，在于提高员工工作绩效水平，实现组织存在与发展的目标。换句话说，人力资源管理是指为了实现组织存在与发展目标而采取的规划、获取、配置、使用与建设员工生产能力的一系列政策措施和实践活动。

≺概念·要点≻

人力资源管理是指为了实现组织存在与发展目标而采取的规划、获取、配置、使用与建设员工生产能力的政策措施和实践活动。

---

① 转引自彭剑锋主编：《人力资源管理概论》，复旦大学出版社，2005 年 12 月第 1 版，第 11 页。

② 赵曙明著：《人力资源管理研究》，中国人民大学出版社，2001 年 7 月第 1 版，第 15 页。

③ 参见彼得·德鲁克著，齐若兰译，那国毅审订：《管理的实践》(中英文双语典藏版)，机械工业出版社，2006 年 5 月第 1 版，第 523、525 页。

④ E. W. Bakke, *The Human Resources Function*, New Haven, Yale Labor Management Center, 1958, pp. 198—200.

1.3.3 战略人力资源管理

战略人力资源管理(strategic human resource management),或者称为"战略性人力资源管理",是指为了完成组织战略使命,实现组织战略目标,落实组织战略计划,规划、获取、配置、使用与建设组织中员工生产能力的一系列政策措施和实践活动。

杰克·韦尔奇认为"战略和员工的技能能够匹配起来,那可是一件大好事"!战略就是制定规划,确立发展方向,然后要"把合适的人放到合适的位置上",不屈不挠地执行到底。[①]

"把合适的人放到合适的位置上",目的在于满足战略目标对人力资源能力的需求。使人力资源能力与战略目标相匹配,是实现组织战略目标的必要条件。人力资源管理部门和人员,在组织战略管理活动中,扮演着越来越重要的角色。从本章开篇案例中可以看出,人力资源管理在IBM的战略执行过程中,发挥了极其重要的作用。

有专家指出,人力资源是组织战略不可或缺的有机组成部分。组织战略与组织人力资源具有高度的相关性。对于企业而言,制定战略的关键,在于确定和经营好自己的客户,提高客户满意度和忠诚度,从而实现企业的可持续发展。要做到让客户满意,需要企业提供优质的产品和服务为客户创造价值,带来利益;而高质量的产品和服务,需要企业员工的努力。此外,企业战略的成功,取决于研发能力、营销能力、生产能力、财务管理能力等多种因素,但最终都要落实到人力资源能力。由此可见,企业绩效的提高,企业战略目标的实现,首先是人力资源管理的成功。[②]

据介绍,近十多年来,在美国的许多企业中,人力资源管理职能发生了质的变化。由行政支持角色,转变为企业的"战略伙伴角色"。作为企业的战略伙伴,人力资源管理部门和人员,全面参与企业发展战略的制定和实施。几乎人力资源管理的所有职能,都被赋予了战略层面的意义。人力资源管理在美国企业中从"功能性"到"战略性"的转变,意味着其在企业经营中要扮演四种角色:

一是战略伙伴。人力资源管理部门全程参与企业战略管理过程。人力资源管理人员,既要作为公司战略的制定者而存在,又要作为基于公司战略的人力资源管理战略专家,为战略管理中所涉及的所有人力资源问题提供解决方案。

二是行政管理专家。人力资源管理部门,要不断开发高效率的人力资源管理系统,提高人力资源管理服务质量。

三是员工激励者。人力资源管理人员要及时了解员工的需要,采取措施提高员工对组织的忠诚度,重视激发员工的潜能,促进员工个人职业成长目标与企业发展目标一致性程度的提高。

四是变革推动者。人力资源管理者要及时、准确地掌握企业经营中内部和外部环境因素发生的变化。预测、诊断、分析出现的新问题,并提出解决问题的方案。当企业战略

---

① Jack Welch and Suzy Welch, *Winning*, HarperCollins, p. 167.(杰克·韦尔奇和苏茜·韦尔奇:《赢》,中信出版社,2005 年第 1 版,第 153 页。)

② 参见《HR 管理世界》(www.hroot.com)林彬文章:《战略性人力资源管理的核心理念、规划与职能》。2007 年 3 月 2 日下载自:http://www.hroot.com/article/html/2005-10-28/20051028124047.htm。

发生变化时，人力资源管理者要做好员工的沟通、协调工作，保证员工对组织战略变化的认同与支持。[①]

最后再讨论一个概念——“战略人力资源管理学”。顾名思义，战略人力资源管理学，是研究“战略人力资源管理”——为实施组织战略而进行的“规划、获取、配置、使用与建设组织中员工生产能力的一系列政策措施和实践活动”——的“艺术与科学”。

≮概念 · 要点≯

战略人力资源管理，是指为了完成组织战略使命，实现组织战略目标，落实组织战略计划，规划、获取、配置、使用与建设组织中员工生产能力的一系列政策措施和实践活动。

❑ 要点回顾

■ 战略——指导全局工作、决定全局命运的方针、方式和计划。

■ 资源——用来创造物质财富和精神财富的各种投入要素和条件保障的总称。资源以多种形态广泛存在于自然界和人类社会。按照现代科学的观点，资源可以分为人力资源、物力资源、信息资源和制度资源等类型。

■ 资源是组织生存与成长的“阳光、空气、水和食物”，是打造组织比较优势的基本材料；是构建组织竞争与发展战略的基础和模块，是组织生产产品和服务、创造效用与价值的投入要素和条件保障。

■ 组织中的资源，可以分为有形资源和无形资源两类。有形资源是指能够看得见的可以量化的资产；无形资源是指植根于组织历史，伴随组织的成长而积累，以独特方式存在，并且不易被竞争对手了解和模仿的资产。

■ 资源是战略制定的基础和根据。资源是战略成功与失败的决定因素。资源的开发与利用，是战略的重要内容。

■ 人力资源有三层含义：一个国家或地区内，具有劳动能力人口的总和；在一个组织中发挥生产力作用的全体人员；一个人具有的劳动能力。

■ 人力资本——“凝聚”在人体中的知识和技能。人力资本是产生于经济过程之中，并用于进一步生产，由人的使用产生的力量推动生产进行，以实现产出最大化目标的生产要素。人力资本概念，有广义和狭义之分。广义的人力资本，包括人的体质、智力、知识和技能四部分；狭义的人力资本，只包括知识和技能两部分。

■ 战略管理——在制定、实施和评价指导全局工作并决定全局命运的方针、方式和

---

① 参见《HR 管理世界》(www.hroot.com)文章：《美国战略性人力资源管理考察》。2007 年 3 月 2 日下载自：http://www.hroot.com/article/html/2004-2-17/200421718538.htm。

计划活动中,通过一定的程序和技术,获取最优效率和效果的过程。

■ 人力资源管理——为了实现组织存在与发展目标而采取的规划、获取、配置、使用与建设员工生产能力的一系列政策措施和实践活动。

■ 战略人力资源管理——为了完成组织战略使命,实现组织战略目标,落实组织战略计划,规划、获取、配置、使用与建设组织中员工生产能力的一系列政策措施和实践活动。

❑ 思考与练习题

1.1 资源对于战略意味着什么?

1.2 为什么说人力资源是第一资源?

1.3 组织中的人力资源管理和战略管理有何关系? 为什么?

1.4 什么是战略人力资源管理?

1.5 在美国企业中,人力资源管理职能发生了什么质的变化? 原因何在?

1.6 如何理解人力资源管理扮演的“战略伙伴角色”?

❑ 案例研究

创新与人才:苹果公司的十年复兴之路

2010 年,苹果公司的营业收入达到 652 亿美元,净利润达 140 亿美元,2011 年 4 月底,其股价为每股 350 美元,市值达 3 238 亿美元,为全球市值最高的 IT 企业。在乔布斯回归之后的 13 年间,苹果公司的股价涨幅为 70 倍。是什么造就了苹果公司今天的辉煌?

1997 年 7 月某个工作日的一大早,因连续 5 个季度亏损,时任苹果公司 CEO 的吉尔·阿米利奥(Gil Amelio)带着难以掩饰的痛苦向公司高管做最后告别:“我很难过地说是到了我该离开的时候了。保重!”然后他就离开了。几分钟后,穿着短裤、运动鞋、蓄短胡须的史蒂夫·乔布斯(Steve Jobs)走进来,他坐在旋转椅里缓慢地转着,说:“告诉我这里发生了什么?”在几声咕哝的回应之后,他跳起来:“是产品的问题! 那么,产品到底怎么了?”高管们又一阵的咕哝声之后,乔布斯咆哮着打断他们:“现在的产品都是废物! 这些产品根本没有任何人性化特色!”

作为苹果公司的联合创始人,乔布斯曾在 1985 年被当时外聘的 CEO 约翰·斯库里(John Sculley)扫地出门。那时,他还被很多人认为是一个喜怒无常的微观管理者,他曾经倡导的花哨的创新变革及他所坚持的全面控制也给公司带来诸多枝节问题。1997 年,乔布斯又重新掌管苹果,其时,戴尔的 CEO 迈克尔·戴尔曾这样评价他:“如果是我,就关闭公司,把钱还给股东。”

如今,戴尔要为他当时的那番话后悔了。过去 10 年的事实证明了乔布斯的创意和领导能力。苹果的股票每股已从 3 年前的 7 美元飙升至 74 美元,市场价值 620 亿美元,将戴尔远远抛在后面。那么,在乔布斯回归的十年里,苹果公司是如何走向复兴之路的?

偏执创新

所有这些成绩的取得就在于乔布斯将他的旧式战略真正贯彻于新的数字世界之中，采用的是高度聚焦的产品战略、严格的过程控制、突破式的创新和持续的市场营销。

重回苹果后的乔布斯采取的第一步就是削减苹果的产品线，把正在开发的 15 种产品缩减到 4 种，而且裁掉一部分人员，节省了营运费用。之后，苹果远离那些用低端产品满足市场份额的要求，也不向公司不能占据领导地位的临近市场扩张。

第二，发扬苹果的特色。苹果素以消费市场作为目标，所以乔布斯要使苹果成为电脑界的索尼。1998 年 6 月上市的 iMac 拥有半透明的、果冻般圆润的蓝色机身，迅速成为一种时尚象征。在之后 3 年内，它一共售出了 500 万台。而如果摆脱掉外形设计的魅力，这款利润率达到 23% 的产品所有配置都与前一代苹果电脑如出一辙。

第三，开拓销售渠道，让美国领先的技术产品与服务零售商和经销商之一的 CompUSA 成为苹果在美国全国的专卖商，使 Mac 机销量大增。

第四，调整结盟力量。同宿敌微软和解，取得微软对它的 1.5 亿美元投资，并继续为苹果机器开发软件。同时收回了对兼容厂家的技术使用许可，使它们不能再靠苹果的技术赚钱。

随着个人电脑业务的严峻形势，乔布斯毅然决定将苹果从单一的电脑硬件厂商向数字音乐领域多元化出击，于 2001 年推出了个人数字音乐播放器 iPod。到 2005 年下半年，苹果公司已经销售出去 2 200 万枚 iPod 数字音乐播放器。

在 iPod 推出后不到一年半，苹果的 iTunes 音乐店也于 2003 年 4 月开张，通过 iTunes 音乐店销售的音乐数量高达 5 亿首。在美国所有的合法音乐下载服务当中，苹果公司的 iTunes 音乐下载服务占据了其中的 82%。与此同时，苹果也推出适合 Windows 个人电脑的 iTunes 版本，将 iPod 和 iTunes 音乐店的潜在市场扩大到整个世界。通过 iPod 和 iTunes 音乐店，苹果改写了 PC、消费电子、音乐这三个产业的游戏规则。

每当有重要产品即将宣告完成时，苹果都会退回最本源的思考，并要求将产品推倒重来，以至于有人认为这是一种病态的品质、完美主义控制狂的标志。波士顿咨询服务公司共调查了全球各行业的 940 名高管，其中有 25% 的人认为苹果是全球最具创新精神的企业。

"在苹果公司，我们遇到任何事情都会问：它对用户来讲是不是很方便？它对用户来讲是不是很棒？每个人都在大谈特谈'噢，用户至上'，但其他人都没有像我们这样真正做到这一点。"乔布斯骄傲地说。

推崇精英人才文化

与对产品和战略高度聚焦的做法相似，在人才的使用上，乔布斯也极力强调"精"和"简"。乔布斯曾创立并管理的 Pixar 公司倡导的是没有"B 团队"，每个电影都是集合最聪明的漫画家、作家和技术人员的最佳努力而成。"质量比数量更加重要。"乔布斯表示从若干年前看到斯蒂芬·沃兹尼亚克（Stephen G. Wozniak）为制造第一台苹果机而显示出的超凡工程学技能的那些日子开始，乔布斯就相信由顶尖人才所组成的一个小团队能够运转巨大的轮盘，仅仅是拥有较少的这样的顶尖团队就够了。

为此，他花费大量精力和时间打电话，用于寻找那些他耳闻过的最优秀人员，以及那些他认为对于苹果公司的各个职位最适合的人选。

乔布斯还在2000年苹果的一度停滞期喊出了“Think Different”(另类思考)的广告语,他希望这个斥资上亿美元宣传的广告不仅让消费者重新认识苹果,更重要的是,唤醒公司内员工的工作激情。

而乔布斯本人也将一个企业家的能量贡献到众多别的CEO认为是自己不需要亲自做的事情中,不论是校对合作协议,还是给记者打电话讲述一个他认为非常重要的故事,他都会去做。而同时,与很多CEO不同的是,他很少参加华尔街分析家的研讨会,而倾向于做一些自己的事情。在员工的眼中,乔布斯承担了很多责任,但在很多富于创造性的层面上他又非常放手而不参与。

前苹果产品营销主管麦克·伊万吉里斯特(Mike Evangelist)离职后在他的博客中透露,乔布斯每一场讲演都需要几个星期的预先准备和上百人的协同工作,经过精确的细节控制和若干次秘密彩排之后,乔布斯总是以激情四射的演讲者面目出现在现场。当乔布斯邀请百事可乐总裁约翰·斯高利加盟苹果时,他这样说:“难道你想一辈子都卖汽水,不想有机会改变世界吗?”

在这样的个人化文化指引下,乔布斯以用户个人化引导产品和服务,以员工个人化来塑造公司文化和创新能力,以自身个人化获得一种自由和惬意的人生。以曾经由乔布斯掌控的Pixar为例,Pixar最著名的企业文化就是“以下犯上”,娱乐和自由的工作环境,我行我素、稀奇古怪的员工,随时随地随便提出的新主意,都构成了一种职业文化中的高度个人化的元素。“什么中层、部门、领导,这些词我们统统没有,这就是我们独一无二的地方。”这是Pixar员工的描述。

机遇与挑战

现在,正当乔布斯带领苹果的版图越做越大时,波士顿咨询公司的詹姆斯·安德鲁(James Andrew)提出质疑:“如果苹果的产品真的比微软、戴尔、IBM或惠普的好,那么为什么苹果这家公司这么小?”哈佛大学商学院教授、《创新者的两难困境》一书的作者克莱顿·M.克里斯坦森(Clayton M. Christensen)在近日表示,因iPod而大获成功的苹果将像以前一样再次衰落。“我担心苹果会因iTunes的封闭性而失掉时机,就像当年它拒绝开放Mac系统结果成就了微软的霸业一样。如果它能够开放iTunes架构并兼容所有的MP3播放器,也许还能够保持目前的领先地位。”

质疑归质疑,但摆在人们面前的现实却是,随着乔布斯与迪士尼的联盟,他终于可以染指媒体内容的生产和发行业务,可以逐步实现他在数码时代跨领域集成的远大目标。熟悉乔布斯的人也清楚,他是一个极端追求完美的人,长久以来就想组建自己的媒体帝国。

当然这次联盟也有诸多风险,乔布斯将在运营苹果的同时也坐在迪士尼的董事会中,这让他不得不面临众多雷区和冲突,他也必须证明自己能胜任新角色。如果他能将曾经让苹果高飞的活力和能量同样带给迪士尼,那么乔布斯便能真正成为这个庞大梦幻王国的真实领袖。

资料来源:钱诚根据中国人力资源开发网的《苹果公司何以走到今天》和《苹果十年复兴路》两篇文章改编。网址参见:http://www.chinahrd.net/management-planning/strategic-planning /2012/0129/17803.html。

● 思考与讨论题

1.1　人力资源如何支持苹果公司的复兴战略?

1.2　人力资源管理都基于组织战略吗? 为什么?

1.3　你对“后乔布斯”的苹果公司战略和人力资源管理有何看法?

第2章

战略人力资源管理模型

Intelligence, imagination, and knowledge are essential resources, but only effectiveness converts them into results. By themselves, they only set limits to what can be attained.

——Peter F. Drucker

【智力、想象力及知识，都是我们必要的资源。但是，资源本身是有一定局限性的，只有通过管理者卓有成效的工作，才能将这些资源转化为成果。

——彼得·德鲁克】

一个人的才能，只有通过有条理、有系统的工作，才有可能产生效益。

——彼得·德鲁克

主要内容

- 模型与管理模型
- 战略管理模型
- 人力资源管理模型
- 战略人力资源管理模型

核心概念

模型(model)
管理模型(management model)
战略管理模型(strategic management model)
人力资源管理模型(human resource management model)
战略人力资源管理模型(strategic human resource management model)

预期目标

通过本章学习,你可以获得以下知识和能力:

- 理解模型和模型化认识的涵义及其在分析管理问题中的作用;
- 区分物理模型与非物理模型,了解管理模型的属性;
- 明确战略管理模型和人力资源管理模型的特点;
- 认识战略人力资源管理模型的逻辑关系。

开篇案例

丰田汽车:依靠人才领先世界

丰田汽车公司成立于20世纪30年代末,其产品主要是汽车部件,包括钢铁、有色制品、化纤制品、塑料制品、橡胶、玻璃、各种日用品用具等,2012《财富》世界500强中,丰田汽车公司排名第10,居世界汽车制造业第2位。

丰田经过半个多世纪的发展,积累了丰富的管理经验,其中统领全局的丰田文化,价值非同寻常。在当今强调和谐社会的呼声中,其基本理念"通过汽车,创造富裕社会,并不断谋求与人、社会及地球环境的协调,力争长期稳定的可持续性发展",可谓顺应时代潮流。而丰田的价值观"Toyota Way",译成中文为"丰田之路",由"智慧和改善"、"尊重人性"两大支柱组成,包含挑战、改善、现地现物、尊重、团队合作五个原则,其在HR管理方方面面的真正贯彻,使丰田的实力斐然。

青睐个人挑战能力

"丰田对人才的要求,会有自身的很多考察",丰田大中华区总裁堤内真一先生说,而其中三个大的要求尤为重要:

首先,"对自己的职业生涯,要抱有强烈的规划意识,并具有很高的工作热情"。丰田认为,方向的确定与脚踏实地的工作密不可分,只有对自己的职业生涯有清晰规划的人,才能发挥自身的最大优势。

其次,"能够独立思考,而非等待上司告诉自己应该怎么做"。在工作中不仅能循规蹈矩将工作完成,更能用自己的想法和创意,在一个平台上做出更大价值的人,将是我们所说的人才。

最后,个人要在很大程度上充满活力与能量。商场竞争如逆水行舟,不进则退,就丰田而言,随着今后在中国事业的快速发展,要开展的业务会逐渐增多,能对工作充满活力、敢于迎接挑战、能够承受压力的人将是丰田青睐的人才。

No work, No pay

与其他公司相比,丰田的薪酬设置没有大的不同,也遵循工资+奖金+福利补贴,只是与竞争公司比较,丰田会设定有竞争力的薪酬水平。堤内真一先生介绍,丰田贯彻"no work, no pay"原则,与"高报酬,短期合同"的欧美企业不同,丰田在一开始并不会设定很高的薪酬水平,而是确保伴随着公司的发展,不断地提高劳动条件。针对福利补贴,丰田的基本想法是:为了更健全的经营,在确保总劳务费的平衡上,会确立整体的制度与措施，将其操作固定化；公司会掌握其他公司的水平，同时保持与其他公司的竞争力；福利设定不是凭人事的主观臆测，而是充分重视员工，将员工实际要求的福利项目作为“重点”来设定。

在对员工考核方面，丰田的制度旨在能够激励那些努力工作的人，对员工的业绩，根据客观公正的评价，提示其将来的发展方向。为了进一步提高员工的意欲和能力，以培养出能够达成更高成果的人才，公司对优秀的人才将充分授权，赋予重要职位，委任难度较高的工作进行培养。

丰田工作方法

在所有的HR管理系统中，丰田的员工培训也是相当有特色的。其中，新员工培训根据招聘情况，一般为2—3个月一次，采用内部讲师形式。进入公司后，会有英语或者英语的语言培训，并正在企划丰田经销店实习和工厂实习培训，而作为销售型企业，今后还将进行市场营销的培训。此外，公司也设有层级培训，根据不同级别设置不同的培训课程，层级培训的内容为TBP（Toyota Business Practices），即丰田工作方法，它是日本丰田汽车开发的，在全球推广的工作方法课程，其核心内容为丰田的问题解决方法，以及丰田的资料制作、沟通、日程管理等，目前已开发出TBP1、TBP2两个级别。而日本丰田汽车所开发的针对不同级别的“Toyota Way”课程，今后也将被广泛引进，以对全体员工进行丰田价值观的教育。

丰田在吸引人才、留住人才、用好人才方面所做的大量工作，半个多世纪来已获益匪浅，堤内真一先生说，对于今后的发展，丰田仍然希望能不断开发最先进技术，为顾客提供高品质的车，同时也希望在“环境·安全·人才培养”方面，谋求与社会、地区的共同发展。

资料来源：2013年1月13日根据易才集团提供的文章《丰田汽车：500强HR策略》（http://www.chinahrd.net/management-planning/strategic-planning/2012/1107/122141.html）改编。

思考题：

（1）丰田汽车公司人力资源管理模式的特点是什么？哪种做法最有借鉴价值？

（2）如何评价丰田汽车的人才观？有没有创新之处？

彼得·德鲁克所说的“智力、想象力及知识”等这些“资源”，实际上都是人力资源的重要组成部分。人力资源像其他资源一样，总是不能满足人们的需求。带着“经济学眼镜”的人就会说：“人力资源具有稀缺性”。德鲁克教授认为，“管理者卓有成效的工作”是把稀缺资源转化为“成果”的关键，而一个人要想卓有成效地工作，必须“有条理”和“有系统性”。

在开篇案例中，丰田汽车公司不断总结和完善工作方法，形成了在吸引人才、留住人才、用好人才方面的有益经验，保障了公司人力资源的质量提高和价值使用，为公司战略目标的实现奠定了坚实的基础。

工作的条理性和系统性，企业的管理模式，都意味着人们在思考、决策和执行时，依据了某种概念结构或逻辑框架。这种结构或框架，对于认识问题、解决问题，具有十分重要的作用。

本章讨论与战略人力资源管理有关的这类“概念结构”或“逻辑框架”——可以称为“模型”。

2.1　模型与管理模型

人们在思考、决策和执行时所依据的概念结构或逻辑框架就是模型吗？到底什么是模型？什么是管理模型？

2.1.1　什么是模型

学习西方经济学理论的时候，第一次遇到“模型”概念。经济学者，通过假定、假定、再假定，把现实世界中的经济问题高度简化，概括出一定规律，用一个数学方程式表示出来，称其为“模型”。一个数学不好的人，误闯到理论经济学领域攻读博士学位，经常被“模型”吓得战战兢兢，最后只好转战到了管理学阵地。

据新华社报道，中国紫檀博物馆赠送了一个大型木雕模型“天坛 · 祈年殿”给法国人。这件紫檀木模型，按照与建筑实物 1:15 的精确比例，由 100 多名能工巧匠历时两年多雕制而成。[①] 又是一个模型——建筑物的缩微模型。

IBM 专家撰文指出，建立模型对于“软件和系统开发”有“积极影响”。“建模是解决管理软件开发复杂性的有效手段，能促进需求、构架、软件及系统的交流、设计与评估。”“建模贯穿于软件开发生命周期中的各个阶段”。[②] 开发软件也要建立模型，用来把复杂性的情况简单化。

经济学模型、建筑模型、软件模型……称之为模型的事物一定还有不少。究竟什么是模型呢？如果把模型等价于英文中的 model 来理解，可以概括出以下含义：

（1）依实物的形状和结构按比例制成的物品，用于展览或实验（a small copy or imitation of an existing object made to scale for exhibition or experiment）[③]；

（2）制造产品之前制作的参考雏形或结构（a preliminary work or construction that serves as a plan from which a final product is to be made）[④]；

（3）对系统、理论或现象的示意性描述，用来解释其已知的或推断的性质，也可用于进一步研究其特点。（a schematic description of a system, theory, or phenomenon that accounts for its known or inferred properties and may be used for further study of its characteris-

---

① 参见 2007 年 3 月 9 日新华社记者林晓轩巴黎报道：《中国天坛模型“入住”法国香波堡》（2007 年 3 月 10 日新华网 http://news.xinhuanet.com/overseas/2007-03/10/content_5826357.htm）。

② 参见 IBM 软件集团（IBM Software Group）软件设计师加里 · 瑟诺塞克（Gary Cernosek）：《建模的价值》（http://www.ibm.com/developerworks/cn/rational/r-vom/）。

③ 参见中国社会科学院语言研究所词典编辑室编：《（汉英双语）现代汉语词典》，外语教学与研究出版社，2002 年 11 月第 1 版，第 1362 页。

④ 参见金山词霸 2012 版软件中《美国传统词典》（双解）model 释义第 2 条。“有道词典”（2013 版软件）中《柯林斯英汉双解大词典》的“model”词条有类似的解释。

tics)。[①]

实际上,模型可以分为物理性和非物理性两类。物理模型,如“天坛·祈年殿”模型、汽车模型等;非物理模型,如经济学模型、软件模型、管理学模型等。物理模型是指现存的或构建中的真实物体的小型仿制品或雏形。非物理模型是指对一个系统、一种理论或一类现象概括、本质、抽象或直观的描述。

管理学中所谈到的模型,一般都是非物理模型,是对管理实践中的现象或规律性事物概括、本质或直观的描述。

《概念·要点》

模型可以分为物理性和非物理性两类。物理模型是指现存的或构建中的真实物体的小型仿制品或雏形。非物理模型是指对一个系统、一种理论或一类现象概括、本质、抽象或直观的描述。

2.1.2 模型化的认识

无论工商管理还是公共管理,需要解决的问题一般都十分复杂。如果能够运用一种模型——“概括、本质或直观的描述”——对需要解决的问题加以认识,往往会有事半功倍之效。

一位麦肯锡公司(McKinsey)的专家认为,商业问题的解决是一个有机的、复杂的过程,和医生看病的过程很相似。病人说自己在发烧,嗓子痛、头疼、鼻塞,浑身不舒服,感冒了!医生不会完全相信病人的自我感觉和结论,一定会翻看病历,问一些探究性的问题,然后做出自己的诊断。发烧可能是感冒所致,也可能是得了更严重的病。

有一家投资银行要求麦肯锡解决“提高赢利能力”,这就像一个病人告诉医生“我觉得不舒服,帮我治疗”一样。麦肯锡的一个团队应邀为一家制造业公司的分公司评估扩张机会。经过数周研究,这个团队发现,这家分公司需要的不是扩张,而是关闭或出售。[②]

面对复杂、多变的有机性商业问题,麦肯锡的解决之道有三个特征:(1)以事实为基础;(2)严格的结构化;(3)以假设为导向。其中,结构化对于麦肯锡咨询顾问而言,与其说是一种思维工具,不如说是一种生活方式。(For McKinsey-ites, structure is less a tool and more a way of life.)

在麦肯锡的意识中,“事实”只是“基础”;“解决问题的过程并非始于事实,而是从结构开始”。什么是结构?麦肯锡的定义是“解决问题的特殊分析框架,通常是指界定问题的边界并将问题细分为组成部分”(Structure can refer to particular problem-solving frame-

① 参见金山词霸 2012 版软件中《美国传统词典》(双解)Model 释义第 4 条。“有道词典”(2013 版软件)中《柯林斯英汉双解大词典》的“Model”词条有类似的解释。

② 这里关于麦肯锡专家的介绍,参见〔美〕埃森·M. 拉塞尔著,赵睿等译:《麦肯锡方法》,华夏出版社,2003 年 3 月第 1 版,第 7 页。

works or more generally to defining the boundaries of a problem and then breaking it down into its component elements.)

麦肯锡的咨询顾问的结构化思维模式称为“MECE”(读作“me-see”),意思是“相互独立,完全穷尽”(Mutually Exclusive, Collectively Exhaustive),就是在解决问题时,要列出问题的各项组成内容。问题的组成内容确定以后,再仔细推敲,核实审查每一项内容是不是独立的、可以清楚区分的事项。如果答案是肯定的,那么,内容清单就是“相互独立的”。如果可以确定所要解决问题的每一个方面,都出自内容清单的一项(而且是唯一的一项),也就是说,想到了问题的所有方面,则内容就是“完全穷尽的”。①

通过 MECE 模型至高的条理化(使困惑减至最少)和至善的完备性,分析家能够清晰梳理出事物脉络,迅速把握问题的实质。麦肯锡解决问题之道,可以证明模型化的认识的价值。

《知识·信息》

专栏 2-1 如何发现和聘用合格的人才

在和大中华区的企业领导交流时,我发现不管是哪个行业、企业规模大小,不同国别的高层管理者都有一个共同担心的问题,那就是如何发现和聘用合格的人才。

虽说培训和留住人才同样不容忽视,但首要的还是人才的发现及聘用。

(2012 年)10 月 29 日,《财富》杂志刊登了一篇由 Gazelles 公司 CEO 维尔纳·哈尼什(Verne Harnish)撰写的文章,对我很有吸引力。文中的一些角度极富创意,令人耳目一新。哈尼什常为《财富》杂志撰稿,也是德高望重的商务会议演讲人。而 Gazelles 公司从事的正是经理人教育行业。

他的建议分为五个部分。

第一,要像冠军队教练那样“选好板凳队员”(build your bench),不要等缺人时再现抓。应该持续不断地搜寻人才,与你瞄准的对象保持接触,建立关系。还要让你的骨干定期地推荐潜在的候选人。

第二,要“找对圈子”(play in the right sandboxes),或者是“在目标人群出没的地方出没”(hang out where the people you're looking for hang out)。行业协会的会议以及专业媒体都是有效的渠道,可以透过它们找到具备相关技能和经验的人才。

第三,“尝试游击战术”(try guerilla tactics)。因为好的人才都在为别人打工,所以要想办法去识别、结识、培养他们。他举了个例子,一位企业领导在商业读物上看到一些业界翘楚,于是就给他们打电话,结果在这个过程中就聘到了绝佳的人才。

第四,“修改岗位描述”(tweak the job description)。有时候重新编写岗位描述会对应聘者的数量和质量产生意想不到的效果。而标准的人事招聘岗位描述通常都比较枯燥乏味。

---

① 参见〔美〕艾森·拉塞尔和保罗·弗里嘉著,张涛、赵陵译:《麦肯锡意识》,华夏出版社,2002 年 1 月第 1 版,第 1—2 页。(这里引用的英文,摘自原版 *The McKinsey Mind*。)

第五，“成为名人”（become a celebrity）。不是每位CEO都能成为名人，但那些名人CEO通常会吸引到更多的顶级人才加盟。通过CEO办公室出书、有效曝光和公开演讲都可以提高企业的声望。

在哈尼什提出的五点基础上，我想再补充一点，即“登上《财富》世界500强排行榜”，这一点也特别适合于中国。

今年年初，我和一家刚入选世界500强的中国公司的CEO见面，他说公司上榜仅几周后，应聘公司职位的人数就大幅攀升。

以上说明：发现和聘用人才是企业高层需要持之以恒重视的工作。

要强调的是：由于各国文化不同，行动方式会有所区别。前文提到的杂志文章所包含的一些例证就可能会因为过于西化而令中国读者侧目。尽管如此，文章的要义还是切中要害的。

资料来源：整理自“东8时区GMT+8”博客文章《如何发现和聘用合格的人才》（2013年3月10日财富中文网：http://app.fortunechina.com/blog/gmt8/archives/140）。

≮概念 · 要点≯

模型化认识，就是运用一种模型——“概括、本质或直观的描述”，认识并解决复杂的管理问题，以达到事半功倍的效果。

2.1.3 管理模型

管理模型（management model）属于非物理模型，可以理解为对管理实践或管理理论中一个系统、一种理论或一类现象本质的或直观的描述。

以麦肯锡7S模型为例。① 管理咨询专家考察了美国40多家获利能力和成长速度表现卓越的公司的发展之路，分析了日本企业的成功经验。研究发现，企业成功的决定要素主要有7种，简称7S：

（1）共同价值观（shared values）——员工享有共同的价值观是7S模型的核心，回答诸如组织赖以构建的基础是什么，组织的信仰和态度又是什么等问题。

（2）战略（strategy）——对企业稀缺资源进行配置的规划，以满足企业不同时期的发展需求，实现企业既定的发展目标。涉及环境、竞争和客户等要素。

（3）结构（structure）——组织内部各部门之间的联系形式，如集中化形式、功能化形

① 这里对麦肯锡7S模型的介绍，参见（1）中国管理咨询网《什么是7S模型?》（http://www.chinamc.org.cn/pages/315/8315.htm）；（2）《21世纪经济报道》文章：《麦肯锡7S模型与HRM》（http://www.arch -world.cn/article/article.asp? sn = 4333-20031022-0008）；（3）12MANAGE网《麦肯锡7-S Framework［7S架构］解析》（http://www.12manage.com/methods_7S_zh.html）。

式、去中心化形式、矩阵和网络化形式等。

(4) 系统(system)——组织中各项任务的运作流程与操作程序,如财务系统,招聘、晋升和绩效考核系统,信息系统等。

(5) 员工(staff)——组织内雇员的数量与构成。

(6) 风格(style)——组织的文化风格(cultural style),以及管理人员的工作风格等。

(7) 技能(skills)——员工个人的能力或组织作为整体所反映出来的独特能力。

这 7 种要素决定了组织的运行模式。其中,战略、结构和系统构成理性的“硬”框架,而员工、风格、技能和共同价值观形成感性的“软”环境。只有“软”“硬”条件兼备,软硬兼施,强弱有度,刚柔相济,才能够保证组织战略的有效实施,才可能把组织航船驶向成功的彼岸。7S 模型已经成为麦肯锡重要的管理咨询工具,对于诊断组织效率、指导组织变革,具有重要的应用价值。图 2-1 为麦肯锡 7S 模型示意图。

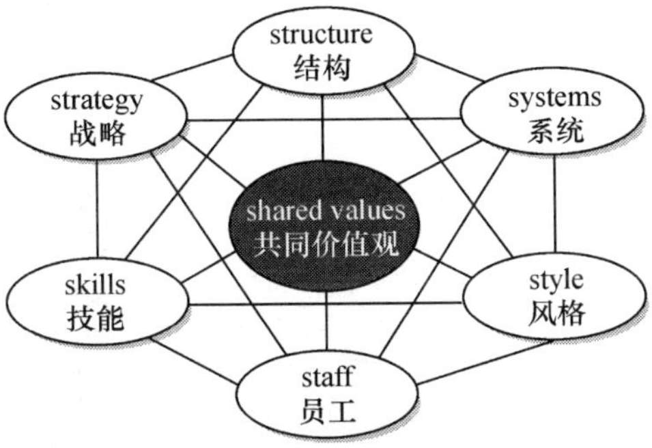

图 2-1　麦肯锡 7S 模型示意图

显然,麦肯锡 7S 模型是管理模型的一个典型例子。管理咨询专家通过对大量管理实践活动的观察与分析,发现了成功企业取得成功的 7 种关键要素,以及 7 种要素之间高度相关、相互作用、全面协调,对于保持和提高组织绩效、实现组织战略目标的重要意义,从具体的实践活动,概括出具有规律性的本质认识,建立了分析、指导管理活动的模型。

《概念·要点》

管理模型属于非物理模型,是对管理实践或管理理论中一个系统、一种理论或一类现象本质的或直观的描述。

2.2　战略管理模型

按照对管理模型的界定,战略管理模型(strategic management model),自然可以认为是对战略管理实践或战略管理理论中某种系统、理论或现象本质的或直观的描述。

2.2.1 模型的逻辑

战略管理理论以战略管理实践为基础,而战略管理实践是在市场经济规律的作用、竞争态势的影响、组织使命与目标的实现以及组织物力资源与人力资源条件保障之下进行的活动。

战略管理实践活动,包括一系列环节:审视环境状况、盘点组织资源、研究战略方案、选择战略目标、落实战略计划、评估战略绩效。

因此,战略管理模型的逻辑,基于实践活动,寓于战略制定、战略实施和战略评价三部曲之中。

2.2.2 模型的结构

战略管理模型的逻辑贯穿在战略的制定、实施和评价三个环节之中。模型的结构如图 2-2 所示。①

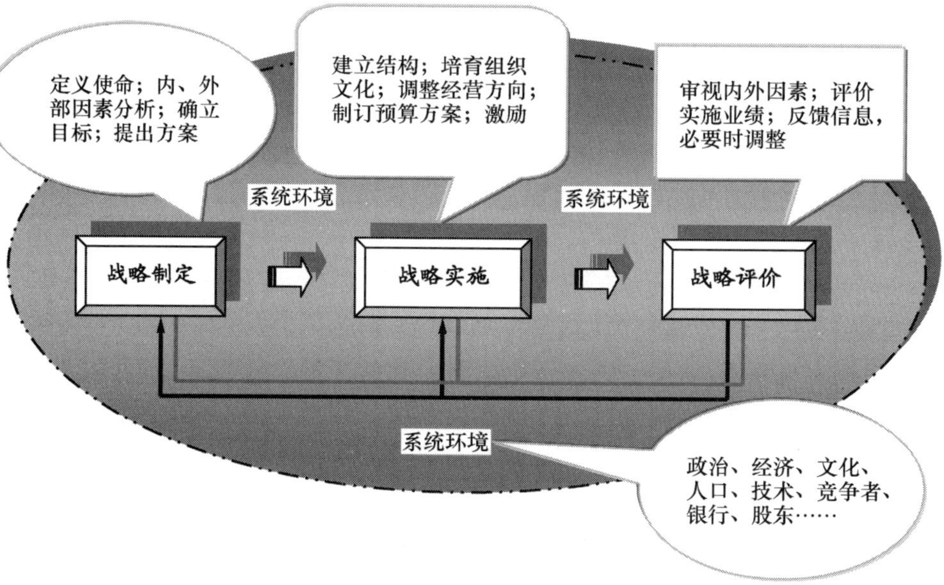

图 2-2 战略管理模型

一个组织的战略管理活动,从总体上可以分解为三个阶段。首先是战略制定,需要做的工作包括确立组织的使命(mission),判断组织外部环境中面临的机会与威胁,分析外部组织内部的优势与劣势,选择战略目标,提出战略方案。战略的实施,需要调整优化或重新建立组织结构,培育有利于实现战略目标的组织文化,做好资源准备,建立有效的激励机制。在战略完全实施或实施过程中,需要不断进行绩效评估活动,审查战略目标的实现情况,及时做出修正,以确保战略管理活动的有效性和收益的最大化。

① 参见王建民编著:《战略管理学》,北京大学出版社,2006 年 8 月第 2 版,第 48 页。

≺概念・要点≻

战略管理模型的逻辑，基于实践活动，寓于战略制定、战略实施和战略评价三部曲之中。

2.3　人力资源管理模型

一个组织的战略需要管理，人力资源更需要管理（参见知识・信息专栏 2-2）。

按照界定战略管理模型的逻辑，人力资源管理模型（human resource management model），可以定义为人力资源管理实践或理论中某种系统、理论或现象本质的或直观的描述。

2.3.1　模型的基础

这里所谈的人力资源管理模型，主要是指对一个组织中的人力资源管理实践活动直观而本质的描述。模型以实践为基础。一般而言，组织内部的人力资源管理实践，包括战略规划、员工招聘、测试选拔、培训发展、绩效评价、薪酬福利、劳动关系和国际管理等活动。

组织规模不同，政策不同，人力资源管理的内容也会有所差别。比如，规模较小的公司，可能没有员工培训，不考虑员工职业生涯发展问题，劳动关系很简单，更没有国际员工管理问题。还有的公司可能会把部分人力资源任务“外包”（outsourcing），由专业的人力资源管理服务机构来完成。组织中人力资源管理活动不同，所运用的模型的结构自然有差异。

≺知识・信息≻

专栏 2-2　2013 年十大热门管理职位

经理人招聘市场有什么好消息吗？2012 年抑制企业招聘需求的种种不确定性正在减弱。新的一年里，医疗、金融服务、信息服务等领域都将需要招聘大量的管理人才。

对于科技型经理人的需求持续增长并不奇怪，但一项最新研究显示，对于具备其他一些技能的经理人的需求同样也在增长。

经理人招聘市场有什么好消息吗？国际猎头公司 CTPartners（前 Christian & Timbers）的 CEO 布莱恩・苏利文（Brian Sullivan）表示，抑制 2012 年企业招聘需求的经济和政治不确定性正在减弱。他说：“随着美国总统大选结束，经济显现向好迹象，CEO 们对于未来一年的展望更加清晰，有些已经跃跃欲试。”

“我们预计不会出现重大的资本投资，但即便是一些谨慎的公司也表示，有一些计划要推进。"他补充称。"大局已定后,他们可以放手进行战略性投资了。"医疗行业尤其如此,苏利文称,"医疗改革正在推动大型制药商、医疗设备和诊断公司提高效率"——他预计2013年这个领域会大量招聘。

苏利文的预测根据是CTPartners的第18届企业亟需管理人才年度调查。调查得出了2013年十大热门管理职位。

医疗领域:

1. 首席运营整合官(chief operations and integration officer)。"医院不能继续按原有模式运营下去。它们需要创建新的合作关系和联盟。"苏利文指出。首席运营整合官的主要工作包括:制定新战略,推动商业模式的转变。

2. 首席商务官(chief business officer)。调查称:"随着医疗硬件、软件和信息学的交叉增长,亟需能够应对新的监管法规、医疗和经济挑战的经理人。"

3. 市场准入副总裁(vice president of market access)。这份报告指出:"市场准入是生物科技、制药、设备和医疗诊断公司的热点。"面对不断变化的市场准入,一些公司已经落后,同时还称,很多新产品的推出需要"全新的考量"。

金融服务领域:

4. 合规经理(compliance manager)。加强监管,意味着公司需要通晓复杂法规【包括多德—弗兰克法案(Dodd-Frank)和消费者保护法案(Consumer Protection Act)】的合规团队。

5. 首席风险官(chief risk officer)。这份报告指出:"2008年金融危机以来,这个岗位已经成为一个关键岗位。首席风险官负责管理从企业风险,到市场信用,再到运营风险的所有类型风险。"

6. 新兴支付官(emerging payments officer)。如今人们支付产品和服务的方式中"蕴藏了海量的宝贵数据,将引领未来十年的消费者策略",这项研究指出。尤其是银行,"它们对消费者的行为非常了解。支付官如果能利用好这些数据,潜力无限。"

信息技术领域:

7. 数字营销副总裁(vice president of digital marketing)。数字渠道的扩张似乎永无止境,这项研究指出,企业亟需"经理人能打造跨越社交媒体、移动媒体和数字标牌等多平台的战略性营销活动"。

8. 消费者互联网负责人(consumer Internet chief)。负责一家公司整体的互联网表现,"制定的互联网策略覆盖……内外推广、内容创造、设计和在线合作"。

9. 大数据分析主管(head of analytics, Big Data)。报告称,随着公司内部数据量的不断增长,"由专人负责这些数据的有效利用"变得非常重要。这些人"堪称数据科学家,能够像大海捞针一样从巨量数据中发现价值"。

10. 云服务副总裁(vice president, cloud services)。急需技术经理。他们需要能够开发出下一代通过远程数据服务器提交的互联网软件和服务;如果"曾在一家赢利的云服务公司工作过",那就更好了。

当然,高端科技人才热已持续有一段时间了。据这项研究显示,CTPartners的客户聘用的IT经理人数量在2009年至2012年间激增了255%,预计今年"数字行业聘用人数将呈现两位数增长”。

资料来源：整理自财富中文网，安妮 · 费希尔（Anne Fisher）《2013 年十大热门管理职位》（2013 年 3 月 1 日：http://www.fortunechina.com/management/c/2013-02/06/content_143476.htmng/strategic-planning/2013/0222/188323_2.html）。注意：这是对美国职业市场的判断。

2.3.2　模型的构成

图 2-3 所示，为大型组织中，职能比较完整的人力资源管理模型。模型中，既有战略规划，员工的招聘与选拔、培训与发展，又有绩效评价、薪酬与福利管理和劳动关系管理，还有国际员工的管理，几乎涉及人力资源管理职能的所有方面。

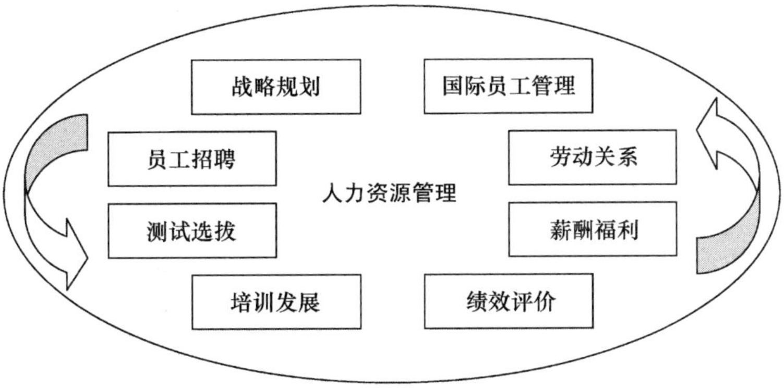

图 2-3　人力资源管理模型

〈概念 · 要点〉

人力资源管理模型，是对组织中人力资源管理实践活动直观而本质的描述。人力资源管理实践活动，主要包括战略规划、员工招聘、测试选拔、培训发展、绩效评价、薪酬福利、劳动关系和国际员工管理等。

2.4　战略人力资源管理模型

如前所述，战略人力资源管理，是指“为了完成组织战略使命，实现组织战略目标，落实组织战略计划，规划、获取、配置、使用与建设组织中员工生产能力的一系列政策措施和实践活动”[①]。

同样的道理，战略人力资源管理模型（strategic human resource management model），是

① 详见本书 1.3.3“战略人力资源管理”。

对战略人力资源管理实践或理论中,“某种系统、理论或现象本质的或直观的描述”。战略人力资源管理模型,与战略管理模型和人力资源管理模型,既有联系,又有区别,具有高度的相关性。

2.4.1 模型的内在关系

战略人力资源管理模型的内在关系丰富而复杂,这里主要说明两种:一是人力资源与组织战略制定的相关性,二是人力资源与组织战略实施的重要性。

人力资源与组织的战略密切相关。组织为了完成使命而确定分阶段、分层次、分部门战略目标。制定恰当的战略,是实现目标的重要保证。战略的制定,必须以分析环境中的机会和威胁,以及系统内的优势和劣势为基础。环境分析和系统分析,必须重点考察人力资源因素。而且,分析、选择本身的质量,取决于人力资源质量。人力资源是“第一资源”,是组织战略目标顺利实现的必要条件和根本保证。图 2-4 为人力资源与组织战略制定的关系示意图。

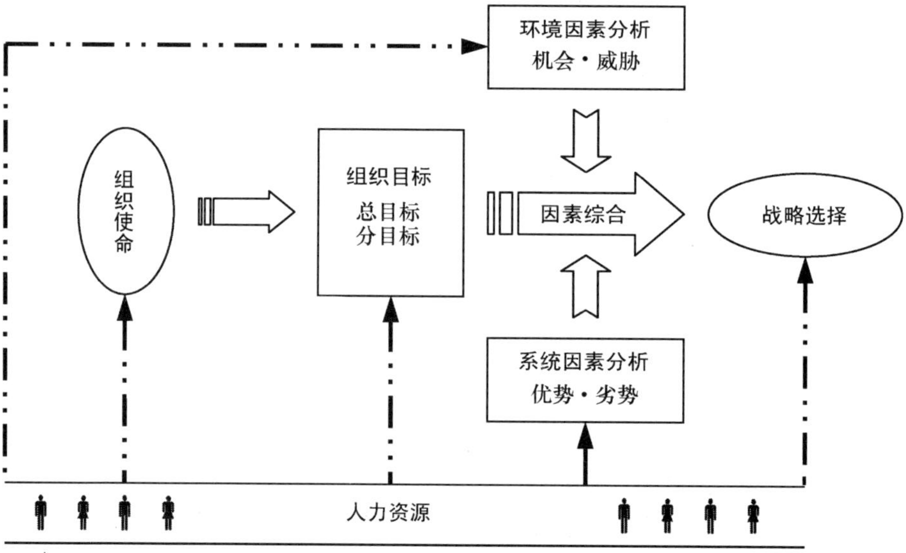

图 2-4 人力资源与组织战略制定的关系

战略的实施,对组织资源,特别是人力资源(知识、技能和文化)的需求,往往会发生变化。这时,人力资源管理部门,需要开展一系列工作,使人力资源能力得到提高,需求得到满足,进而使员工的行动更加积极和有效率。积极的、有效率的人力资源,是保持和提升绩效水平的保证,是实现组织战略目标的必要条件。图 2-5 为人力资源与组织战略实施的关系示意图。

2.4.2 模型的外在形式

内在关系决定外在形式。根据人力资源与组织战略制定和战略实施的关系,可以描绘出战略人力资源管理模型的逻辑示意图。

如图 2-6 所示,组织制定和实施新的战略,必然对人力资源的需求,即对员工的知识、

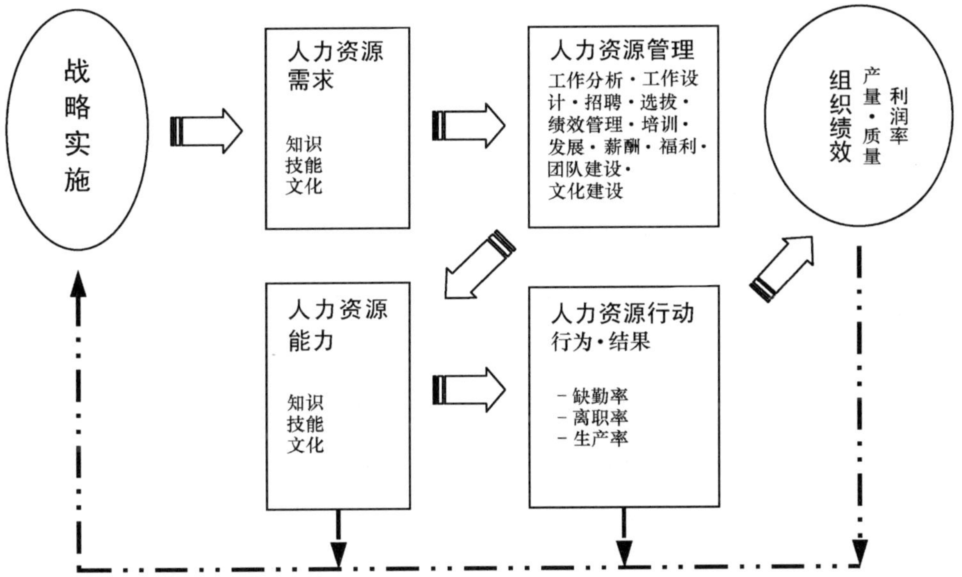

图 2-5　人力资源与组织战略实施的关系

技能、态度及其数量和质量发生变动。此时，人力资源管理部门，需要及时制定满足组织战略要求的人力资源战略规划。按照规划中的目标，人力资源管理部门通过一系列的人力资源管理实践活动，调整或变动人力资源的供给状况，以满足组织战略对人力资源的需求。

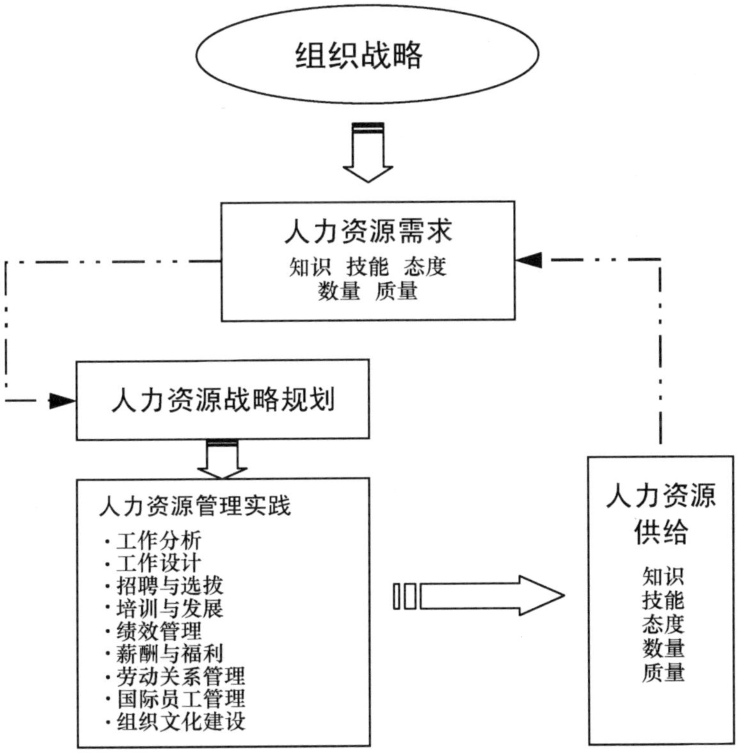

图 2-6　战略人力资源管理模型示意图

2.4.2 本书的逻辑模型

本书由四篇 9 章组成。逻辑关系模型如图 2-7 所示。

第一篇，概念与模型，包括“战略人力资源管理概念”和“战略人力资源管理模型”两章。第二篇，规划与获取，由第 3 章“战略人力资源规划”、第 4 章“战略人力资源招聘”和第 5 章“战略人力资源选拔”三章组成。第三篇，绩效与薪酬，包含第 6 章“战略人力资源绩效管理”和第 7 章“战略人力资源薪酬福利”。第四篇，建设与关系，由第 8 章“战略人力资源能力建设”和第 9 章“战略人力资源员工关系”构成。

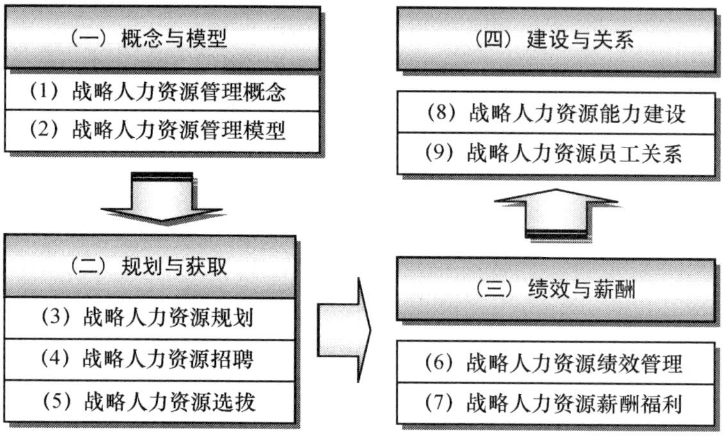

图 2-7 《战略人力资源管理学》模型

❑ 要点回顾

■ 模型可以分为物理性和非物理性两类。物理模型是指现存的或构建中的真实物体的小型仿制品或雏形。非物理模型是指对一个系统、一种理论或一类现象概括、本质、抽象或直观的描述。

■ 模型化认识，就是运用一种模型——概括、本质和直观的描述，认识并解决复杂的管理问题，以达到事半功倍的效果。

■ 管理模型属于非物理模型，可以理解为对管理实践或管理理论中一个系统、一种理论或一类现象本质的或直观的描述。

■ 战略管理模型，自然可以认为是对战略管理实践或战略管理理论中某种系统、理论或现象本质的或直观的描述。

■ 战略管理模型的逻辑，基于实践活动，寓于战略制定、战略实施和战略评价三部曲之中。

■ 人力资源管理模型，可以定义为人力资源管理实践或理论中某种系统、理论或现象本质的或直观的描述。

■ 人力资源管理模型，是对组织中人力资源管理实践活动直观而本质的描述。人力资源管理实践活动，主要包括战略规划、员工招聘、测试选拔、培训发展、绩效评价、薪酬福利、劳动关系和国际员工管理等。

■ 战略人力资源管理模型，是对战略人力资源管理实践或理论中，某种系统、理论或现象本质的或直观的描述。战略人力资源管理模型，与战略管理模型和人力资源管理模型，既有联系，又有区别，具有高度的相关性。

□ 思考与练习题

2.1　什么是模型？采用模型的意义何在？

2.2　如何理解模型化认识？举例说明。

2.3　管理模型的主要特点有哪些？

2.4　战略管理模型与人力资源管理模型有什么联系？

2.5　简要说明战略人力资源管理模型的内在关系和外部特征。

□ 案例研究

新沃尔沃："掘战"中国前的人才整合

以最多元的管理团队捍卫北欧血统，以最快捷的决策链条穿越文化磨合期，这个瑞典品牌肩负着吉利双核运营的艰巨使命——在最轰动的中国汽车业跨国并购整合案一周年之际，张芃、沈晖、斯蒂芬·雅克布(Stefan Jacoby)……陆续加入参与收购的数十位明星职业经理人，逐渐从镁光灯下退场，回归日常运营。企业内部的中西文化如何融合？庞大的后续经营资金从何而来？如何打破德系三强牢牢控制的全球高端汽车市场格局？

沃尔沃是瑞典最大的轿车公司，即使在金融危机严重的2008年，仍保持了35.9万辆销量、147亿美元(约合1 000亿元人民币)的销售收入。而吉利总资产只有230亿元人民币，进入汽车业不过十年，资质平平。况且，中国企业在消费领域的大型海外收购，TCL收购汤姆逊，联想收购IBM个人电脑业务，上汽收购双龙，均险象环生。

时至今日，这桩举世瞩目的并购案除去百日交割，磨合期只有260多天。但已经出现"矛盾"现象——一方面，沃尔沃自身的造血机能已出现康复迹象。2011年前6个月沃尔沃全球销量同比增长20.3%，达23.1万辆，中国区销量同比增长36%，约2.1万辆。由于销量上涨，沃尔沃在瑞典当地增招了1 200名员工以扩大产能，同时，委托第三方调查的最新数据显示，沃尔沃全球员工的满意度达到了84%，这是近几十年来的最高满意度指数。

关于北欧血统，李书福，这位中国的"本田宗一郎"说，"我要让沃尔沃放虎归山，恢复自由，找回当年的感觉，恢复当初的野心，才是市场竞争的斗志。"

吉利并购沃尔沃之后，沃尔沃中国区董事长沈晖悄悄辞去沃尔沃全球董事一职，由张芃辞任吉利控股副董事长，以独立董事身份接替沈晖，进入沃尔沃全球董事会。收购之初，李书福对瑞典政府、福特和沃尔沃管理层做过如下承诺：瑞典哥德堡总部不变，欧洲的产能、生产设施不变，在瑞典的研发中心地位和作用不变，与工会、供应商和经销商签订的所有协议不变。此外,他还承诺,沃尔沃的知识产权及生产体系、营销网络、管理团队及品牌运营均保持独立。而兑现上述承诺最关键的举措,在于董事会的全新打造。

在西方商界,董事会是各方利益制衡的战略决策机构,需兼顾稳定与多元化,方能对公司管理层及运营给出正确指引。欧洲人的忧虑是本能的:董事会吉利会占几个席位?老沃尔沃人呢?2010年9月15日,哥德堡,收购完成后沃尔沃第一次召开新董事会,新任董事会成员共11人悉数出席。窗外,第一次升起了五星红旗。新董事们亮相,让欧洲舆论松了一口气。在洛希尔银行、猎头公司的推荐下,李书福和沈晖共同面试了董事会人选。"我们真正做到了全球海选。从国籍上看,有瑞典、丹麦、德国,我是加拿大籍,中国人只有李书福和霍建华。"沈晖告诉记者。而且,除了李书福和沈晖,董事会其他成员没有一个是吉利背景。

组建这样一个具有多元背景和经验的董事会,以保证沃尔沃决策的独立性,原有沃尔沃全球管理层则基本保留。原首席执行官斯蒂芬·欧德尔(Stephen Odell)前往福特汽车,出任福特欧洲公司董事长兼首席执行官;原首席财务官斯图亚特·罗利(Stuart Rowley)到福特,出任福特欧洲首席财务官,这些都只是一些必要的人事调整。整个公司的晋升机制也基本沿袭老沃尔沃的一套,只是在一些指数上微调。事实上,吉利之所以采取这种方式,除了要兑现承诺,也有多方面考虑。

首先,李书福深谙国人心态。如果中国人管理一个豪华汽车品牌,消费者反而不愿接受。而由欧洲人来管理,更符合中国人对豪华车的认知,在此基础上适当添加中国元素更易成功。此外,沃尔沃品牌积淀深厚,民营企业吉利仅凭一己之力难以驾驭,必须以跨国公司的治理结构来规范。况且,中国企业在驯服跨国企业的整合课题上鲜有建树——李书福明白,现阶段最重要的两件事,便是"借力"和"放手"。

由于此前李书福多次公开强调"沃尔沃未来有瑞典、中国两个本土市场",让外界过分解读为"未来只有中国市场才能救沃尔沃"。事实上,李书福自己清楚,稳定西方市场是沃尔沃的当务之急。"中国市场对沃尔沃很重要,但最起码到今天为止,中国市场对沃尔沃全球来讲根本不重要,没有中国市场,沃尔沃也会发展得很好。"李书福说,"目前最重要的是先把西方市场发展巩固加强好。"

沃尔沃作为一个从欧洲起步的跨国公司,全球业务结构是否均衡,尤其是传统市场能否保持,才是衡量收购成功与否的核心标准。而达到全球业务均衡发展,必须"沃人治沃"。任命雅各布为首席执行官,正是"借力"思想主导的结果。沈晖说:"雅各布是从五个候选人中面试出来的。雅各布选得很对,来自世界上最成功的一家汽车公司——大众,精通中、日、德、美市场,从沃尔沃的角度覆盖了世界上最重要的市场。"同时,他强调说,由于和大众高端品牌奥迪之间的良好联动,大众汽车集团会成为日后借鉴的榜样。

对沃尔沃西方市场的策略是"放手"和"借力",而中国市场则需要花费更多心思。在沈晖的带领下,沃尔沃中国短短一年间从无到有筹建起一个全方位、全职能的业务结构,统领今后沃尔沃汽车在华一系列子公司,其包括产品开发、制造、质量控制、采购、销售、市场与客服,以及投资者关系、财务、法律、人力资源与公共事务等十多项功能。目前沃尔沃中国有1000人,只有200人是老沃尔沃员工。

相比沃尔沃最初在中国设立的办事处,沃尔沃汽车中国销售有限公司,现在的沃尔沃中国区是一个瑞典总部的“复刻版”,这种独特的模式在以往的跨国公司中鲜有案例。一段时间以来,沈晖、童志远作为新的新兴市场领导人,与原来以亚历山大·柯力士(Alexander Klose)为核心的沃尔沃中国经营团队之间将如何分工与整合,令人遐想。

收购交割完毕后,沃尔沃中国区和沃尔沃中国销售公司的员工互不认识、沟通不畅。很多时候是通过媒体隔空阐述自己的想法。最终,原沃尔沃汽车中国销售有限公司CEO柯力士被纳入沃尔沃中国区销售业务,不再汇报给瑞典总部,转而汇报给沈晖。柯力士离职,沃尔沃中国收权成功。

2011年1月,荷兰人理查德·施耐翔(Richard Snijders)接替柯力士,任沃尔沃汽车中国销售公司总裁兼首席执行官。他曾在沃尔沃汽车全球销售与市场部门任职多年,在美国、瑞典、澳大利亚、英国和德国有着丰富的工作经验。在日本工作之前,他担任沃尔沃汽车公司全球的市场部门负责人。用沃尔沃中国一位人士的说法,“他对工作更积极主动,沟通更畅通”。实际上,并购行为背后的人事变动,多是因旧员工心态微妙带来的沟通不畅造成,有时候,调整是必然的。

目前,施耐翔面临的课题是:如何适应沃尔沃总部和沃尔沃中国区,这两个看似从属却又相对独立的系统。无可否认的是,未来沃尔沃的本土化战略将更多地体现中国色彩。从管理架构上,沃尔沃中国原则上向沃尔沃瑞典总部汇报。“大的事情比如产品规划需要和总部沟通,不会单独去搞一套。我们每个月具体的销售策略、经销商开发、售后服务怎么开发都自己决定,不需要总部的许可。”沈晖如是说。大量涉及中国市场的决策仍由李书福及沈晖的团队来运筹帷幄。“碰到中国具体事情,李董事长直接打我电话很正常。大的事情李书福会在董事会上提出来。”沈晖透露,“以后开发车型会以我们的诉求为主,瑞典总部对细节提供支持,保证质量技术统一。”

以欧洲的技术品质,美国的营销,日本的服务,来打造全新的沃尔沃汽车,这是李书福的理想目标。而对李书福而言,最大的挑战则是自己。驯服一个北欧品牌,中国人本不擅长。更何况,沃尔沃是一种有着类似“双总部”的新型跨国公司,除了要学习更多跨国公司治理经验外,这位汽车制造狂热分子还需兼顾各种利益链条的平衡。跨国并购后的整合历来是险路一条,260天,仅仅是起步。

资料来源:钱诚改编自《环球企业家》,《沃尔沃:高端品牌的跨国运营路》(2013年3月5日:http://www.chinahrd.net/management-planning/strategic-policy/2011/1011/9790.html)。

● 思考与讨论题

2.1 吉利整合沃尔沃的汽车业务,一定要整合沃尔沃的人力资源吗?

2.2 吉利在整合沃尔沃人才资源的过程中,遇到的最大挑战是什么?

2.3 为了适应新的发展战略要求,新沃尔沃应该如何创新人力资源管理模式?

第二篇　规划与获取

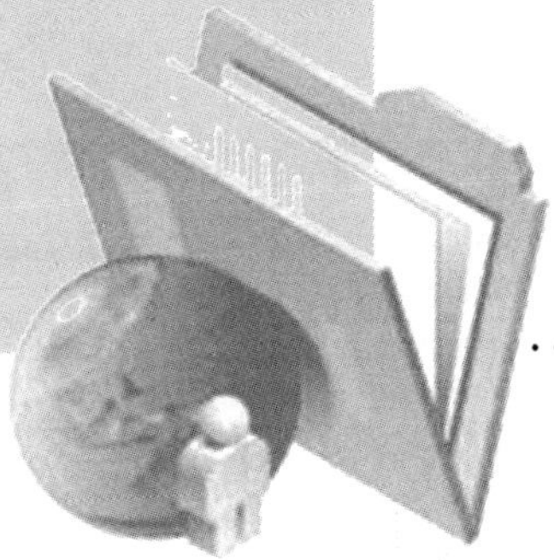

第3章

战略人力资源规划

To make strength productive is the unique purpose of organization.

Its task is to use the strength of each man as a building block for joint performance.

The executive…does not make staffing decisions to minimize the weaknesses but to maximize strength.

——Peter F. Drucker

【充分发挥人的长处，才是组织存在的目的。

管理者的任务，就是要充分运用每个人的长处，共同完成任务。

管理者……的用人决策，不在于如何克服人的短处，而在于如何发挥人的长处。

——彼得·德鲁克】

主要内容

- 框架与内容
- 程序与技术
- 执行与评价

逻辑模型

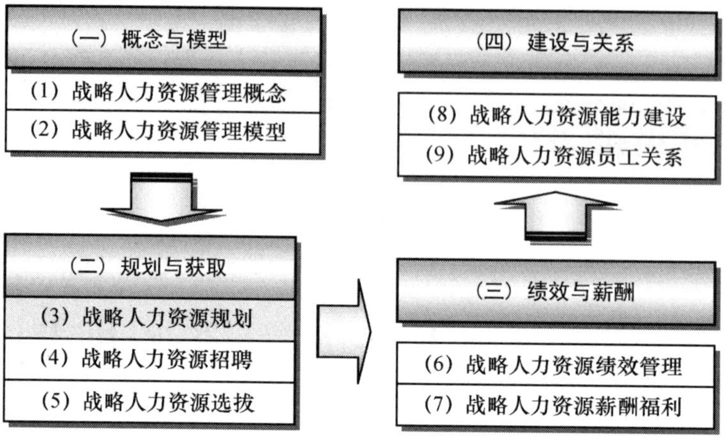

核心概念

战略人力资源规划(strategic human resource planning)
规划技术(planning techniques)
预测(forecasting)
德尔菲法(Delphi method)
趋势分析法(trend analysis)
马尔科夫分析法(Markov analysis)
预测技术(forecasting techniques)
需求预测技术(forecasting techniques for demand)
供给预测技术(forecasting techniques for supply)
内部供给预测(internal forecasting for supply)
外部供给预测(external forecasting for supply)

预期目标

通过本章学习,你可以获得以下知识和能力:

- 认识战略人力资源规划的概念框架;
- 了解战略人力资源规划的主要内容;
- 明确战略人力资源规划的基本程序;
- 掌握战略人力资源规划的重要技术;
- 了解执行战略人力资源规划的主体与原则。

开篇案例　星巴克:伙伴关系下的人力资源规划

在星巴克,从CEO霍华德·舒尔茨到普通店员,相互之间是一个奇怪的称呼——伙伴，对除门店以外的其他公司部门，则一概统称星巴克支持中心。在星巴克，“伙伴”被看成是“销售美好体验”的最关键环节，也在不断强化的过程中成为星巴克公司文化的一个重要成分，而另一个星巴克文化的成分，就是员工的薪酬福利措施。

星巴克有一个特别的豆股计划，它从 1991 年（中国内地是 1999 年）开始为员工提供一定比例和份额的公司股票折价购买机会，即便你是兼职员工，在满足了最低工时要求的条件下也同样能够享受，此外还有为每周工作超过 20 小时的员工提供的卫生、扶助方案及伤残保险等额外福利措施……这些优于行业平均水平的员工激励政策也在全球范围内被视为星巴克在职场上竞争力的重要表现。

余华是星巴克（中国）伙伴资源副总裁——就是通常公司里的人力资源经理，她介绍说，对于每一位新加入星巴克的员工，除了对自己伙伴身份的新鲜感，他们还会接受一系列培训，包括除了所在岗位要求的业务培训和每个员工都需要完成的咖啡知识和门店经营培训。

2012 年 11 月，星巴克（中国）大学成立，这个面向公司内部所有员工开放的培训平台与咖啡知识培训、门店经营培训一起构成了完整的星巴克“伙伴”教育。卖一杯咖啡也许真的不仅仅只是卖了一杯咖啡，星巴克的确让员工和很多顾客都相信了这一点。但如果从职场角度来说，这种工作状态和效果显然不是让员工互称伙伴就能够实现的。那么星巴克还有哪些办法？它的培训系统和福利措施又有哪些具体设置？

星巴克的员工构成

作为一家咖啡连锁零售商，星巴克的绝大部分员工都集中在门店，最近几年星巴克在中国的员工招聘总数每年都在 6 000—7 000 人左右，而其中超过 90% 的新人都会以门店员工的身份进入星巴克。星巴克计划未来两年将在全球新开 2 400 家门店，在中国内地的计划是两年内将门店增加到 1 200 家——这将带来更多的工作机会。

星巴克门店和支持中心的人员是双向流动的。比如说，一位具备意愿的门店员工在得到经理的推荐之后，可以参加支持中心的空缺职位面试。余华说，每一年星巴克都有超过 20% 的门店员工进入支持中心。

星巴克的招聘方式

（1）校园招聘——管理培训生项目：在星巴克 2013 年面向校园的管理培训生招聘计划中，开放职位的部门均为门店，到目前为止招聘的管理培训生数量约为 400 名。毕业生在提交求职申请之后，还要完成星巴克的在线测评和面试。管培生进入星巴克之后与社招员工的发展机会基本相同，但前者通常能够在 9—15 个月的时间里成长为门店副理。

（2）社会招聘和内部员工推荐：针对门店普通员工的岗位，星巴克更多还是面向社会公开招聘。当然门店员工也可以向公司推荐适合的人选——星巴克也更乐见这种方式——候选人只需要通过面试便可以进入到该门店工作。

（3）管理培训生：除了每年面向大学校园招聘一部分管理培训生，星巴克内部员工也可以向公司申请加入管理培训生计划。

（4）其他途径：由其他社招途径进入星巴克的员工可以有更多选择，比如可以跳过门店直接申请支持中心的岗位。支持中心部门包括门店开发及设计部、市场推广及产品部、公共对外事务工作部、伙伴人力资源部、研发与质管物流部、供应链部等。

选人原则——与他人开展良好合作

星巴克柜台后面就是一个咖啡制作到售出的流水线,而且员工的工作情绪和合作技巧对顾客来说也是可见的。

以客户为先——顾客在接触其产品之前首先接触的是员工,员工的服务态度会直接影响顾客对于公司品牌的印象。

优秀的学习能力——也许你得从一位门店的咖啡师做起,但只要你具备优秀的学习能力,你就会有一个更好的发展机会。

影响他人的能力——尤其是当你希望在未来领导一个团队时,比如领导自己门店的员工,甚至是领导一个区域的门店经营,这种能力很重要。

职业发展路径

门店垂直晋升路径:对于在门店工作的员工,每两个职位间并没有严格的时间间隔,员工能否快速升职主要看自己的业务能力、知识储备能否有一个较快的发展,每年大约有20%的员工获得各类升职。

跨部门发展路径:任何级别的员工都有机会进入支持中心或门店,换部门工作。在通过跨部门应聘面试后,公司将根据员工的具体能力,再结合公司需求给予相应职位,每年有20%的员工从门店零售进入支持中心。

升迁和跨部门的条件:个人能力是否达到升迁标准?在原有职位做得好不好是前提;业务知识(也包括咖啡知识)是否积累到标准:在条件不成熟时,员工可以申请相关的培训以弥补弱势。是否有职位空缺?公司职位一般是一个萝卜一个坑,只有存在相关的职位空缺员工才有机会成功升职和跨部门任职。时机和个人能力同样重要。

资料来源:钱诚改编自《第一财经周刊》,《星巴克:独特的人力资源管理手册》(2013-3-5:http://www.chinahrd.net/management-planning/strategic-planning/2013/0108/184859.html)。

思考题:

(1) 如果你是星巴克的人力资源总监,会采取什么样的人力资源规划?

(2) 组织在制定新的发展战略过程中,应该如何规划人力资源?

本章介绍规划战略人力资源几方面的问题,包括规划的模型、性质与内容,规划的程序与技术,以及规划的执行与评价。

3.1 框架与内容

通过模型的直观表达,有助于理清战略人力资源规划的思想路径。认识规划的性质,明确规划的主要内容,有利于把握战略人力资源规划的本质与内涵。

3.1.1 战略人力资源规划模型

《世界经理人》讲述过一个故事:牧师的儿子小约翰嚷着要去迪士尼乐园玩。牧师出了个难题考儿子。他把一幅世界地图撕成许多碎片，说如果儿子能重新拼起来就带他去。结果只花了不到十分钟时间，小约翰就拼好了地图。牧师感到惊讶！小约翰说："很简单呀！地图的另一面是一个人的照片，我先把照片拼好，然后把它翻过来。我想如果这个人拼对了，这张世界地图也应该就对了。""是的，人对了，世界就对了！"一位跨国集团公司的董事长在听到这个故事时，不由得发出这样的感叹。[①]

隐含在故事中"人对了，世界就对了！"的寓意，在战略人力资源专家的词典里，可以被赋予"人对了，组织战略就对了！"这样的涵义。规划人力资源，目的在于把人的问题解决好，即把"人"选"对"了。解决好人的问题，选"对"了"人"，虽然不能说同时就解决了战略方面的所有问题，但可以肯定地说，为解决战略方面的问题奠定了基础和提供了保证。

基于组织战略或者说为了实现组织战略而进行的人力资源规划，称为战略人力资源规划（strategic human resource planning）。在宏观高度，战略人力资源规划，可以理解为根据组织使命、战略与目标，预期组织任务、分析组织工作、设置组织岗位、确定组织发展中所需求的人力资源数量、质量、层次和结构的过程。在微观层面，战略人力资源规划的含义，可以界定为根据组织战略目标，预测组织人力资源需求与供给现状，对满足组织战略人力资源需求的实际工作做出安排的活动。

威廉·P.安东尼等专家，在《人力资源管理：战略方法》一书中，把发生在战略人力资源规划中的一系列活动，用一个模型表示出来。[②] 威廉等人的模型自然是基于西方人的思维方式和语言习惯，为满足中国学习者的阅读心理需求，有必要加以修订或优化。结果如图3-1"战略人力资源规划模型"所示。

图3-1展示了战略人力资源规划的全景。"规划"始于组织内战略决策者的价值观和行为准则，以及组织内各方人士权利博弈的规则与结果。比如海尔要不要进军美国市场，TCL是否收购欧洲相关企业，蒙牛什么时候不再自称内蒙古乳业"老二"，这些战略，决策于张瑞敏、李东升和牛根生及其领导或控制下的高层管理者"一帮人"，持有什么样的发展观念、通常采取的做事方式，以及组织内部话语权的分配结构、交易规则和可能的均衡结果。简而言之，公司发展大事，主要决定于"大老板"的思路和行动。

决定了发展思路和方向，接下来要审视环境中的机会与威胁，组织内的优势与劣势，并由此确定比较具体的扩张或收缩战略目标；预测实现组织既定目标所需要的人力资源能力建设目标；根据组织结构、生产技术、组织任务和员工技能需求等因素的变化，确立完成组织生产（或服务）任务所需求的工作结构与工作计划；分析工作岗位的技能要求与变化；比较人力资源能力的现状，判断各个工作岗位的短缺或过剩情况；最后，制定具体的人力资源管理工作政策、目标和计划，以消除短缺或过剩，促进战略人力资源需求与供给均衡。

---

① 参见《世界经理人》，《人对了，公司就对了》一文，作者理查德·李（Richard Li）。2007年6月18日转引自中国人力资源开发网（http://www.chinahrd.net/zhi_sk/jt_page.asp? articleid=119183）。

② 参见威廉·P.安东尼、K.米歇尔·卡克马尔和帕梅拉·L.佩雷威著，赵玮、徐建军译，中信出版社，2004年9月第1版，第121页。

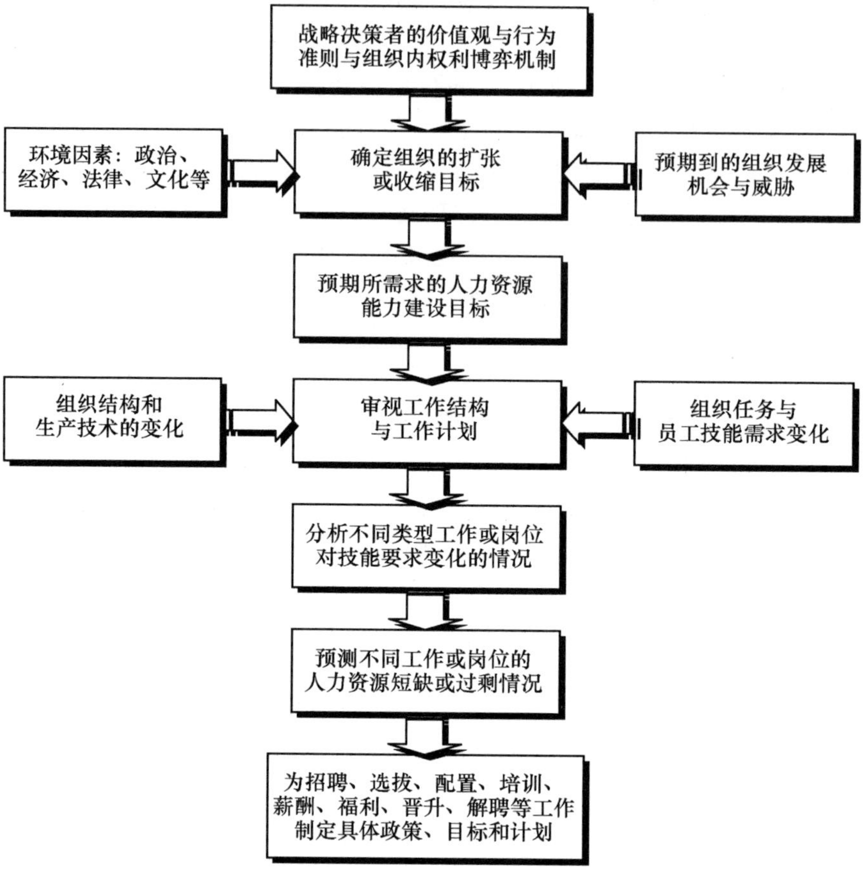

图 3-1　战略人力资源规划模型

《知识·信息》

专栏 3-1　做好自己的人生规划

我们在憧憬美丽人生时常常觉得:准备起跑的自己与那个最想要的结果仿佛隔着几重门。虽然少有人可以幸运地一步登天,但的确有些人走了捷径,关键就看你是瞎打乱撞,还是有选择地策划每一段人生。

一、做自己的职业策划师

分析成功者的足迹,我们不难发现,建立一个正确、切实可行的目标,并为了这个目标的实现而不断努力奋斗,只要你肯吃苦、肯努力,再加上一点好运气,你的愿望就一定能实现。

学习青蛙精彩的起跳。看过青蛙在碧绿的荷叶上面优雅的起跳吗?在不断的跳跃过程中,聪明的青蛙总可以准确地落到下一片挺实的叶面上,在最简捷的距离里以最快的速度捕捉到美味的虫子。我们又何尝不是?当我们开始铺设职业之路时,同样也需要科学地选择和设定自己的目标顺序,一方面注意寻找新的目标,另一方面不断积累阅历,逐步实现人生发展计划。

二、策划自己的人生目标

一般说来,人生的目标可以分为四类:职业、经济收入、个人成长和精神满足,这四类目标基本上涵盖了人生的各个方面。

第 1 项:遵循“早知道”法则

对于刚刚工作的人来说,干好第一份工作是自己的首要目标,因为工作是实现其他愿望的必经之路。可干了一段时间后你可能发现,自己与这份得来不易的工作有一种与生俱来的抗拒。你的天赋、能力、兴趣以及工作的持久力在慢慢丧失,整天处于惯性工作状态,你变得懈怠并且烦恼。你问自己,这到底是不是正确的职业道路呢?从这个起点,能不能登临事业的顶峰?这个时候建议你,最应着手的就是要好好了解和评估你的人生发展计划,确定具体的实现步骤,尽量选择和接近适合自己能力和理想的目标,千万不要满足于:我已经找到了工作。

第 2 项:选定阶段目标

为使你的奋斗目标逐渐明朗化,同时产生更好的效果,你可以先将注意力放在最重要的工作铺垫上,尤其是当两个阶段目标发生冲突的时候,要对所要做的工作排出优先顺序,集中力量,重点突破,一个一个目标去实现。

第 3 项:适合自己的生存方式

如果你不能一下子达到既定目标,不妨一段一段地去耕耘。策划阶段人生,可以有两种实施的方案:一种是有目标的积累,一种是没有目标的积累,就看你的选择和期许程度。

第 4 项:具体的发展规划

设计阶段人生,并不是叫你立刻放弃眼前的工作,因为不少人真的很爱自己现在从事的这份工作,只是无暇把手头的工作与未来的目标联系起来。其实眼前的工作所获得的依然是短期利益,它固然很重要,但适度而具体的发展规划,才是你追逐的梦。

第 5 项:理想的腾空嬗变

当你充分掌握了目标的整体实施可能性,了解了自己的实力以及能力极限,做好了深入细致的阶段规划,那么接下来的奋斗就变得轻松而有效率了。

第 6 项:美丽的螺旋式上升

也许你现在只是一位翻译,再过 10 年,却坐在出版社总编的那把热椅子上;也许 5 年前你还是饭店的高层管理者,现在却是电视台黄金档热门电视剧的编剧;也许你读过城市规划、学做房地产,在走过了多个寒暑春秋之后,你在国际组织中发挥着应有的作用……因此,不要以为你的阅历与你的终极目标无关,人生的进程本来就是在有序的变化当中重组、拼搭,每个阶段虽看似无心,实则集藏了许多机巧和设计的痕迹。

日本著名企业家井上富雄先生在 25 岁立下了未来 25 年的职业生涯计划,此后他每年都为自己制订新的计划、追加新的努力目标。当他还是小小办事员时就开始学习科长应具有的能力,当经理时就再进一步学习胜任总经理的能力。于是他 30 岁时当上经理,40 岁做了总经理,升迁比别人快得多,47 岁开始独立经营自己的公司,成为后生们学习的楷模。他在总结自己时说,并不是我脑筋特别好或者善于走后门,我只不过会从现实出发拟订适合自己的职业生涯计划,并且一步步前进去实现它!

三、纵深发展的计划建议

像井上富雄先生那样,当你看准了一个发展的阵地,可以制订自己的纵深发展计划,从底层奋勇地做上去,直至雁破长空。

在你准备起跑的时候,下面的几条建议或许有所帮助:

建议一,不要因为地位卑微而自弃,当压力重重袭来,才能迸发出巨大的能量。

建议二,用心拓展自己的兴趣、见闻和知识结构,提高分析、整合和逻辑思维的能力。

建议三,尽可能多地去接触不同的行业,了解得越多,越有可能发掘潜藏的机会和各方面之间的内在联系,或许那些希望的种子就隐藏在许多未被人发现的机会里面。

建议四,善于借助他人的力量,建立良好的人际关系,为将来发展时得到别人的帮助打下良好基础。

建议五,向资深同事学习工作,追求更高的效率,博得更好的评价。对于新手而言,完全自己凭空摸索是很不容易的,但一味模仿他人的做法,终究无法真正迈进。

建议六,做一个有心人,经常思考自己的前途,策划每个阶段的发展模式,更不要因为白白虚度了几年光阴而放弃追求。当一个人开始有所计划的时候,他永远都不会晚!

四、职业规划精辟十句话

1. 无论你现在或将来从事的职业是什么,对职业要负责这一点切切不可忘记。
2. 切记和谐融洽的人际关系非常重要。
3. 要优化你的交际技能。
4. 要善于发现变化并适应变化。
5. 要灵活。未来时代的工作者们可能必须要经常转换职业角色。
6. 要善于学用新技术。
7. 要舍得花钱花时间学习各种指南性知识简介。
8. 摒弃各种错误观念。
9. 选择就业单位时事前应多做摸底研究。
10. 要不断开拓进取、不断开发新技能。

资料来源:孙庆章根据世界经理人网牛津管理评论《做好自己的人生规划大师》整理 (2013 年 3 月 5 日:http//oxford. icxo. com/htmlnews/2012/07/16/1446664. htm)。

≺概念・要点≻

战略人力资源规划，在宏观上，可以理解为根据组织使命、战略与目标，预期组织任务、分析组织工作、设置组织岗位、确定组织发展中所需求的人力资源数量、质量、层次和结构的过程。在微观上，可以界定为根据组织战略目标，预测组织人力资源需求与供给现状，对满足组织战略人力资源需求的实际工作做出安排的活动。

3.1.2　战略人力资源规划性质

战略人力资源规划，就是对如何获得满足组织战略需要的人力资源，提前做好计划和安排。一个组织，比如企业组织，制定和实施战略的关键，在于选择并经营好自己的客户，保持和提高客户满意度与忠诚度，从而实现组织的可持续发展。

要做到让客户满意，必须通过优质的产品与服务，为客户创造价值，促进利益增长。优质的产品与服务，主要由员工创造，其中员工中的核心成员，更是发挥着举足轻重的作用。有报道说，比尔・盖茨曾坦言：如果把我们最优秀的 20 名员工挖走，微软将变成一个无足轻重的公司。关键的少数，往往是决定整个组织的效率、产出、盈亏和成败的主要因素，这是“80/20 效率法则”所表达的道理。①

毫无疑问，人力资源是组织获取竞争优势的第一资源，是组织存在与发展的必要条件。规划组织的发展必不可少的，甚至是首要的环节，就是要规划人力资源，尤其要重视做好“关键少数”成员的规划工作。

在工作过程中，有必要从五个维度了解清楚战略人力资源规划的性质。一是规划的态度，是主动采取行动，还是由于环境或其他条件的变化不得已而为之；二是规划与战略的相关性，人力资源规划与组织战略密切相关，还是比较疏远；三是规划的范围，是多方面、多项目的宽范围规划，还是有限项目的窄范围规划，比如只制定招聘和选拔的规划；四是规划的正规程度，可以是正式的、书面的规划，还可以是存在于管理人员头脑中的、口头的规划；五是规划的灵活性，即所制定的规划抵御外部环境或内部条件发生突然变化的能力。灵活性良好的规划，面对突发事件，能够表现出适应性和稳定性，必要时做出适当反应或调整。②

图 3-2 所示为战略人力资源规划的五个维度。

---

① 关于“80/20 效率法则”，参见王建民：《构建基于“80/20 效率法则”的组织人力资本管理制度》，《经济管理》，2002 年第 21 期。

② 这里“五个维度”的内容，参考了威廉・P. 安东尼、K. 米歇尔・卡克马尔和帕梅拉・L. 佩雷威著，赵玮、徐建军译，中信出版社，2004 年 9 月第 1 版，第 116—117 页，对规划中“战略选择”的说明。

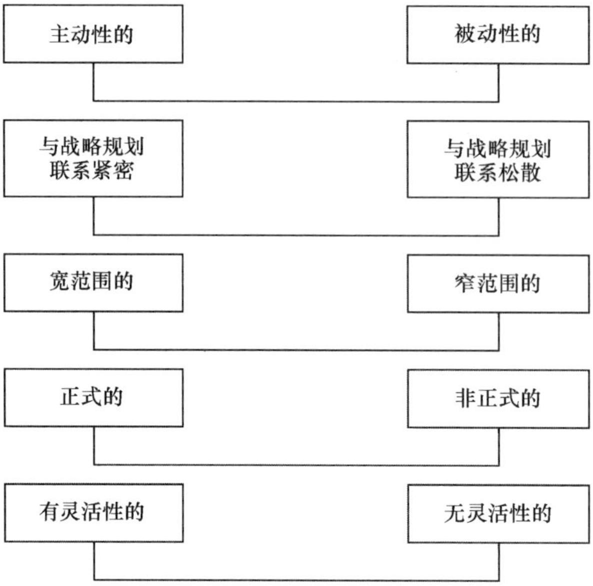

图 3-2　战略人力资源规划的五个维度

<概念 · 要点>

战略人力资源规划的五个维度：一是规划的态度；二是规划与战略的相关性；三是规划的范围；四是规划的正规程度；五是规划的灵活性。

3.1.3　战略人力资源规划内容

明确战略人力资源规划的工作态度、与组织战略的相关性、范围、正规程度和灵活性五个维度的问题，构成规划制定的思想条件和基本原则。在此基础之上，开始考虑规划的具体内容。

规划的内容由事先确定的规划范围来决定。可以针对一方面或几方面，也可以全方位开展。图 3-3 是由人力资源规划范围决定的规划内容梯度变化示意图。如果规划的范围可以区分为窄、中和宽三种情况，那么其中所涉及的内容就呈递增趋势。窄的情况，可以包括招聘、选拔两项内容；中等情况，可以涉及招聘、选拔、培训和发展四方面；宽的情况，可以涵盖全面的人力资源管理实践活动。窄、中和宽规划内容梯度的区分只有相对意义，所涵盖的内容随具体情况而变化。

从另外一个角度，规划内容可以分为数量、结构和质量三部分。人力资源数量规划，要在组织战略任务分析的基础上进行。首先把战略任务细化为具体的工作任务，再把需要完成的工作任务合理地设计为工作岗位。由工作岗位数可以预期人力资源的需求总量。在战略实施的不同阶段和不同的生产运行状态下，对人力资源需求量的变动情况，

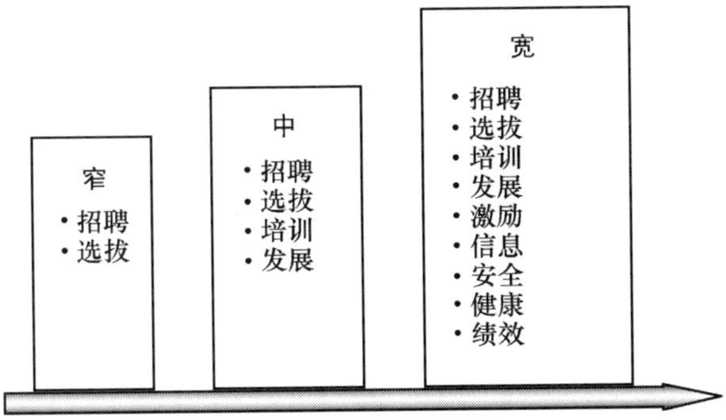

图 3-3　人力资源规划内容梯度

也需要做出判断和安排。

确定了人力资源需求总量还不够，还需要对所需求的人力资源结构的建立进行规划。需要规划的人力资源结构主要包括：

（1）工种结构——从事不同种类工作的人员比例及其变化趋势，比如研究开发人员、生产作业人员、市场营销人员、后勤保障人员、领导管理人员等，在人力资源总量中各占多大比例以及所占比例的变动情况。

（2）部门结构——组织中不同部门的人力资源配置量与需求增长比例。组织中各个生产部门和职能部门的人力资源配置结构，对生产效率和管理效率的保持与增进，对生产成本与管理成本的节约，有重要影响。

（3）工龄结构——按照在组织中工作时间长短来区分的员工比例。员工的工龄长短，往往意味着工作技能的熟练程度、工作经验的丰富程度和组织文化的融合深度。同时，也反映出员工的职业生涯发展阶段和生理年龄。组织战略人力资源的有效利用和可持续发展，与员工工龄结构的合理性，具有高度的相关性。

（4）性别结构——男女员工的比例。根据组织业务的性质和工作需要、相关法律法规的要求和员工保持工作效率的心理需求规律等因素，提出合理、合法、科学的性别比例规划。

（5）学历结构——员工接受正规和非正规教育与培训经历的构成情况。员工的学习经历，一般可以反映出其知识状况和技能水平。员工所掌握的知识和技能，构成组织人力资本的主体，对组织存在与发展起决定作用。

（6）国籍与种族结构——外籍员工与不同人种员工的比例。在跨国经营、国际化运行或涉及外交事务的组织或机构，往往会由于工作需要或国家法律法规要求，雇用一定比例的外籍员工，保持员工人种的多样性。比如，在美国等一些西方国家的大型企业、公共机构或国际组织中，一眼看去，员工的肤色往往多种多样；稍作交流，就会发现员工的国籍也不尽相同，文化传统千差万别。

战略人力资源规划，除了“数量”和“结构”这两部分显性的客观内容，还有“质量”这种隐性的主观项目。人力资源的质量，或者说人才的素质，虽然确实存在，但看不见、摸不着，难以衡量。人力资源个体质量的差异，只有通过外在的信息，比如获得的文凭和证书，接受过的教育与培训，过去的工作经历，以及曾经取得的工作成绩等，才能够做出初步判断。有时这种判断并不准确(也难以准确),因为人力资源的质量——以人为载体的知识和技能的质量,受"人"的心理状态的影响很大。"人"感受到的激励不足而没有动力去工作、去创造,再好质量的"知识和技能"也无济于事。[①] 因此,在人力资源的质量规划中,有必要对质量的保障机制,即人力资源的激励与约束机制有所考虑。

最后需要强调的是,在战略人力资源的规划中,需要进行 SWOT 分析[②],尽可能了解组织在国内和国际竞争环境中所面临的机会与威胁,认清组织自身的比较优势和劣势。在此基础上做出数量、结构和质量规划,满足实现组织战略目标的需求。

≺概念 · 要点≻

战略人力资源结构:(1) 工种结构;(2) 部门结构;(3) 工龄结构;(4) 性别结构;(5) 学历结构;(6) 国籍与种族结构等。

3.2 程序与技术

战略人力资源规划,要按照一定的程序进行,有成熟的技术可以利用。实践已经证明,按照既定程序和利用现有技术,有利于保持规划工作的效率。

3.2.1 战略人力资源规划的程序

事实上,规划战略人力资源的程序,在本章 3.1.1 战略人力资源规划模型一节中已经有所说明。一般的步骤是:

第一,分析工作任务和工作量。分析实现组织战略目标:有哪些任务需要完成? 每一项任务的工作量有多大?

第二,预测人力资源需求。测算完成既定任务所需要的人力资源数量、结构和质量。

第三,预测人力资源供给。审视人力资源市场,评估有可能满足组织战略需求的人力资源供给现状和趋势。

第四,评估人力资源供需状况。比较人力资源需求与供给情况,做出过剩或短缺判断,以及具体的需要解决的问题。

第五,选择人力资源管理目标,制定工作规划。从需要解决的人力资源过剩或短缺方面的问题出发,选择人力资源管理工作需要实现的目标,制订有效的战略方案和工作

---

① 这种情况可以从人力资本产权角度予以说明。人力资本产权具有特殊性。当产权残缺时,人力资本将自我贬值。另外,人力资本产权有一种特殊的权能——运用权,即运用或操作凝聚在自己身体中的知识和技能的权利。运用权主体具有唯一性。关于这方面的内容,详见(1) 王建民:《人力资本产权的特殊性》,《财经科学》,2001 年第 6 期;(2) 王建民:《企业人力资本管理:产权特征》,《经济管理》,2002 年第 15 期。

② 关于"SWOT 分析",参见王建民编著:《战略管理学》(普通高等教育"十一五"国家级规划教材),北京大学出版社,2006 年 8 月第 2 版,第 225—227 页。

计划。

第六，落实人力资源规划目标，评估实施绩效。完成规划中的各项人力资源管理工作任务，并对完成情况进行评估。同时，及时反馈评估信息，以期完善今后的工作。

上述战略人力资源规划基本程序，可用图 3-4 直观表示。

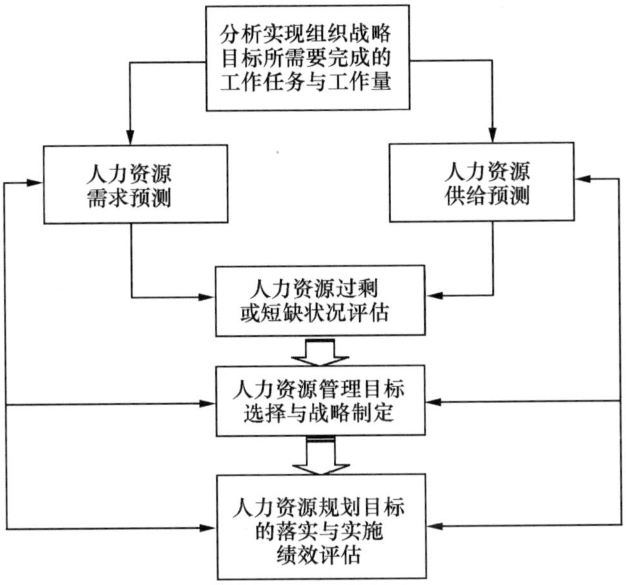

图 3-4 战略人力资源规划基本程序

如图 3-4 所示，人力资源需求预测与供给预测，与人力资源管理目标选择和战略制定，以及人力资源规划目标的落实与实施绩效评估两个环节，均为双向互动关系。其中，规划落实绩效评估结果的及时反馈，对于提高需求与供给预测的准确性具有重要作用。

规划的重点和难点，在于评估某类工种或工作岗位短缺还是过剩的状况。参考威廉·P. 安东尼(William P. Anthony)等专家的观点，可以描绘出评估某类工种或工作岗位人力资源过剩或短缺状态的程序。如图 3-5 所示，首先统计组织中某一工种或岗位现在的雇员人数——标记为(1)；预计由于退休、离职、解雇、晋升、死亡等原因，这一工种或岗位在规划执行期间可能减少的人数(2)。接下来分别考察供给和需求情况。预测根据人力资源规划目标的晋升人数(3)，那么(1) - (2) + (3)即为组织内部可供给的雇员总人数；估计根据人力资源规划目标需要配置新员工的数量(4)，根据组织战略目标决定的业务增长对员工的需求(6)，那么(1) - (2) + (4) + (6)则为组织现阶段实现战略目标的人力资源总需求。如果内部供给 > 战略需求，意味着人力资源过剩，需要采取解雇、降薪、退休等多项措施减少在岗员工数量；如果内部供给 < 战略需求，则需要通过外部招聘满足需求。

了解所在国家或地区人力资源供给状况，是做好外部招聘工作的必要环节。2005 年 10 月，麦肯锡公司发表《迫在眉睫的中国人才短缺》报告，认为中国缺乏训练有素的可以满足跨国公司需求的大学毕业生(专栏 3-2 麦肯锡：中国缺乏高素质大学生)。这种说法也许有言过其实之处，但这无疑会成为已经进入或打算进入中国市场的跨国公司，已经实施或打算实施国际化战略的中国企业,可以参照的重要警示信号。

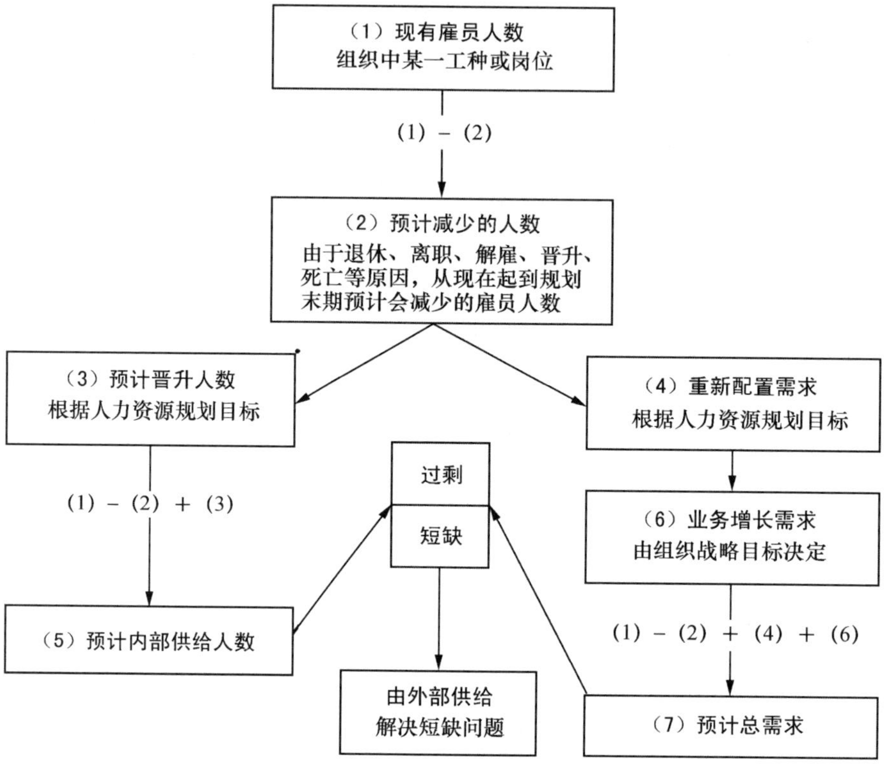

图 3-5 工种或工作岗位人力资源评估程序

中国是否人才短缺?沃顿知识在线(Knowledge@ Wharton)发表文章,"给跨国公司提建议"。① 众多有识之士如是说。葛兰素史克(GlaxoSmithKline)公司负责中国大陆和中国香港地区研发事务的区域副总裁陈之键(George Chen)认为,虽然中国学生在主动性和创造性方面有所不足,但中国仍然是一块巨大的"人才原料"基地。跨国公司面临的挑战之一,是如何培养中国本土人才,使他们成熟起来达到公司期望的水准。陈之键强调指出,虽然培养年轻人才的工作很重要,但招募到经验丰富的领导人更重要。他认为"中国缺少的是经验丰富和成熟老练的管理人才。"这使得跨国公司处于两难困境。

翰威特咨询(上海)公司(Hewitt Associates Consulting,Shanghai)的华东区咨询业务总监颜蓉(Ramona Yan)详细阐述了这个问题:"中国的人才在总体上还是比较匮乏的。中国不仅仅缺乏新兴职业人才,例如那些十年前根本就没有的品牌管理、供应链管理以及风险管理等人才,还缺乏拥有国际视野和管理能力的人才。那些真正能够驾驭国际化的竞争,从战略定位到资源配置,从利用资本市场到实施兼并收购等非常复杂的经营活动

---

① 参见"沃顿知识在线":《中国是否人才短缺?——给跨国公司的建议》(http://www.knowledgeatwharton.com.cn/index.cfm?fa=viewArticle&articleID=1482)。沃顿知识在线(www.knowledgeatwharton.com.cn/),是沃顿商学院旗下研究与商业评论在线期刊。沃顿商学院(the Wharton School of the University of Pennsylvania)创立于1881年,被誉为现代MBA的发源地,是"全球顶尖商学院"、"美国第一所商学院",一直以来被认为是"美国最具有开拓精神、创新意识和国际化视角的商学院,被誉为商业知识之源"(http://www.knowledgeatwharton.com.cn/index.cfm)。

的国际化人才是非常匮乏的。”光辉国际人力资源有限公司(KornFerry International)就中国的人力资源需求问题,对 300 名跨国公司的 CEO 进行了一项调查。结果显示,在中国市场上的跨国公司,最严峻的挑战是寻找那些拥有国际经验的领导人。[①]

<知识·信息>

专栏 3-2　麦肯锡:中国缺乏高素质大学生

2005 年 10 月,麦肯锡公司发表的“China’s Looming Talent Shortage”(迫在眉睫的中国人才短缺)报告称,中国缺乏训练有素的大学毕业生,这可能阻碍中国的经济增长以及发展更先进的产业。摘录关键内容如下:

迫在眉睫的中国人才短缺

为了实现从制造业到服务业的转型,中国必须提高大学毕业生的素质。

China’s looming talent shortage

To make the move from manufacturing to services, China must raise the quality of its university graduates.

根据麦肯锡全球研究中心(MGI)的最新研究,中国庞大的大学毕业生队伍中只有少数人胜任服务出口行业的工作,而快速增长的国内经济已经吸收了大多数合格人才。事实上,我们的研究结果揭示,非但不会出现一个繁荣的离岸服务业,本土人才短缺的现象越来越迫在眉睫,这对目前在华的跨国公司和日益增多的具有全球雄心的中国企业将产生深远的影响。

【New research from the McKinsey Global Institute (MGI) suggests that this outcome is unlikely. (The full report, *The Emerging Global Labor Market*, is available free of charge online.) The reason: few of China’s vast number of university graduates are capable of working successfully in the services export sector, and the fast-growing domestic economy absorbs most of those who could. Indeed, far from presaging a thriving offshore services sector, our research points to a looming shortage of homegrown talent, with serious implications for the multinationals now in China and for the growing number of Chinese companies with global ambitions.】

如果中国要避免这种人才危机并维持其经济增长,就必须培养出更多适合在世界级企业(无论是国内企业还是国外企业)就职的大学毕业生。提高大学毕业生的素质将使中国的经济从目前的制造业主导型向未来服务业主导型转变,这也是经济发展和成熟的必然趋势。这样,实现离岸服务业欣欣向荣的条件也将随之成熟。

【If China is to avoid this talent crunch and to sustain its economic ascent, it must produce more graduates fit for employment in world-class companies, whether local or foreign. Raising the graduates’ quality will allow the economy to evolve from its present domination by manufacturing and toward a future in which services play the leading role—as they eventually must

---

① 参见“沃顿知识在线”(Knowledge@ Wharton):《中国是否人才短缺? ——给跨国公司的建议》(http://www.knowledgeatwharton.com.cn/index.cfm? fa = viewArticle&articleID - 1482)。

when any economy develops and matures. The conditions for a flourishing offshore services sector will then surely follow.】

人才供应悖论【The supply paradox】

中国的潜在人才储备非常巨大。在2003年,中国已有大约960万大学毕业、拥有最长7年工作经验的年轻专业人士,另外还有9 700万人具有符合支持人员岗位的条件。

【China's pool of potential talent is enormous. In 2003 China had roughly 8.5 million young professional graduates with up to seven years' work experience and an additional 97 million people that would qualify for support-staff positions.】

尽管表面上有如此巨大的供应量,但跨国公司却发现,只有极少数大学毕业生具备从事服务业的必备技能。根据对83位负责在低收入国家招聘本土大学毕业生的人力资源专业人士的访谈,平均只有不到10%的中国求职者适合在外国企业中担任我们所研究的9种职位:工程师、财务人员、会计、统计分析员、通用型人才、生命科学研究人员、医生、护士和支持人员。

【Despite this apparently vast supply, multinational companies are finding that few graduates have the necessary skills for service occupations. According to interviews with 83 human-resources professionals involved with hiring local graduates in low-wage countries, fewer than 10 percent of Chinese job candidates, on average, would be suitable for work in a foreign company in the nine occupations we studied: engineers, finance workers, accountants, quantitative analysts, generalists, life science researchers, doctors, nurses, and support staff.】

以工程师为例,中国有160万名年轻的工程师,数量超过我们考察的其他所有国家。事实上,有33%的中国大学生都是学工程学的,而德国和印度分别只有20%和4%。然而,我们的受访者指出,中国工程类职位的求职者存在的主要缺点是他们的教育体系偏重理论。而欧洲和北美的工程学大学毕业生均参与团队合作,寻求切实可行的解决方案。相比之下,中国学生缺乏参与项目或团队工作的实践经验。这些差异导致适合在跨国公司工作的中国年轻工程师的数量只有16万人——不比英国多。这样就产生了这种丰富中存在短缺的悖论。

【Consider engineers. China has 1.6 million young ones, more than any other country we examined. Indeed, 33 percent of the university students in China study engineering, compared with 20 percent in Germany and just 4 percent in India. But the main drawback of Chinese applicants for engineering jobs, our interviewees said, is the educational system's bias toward theory. Compared with engineering graduates in Europe and North America, who work in teams to achieve practical solutions, Chinese students get little practical experience in projects or teamwork. The result of these differences is that China's pool of young engineers considered suitable for work in multinationals is just 160 000—no larger than the United Kingdom's. Hence the paradox of shortages amid plenty.】

在我们研究的八类其他工作中,英语差是我们的受访者拒绝录用中国求职者的主要原因。他们当中只有3%可被考虑担任通用型服务职位(即不需要任何特定专业的学位即可以胜任的职位)。此外,总体沟通风格和文化上的适应也是难以逾越的障碍。

【For jobs in the eight other occupations we studied, poor English was the main reason our interviewees gave for rejecting Chinese applicants. Only 3 percent of them can be considered for generalist service positions (those that don't require a degree in any particular subject). Overall communication style and cultural fit are also difficult hurdles.】

资料来源:根据麦肯锡公司在线资料整理。中文全文参见《迫在眉睫的中国人才短缺》(http://china. mckinseyquarterly. com/article_page. aspx? ar = 1 685&L2 = 18&L3 = 31);英文原文参见"China's looming talent shortage"(http://www. mckinsey. com/aboutus/mckinseynews/pressarchive /chinatalent. asp)。这份报告的两位作者分别是麦肯锡全球研究院院长黛安娜·法雷尔(Diana Farrell)和麦肯锡公司大中华区资深董事兼总裁高安德(Andrew Grant)。

3.2.2 战略人力资源规划的技术

战略人力资源规划的技术(planning techniques),主要包括战略人力资源需求预测技术(forecasting techniques for demand)与供给预测技术(forecasting techniques for supply)两部分。管理学中所谓的"技术",实际上就是一些定性的或者定量的"方法"。"预测技术"(forecasting techniques)就是在进行"预测"时所采用的"方法"。

什么是人力资源规划中的预测(forecasting)? 雷蒙德·A.诺埃(Raymond A. Noe)等专家给出了如下定义:

预测:确定各类人力资源供给与需求状况而付出的努力,以便预告组织内部某些岗位或部门可能出现的劳动力短缺或过剩。

【Forecasting: The attempts to determine the supply of and demand for various types of human resources to predict areas within the organization where there will be future labor shortages or surpluses.】[①]

在战略高度,人力资源需求预测技术,可以理解为预报和测度完成组织战略任务所需要的雇员数量、结构和质量的方法;供给预测技术,理解为预报和测度组织内部与外部人力资源市场能够提供的符合组织要求的雇员数量、结构和质量的方法。

人力资源需求预测技术可分为定性和定量两类。有专家认为,定性预测技术包括德尔菲法(Delphi method)、经验预测法、描述法、微观集成法、工作研究法等;定量预测技术有趋势分析法(trend analysis)、回归分析法、生产函数模型、工作量定员法、技能组合法、时间序列模型等。[②] 不同专家对需求预测技术的价值、分类和应用有不同认识。总体来看,德尔菲法和趋势分析法最有借鉴意义。

什么是德尔菲法? 据维基百科[③]如下定义:

---

① 参见雷蒙德·A.诺埃(Raymond A. Noe)等著,刘昕改编:《人力资源管理》(英文第 5 版),中国人民大学出版社,2006 年 1 月第 1 版,第 117 页。

② 参见彭剑锋主编:《人力资源管理概论》,复旦大学出版社,2005 年 12 月第 1 版,第 185 页。

③ 维基百科(Wikipedia)是一个多语言版本的免费百科全书协作计划,已经成为互联网上最受欢迎的参考资料查询网站。Wikipedia 是依靠捐赠发展起来的非营利机构,目前还没有接受广告的计划。(Wikipedia 网站:http://www. wikipedia. org。)

德尔菲技术是一种通过专家组两轮以上的评估确定预测值的方法。要求专家组预测某些项目的数值。每轮过后，管理人员就专家预测结果做出匿名小结并说明原因。当专家组各轮之间的预测结果变化幅度很小时，预测过程结束，取最后一轮预测结果的平均值。德尔菲法有精心设计的工作规则，远比其他非结构化小组预测的结果准确。

【The Delphi technique is a method for obtaining forecasts from a panel of independent experts over two or more rounds. Experts are asked to predict quantities. After each round, an administrator provides an anonymous summary of the experts' forecasts and their reasons for them. When experts´ forecasts have changed little between rounds, the process is stopped and the final round forecasts are combined by averaging. Delphi is based on well-researched principles and provides forecasts that are more accurate than those from unstructured groups.】①

德尔菲法由戈登(T. J. Gordon)和奥拉夫·赫尔默(Olaf Helmer)首创于20世纪40年代。1946年，美国兰德公司为避免集体讨论中存在的屈从于权威或盲目服从多数的缺陷，首次用这种方法来进行定性预测，后被广泛采用。②

德尔菲(Delphi)是古希腊地名。相传太阳神阿波罗(Apollo)在德尔菲杀死了一条巨蟒，成了德尔菲的主人。在德尔菲建有阿波罗神殿，是一个预卜未来的神谕之地，德尔菲法由此得名。③ 德尔菲法通常要经过四轮评估，专家组以10—15人为宜。

趋势分析法，是比较两项或两项以上指标或指标比率的变动情况，从中推算出演变方向、需求数额或变化幅度等可能性趋势的方法。试举一例，见表3-1。④ 在这一例子中，选择销售额作为关键商业指标，根据历史数据可以计算得到销售人员的劳动生产年率。确定未来战略目标下的销售任务(如本例中的2007、2008和2009年三个年度)，选择合理、有效的劳动生产率，销售任务除以劳动生产率，即为销售部门未来三年的人力资源需求量。这里的关键是选择好劳动生产率。要以过去的业绩为基础，既有现实性，又有挑战性。

---

① 2007年7月19日引自维基百科网站资料(http://en.wikipedia.org/wiki/Delphi_method)。

② 参见:(1) 百度百科"德尔菲法"(2013-3-6:http://baike.baidu.com/view/41300.htm);(2) MBA智库百科"德尔菲法(Delphi Method)"(2013-3-6:http://wiki.mbalib.com/wiki/%E5%BE%B7%E5%B0%94%E8%8F%B2%E6%B3%95)。

③ 改编自世界经理人网资料(2013-03-06:http://www.ceconline.com/ART_8800046275_140000_MT_01.HTM)。

④ 根据乔治·伯兰德(George Bohlander)和斯科特·斯内尔(Scott Snell)著:《人力资源管理》(英文第13版)，东北财经大学出版社，2003年10月第1版，第139页表4-4(Figure 4.4)改编。

表 3-1　人力资源需求趋势分析举例

年度	(1) 商业指标 (销售额,千美元)	(2) 劳动生产率 (销售额/雇员,千美元/人)	(3) 人力资源需求 (雇员人数)
2000	2 351	14. 33	164【(1) ÷ (2)】
2001	2 613	11. 12	253【(1) ÷ (2)】
2002	2 935	8. 34	352【(1) ÷ (2)】
2003	3 306	10. 02	330【(1) ÷ (2)】
2004	3 613	11. 12	325【(1) ÷ (2)】
2005	3 748	11. 12	337【(1) ÷ (2)】
2006	3 880	12. 52	310【(1) ÷ (2)】
2007 *	4 095	12. 52	327 * 【(1) ÷ (2)】
2008 *	4 283	12. 52	342 * 【(1) ÷ (2)】
2009 *	4 446	12. 52	355 * 【(1) ÷ (2)】

人力资源供给预测技术,可以分为内部供给预测(internal forecasting for supply)和外部供给预测(external forecasting for supply)两部分。内部供给预测技术有马尔科夫分析法(Markov analysis)、员工安置表法(staffing table)、技能量表(skill inventories)、人员替换图法(replacement charts)、继任计划法(succession planning)等多种方法。①

表 3-2 为运用马尔科夫分析法进行预测的例子。② 表中,销售代理、部门经理、分部经理、商店经理助理、商店经理是这家零售公司的职位名称,从低到高排列。2005 年度"商店经理"有 12 人(N = 12),2006 年度,一人退出(占 8%),11 人留任(占 92%);"商店经理助理"在 2005 年度有 36 人,到 2006 年度,晋升为"商店经理"4 人(占 11%),留任原职位 30 人(占 66%),2 人退出(占 6%)。同理,2005 年度有"销售代理"(这是最基础的职位) 1 440 人,到 2006 年度,晋升"部门经理"86 人(占 6%),留任原岗位 1 066 人(占 74%),退出 288 人(20%)。纵向数字相加,可以得到各个职位的预期供给人数,如"商店经理"为 15 人,"部门经理"301 人。

可见,马尔科夫分析法,是通过对两个年度职位变动情况的统计分析,找到变化趋势或规律,预期未来供给状况的方法。

表 3-2　一家零售公司的马尔科夫分析举例

2006 年度 / 2005 年度	商店经理	商店经理助理	分部经理	部门经理	销售代理	退出
商店经理 (N = 12)	92% / 11					8% / 1
商店经理助理 (N = 36)	11% / 4	83% / 30				6% / 2

① 参见乔治·伯兰德(George Bohlander)和斯科特·斯内尔(Scott Snell)著:《人力资源管理》(英文第 13 版),东北财经大学出版社,2003 年 10 月第 1 版,第 140—141 页。

② 根据乔治·伯兰德(George Bohlander)和斯科特·斯内尔(Scott Snell)著:《人力资源管理》(英文第 13 版),东北财经大学出版社,2003 年 10 月第 1 版,第 140 页,图表 4-5(Figure4. 5)改编。采用了原表中的数字。有较大改动。

（续表）

2006 年度 / 2005 年度	商店经理	商店经理助理	分部经理	部门经理	销售代理	退出
分部经理（N = 96）		11% / 11	66% / 63	8% / 8		15% / 14
部门经理（N = 288）			10% / 29	72% / 207	2% / 6	16% / 46
销售代理（N = 1 440）				6% / 86	74% / 1 066	20% / 288
预期的供给	15	41	92	301	1 072	351

注释：图例

现任职位（N = 任职人数）	职位变动% / 职位变动人数

外部供给预测，主要是在宏观层面和微观层次分析国家、地区和组织所在地的人力资源市场。尤其要高度关注人力资本生产组织——各级各类学校和技能培训机构的学科结构、专业设置、课程开设情况，以及招生人数、培养计划与就业状况等信息。

如果预测中国人力资源市场的供给情况，中国高校毕业生人数无疑是一个必不可少的信息。据人民网报道，人力资源和社会保障部表示，2012 年城镇需要就业的劳动力达 2 500 万人，其中高校毕业生规模达到 680 万人。中国社会科学院 2013 年《社会蓝皮书》报告称，“2012 年，中国实施了更加积极的就业政策，全国就业形势总体平稳，并未出现就业随着经济增长速度下降的态势。农民工和大学生就业并未出现紧张局面”。[①]实际情况如何，还需要进一步了解人力资源市场。

人力资源专业机构或其他组织调查、发布的有关人力资源市场的信息，比如“最佳雇主排行榜”之类，对于人力资源供给预测者而言，往往具有重要参考价值。“知识 · 信息”专栏 3-3 收录“2013 年 50 家全球最受赞赏的公司”排行榜，从一个方面反映出社会和求职者对这些公司的评价。求职者可以关注同类的排行榜，了解目标就业地区的用人单位信息。

《知识 · 信息》

专栏 3-3　2013 年 50 家全球最受赞赏的公司

2012 年	2011 年	公司	行业
1	1	苹果（Apple）	计算机
2	2	谷歌（Google）	互联网服务和零售
3	3	亚马逊（Amazon. com）	互联网服务和零售
4	4	可口可乐（Coca-Cola）	饮料

① 参见 2012 年 12 月 19 日人民网—人民日报海外版，张意轩和祝伟：《2013 中国就业形势如何？高校毕业生形势严峻》（2013 年 3 月 10 日，人民网：http://edu. people. com. cn/n/2012/1219/c1053-19939678. html）。

（续表）

2012	2011	公司	行业
5	8	星巴克(Starbucks)	食品服务
6	5	IBM	信息技术服务
7	10	西南航空(Southwest Airlines)	航空
8	7	伯克希尔—哈撒韦(Berkshire Hathaway)	保险:财产险和意外险
9	13	迪士尼(Walt Disney)	娱乐
10	6	联邦快递(FedEx)	递送
11	15	通用电气(General Electric)	电子
12	11	麦当劳(McDonald's)	食品服务
13	16	美国运通(American Express)	消费信用卡和相关服务
14	14	宝马(BMW)	汽车车辆
15	9	宝洁(Procter & Gamble)	肥皂和化妆品
16	21	诺德斯特龙(Nordstrom)	综合销售商
17	17	微软(Microsoft)	计算机软件
18	26	耐克(Nike)	服装
19	28	全食超市(Whole Foods Market)	食品店和杂货店
20	19	卡特彼勒(Caterpillar)	工农业设备
21	18	3M	医疗器材
22	25	塔吉特(Target)	综合销售商
23*	20	好市多(Costco Wholesale)	专业零售商:多元化
23*	12	强生(Johnson & Johnson)	制药
25	27	埃克森—美孚(Exxon Mobil)	炼油
26	30	波音(Boeing)	航天与防务
27	24	沃尔玛(Wal-Mart Stores)	综合销售商
28	22	摩根大通(J. P. Morgan Chase)	大型银行
29	33	丰田汽车(Toyota Motor)	汽车车辆
30	29	UPS	递送
31	23	新加坡航空(Singapore Airlines)	航空
32	31	雀巢(Nestlé)	消费食品
33	35	大众(Volkswagen)	汽车车辆
34	39	高盛集团(Goldman Sachs Group)	大型银行
35	34	三星电子(Samsung Electronics)	电子
36	40	万豪国际(Marriott International)	酒店、赌场和度假村
37	32	百事(PepsiCo)	消费食品
38	45	富国银行(Wells Fargo)	大型银行
39	50*	联合利华(Unilever)	消费食品
40	38	约翰迪尔(Deere)	工农业设备
41	37	杜邦(DuPont)	化学品
42	36	英特尔(Intel)	半导体
43	48	St. Jude Medical	医疗器材
44	43	埃森哲(Accenture)	信息技术服务
45	N/R	家得宝(Home Depot)	专业零售商:多元化

（续表）

2012	2011	公司	行业
46	N/R	百胜(Yum! Brands)	食品服务
47	41	eBay	互联网服务和零售
48	N/R	Facebook	互联网服务和零售
49	42	思科系统(Cisco System)	网络及其他通讯设备
50	47	拉尔夫·劳伦(Ralph Lauren)	服装

资料来源:2013年2月28日财富中文网《2013年50家全球最受赞赏的公司》(2013年3月5日,财富中文网:http://www.fortunechina.com/rankings/c/2013-02/28/content_146122.htm)。

≺概念·要点≻

战略人力资源需求预测技术,可以理解为预报和测度完成组织战略任务所需要的雇员数量、结构和质量的方法。

战略人力资源供给预测技术,可以理解为预报和测度组织内部与外部人力资源市场能够提供的符合组织要求的雇员数量、结构和质量的方法。

3.3 执行与评价

规划是重要的,但执行更重要。只有在执行中,才能把规划的重要性转变为现实性。执行的过程需要管理,执行的效率必须关注。有效的执行管理是保持和提高规划质量的必要条件。评价执行过程和结果并及时反馈信息,是保证执行管理有效性的主要手段。

3.3.1 战略人力资源规划的执行

战略人力资源规划由谁执行?常规的人力资源管理工作,主要由人力资源部门完成,但上升到战略高度的人力资源规划,事关组织战略成败,以至于组织的生死存亡,从组织最高层的决策者、领导者和管理者,中层各生产和职能部门的管理者、工作者,到生产一线的全体作业者,理论上,都应该成为组织战略人力资源规划的执行主体。

在现实中,战略人力资源规划的执行,主要由以下人员负责:

(1) 在组织层次,最高决策者一班人,特别是负责人力资源的副首长(比如企业的人力资源副总裁),负责规划执行的领导、指挥和监督工作;

(2) 在人力资源部门,有专业人员承担规划实施方案的制订、落实和监控任务,负责传达高层指示,联系生产部门和其他职能机构,协调整个规划系统;

(3) 在人力资源需求者或使用者部门和机构,要求管理者积极配合人力资源部门,为获取符合规范的人力资源而工作。

在战略人力资源规划的执行中，一般要坚持以下几项原则：

其一，战略相关原则。人力资源规划的执行，是战略目标得以顺利实现的前提和基础。执行过程的每一个环节、每一项活动，都应高度重视与组织战略目标的相关性。相关程度越高，行动意义越大。

其二，逐步优化原则。任何规划都不可能"毕其功于一役"，总会有一个循序渐进、不断完善的过程。即使是精心编制的规划，也会因为环境因素和内部条件的变化，而需要调整、删减、修改或完善。为此，在规划执行中，应该密切关注规划的原始条件或允许条件的变化情况，及时反馈并采取有效的应对措施。

其三，梯度结构原则。在落实规划过程中，应该注意人才的梯度结构建设。梯度合理的人才结构，有利于促进组织人力资源的可持续发展。

其四，关键人才原则。按照"80/20 法则"，组织中 20% 的关键人才，可以决定 80% 的产出，做出 80% 的贡献。规划执行中，应该高度重视落实关键人才的招募、选拔、使用、激励和保持等一系列政策，确保组织 20% 的关键人才安心岗位、努力工作、不断创新、创出成绩。

3.3.2　战略人力资源规划的评价

及时评价战略人力资源规划的执行过程和执行结果，及时向前端、向上层执行者反馈信息，有利于保持和提高执行管理效率，调整和完善规划目标。

理想的评价标准，主要包括是否有效规避了战略人力资源的短缺或过剩，有效保持了关键少数成员的工作活力，有效实现了既定的规划目标。

❑ 要点回顾

■ 战略人力资源规划的五个维度：一是规划的态度；二是规划与战略的相关性；三是规划的范围；四是规划的正规程度；五是规划的灵活性。

■ 战略人力资源规划的内容分为数量、结构和质量三部分。需要规划的人力资源结构包括：(1) 工种结构，从事不同种类工作的人员比例及其变化趋势；(2) 部门结构，组织中不同部门的人力资源配置量与需求增长比例；(3) 工龄结构，按照在组织中工作时间长短来区分的员工比例；(4) 性别结构，男女员工的比例；(5) 学历结构，员工接受正规和非正规教育与培训经历的构成情况；(6) 国籍与种族结构，外籍员工与不同人种员工的比例。

■ 战略人力资源规划的一般步骤：第一，分析工作任务和工作量；第二，预测人力资源需求；第三，预测人力资源供给；第四，评估人力资源供需状况；第五，选择人力资源管理目标，制定工作规划；第六，落实人力资源规划目标，评估实施绩效。

■ 人力资源规划中的预测定义：确定各类人力资源供给与需求状况而付出的努力，以便预告组织内部某些岗位或部门可能出现的劳动力短缺或过剩。

■ 在战略高度，人力资源需求预测技术，可以理解为预报和测度完成组织战略任务所需要的雇员数量、结构和质量的方法；供给预测技术，理解为预报和测度组织内部与外部人力资源市场能够提供的符合组织要求的雇员数量、结构和质量的方法。

■ 战略人力资源规划的执行主体：(1) 在组织层次，最高决策者的一班人，特别是负责人力资源的副首长，负责规划执行的领导、指挥和监督工作；(2) 在人力资源部门，有专业人员承担规划实施方案的制订、落实和监控任务，负责传达高层指示，联系生产部门和其他职能机构，协调整个规划系统；(3) 在人力资源需求者或使用者部门和机构，要求管理者积极配合人力资源部门，为获取符合规范的人力资源而工作。

■ 在战略人力资源规划的执行中，一般要坚持四项原则：其一，战略相关原则；其二，逐步优化原则；其三，梯度结构原则；四，关键人才原则。

❑ 思考与练习题

3.1 解释战略人力资源规划模型的要点。

3.2 如何理解战略人力资源规划的五个维度？

3.3 举例说明战略人力资源规划的程序。

3.4 如何定义人力资源规划中的“预测”概念？

3.5 如何进行战略人力资源需求预测？试用案例说明。

3.6 如何进行战略人力资源供给预测？试用案例说明。

3.7 举例说明什么是德尔菲法。

3.8 举例说明什么是趋势分析法。

3.9 举例说明什么是马尔科夫分析法。

❑ 案例研究

启动万人揽才计划 格兰仕冲击世界冠军

改革开放以来，在广东这片热土上，涌现出了无数的“英雄”人物。他们带领自己的队伍，在各自的领域中脱颖而出，成为行业模范、时代先锋。广东格兰仕集团有限公司的创业者就是这样的“英雄”。①

2007 年新春佳节刚过，在市场上被很多人称为“大白鲨”的格兰仕集团，再次张开了它的大嘴，不过，这一次它要吞没的是人才。就在春节过后的短短一两个星期内，格兰仕以不可思议的速度招聘了三四千名新员工，据说这只是一个开始，格兰仕今年全年的人才战略规划中新增的职位数是一万个。与此同时，2 月 1 日才正式开始运转的格兰仕中

---

① 请了解格兰仕公司的人才观和管理模式：创造出“F1 方程赛”式的人才竞争机制。建立了对各经营团队综合能力的评价体系，实现了“能者上，平者让，庸者下”的用人氛围。充分体现“人是格兰仕第一资本”的价值观。从“告诉型企业”向“学习型企业”转变。人力资源部制订了三大计划、四大流程、五大制度的人才培养机制。三个计划：向日葵计划、长青藤计划和红高粱计划。四大流程：招聘、选拔、培训和留用。五大制度：(1) 导师制；(2) 1369 制；(3) 职业规划制；(4) 轮岗换岗制；(5) 终身交往制。(2013 年 3 月 10 日，格兰仕公司网站：http://www.galanz.com.cn/JoinIntor.aspx? ColId = 212&SecId = 229)。

山空调生产基地，在春节假期照常运转，实现了同比产销量增长 200% 的开门红。总产能 1 200 万台的“全球空调制造基地”一期工程 650 万台的产能开始释放，这也标志着全球微波炉霸主格兰仕，冲击空调生产世界冠军的梦想迈出了具有实质性的一大步。

近日，广东格兰仕集团有限公司执行总裁梁昭贤接受记者专访，回顾了格兰仕如何抓住改革开放机遇，从一家人称“鸡毛蒜皮”的羽毛加工小厂，成长为保持七年的微波炉市场全球冠军的大企业。在梁昭贤看来，格兰仕的经验在于，从一开始就在自己的领域内做到最专业。要做就要做世界冠军，这是中国制造到全球制造的魅力所在。

羽毛加工厂变“金凤凰”

格兰仕的前身是顺德桂洲羽毛加工厂，成立于 1978 年。先做小羽毛加工，再做羽绒，再做毛纺，格兰仕短短几年间，销售额从几十万元猛增到一千多万元，被誉为“广东改革开放金凤凰”。但到了 20 世纪 90 年代，格兰仕公司高层认为轻纺在整体上已经满足不了企业未来的发展需要，因此从多方面探索寻找突破口。

1992 年年初，梁昭贤专门带队去日本锁定东芝寻找新项目，在日本最大的家电卖场看到的琳琅满目的微波炉让梁昭贤感觉“那个产品有得搞”。其后经过三个月的谈判，格兰仕终于引进了微波炉项目。

被逼无奈发明促销员制度

1992 年，格兰仕的微波炉生产出来了。他们首先考虑要在中国市场上做出成效来。考虑到上海消费观念比较开放，就把目标锁定上海市场。

这个时候，梁昭贤遭遇到了他至今还觉得比较有趣，也是很痛苦的一件事。格兰仕品牌的羽绒，在当时的海外和国内市场已经有一点名气，格兰仕员工去推销微波炉，每到一个地方，消费者都说格兰仕卖羽绒被还可以，但卖微波炉肯定不行。从商场营业员到柜台组长，格兰仕人一一做工作，最终没办法只好派出促销员。梁昭贤说，虽然他们做家电比较晚，但促销员制度却是格兰仕微波炉发明的，是被逼出来的。

基础打好了，格兰仕在上海玩起了大降价手段。那时一台微波炉最便宜的 780 多元，贵的则要几千元。1994 年的“五一”节，格兰仕把微波炉价格调到最低 499 元，引起了轰动，上海一百、华联商场门口排起购买长队。格兰仕的营销策略，源于上海的这次促销活动，形成了在中国市场的微波炉促销模式。

十年只做一件事　成就“霸主”地位

格兰仕人有一个观点，在市场经济条件下要体现自己的实力，必须要成为行业的“领头羊”。从一开始，他们的目标就很明确：要做全球最大的微波炉生产厂。1993 年只生产了 7 万多台，但格兰仕立下 100 万台的目标。第二年，格兰仕做到 20 万台，第三年就超过了 100 万台。做到 100 万台的时候，他们就对外发出一个“向全球单项冠军冲刺”的奋斗口号。

梁昭贤说，格兰仕的经验就是你一定要专注于自己的领域，做到最专业。为此，做毛纺的时候，他们毫不犹豫地放弃了羽绒；而为了锁定微波炉世界冠军的目标，尽管当时毛纺每年有几千万元的盈利，格兰仕还是放弃了，专注产销微波炉。整整十年，格兰仕只做这一件事。

到今天，格兰仕微波炉已经连续九年保持中国市场第一，连续七年全球市场称冠，占据了全球近半数的微波炉市场。梁昭贤说，他们现在思考的已经不是“冠军”的问题，而是第一和第二拉开差距的问题。

打造“全球空调制造基地”

第一个单项冠军拿到手后，格兰仕要冲击第二个单项冠军，需要找一个新的增长点。2000 年，他们决定做空调。

格兰仕空调选择从海外起步，以首创不锈钢豪华空调为先锋，格兰仕在第一个空调冷冻年度就跻身强势竞争品牌行列。2002 年，在全行业遭受重大滑波的大环境下，格兰仕全年销售 100 万台；内销、出口量分别较上年增长 50%、160% 以上，出口创汇名列中国空调业前茅。2003 年潜心做大做强“世界柜机工厂”，晋升“中国空调出口四强”之一，全年销售逾 150 万套，空调出口突破 80 万台。2004 年，空调销售了 260 万台，其中出口 200 万台。

为实现空调冠军梦，格兰仕在中山投资 20 亿元打造“全球空调制造基地”，计划用五年时间将空调年产销规模发展到 1 200 万台，创建微波炉、光波炉之后的又一个“世界第一”。今年 1 月，顺德总部的所有空调生产线都已迁移至中山基地，今后将形成顺德造微波炉和小家电、中山造空调的两大基地。

未来十年要做空调冠军

去年年底，格兰仕的组织架构进行了近 10 年来最大的一次调整。集团被分成六大公司、四大中心和十四个部门、科室，这在格兰仕内部被称为“大象变身”。

梁昭贤告诉记者，结构调整的目的第一是希望格兰仕在微波炉、空调、小家电等每个产业能够做到更加专业，更加有竞争力，使管理更加完善；第二，希望格兰仕整个团队享有更多空间，从对外来说，格兰仕原来是一个“拳头”参与竞争，现在是几个“拳头”参与竞争；第三是要更专业，反应速度更快；第四是组织架构的调整，便于格兰仕今后在实业上跟跨国公司更有效对接。调整一个多月以来，已取得明显成效。

梁昭贤说，未来 10 年格兰士只考虑做好两件事，第一件事是继续巩固扩大微波炉的市场领导地位，第二件事就是要全力向空调单项冠军发起总攻。

格兰仕执行总裁梁昭贤

记者：您所说的格兰仕多年的经验，或者说一直坚持的原则归纳起来是什么？

梁昭贤(下简称梁)：从 27 年的发展历程来看，格兰仕一直都很朴实，但每走一步，我们都领悟到一些东西。

在这样一个完全开放的市场里发展，必须要有自己的实力，必须要成为行业的“领头羊”，必须做大做强。在这样的原则下，做羽绒，我们是行业前两名；做毛纺，我们也是数一数二；做微波炉，我们目标也很明确，就是要做全球最大的微波炉厂。

记者：这些年格兰仕在某些方面俨然成了“中国制造”的一个范本，在您看来“中国制造”的出路在哪里？

梁：“中国制造”有很大的空间，站在格兰仕的角度，未来五年到十年，路只能越走越宽，要从“中国制造”发展到“全球制造”。格兰仕的体会是，在全球市场，首先要强调企业的规模、产品占有率，然后才考虑企业的品牌占有率。所以，不管任何的国际知名品牌，只要是你制造的，你已经成功了一半。

“中国制造”之所以能高速发展，无非就是做了三方面的事情：第一方面，把握“全球制造”往中国产业转移的机会，发展壮大自己的同时也创造了很多就业机会；第二方面，通过大规模大生产，在每个行业都形成自己的优势；第三方面，通过这几年的高速发展，能够生存发展下来的企业都基本形成了自己的企业文化，有自己的价值观。

这三方面是“全球制造”都有的东西，所以未来也是要解决三件事情：第一，跟时间赛跑，跟自己赛跑，不要想得太多，自己的产业要做深做透，集中优势兵力在某一点上形成自己的比较优势和新的比较优势非常关键；第二，规模优势已有基础，未来“全球制造”一定要参与全球游戏规则的制定；第三，回归到苦练“内功”，企业所有环节都要做到有竞争力。

资料来源：改编自 2007 年 5 月 19 日中国人力资源网《启动万人揽才计划 格兰仕冲击世界冠军》(http://www. chinahrd. net/zhi_sk/jt_page. asp? articleid = 58641)。原载广州日报。

● 思考与讨论题

3.1　在格兰仕的成长与发展战略中，人力资源战略应该如何发挥作用？

3.2　你对格兰仕的“万人揽才计划”有何评价？

3.3　“未来 10 年格兰士只考虑做好两件事，第一件事是继续巩固扩大微波炉的市场领导地位，第二件事就是要全力向空调单项冠军发起总攻。”如果你是格兰仕集团人力资源管理的重要决策者和主要领导者，你会为格兰仕未来十年战略目标的实现，制定什么样的人力资源规划？

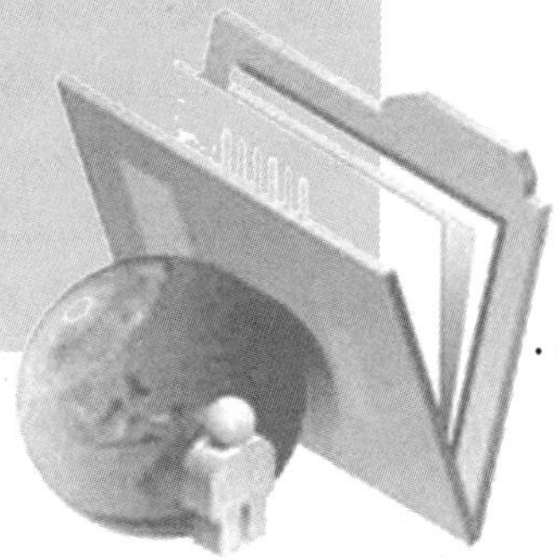

第4章

战略人力资源招聘

永远记住：来自年轻的中国人、印度人和波兰人的竞争，不是把我们赶下悬崖，而是迫使我们上升到更高层次。他们并不想为我们工作，甚至他们根本就不想抢我们的饭碗。从创立公司角度来说，他们是想统治我们，想要在未来建立公司，让全世界的人们都羡慕并争先恐后地为他们服务。

——〔美〕托马斯·弗里德曼(Thomas L. Friedman)

主要内容

- 招聘准备
- 招聘过程
- 招聘方法

逻辑模型

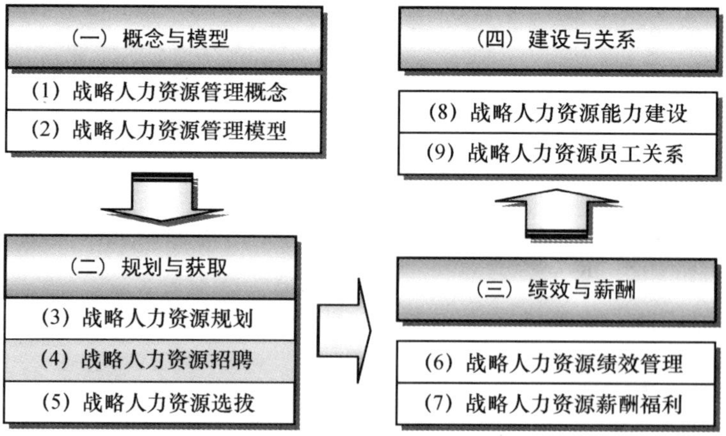

核心概念

招聘(recruitment)
工作(job)
岗位(position)
职责(duty)
工作分析(job analysis)
工作说明书(job description)
工作规范表(job specification)
内部招聘(recruiting within the organization)
外部招聘(recruiting outside the organization)

预期目标

通过本章学习,你可以获得以下知识和能力:

- 认识工作分析对于招聘的重要性;
- 掌握工作分析的方法,理解工作分析成果的用途;
- 熟悉招聘的程序和计划;
- 掌握内部招聘方法;
- 掌握外部招聘方法。

开篇案例

飞利浦:独特招聘揽人才

为了降低人才投资和招聘风险,飞利浦公司将采取一些新的措施,从而降低每年招聘毕业生时因为信息不对称而带来的用人风险。

人招进来先看不用

已经招聘进企业的毕业生,没有任何工作经验,应该让他们做什么工作才能够最大限度地发挥他们的价值?这个问题不仅困扰着毕业生自己,也困扰着企业。

飞利浦中国区副总裁徐承楷告诉《财经时报》,没有工作经验的大学毕业生,在选择工作岗位的时候往往比较盲目和短视,所以企业按照职位空缺招聘的大学生,往往并不能最好地发挥他们的特长,而让职位与人才相匹配,对企业和毕业生来说才是最完美的结合。

为了提高人才的使用价值,飞利浦每年招聘大学生时,都会按照实际用人需求多录用大约 1/3 的名额,这样做的目的,除了可以为企业日益增长的人才需求做储备,更重要的是可以让一些人在企业内部不同的部门之间转换,让他们去看不同的部门不同的职位上的员工如何工作,让他们用自己的眼睛去观察和了解,同时,企业也在这段时间里充分观察和挖掘这些毕业生的特长和兴趣。

用徐承楷的话说,这一段时间内,被转换的这部分学生基本上是不做什么实质性工作的,这样做的目的,就是为了能够让企业和学生通过一段时间的互相观察后,寻找到最匹配的结合点,从而最大限度地发挥这些毕业生的价值。

不过,这种"只看不用"的方式还是需要大气魄和大手笔的投入的,因为这些毕业生在观察期内的薪水还是要支付的,对企业来说毕竟是一笔不小的投资,对毕业生来说则是难得的"福利"。

不再直接聘用大学生

徐承楷坦承,在招聘大学生时也常会看走眼,在实际工作中发现与当初招聘和面试时的预期相差甚远,而"请神容易送神难",对于新招聘来的大学生,如果公司很快与他们解除合约,无论是对公司还是对刚参加工作的学生而言,都会带来损失和伤害。

为了降低这种用人方面带来的损失,飞利浦打算以后在聘用毕业生时先与一家人才招聘公司签约,由他们按照飞利浦的要求选拔一些人,飞利浦将不直接与被选用的大学生签约,而是与人才招聘公司签约,被录用的学生与飞利浦之间就不存在直接的聘用关系,而是直接从招聘公司领取薪酬。

6个月之后,飞利浦将根据他们在工作中的表现来决定与哪些人签约,这样就可以比较有效地降低这种招聘风险。

不过,飞利浦的这种做法对就业压力越来越大的毕业生来说,也是一种更大的挑战,因为这对他们来说意味着成绩、面试技巧都不能保证可以得到一份好工作,只有靠真本事。

资料来源:钱诚根据2013年1月18日《财经时报》的《飞利浦的聘人之道》一文改编(http://www.chinahrd.net/zhi_sk/jt_page.asp? articleid=25847)。

思考题:

(1) 你对飞利浦公司"人招进来先看不用"的做法有何评价?

(2) 飞利浦公司打算"不再直接聘用大学生",而是先和中介公司签约代理招聘,经试用后再从中选择合适人员正式聘用。简要分析这种做法的利与弊。

托马斯·弗里德曼(Thomas L. Friedman)在《世界是平的——21世纪简史》一书中谈到微软中国研究院[①]招募研究人员的情况。竞争十分激烈,以至于成功者在事后发出这样的感慨:"记住,在中国,即使你有幸抓住百万分之一的机会脱颖而出,那么还会有1 300个人同样做到这一点。"托马斯认为,目前微软公司在北京的研究院正是以百万分之一的比例挑选人才。[②]

① 1998年11月5日,微软公司投巨资在北京成立微软中国研究院,并于2001年11月1日将其正式更名为微软亚洲研究院(Microsoft Research Asia)。位于北京的微软亚洲研究院是微软公司在亚太地区设立的基础研究机构。通过从世界各地吸纳而来的专家学者们的鼎力合作,微软亚洲研究院已经快速发展成为世界一流的计算机基础研究机构,拥有230多名研究和开发人员以及250多名访问学者和实习生。目前,微软亚洲研究院主要从事五个领域的基础研究,包括自然用户界面、新一代多媒体、以数字为中心的计算、互联网搜索与在线广告、计算机科学基础(2013年3月11日,http://www.msra.cn/aboutus/)。

② 〔美〕托马斯·弗里德曼(Thomas L. Friedman):《世界是平的——21世纪简史》,湖南科学技术出版社,2006年11月第1版,第282页。

虽然“以百万分之一的比例挑选人才”这句话有夸大其词之嫌，但从中可以反映出人力资源市场竞争的激烈性和招聘与选拔管理的复杂性。飞利浦公司“人招进来先看不用”和“不再直接聘用大学生”的聘人之道值得关注。

本章探讨战略人力资源的招聘问题，包括招聘准备、内部招聘、外部招聘和招聘策略四部分。

4.1 招聘准备

“凡事预则立，不预则废。”（《礼记·中庸》）

招聘活动正式开始之前需要做好多方面的准备。基础的和必要的准备，是分析工作的性质、内容、数量和责任，确定完成工作任务对知识和技能的要求。

4.1.1 招聘与工作分析

什么是招聘（recruitment）？乔治·伯兰德（George Bohlander）和斯科特·斯内尔（Scott Snell）定义为：

> 招聘是定位并鼓励潜在应聘者申请现有或预期空缺工作岗位的过程。
>
> 【Recruitment is the process of locating potential applicants and encouraging them to apply for existing or anticipated job openings.】[①]

招聘的定义有多个版本，但核心意义大体一致。你的公司里有 job（工作）需要人做。需要什么样的人？在哪里可以找到这些人？事先要心中有数，即要 locate，定位。然后就采取 encourage（鼓励）措施，把能干的、合用的人“忽悠”起来，跑来报名，参加竞聘。到此为止的活动，称为“招聘”。再往下，就是开始“选拔”了。[②]

在招聘管理中，最重要的问题是要事先把 job（工作）的情况搞清楚，即要进行系统、深入的“工作分析”（job analysis）。

这里有几个基本概念需要明确。（1）工作（job）——一组相关的活动和职责（a group of related activities and duties）；（2）岗位（position）——由一名员工履行的职责和承担的责任（the different duties and responsibilities performed by only one employee）[③]；（3）职

---

① 参见〔美〕乔治·伯兰德（George Bohlander）和斯科特·斯内尔（Scott Snell）著：《人力资源管理》（英文第 13 版），东北财经大学出版社，2003 年 10 月第 1 版，第 146 页。

② 请注意，“招聘”和“选拔”，也有人称“招募”和“甄选”，英文分别是 recruitment 和 selection。虽然这两个词经常“出双入对”同时现身，但却代表着两件不同的事。“招聘”（recruitment）是吸引符合要求的人员应聘空缺职位的过程；“选拔”（selection）是从应聘者中选择出合格员工的过程。关于“选拔”事宜，详见本书第 5 章。

③ “工作”和“岗位”的定义参考〔美〕乔治·伯兰德（George Bohlander）和斯科特·斯内尔（Scott Snell）著：《人力资源管理》（英文第 13 版），东北财经大学出版社，2003 年 10 月第 1 版，第 92 页。

责(duty)——一个员工为了完成其负责的工作而要执行的若干项不同任务。[①]

所谓工作分析,专家认为就是"收集工作岗位信息,确定工作责任、任务或者活动的过程"。(Job analysis is the process of obtaining information about jobs by determining what the duties, tasks, or activities of those job are. [②])

图 4-1 为工作分析过程示意图。[③] 如图所示,分析工作首先需要明确从何处获得有关工作的信息。可以由专业的分析员去搜集,也可以向在岗员工或其上司调查。搜集信息的方法有访谈法、问卷调查法、观察法和 DOT 法[④]等多种。实际分析所需要的信息,包括任务、绩效标准、岗位职责、完成任务所需要的知识和技能等。通过对搜集到的信息进行分类、整理、研究,可以做出对工作本身情况的说明,并对任职本工作岗位的资格提出要求。

实际中,工作分析的具体步骤如下:

第一步,了解战略任务,明确分析目的。基于组织战略的工作任务是否发生变化?发生了什么变化——增加还是减少?扩张还是收缩?合并还是分解?明确了战略任务变化的性质与内容,便于决定所搜集信息的方向与特征。

第二步,选择工作分析对象。工作分析是有成本的活动。哪一方面、哪一类型或哪一项工作需要分析,应该有清楚的、准确的判断。判断失误,将导致成本增加,效率下降,资源浪费。

第三步,沟通员工,获得支持。工作分析意味着打破现有工作秩序或建立新的工作制度,从而不可避免地会改变现有员工的利益结构。为消除顾虑,增进理解,应该及时向员工通报工作分析情况,争取得到大多数员工的支持。

第四步,确定有效方法,搜集工作分析信息。这一步最重要。信息的客观性、准确性和充分程度,对工作分析的质量具有决定性的影响。

第五步,处理工作信息。整理、分类、分析、解读所搜集的工作分析信息。

第六步,撰写工作分析报告。最主要的报告有两份,一份是工作说明书(job description),另一份是工作规范表(job specification)。

第七步,评估工作分析的工作绩效,关注工作分析的新需求。

---

① "职责"定义参见威廉·P. 安东尼(William P. anthony)等著,赵伟、徐建军译:《人力资源管理——战略方法》(第四版),中信出版社,2004 年 9 月第 1 版,第 203 页。

② 参见〔美〕乔治·伯兰德(George Bohlander)和斯科特·斯内尔(Scott Snell)著:《人力资源管理》(英文第 13 版),东北财经大学出版社,2003 年 10 月第 1 版,第 94 页。

③ 绘制中参考了〔美〕乔治·伯兰德(George Bohlander)和斯科特·斯内尔(Scott Snell)著:《人力资源管理》(英文第 13 版),东北财经大学出版社,2003 年 10 月第 1 版,第 95 页图 3. 1(Figure 3. 1)。

④ "DOT"是 Dictionary of Occupational Titles《职位名称词典》的缩写。"DOT"根据工作任务和要求之间的关系对职业进行系统分类,由美国劳动部(the U. S. Department of Labor)发布。书中包含对 2 万多个职位的标准化描述。

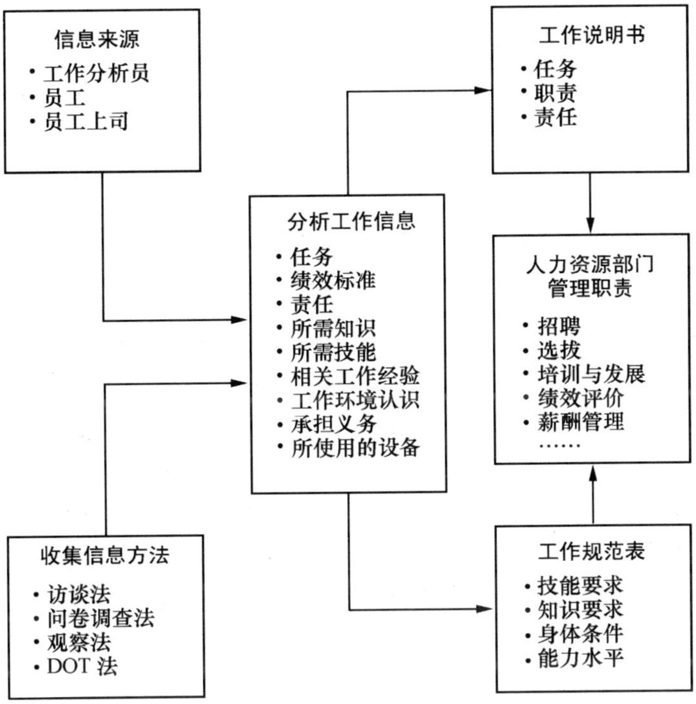

图 4-1　工作分析过程

《概念 · 要点》

招聘是定位并鼓励潜在应聘者申请现有或预期空缺工作岗位的过程。

(1) 工作:一组相关的活动和职责;(2) 岗位:由一名员工履行的职责和承担的责任;(3) 职责:一个员工为了完成其负责的工作而要执行的若干项不同任务。

工作分析,搜集工作岗位信息,确定工作责任、任务或者活动的过程。

4.1.2　工作分析的方法

在工作分析中,主要的和重要的工作是搜集信息。因此,一般所说的工作分析方法,基本上就是指信息搜集方法。常用的方法有以下几种(见图 4-2):

(1) 问卷调查法(questionnaire method)——请员工填写调查问卷,然后分析问卷信息。需要编制一份包括所有要完成的任务清单,由 2—3 名熟悉所调查工作的员工回答问卷。

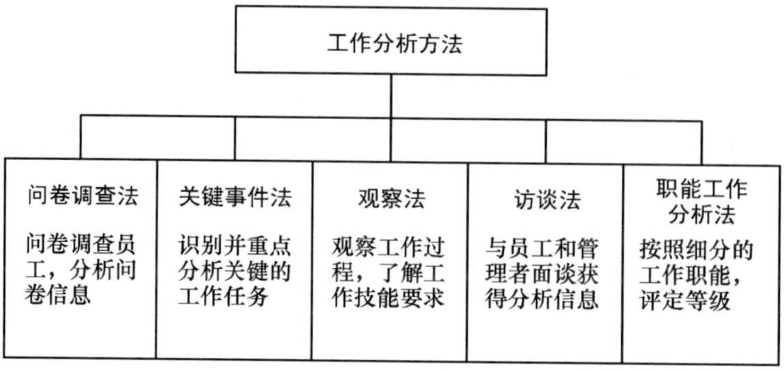

图 4-2　工作分析方法

（2）关键事件法（critical incident method）——识别并重点分析关键的工作事件（行为）。通过对关键事件的分析，可以了解高绩效员工和低绩效员工的行为特征。

（3）观察法（observation method）——观察工作过程，了解工作技能要求。观察执行任务时的一个工作样本即可。观察可以是持续性的，也可以是间歇性的。观察法主要用于分析通过一系列身体运动来完成任务的工作，比如生产线上的装配工人、餐厅服务员等人的工作。对于不依靠身体运动来完成的工作，比如文字秘书、翻译家、作家等人的工作，则不宜采用观察法分析。

（4）访谈法（interview method）——采访并熟悉所分析工作情况的员工或管理者，在交谈中获得关键信息。通常可以采用结构性的表格记录信息（见表 4-1）。访谈是一种需要耗费大量时间、成本非常高的信息搜集方法。如果三位分析员共同分析 20 种工作，每种工作找两人访谈 30 分钟，则访谈者和被访者总共需要付出 60 小时。此外，还有不少访谈前的准备工作需要完成。

表 4-1　结构性工作分析访谈表

姓名：____________　　　　年龄：____________
日期：____________　　　　在公司工作年限：____________
现任工作岗位名称与级别：________________________
部门：____________　组别：____________　主管姓名：____________

1. 工作的目的：________________________________
2. 工作的主要职责：________________________________
3. 工作的次要职责：________________________________
4. 使用的机器或设备：　持续使用　经常使用　偶尔使用
____________　________　________　________

（5）职能工作分析法（functional job analysis）——考察工作的各项职能与信息、人员和事务三方面关系的方法。

4.1.3　工作分析的成果

工作分析追求两大成果：一是工作说明书；二是工作规范表。① 举例说明，详见表 4-2、表 4-3② 和表 4-4③。

表 4-2　"人力资源部经理"工作说明书

岗位名称：人力资源部经理 职位等级：G4 职位编号：BP470066 工作目标：编制公司人力资源规划，配置和开发公司人力资源，协调公司劳动关系。
工作职责： 1. 根据公司战略和内外部环境条件，制定人力资源规划，并在获得批准后组织实施； 2. 制定人力资源部的工作目标和工作计划，编制预算，在批准后负责落实； 3. 制定和完善公司人力资源管理工作制度和流程，并在获得批准后负责执行； 4. 分析培训需求，制订培训计划，并在批准后领导实施和控制； 5. 掌握公司内部和外部人力资源市场信息，必要时开展招聘工作； 6. 建立和完善公司绩效管理制度，并在获得批准后负责执行； 7. 建立和完善公司薪酬福利制度，核定员工薪酬等级，报总裁批准后由财务部执行； 8. 受理员工投诉，协调员工关系，处理员工与公司之间的劳动纠纷事件； 9. 管理公司外部关系，加强公司与政府部门、营利组织和公益机构等组织的联系。 组织关系： 1. 向人力资源总监报告工作，接受公司总经理、副总经理领导； 2. 领导人力资源部招聘主管、培训主管、薪酬主管、劳动关系主管； 3. 指导和协助公司内部其他部门工作，提供咨询服务。

表 4-3　"人力资源部经理"工作规范表

岗位名称：人力资源部经理 职位等级：G4 职位编号：BP470066 工作目标：编制公司人力资源规划，配置和开发公司人力资源，协调公司劳动关系。
知识、技能、能力等要求： 1. 大学本科以上学历，人力资源管理或工商管理专业毕业； 2. 五年以上高级管理工作经验，三年以上人力资源总监管理经验； 3. 熟练运用常用人力资源管理软件； 4. 具有比较强的领导能力、组织能力、执行能力和沟通能力； 5. 善于分析问题和解决问题，具有良好的服务意识； 6. 具有强烈的责任感和事业心，工作认真、细致、扎实； 7. 适应能力强，心理素质好； 8. 口才好，写作能力强，能够熟练运用英语交流。

---

① "工作说明书"和"工作规范表"，分别是英文 job description 和 job specification 的译文。读者可以发现，在国内翻译出版的教科书或由国内学者主编的教材中，对这两个词的翻译版本甚多，莫衷一是。经多方比较研究，笔者认为"工作说明书"和"工作规范表"应该是最佳选择。

② 根据人力资源管理世界网资料改编(2007 年 8 月 1 日下载自 http://www.hroot.com/knowledge/view.asp? id = 2073)。

③ 参见威廉·P. 安东尼等著，赵玮、徐建军译：《人力资源管理——战略方法》，中信出版社，2004 年 9 月第 1 版，第 218 页。

表 4-4 "执行秘书"工作规范表

工作名称:执行秘书 工作部门:执行总裁办公室 直接上司:总裁
知识、技能和能力要求: 1. 关于办公室日常工作内容和程序的知识; 2. 关于执行秘书工作的知识; 3. 使用计算机化办公的技能; 4. 打字、整理文件、应答电话以及起草例行信件和报告的技能; 5. 当总裁外出时,作为公司官员、董事会成员、客户代表与州和联邦政府官员之间的联系人的能力; 6. 规划工作并对不同工作赋予不同的优先权的能力。

工作说明书,是说明一项工作应当承担的任务、职责和责任的报告。(A job description is a list of the tasks, duties, and responsibilities that a job entails.)①

工作规范表,是表明胜任某项工作的个人必须具备的知识、技能、能力和其他特征的列表。(A job specification is a list of the knowledge, skills, abilities and other characteristics that an individual must have to perform a job.)②

工作说明书和工作规范表,是人力资源管理活动建立标准、制定政策、采取措施、做出决策的依据和基础,在招聘、选拔、绩效评价、薪酬、福利、培训、发展等各个管理环节,都有必要的和重要的作用,如图 4-3 所示。

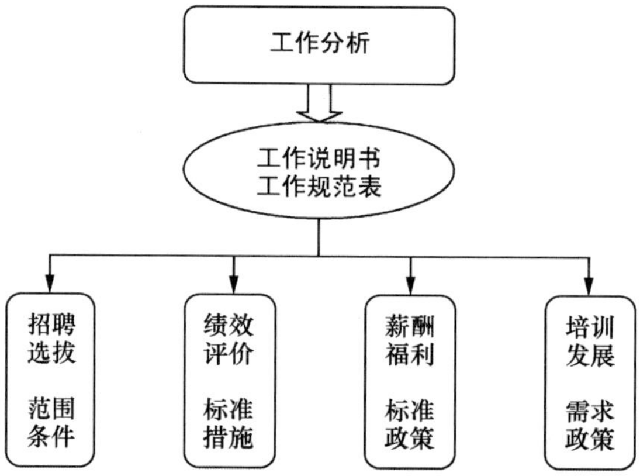

图 4-3 工作分析的结果和应用

① 参见雷蒙德·A.诺伊(Raymond A. Noe)等著,刘昕改编:《人力资源管理》(英文第 5 版),中国人民大学出版社,2006 年 1 月第 1 版,第 95 页。

② 参见雷蒙德·A.诺伊(Raymond A. Noe)等著,刘昕改编:《人力资源管理》(英文第 5 版),中国人民大学出版社,2006 年 1 月第 1 版,第 96 页。

≺知识 · 信息≻

专栏 4-1　犹太人的招聘思维模式

犹太人，其祖先为希伯来人，是起源于阿拉伯半岛的游牧民族，属于闪米特人的一支，原始血缘上与阿拉伯人相近，主要信仰犹太教。以色列的《回归法》界定犹太人的身份是按母系相传为标准，凡是母亲是犹太人的，其子女都会被以色列承认为犹太人，有权移民以色列。犹太人在世界各地经过近两千年的流浪，和当地人通婚，使得犹太人的肤色变得多种多样，有白种犹太人、黄种犹太人和黑种犹太人，以及印度和拉美的亚肤色的犹太人。

1. 犹太人的招聘思维模式是怎样的？

被录用的人培训一个月以后，必须立刻赚钱！招人、留人、用人，依靠精细而严格的绩效制度和难以想象的高薪资吸引人才。几年后如果此人赚钱能力下降，也就到了该分手的时候了。因为"天下没有免费午餐"。

2. 面试官的衣着行为有哪些注意事项？

穿着要舒适，做工要好。比如，1 200 元的鞋子能穿一辈子，而 120 元的鞋子却只能穿几个月。所以，衣着讲究的面试官更加自信，也更加提升企业的人力资源形象。如果我们把面试当成是一次"优质人才采购的谈判"，大家就知道了。

3. 犹太人如何做好招聘？

犹太人注重人才与企业价值观的一致性，犹太人的企业价值观是：不花钱办大事，化小钱办大事。戴尔文化要求每花一块钱要能赚回两块半，比如戴尔某部门与客户共同组建技术攻关小组而要投入 1 000 万元，那么该部门一把手在向上级申请经费的时候，就必须解答如何安全赚到 2 500 万元的问题，以及如何省得越多、赚得更快。这才是戴尔最关心的部分。戴尔中国公司的最高领导，每个月都要在全国各地飞来飞去，但他只坐经济舱；更令人匪夷所思的是，中国区总裁在厦门工厂居然没有正式的办公室，他只能借用空闲的会议室办公，如果会议室被他的部下用来开会，那他就只能站在会议室外面办公了。在戴尔看来，多花的钱、多余的活动都是可耻的浪费。所以，在全世界的每一个地方，能够适应戴尔这种"逐利文化"的人才是少之又少。为了获得这种人才，戴尔必须精心设计招聘策略，以选拔"合适的人才"。

4. 疯狂逐利的犹太企业招聘思维有哪些绝招？

世界上最早懂得雇用人才为自己赚钱的是犹太商人。可是，人的生命有限，一个人的能量也很有限，于是，犹太人又想出了"用金钱买时间，用智慧换效率"的办法。也就是通过高薪聘请人才，花钱买他人的时间，让优秀人才替自己赚钱。这是犹太人的小九九。让犹太商人没有算到的是：世界上最先懂得利用老板的资源来获取技术、人脉和市场的，也是犹太人。关于替他人赚钱，犹太民族有一个箴言，叫"穷也要站在富人堆里"。意思是先为有钱人打工去认识更多的有钱人，从而形成"人脉"；然后与有钱人合作开创一个事业，最后让有钱人为你"打工"，成为董事长的董事长。所以犹太商人在利用高级人才为自己赚钱的时候，也就必然被他们所雇用的人才利用。

为了避免成为培养竞争对手的工厂,犹太商人采取了三项措施:第一步,他们开出一个令高级人才垂涎三尺的薪酬和待遇;第二步,他们又开出一个非常苛刻的招聘条件,他们要求新人在入门时就达到"优秀",入门以后要立刻进入状态,立即创造优异的成绩;第三步,为了不受人才的要挟,犹太人的想法是,"要成批制造能为自己赚钱的人才,使得企业各个岗位的人才,都能像机器零部件一样随时更换"。第一步和第二步需要的是眼光和魄力,我们中国企业家甚至还能做得更好。第三步却让犹太人思考了整整900年,怎样才能成批制造出为自己赚钱的人才呢?

到了17世纪,犹太人创造出了以"赚钱知识"塑造专业商人的教育模式。他们将赚钱知识分为四个模块:第一是会计知识,掌握会计知识就可以洞察资产的分布,辨别资产的优劣,从而为经营活动提供决策依据;第二是投资知识,懂得投资就等于掌握了金钱的播种技术,可以让钱24小时不停地运转,生出更多的钱来;第三是市场知识,学习市场知识是为了把握市场的脉搏,把握消费者今天的需求以及未来的需要;第四是法律知识,对于商人来说,就是拿起法律武器保护已经赚到手的钱,使财富长期属于自己。但是,这种以"赚钱知识"塑造专业商人的教育模式,只有在社会稳定和"所有权与经营权"分离的基础上,才能够实现大规模的"职业老板"制造计划,所以犹太人发明的"可以赚钱的知识"应该是"MBA的基石"。

5. 犹太人的行为面试法有哪几种?哪些值得大家借鉴?

世界上最残酷的面试术是犹太人发明的,在招聘问题的设计上,戴尔也采用了业界普遍采用的行为面试法。这种方法是从应聘者的角度看,面试的问题完全是随机的,而且问题的着眼点都是候选人过去发生过的行为。

戴尔行为面试法。你所做过的工作当中最值得你自豪的一件事是什么?是什么时间做的?怎么做的?为什么值得你自豪?这时候应聘者事先准备的问题就可能用不上了,想在现场编故事肯定也来不及,他只能实事求是地讲真话,否则很容易露馅。

参考检查法。另外,对于一些重要岗位的关键员工来说,还有一种调查方法叫参考检查。公司(或委托的猎头公司)会要求候选人提供原来工作单位的两名上司的姓名和电话、两个平级同事的姓名和电话、两个部下的姓名和电话,然后公司派人与这些人进行电话沟通,目的就是想知道这三个层次的人怎么看这个候选人。

问题的设计是很有技巧的,比如:你觉得这个人最能干的地方是什么?你觉得这个人最需要改进的地方是什么?这个人在沟通方面、在领导力方面有哪些问题?你对这个人总体上怎么看?如何形容他?

当这6个人从不同的角度谈了自己的看法后,公司会总结出一份文件,供用人部门参考,从专业的角度提供咨询建议。一家企业如果草率地把人招进来,发现不好再辞退这个人,这就像两个人匆匆结婚,过了没多久又离婚一样,双方的损失都很惨重。为了避免这类问题的发生,戴尔招聘的时候,审核工作非常严格。选人是管理者最重要的一项工作,这个工作没做好的话,后面出问题是必然的。

6. 如何做好一名招聘管理者?

送给大家一句话——不做亏本的买卖,就是说招聘能力强而且遵守制度的人。一般能够坚持"花小钱办大事"的应聘者,能力都不错。而"孝顺长辈"的人,一般都能遵守制度,融入企业团队当中。另外,一个人越炫耀什么,就越缺少什么;越掩饰什么,就越自卑什么。如果对方对你的质问表示不屑,那你的质问通常是真的。如果一个人对你微笑示好后,又以一模一样的话去问候别人,那么这个人是虚伪的。越是纯真的人,可能城府越深。判断的方法是不断找她帮忙做同一件事,会撅嘴有小抱怨但还是会帮助你的是真纯,会假笑拒绝你的是虚伪。爱听摇滚乐的没有责任感,情绪不稳定。爱听饶舌音乐的有运动天赋,自尊心强,但缺少纪律性。亲自动手做饭请客的人,态度积极乐观,性格也比较温和。

7. 人力资源的发展前景如何? 当今社会 HR 怎么样来提升自己? 应该具备的能力有哪些?

现在从事 HR 的大概有四个年龄段:50 后、60 后、70 后、80 后,主体是前两种。这些不同年龄段的人各有其特点:年龄越大,对人情世故的理解和把握越深刻,操作越到位,处理事情越周全;越年轻,其工具化的专业程度越高,越能与时代相融合。就专业知识结构来讲,50 后大多是转业军人或一般事务性的政工干部,是从人事事务转过来的;60 后大多是大学本科毕业后从业务口、技术口转做人力资源的;70 后大多是 MBA 毕业,系统学习过专业人力资源课程;80 后大多是本科、研究生,都是读人力资源专业的。从知识体系看,是越来越专业,知识越来越丰富,可谓长江后浪推前浪。相比 60 后的 HR,70 后稍占上风,因为知识更系统和全面,与时代融合的程度更高。80 后目前担任 HR 者寥寥,但会后来居上。

资料来源:孙庆章整理自世界经理人网牛津管理评论《犹太人的招聘思维模式》(2013-3-10: http://oxford.icxo.com/htmlnews/2012/10/09/1447805_0.htm)。

≺概念 · 要点≻

工作说明书,是说明一项工作应当承担的任务、职责和责任的报告。

工作规范表,是表明胜任某项工作的个人必须具备的知识、技能、能力和其他特征的列表。

4.2　招聘过程

招聘是季节性的。一般来说,各级各类人力资源学成毕业之时,就是各种组织和机构招兵买马招聘人力资源的“黄金季节”到来之际。

“黄金季节”中的人力资源经理,几多欢喜,几多愁,别有一番滋味在心头。欢喜的是,人才市场上资源流量大增,选择机会多多;发愁的是,自己组织内部的优质人力资源,乘其他组织大批招聘之机,另谋高就者增加,流失加重,填空补缺的压力加大。而别有一番滋味的是，“能找到合适人才吗?”“会不会又是猴子捞月，竹篮打水一场空?”类似的问题萦绕心头，挥之不去。

招聘需要投入。招聘需要技术。招聘的过程简单又复杂。

4.2.1 招聘的程序

招聘的过程既简单又复杂。之所以简单，主要在于程序或步骤较少。一般情况是首先审查人力资源战略规划，接着，必要时做工作分析①，然后制订招聘计划与具体实施方案，开始招聘活动。为填补职位空缺招聘人力资源，主要有两条渠道：一条是从内部其他部门招聘，另一条是从外部人力资源市场招聘。

如前所述，招聘是指“定位并鼓励潜在应聘者申请现有或预期空缺工作岗位的过程”。② 如何准确或比较准确地“定位”好目标求职者群体，吸引到求职者的眼球，让求职者对空缺岗位发生兴趣，所采取的“鼓励”措施能够使求职者鼓起勇气做出参加应聘的决定。招聘是一种经济性活动，有成本、讲收益，还有时效性。招聘中，需要讲究方法和技术。应聘也有成本，既有直接成本，又有间接成本，还有机会成本。使应聘者鼓起勇气不是一件轻而易举的事。这就是称招聘过程“既简单又复杂”之“复杂”所在。

招聘的程序示意图，如图4-4所示。

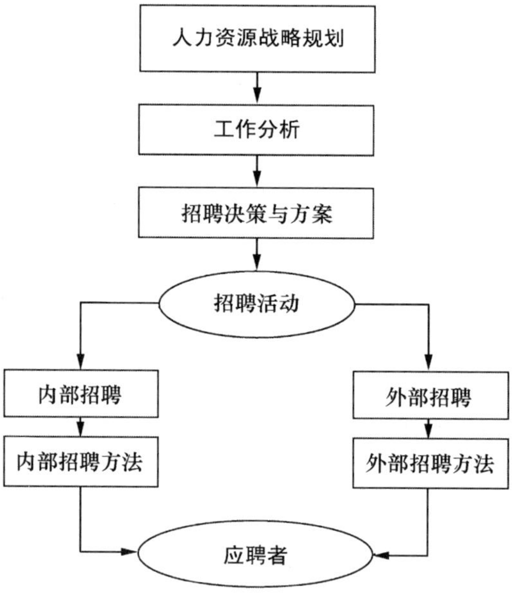

图4-4 招聘的程序

---

① 如果是新的工作，或者原有工作没有工作说明书、工作规范表的话，则需要进行工作分析。否则，可以直接进行下一步。

② 参见4.1.1“招聘与工作分析”。

4.2.2　招聘的计划

这里简要讨论一下开展招聘活动的具体工作计划。① 假定组织内的一个部门出现岗位空缺，急需补充人员。怎么办？一般的工作计划或思路是这样展开的：

（1）向组织内部（比如总公司）人力资源部门提出招聘需求信号，提供工作说明书和工作规范表，或编写工作说明书和工作规范表的必要信息。

（2）人力资源部门搜索组织内部人才库（或人事档案），提供候选人名单，或者发布内部招聘信息吸引应聘者。如果需求部门发现合适人选，双方谈判后达成一致，做出给予和接受工作机会的决定，则内部招聘过程结束。

（3）如果申请者都不符合要求，或者不愿意接受所提供的工作机会，则需要外部招聘。选择适当媒体，以适当方式发布人力资源需求信息，接受申请，审查应聘者知识、技能和态度。如果发现合适人选，双方达成一致，签约聘用。招聘过程结束。

（4）如果申请者都不符合要求，或者不愿意接受所提供的工作机会，则开始新一轮的外部招聘活动。此时，可能需要调整“定位”角度和“鼓励”措施，以期尽快找到合适的人选。

这里有个技术问题需要思考。如果有一个工作岗位空缺需要填补，吸引到多少应聘者来竞争比较合理、科学、有效？应聘者太多，招聘成本上升；应聘者太少，招聘质量下降。

中国大型国有企业，2003、2004 和 2005 年连续三年向海内外公开招聘高级管理人员（2005 年包括正职岗位）。2005 年，国务院国有资产监督管理委员会发布了 25 个监管企业“高管”需求信息，面向海内外公开招聘。公开招聘工作，按照“自愿报名、资格审查、统一考试、考察了解、研究确定人选、人选公示”等程序规范动作。共有 1 207 名应聘者提出申请，经资格审查符合条件的有 412 人，实际参加笔试的 379 人。通过笔试进入面试名单的 159 人，实际参加面试的 154 人。有三个职位没有合适人选。确定 22 人公示，其中两名发现问题淘汰。最后聘用 20 人。② 录用：求职 = 20/1 207 = 1∶60。这一比例合理吗？这个问题要由当事的“国资委”负责人回答。

人力资源专家对录用率问题有不同看法。威廉 · P. 安东尼等学者似乎赞成 1∶50（20/1 000）。③ 还有专家提出所谓的“招聘筛选金字塔”，录用和求职的理想比例是 1∶24。④ 图 4-5 所示“招聘筛选金字塔”仅供参考。

---

① 参考了威廉 · P. 安东尼等著，赵玮、徐建军译：《人力资源管理——战略方法》，中信出版社，2004 年 9 月第 1 版，第 240 页图表 7. 2 中的信息。

② 参见 2005 年 5 月 8 日新华网《中国首次公开招聘大型国企正职经营管理者》（http://news.xinhuanet.com/fortune/2005-05/08/content_2929863.htm）。

③ 参见威廉 · P. 安东尼等著，赵玮、徐建军译：《人力资源管理——战略方法》，中信出版社，2004 年 9 月第 1 版，第 241 页。

④ Gary Dessler, *Human Resource Management*, 8th Edition, Prentice Hall, 2000, p. 135.（清华大学出版社，2001 年 9 月第 1 版，影印版）。

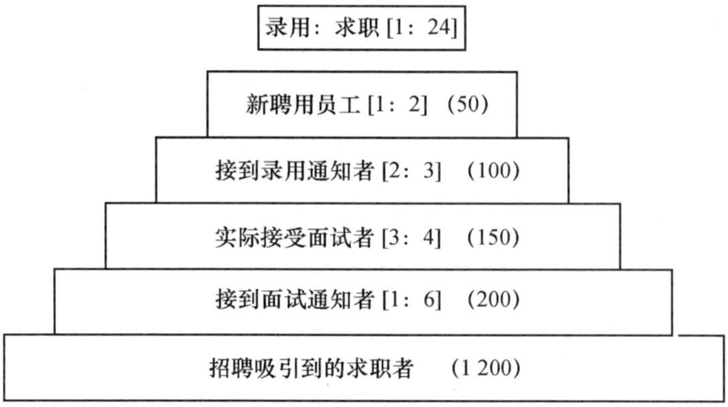

图 4-5 招聘筛选金字塔

≺概念·要点≻

招聘是季节性的。人力资源毕业之时，就是招聘人力资源的“黄金季节”到来之际。“黄金季节”中的人力资源经理，几多欢喜几多愁，别有一番滋味在心头。

4.3 招聘方法

招聘是有成本、讲收益，还要注意时效性的活动。招聘中需要讲究方法和技术，以节约成本、提高效益，获得事半功倍之功效。

内部招聘(recruiting within the organization)和外部招聘(recruiting outside the organization)两种方法，以及这两种方法的一系列技术，值得讨论。

4.3.1 内部招聘

如果不是新创建的组织，大多数职位空缺一般是通过内部招聘填补。对于生产组织或经济组织而言，熟练的作业技能、丰富的工作经验和对组织文化的了解与认同十分重要。因此，内部提拔或招聘，有利于节约招聘成本，提高招聘效率。此外，内部提拔对在岗人员还有激励作用，使他们看到晋升希望，对自己在组织内职业生涯的发展充满希望。内部提拔，特别是按照公开程序逐级提拔①，还有利于使被提拔者为下属和同事所接受，便于迅速进入工作状态。

内部招聘的主要来源包括提拔本部门员工、接受组织内其他部门员工申请、重新雇

① 如果不是从下一级向上一级的“逐级”提拔，而是“越级”提拔的话，情况则有所不同。“越级”提拔打破一般的晋升逻辑和心理预期，容易导致内部矛盾，而且被提拔者胜任新职位的难度也会显著增加。因此，一般不宜采取“越级”晋升决策。出于政治或其他原因进行的所谓“破格提拔”，是另外一回事。

用过去的员工等。内部招聘的常用方式有招聘广告、基层部门推荐、个人自荐、查阅档案、指定候选人、直接任命等。见图 4-6。

内部招聘	**主要来源** 提拔本部门员工、接受组织内其他部门员工申请、重新雇用过去的员工
	常用方式 招聘广告、基层部门推荐、个人自荐、查阅档案、指定候选人、直接任命

图 4-6　内部招聘的来源与方式

如果内部人力资源不能满足战略需求，则只能通过外部招聘解决。内部提拔之后出现的短缺应该从外部招聘。企业的研发(R&D)中心，专业的学术机构、科研单位或高等学校等组织，强调知识创新和技术创造，要求新观点、新思想的传授。尽管这些组织的内部提拔仍然十分重要，但外部招聘却不可忽视。

由于历史和现实的种种原因，在中国的不少高等学校和科研机构，外部招聘严重不足，致使“相同学缘”学术群体成为比较普遍的现象。这种人力资源结构，显然不利于知识创新和学术进步。

《知识・信息》

专栏 4-2　校园招聘会求职五大绝招

求职永远是大学毕业生们绕不过去的一个话题。现在大学毕业生求职的竞争越来越激烈，充分利用包括校园招聘会在内的多种渠道就可以大大提高求职的成功率。

安妮・费舍尔(Anne Fisher)是《财富》杂志《向 Anne 提问》的专栏作者，这个职场专栏始于 1996 年，帮助读者适应经济的兴衰起落、行业转换，以及工作中面临的各种困惑。

亲爱的安妮：明年春天，我即将拿到化学工程学士学位。但我很担心，不知到时候能不能找到工作机会。我有一大笔助学贷款要开始偿还，所以，我必须马上工作。我有两个问题：第一，我们学校将在下个月组织招聘会，约有 50 家公司会来参加招聘。其他许多学生都已签约。我该怎么做，才能避免自己不至于淹没在浩浩荡荡的求职大军中？您有什么好的建议吗？

第二，我已经参加过几次面试，其中我非常中意的是两家截然不同的公司。可从面试到现在已经有一个月时间了，我还没有收到任何一家公司的回信。这是不是意味着，他们对我没有兴趣，还是有别的什么原因？——DC

亲爱的 DC：虽然我非常不想给你的焦虑情绪火上浇油，可你确实该好好考虑一下找工作的事了。如果你够聪明的话，应该已经开始求职了。你或许已经知道，几个月前，美联社(Associated Press)公布了一份广为传播的报告。这份报告称，2011 年毕业的大学生中，失业或未充分就业的学生占一半以上(54%)。所谓未充分就业，就是指身陷不需要学士学位的低端岗位中。而2012届毕业生的情况似乎也好不到哪里去。今年9月，美国18—29岁年轻人的失业率为11.8%，远远高于美国总劳动人口7.8%的平均失业率。

不过也有好消息，美国大学和雇主协会(National Association of Colleges and Employers, NACE)年度招聘经理调查的初步结果显示，2013年，雇主招聘的应届毕业生预计将比2012年增加13%。此外，你所学的专业也是你的优势所在。NACE执行董事玛丽琳·梅克斯称："最有可能增加应届毕业生招聘的雇主所在的行业就包括化工与制药。"此外，她还补充道，拥有商学、计算机科学和各种工程学位的毕业生尤为抢手，而且雇主"纷纷瞄准大学校园，来为公司补充新鲜血液。"

这就涉及你所说的校园招聘会。艾莉森·多伊尔称："要想让招聘会发挥作用，第一件事就是一定要去参加。毕业班的学生通常非常繁忙，所以，他们会放弃参加校园招聘会。这其实是错误的做法。三年级学生也应该参加，因为通常会有许多公司通过类似活动招聘实习生。"多伊尔从事过多年人力资源高管工作，目前在About.com网站担任常驻职场专家，曾写过多本关于求职的书，最新的一本书名为《艾莉森·多伊尔的求职宝典》(*Alison Doyle's Job Search Guidebook*)。

她说，就算你对参加招聘会的企业单不感冒，也要去参加。"你永远不知道自己会在哪里遇到谁，谁会成为你未来职业发展道路上的贵人。此外，招聘会也是让你锻炼如何向招聘经理展示自我的绝佳平台。"

如何充分利用校园招聘会？下面有几条建议：

1. 调查你感兴趣的雇主。应该特别关注每家公司网站上的工作机会，仔细考虑什么样的机会既符合你的兴趣，又能发挥自己的优势。

2. 准备好"电梯演讲稿"。用20—30秒的时间，总结自己的才华和能力。如果你对自己的能力并不确定，可以回忆一下自己到目前为止所取得的成就，包括你在课外活动(是的，当然包括体育活动)中担任的领导角色，然后仔细分析是什么帮你取得了这些成功。

3. 穿着得体。如果不确定该穿什么，即便是穿衣讲究过了头，也强于过于随便。穿什么不能代表一个人的全部，但是，穿职业装可以传达一种非常微妙的信息：你对这次活动非常重视。

4. 充满热情。如果你真心对一位雇主感兴趣，在对话结束的时候，要说出自己的感受，并表明自己有兴趣在这家公司寻找更多机会。多伊尔称，在其他条件相差无几的情况下，对工作机会表现最迫切的求职者更有优势。

5. 招聘会结束后要继续跟进。不要忘记向你见过的每一位招聘者询问联系信息。然后，尽快发一封电子邮件，当然如果是手写的便条更好。简要说明为何你相信自己是理想的人选，并询问你们何时可以再见面。

而说到后续工作，多伊尔对你的第二个问题给出的答复是："在一家公司面试几周过后，依然杳无音讯，这样的情况并不鲜见。如今，即使是经验丰富的求职者，找到一份工作也需要一个漫长持久的过程。尤其是一些大公司，他们要去许多学校招聘。因此，他们得花很长时间才能做出决定。有些公司会推迟招聘，因为对于明年春天，公司需要招聘什么样的员工，他们并不确定。”

而这恰好也是与招聘者保持联系的原因所在。多伊尔说：“肯定不能一直发信息，对他们进行狂轰滥炸。但每次面试之后，都要发一封感谢信，并询问他们是否还需要你提供更多的信息。每隔几周发一封简短的信，确保自己不被遗忘。”

她补充道，在等待回信的时候，不要停止求职。“要继续撒网，因为除非你得到确定的工作邀请，否则，你就不知道还有哪些工作机会你更加感兴趣。如果你把所有希望都放在一两家公司身上，结果却没有得到任何机会，这时你还是得重新开始求职，而这就会让你落后于竞争对手。应该广泛撒网，做好多手准备。祝你好运。”

反馈：你是否曾经通过招聘会找到过工作？如果你是一名招聘经理，在招聘会上，最让你印象深刻的是什么？你最希望求职者具备哪些条件？欢迎评论。

资料来源：2012 年 10 月 23 日财富中文网安妮 · 费希尔(Anne Fisher)《校园招聘会求职 5 大绝招》，译者：刘进龙和汪皓(2013 年 3 月 15 日，财富中文网：http://www.fortunechina.com/column/c/2012-10/23/content_123221.htm)。

4.3.2　外部招聘

外部招聘具有必要性和重要价值。常见的外部招聘来源有人力资源市场、应届毕业的学生、其他组织的人力资源等。

外部招聘常用的方式有招聘广告、校园招聘、员工推荐、猎头公司、私立就业服务机构、公立就业服务机构、政府机构、工会组织、个人申请等，如图 4-7“外部招聘的来源与方式”所示。

外部招聘	**主要来源** 人力资源市场，应届毕业的学生 其他组织的人力资源
	常用方式 招聘广告，校园招聘，员工推荐，猎头公司，私立就业服务机构，公立就业服务机构，政府机构，工会组织，个人申请

图 4-7　外部招聘的来源与方式

招聘广告：人力资源需求者或其代理机构，在网络、报纸、杂志、电视、广播等媒体发布需求信息。广告词撰写水平如何，对是否可以吸引到足够的“注意力”，是否能够激发出合格候选人参加竞聘的勇气，具有决定性的影响。正是广告的重要性和技术性，促进了专业广告公司服务市场的蓬勃发展。

校园招聘：向目标大学校园(就业指导中心)发布招聘信息，或者在校园招聘会期间，设立招聘摊位直接开展招聘活动。目前已经有专门针对大学毕业生的网络招聘平台——校园招聘新形式。组织内部的初级岗位空缺，组织有长期人力资源开发战略或比较完善的培训计划，一般会采取校园招聘方式，招聘对象主要是大学本科以下毕业生。对高级管理人才、研究与开发专家、大学教师、科研人员的需求，也可以通过校园招聘得到满足，招聘对象主要是专业硕士学位获得者（如 MBA、EMBA、MPA 等），硕士和博士学位研究生等。选择学校是校园招聘的重要环节。选择学校主要考虑哪些因素？表 4-5 所示，是美国学者的观点，有 13 个因素需要考虑。按照重要性排序，分为 1—7 级，数字越大，越重要。①

表 4-5　选择招聘学校的考虑因素

序号	考虑因素 （topic）	重要性（1—7 级） （importance 1—7）
1	关键技能领域的声誉（reputation in critical skill areas）	6.5
2	学校总体声誉（general school reputation）	5.8
3	以前雇用的该校毕业生的绩效 （performance of previous hires from the school）	5.7
4	地理位置（location）	5.1
5	关键技能领域师资的声誉 （reputation of faculty in critical skill areas）	5.1
6	以前获得工作机会和接受工作的比率 （previous job offer and acceptance rates）	4.6
7	过去的实习情况（past practice）	4.5
8	潜在员工的人数（number of potential recruits）	4.5
9	实现平等就业机会目标的能力 （ability to meet EEO targets）	4.3
10	招聘成本（cost）	3.9
11	和教师熟悉的情况（familiarity with faculty members）	3.8
12	SAT 或 GRE 分数（SAT or GRE scores）	3.0
13	是否 CEO 或其他高管的母校 （alma mater of CEO or other executives）	3.0

在中国，校园招聘争夺优秀人才的战争愈演愈烈。一进入秋季，微软、Google 等迫不及待地把战火烧进了校园。李开复在加盟 Google 后的一年多时间里，把相当一部分精力放在校园招聘上，曾经一度每天都是早上 8 点多起飞，3 周之内足迹遍及哈尔滨、广州、上海、武汉等 8 个城市的近 20 所高校。最早行动的是微软，9 月 12 日，新的学年刚刚开始，微软就启动了 2007 年的校园招聘，开始在线接收简历。2006 年，微软中国招募 500 名新兵，增幅超过 40%；2007 年，微软中国决定再新招 500 名研发人员，其中 50% 来自国内高

---

① Gary Dessler, *Human Resource Management*, 8th Edition, Prentice Hall, 2000, p. 151.（清华大学出版社，2001 年 9 月第 1 版，影印版）。

校。百度向国内 2007 届毕业生提供了 300 多个岗位,统计到 9 月 16 日,百度已经收到学生简历 8.5 万份。公司人力资源总监表示,百度 2007 年的校园招聘录用比例大概为"千里挑一"。[①]

员工推荐:在职员工通常会掌握符合空缺岗位要求的人选的信息。在他的领域内,谁具有什么技能,谁能够胜任什么工作,往往了如指掌。实践证明,员工推荐是一种低成本、高成功率的招聘方法。有的公司为了鼓励雇员推荐新人,还设有"推荐奖",一旦所推荐人选被公司录用,通常会给予 100—1 000 美元不等的奖励。[②] 热爱公司的员工才会把自己所在的公司推荐给亲朋好友;优秀的员工不会推荐胜任力不足的新人自毁其名。员工推荐不失为一种有效的招聘方法。但是,在诚信制度不健全、监督机制运行不力的情况下,员工推荐招聘应谨慎而行。

猎头公司:"猎头"在英文里叫 headhunting,是专门"网罗高级人才"的公司。猎头公司主要提供搜寻、评估和代理招聘高层次人才的服务。猎头公司不是帮助没有工作的人找工作,而是帮助有工作的人找到更好的发展机会。猎头公司一般的收费标准是年薪的 15%—20%(或 20%—30%)。

在中国,初步建立了"人事人才公共服务体系框架","基本上所有县级及以上的行政区域都设有专门的服务机构,提供了人事档案管理、人事代理、高校毕业生就业、人才信息发布、专家和留学人员服务、职称评定、人事考试等种类多样、数量庞大的人事人才公共服务"。[③]

在国家《人力资源和社会保障事业发展"十二五"规划纲要》中,明确提出"健全统一规范灵活的人力资源市场",充分发挥市场机制的基础性作用,健全运行机制和监管体系,"全面推进就业服务的制度化、专业化、标准化和信息化,健全城乡均等的公共就业和人才服务制度"。提出"发展人力资源服务业","加快建立专业化、信息化、产业化、国际化的人力资源服务体系"。[④]

正在完善中的人力资源公共服务体系,为中国营利和非营利组织满足人力资源需求带来极大的便利。由中央和各级地方政府主办或指导下的人才市场,以及全国性或地域性大型人才招聘会,成为各类组织外部招聘人力资源的主要渠道。

根据中国人力资源市场信息监测中心发布的报告,通过对全国 103 个城市的公共就业服务机构 2012 年第四季度市场供求信息的统计分析,概括出本季度市场供求情况的七方面特征:

(1) 市场中劳动力供求总体平衡;市场供求人数与去年同期相比有所增长,比上季

---

① 参见 2006 年 12 月 23 日《21 世纪经济报道》(吴晓鹏):《互联网巨头拼抢大学生 李开复 3 周内跑 20 所高校》。

② 参见威廉·P. 安东尼等著,赵玮、徐建军译:《人力资源管理——战略方法》,中信出版社,2004 年 9 月第 1 版,第 235 页。

③ 参见 2007 年 8 月 15 日《中国人事报》报道:《我国初步建立人事人才公共服务体系框架》。(根据中华人民共和国人事部网页资料:http://www.mop.gov.cn/Desktop.aspx? PATH = rsbww/sy/xxll&Gid = e01bdd8c-dd9d-4c16-9467-133b4f8a1276&Tid = Cms_Info)。

④ 人力资源和社会保障部 2011 年 6 月发布国家《人力资源和社会保障事业发展"十二五"规划纲要》(2013 年 3 月 15 日,人力资源和社会保障部网站:http://www.mohrss.gov.cn/page.do)。

度有所减少。

（2）分区域与去年同期相比，东、西部地区市场供求小幅度增长，中部市场供求回落；与上季度相比，三大区域市场供求均较大幅度减少。

（3）八成以上的用人需求集中在制造业、居民服务和其他服务业、批发和零售业、住宿和餐饮业、租赁和商务服务业、建筑业；与去年同期相比，制造业、建筑业、租赁和商务服务业、居民服务和其他服务业、信息传输、计算机服务和软件业等行业的用人需求有所增长，批发和零售业、住宿和餐饮业的用人需求有所减少。

（4）九成以上的用人需求集中在企业；与去年同期相比，内资企业的用人需求略有减少，港、澳、台商投资企业、外商投资企业的用人需求有所增长。

（5）与去年同期相比，进入市场求职的人员中，应届高校毕业生、就业转失业人员以及外来务工人员有较大幅度增长。

（6）市场中，中高级技能人才供不应求；与去年同期相比，初中级技能劳动者的用人需求有较大幅度增长。

（7）全国十大城市岗位需求和求职排行榜显示，推销展销人员、餐厅服务员、机械冷加工人员、治安保卫人员、裁剪缝纫人员等职业的用人需求较大，而行政业务人员、营业人员、机动车驾驶员、饭店服务人员、财会人员、秘书、打字员等职业的用人需求相对较小。详见表4-6“全国十大城市岗位需求和求职排行榜”。①

表4-6　全国十大城市岗位需求和求职排行榜

城市	岗位空缺与求职人数的比率	第二产业需求	第三产业需求	岗位空缺大于求职人数缺口最大的前三个职业	岗位空缺与求职人数的比率	岗位空缺小于求职人数缺口最大的前三个职业	岗位空缺与求职人数的比率
天津	0.85	24.1%	75.9%	推销展销人员	3:1	银行业务人员	1:3
				保险业务人员	2:1	秘书、打字员	1:3
				储运人员	2:1	行政业务人员	1:3
上海	1.07	8%	92%	餐厅服务员、厨工	3:1	治安保卫人员	1:3
				裁剪缝纫人员	8:1	美容美发人员	1:5
				机械冷加工人员	3:1	营业人员、收银员	1:6
重庆	1.1	40.9%	58.2%	机械冷加工人员	2:1	营业人员、收银员	1:2
				裁剪缝纫人员	3:1	机动车驾驶员	1:5
				推销展销人员	2:1	饭店服务人员	1:2
沈阳	0.97	31.5%	65.7%	餐厅服务员、厨工	3:1	秘书、打字员	1:3
				保险业务人员	2:1	保育、家庭服务员	1:3
				机械工程技术人员	2:1	物业管理人员	1:3
石家庄	1.04	11.2%	88.5%	推销展销人员	2:1	营业人员、收银员	1:2
				治安保卫人员	2:1	电工	1:2
				行政业务人员	2:1	饭店服务人员	1:2

① 中国人力资源市场信息监测中心2013年1月15日发布：《2012年第四季度部分城市公共就业服务机构市场供求状况分析》(2013-3-15人力资源和社会保障部网站：http://www.mohrss.gov.cn/page.do)

（续表）

城市	岗位空缺与求职人数的比率	第二产业需求	第三产业需求	岗位空缺大于求职人数缺口最大的前三个职业	岗位空缺与求职人数的比率	岗位空缺小于求职人数缺口最大的前三个职业	岗位空缺与求职人数的比率
福州	1.27	61.6%	37.8%	搬运、包装人员	2:1	营业人员、收银员	1:2
				电子元件、器件制造人员	2:1	行政业务人员	1:2
				餐厅服务员、厨工	2:1	治安保卫人员	1:2
郑州	1.39	4.1%	95.7%	推销展销人员	3:1	计算机工程技术人员	1:3
				部门经理	3:1	机动车驾驶员	1:3
				营业人员、收银员	2:1	普通电力设备检修员、电工	1:3
武汉	1.28	26.1%	73.2%	餐厅服务员、厨工	4:1	财会人员	1:2
				推销展销人员	4:1	行政业务人员	1:4
				饭店服务人员	25:1	其他仓储人员	1:3
成都	1.01	36.7%	62.9%	推销展销人员	2:1	营业人员、收银员	1:2
				采购人员	2:1	行政业务人员	1:2
				机械热加工人员	2:1	财会人员	1:2
贵阳	0.84	22.8%	74.9%	治安保卫人员	3:1	机动车驾驶员	1:2
				清洁人员	2:1	电子元件、器件制造人员	1:3
				推销展销人员	2:1	机械工程技术人员	1:2

《知识 · 信息》

专栏 4-3　国家“千人计划”与北京“海聚工程”

“千人计划”

2008 年 12 月，中央人才工作协调小组制定了《关于实施海外高层次人才引进计划的意见》，主要是围绕国家发展战略目标，在未来的 5—10 年内为国家重点创新项目、重点学科和重点实验室、中央企业和国有商业金融机构等，引进 2 000 名左右人才并有重点地支持一批能够突破关键技术、发展高新产业、带动新兴学科的战略科学家和领军人才来华创新创业，简称“千人计划”。“千人计划”是落实人才强国战略、建设创新型国家战略决策的抓手。

“千人计划”引进的人才，一般应在海外取得博士学位，原则上不超过 55 岁，引进后每年在国内工作一般不少于 6 个月，并符合下列条件之一：在国外著名高校、科研院所担任相当于教授职务的专家学者；在国际知名企业和金融机构担任高级职务的专业技术人才和经营管理人才；拥有自主知识产权或掌握核心技术，具有海外自主创业经验，熟悉相关产业领域和国际规则的创业人才；国家急需或紧缺的其他高层次创新创业人才。

根据创新人才和创业人才的不同特点，以及不同事业平台的具体需要，拟引进人才还应具备相应的其他条件。比如，创业人才应拥有自主知识产权和发明专利，且其技术成果国际先进，能够填补国内空白、具有市场潜力并进行产业化生产；有海外创业经验或曾在国际知名企业担任中高层管理职位3年以上，熟悉相关领域和国际规则，有经营管理能力；自有资金（含技术入股）或海外跟进的风险投资占创业投资的50%以上等。截至2012年9月，“千人计划”已分8批引进2 793名海外高层次人才，他们回国（来华）后，在科技创新、技术突破、人才培养等诸多领域都发挥了积极的作用。

“海聚工程”

为了落实中央的“千人计划”，北京市委办公厅2009年4月8日发布了《关于实施北京海外人才聚集工程的意见》（简称《意见》）决定：从2009年开始，用5—10年时间，在市级重点创新项目、重点学科和重点实验室等领域，聚集10个由战略科学家领衔的研发团队，聚集50个左右由科技领军人才领衔的高科技创业团队，引进并有重点地支持200名左右海外高层次人才来京创新创业，建立10个海外高层次人才创新创业基地。通过北京海外人才聚集工程把北京打造成为亚洲地区创新创业最为活跃、高层次人才向往并主动汇聚的“人才之都”。该《意见》所指“海外人才聚集工程”简称“海聚工程”。

北京海外学人中心是实施“海聚工程”的业务平台。作为《关于实施北京海外高层次人才聚集工程的意见》的配套政策，北京市政府2009年5月13日颁布了《北京市鼓励海外高层次人才来京创业和工作的暂行办法》和《北京市促进留学人员来京创业和工作的暂行办法》，简称“两个办法”。“两个办法”具体规定“海聚工程”的实施细则，明确要求“引进的海外高层次人才一般应在海外取得博士学位，不超过55岁，引进后每年在京工作不少于6个月”。“海聚工程”短期项目坚持全职项目为主、短期项目为辅的原则。“海聚工程”短期项目的申报主体为市属高等学校、医疗机构、国有企业、科研院所，各区县、中关村科技园区、北京经济技术开发区等高新技术产业开发区内的非公有制企业或民办非企业单位。

2010年7月，北京市颁布实施首都中长期人才发展规划，提出“到2020年，培养造就数量充足、结构优化、素质一流、富有创新的人才队伍，努力把首都建设成为世界高端人才聚集之都”的总体目标。规划参照纽约、伦敦、东京等世界城市的人才发展情况，细化了人才总量、人才结构和质量、人才贡献率等具体指标。结合首都科技进步和产业发展需要，确定加快推进人才国际化、一体化、集群化发展等9项重大任务，明确实施“北京海外人才聚集工程”、“科技北京百名领军人才培养工程”等12项重点工程，并指导有关行业系统编制实施企业经营管理人才、专业技术人才、高技能人才、农村实用人才、社会工作专业人才、科技人才、教育人才等7个专项规划。

如企业经营管理人才规划中提出，到2020年，要培养引进10—20名世界级产业领袖，500名左右能够带领企业在金融业、高技术、文化创意和战略性新兴产业领域冲击世界领先水平的复合型经营管理人才；专业技术人才规划提出，到2020年要培养聚集一批掌握核心技术、拥有自主知识产权、达到世界一流水平的高层次专业技术人才，人才总量达到380万人，其中高层次专业技术人才达到9 000人；高技能人才规划提出，到2020年全市实现高技能人才占技能劳动人才比例30%的目标，高技能人才达到120万人，其中技师、高级技师达到24万人，接近发达国家水平；社会工作专业人才规划提出，到2020年社会工作人才总量达到8万人，其中获得社会工作者职业水平证书的不少于4万人；农村实用人才规划提出，到 2020 年全市农村实用人才平均受教育年限达到 13 年，具有高中、中专以上学历的比例要达到 50% 以上，每名农村实用人才获得至少一项专业（职业）技能证书；科技人才规划提出，到 2020 年将首都打造成具有强大吸引力和包容性的高端科技人才聚集之都，全社会研发投入占地区生产总值比重保持在 5.5% 以上，国际竞争力和科技产出显著增长；教育人才规划提出，到 2020 年，培养首都名师 100 名，支持创新团队 100 个，每年资助优秀中青年教师 2 000 名。

资料来源：整理自（1）百度百科《海外高层次人才引进计划》（"千人计划"）（2013 年 3 月 5 日，http://baike.baidu.com/view/4830032.htm? fromId = 2322627）；（2）《北京海外人才聚集工程》和北京海外人才网的《首都人才规划到 2020 年培养引进 10 至 20 名产业领袖》（2013 年 3 月 5 日，百度百科：http://baike.baidu.com/view/4552689.htm；http://www.8610hr.cn//docs/jgsz/2013-02-22/1361514065929.html）。

私立就业服务机构：这类机构的规模和服务水平有很大的不同。委托人力资源招聘业务，需要谨慎选择合适机构。

公立就业服务机构：凡是有条件的国家，都会设立专门的公共机构提供就业服务。如前所述，在中国，初步建立了"人事人才公共服务体系框架"，县以上的行政区域都设有专门的服务机构，提供全方位的人事人才公共服务。

外部招聘还有多种方式。近几年越来越普遍采用的是网络招聘。无论公立就业服务机构、私立职业中介组织，还是猎头公司，都会建立自己的网站，广告组织、介绍业务、发布信息、交流意见、接收订单、传送方案、提供服务的形式已经实现网络化。大型组织的人力资源部门，甚至是一些中小企业的人力资源管理人员，常常通过网络开展招聘工作。不管是内部招聘，还是外部招聘，都可以实现网络化招聘。

4.3.3　内部招聘与外部招聘比较

内部招聘好，还是外部招聘好？各有千秋，不可一概而论。内部招聘有很多优点：信息充分、准确性高、激励员工努力向上、适应岗位要求快、节约培训费用、招聘成本低等。外部招聘的好处也不少，比如：选择范围广泛；容易招聘到最理想的人才；来自外部的员工，具有思想上的差异性，有利于创新；直接招收有工作经验的员工，节约岗前培训费用；有利于避免内部竞争产生的矛盾。

但是，内部招聘和外部招聘这两种方法，都有自身的不足。内部招聘选择范围小，"近亲繁殖"，不利于创新，还容易引发内部矛盾，增加交易费用。外部招聘的缺点也很明显。首先是难以掌握应聘者的充分信息，增加了招聘失败的可能性；其次是"空降兵"破坏内部晋升逻辑，有可能影响员工的工作积极性；最后是外来的新员工难以在较短时间内接受组织文化。图 4-8 为内部招聘与外部招聘比较。

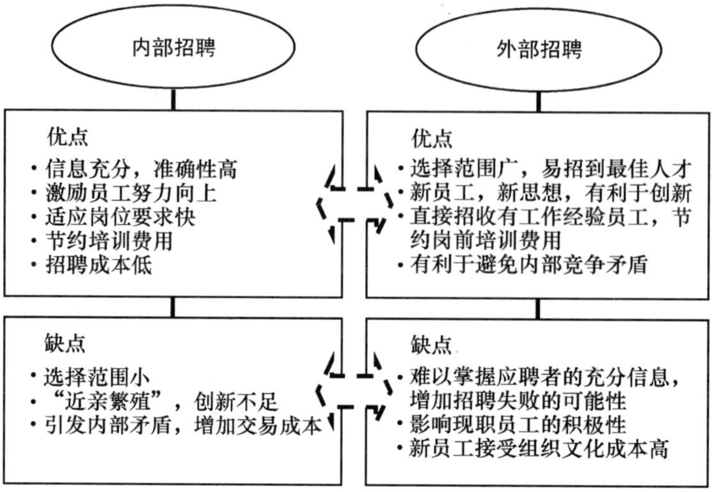

图 4-8　内部招聘与外部招聘比较

《概念·要点》

招聘是有成本、讲收益，还要注意时效性的活动。招聘中需要讲究方法和技术，以节约成本，提高效益，获得事半功倍之功效。内部招聘和外部招聘各有千秋。

□ 要点回顾

■ 招聘是定位并鼓励潜在应聘者申请现有或预期空缺工作岗位的过程。

■ 工作：一组相关的活动和职责；岗位：由一名员工履行的职责和承担的责任；职责：一个员工为了完成其负责的工作而要执行的若干项不同任务。

■ 工作分析是指收集工作岗位信息，确定工作责任、任务或者活动的过程。

■ 工作分析的步骤：第一步，了解战略任务，明确分析目的；第二步，选择工作分析对象；第三步，沟通员工，获得支持；第四步，确定有效方法，搜集工作分析信息；第五步，处理工作信息；第六步，撰写工作分析报告；第七步，评估工作分析的工作绩效，关注工作分析的新需求。

■ 工作分析方法：问卷调查法、关键事件法、观察法、访谈法、职能工作分析法。

■ 工作说明书，是说明一项工作应当承担的任务、职责和责任的报告。

■ 工作规范表，是表明胜任某项工作的个人必须具备的知识、技能、能力和其他特征的列表。

■ 招聘是季节性的。各级各类人力资源学成毕业之时，就是各种组织和机构招兵买马招聘人力资源的"黄金季节"到来之际。招聘需要投入,招聘需要技术,招聘的过程简单而复杂。

■ 招聘是一种经济性活动,有成本、讲收益,还有时效性。招聘中,需要讲究方法和技术。应聘也有成本,既有直接成本,又有间接成本,还有机会成本。

■ 内部招聘的主要来源包括提拔本部门员工、接受组织内其他部门员工申请、重新雇用过去的员工等。内部招聘的常用方式有招聘广告、基层部门推荐、个人自荐、查阅档案、指定候选人、直接任命等。

■ 常见的外部招聘来源有人力资源市场、应届毕业的学生、其他组织的人力资源等。外部招聘常用的方式有招聘广告、校园招聘、员工推荐、猎头公司、私立就业服务机构、公立就业服务机构、政府机构、工会组织、个人申请等。

■ 内部招聘优点:信息充分、准确性高、激励员工努力向上、适应岗位要求快、节约培训费用、招聘成本低等。

■ 外部招聘的好处:选择范围广泛;容易招聘到最理想的人才;来自外部的员工,具有思想上的差异性,有利于创新;直接招收有工作经验的员工,节约岗前培训费用;有利于避免内部竞争产生的矛盾。

■ 内部招聘不足:选择范围小,"近亲繁殖",不利于创新,还容易引发内部矛盾,增加交易费用。

■ 外部招聘的缺点:(1) 难以掌握应聘者的充分信息,增加了招聘失败的可能性;(2)"空降兵"破坏内部晋升逻辑,有可能影响员工的工作积极性;(3) 外来的新员工难以在较短时间内接受组织文化。

❑ 思考与练习题

4.1　如何定义招聘?

4.2　什么是工作分析? 工作分析按照什么步骤进行?

4.3　工作分析对于招聘有何作用? 为什么?

4.4　什么是工作说明书? 工作说明书有何用处?

4.5　什么是工作规范表? 工作规范表有何用处?

4.6　内部招聘有哪些优点和缺点? 举例说明。

4.7　外部招聘有哪些优点和缺点? 举例说明。

❑ 案例研究

世界知名跨国公司的招聘策略

在企业人力资源招聘的过程中,如何大浪淘沙觅得良才? 世界一流企业为我们提供了很多先进理念和方法。

1. 摩托罗拉的双向互动式招聘管理

对摩托罗拉公司来说,每一份求职者的简历都是一份宝贵的资源,公司会为每一位求职者保密。摩托罗拉公司的面试程序是由人力资源部进行初步筛选,再由业务部门进行相关业务的考察及测试,最后由高层经理和人事招聘专员确定。

在面试中,摩托罗拉公司力争用适当的方法来评判求职者的综合素质,如给他们一些小题目,让他们做小组讨论,从中观察每个人的性格、对待问题的态度、反应能力等各方面的素质。

公司认为任何面试和测评都不可能是十全十美的。通常情况下,招聘者确实能够凭借丰富的经验帮助公司选拔出适用的人才。比如,有人没有申请上,并不是他的素质、能力不合格,而是他和公司之间没有一个结合点。摩托罗拉公司不会对辞职的员工有成见,用制度欢迎离开后又回来的员工。在公司重组期间,有些自愿离开公司的人走时可以按政策拿到一笔补偿金。

2. 索尼公司的内部招聘

索尼公司每周出版一次内部小报,刊登公司各部门的"求人广告",员工可以自由而秘密地前去应聘,他们的上司无权阻止。

另外,索尼原则上每隔两年就让员工调换一次工作,特别是对于那些精力旺盛、干劲十足的人才,不是让他们被动地等待工作,而是主动地给他们施展才能的机会。

3. 雅诗兰黛"温和主义"招聘政策

朱晓洁的个性或多或少影响到整个雅诗兰黛(中国)的人力资源政策。例如,她本人喜欢淡妆示人,即使是稳重色调的衣着,也最好带有漂亮的点缀。她说话条理清晰,但总是不紧不慢,甚至少有肢体动作。

她的招聘也相对温和,不喜欢用"刁钻"的问题来形成自己的判断,但是一定要寻找到个性最匹配的人。如果说宝洁公司更有大丈夫的张扬气概,那么由一位女性创立起来的雅诗兰黛则更加内敛。"一些大企业的招聘'怪招'在网上并不少见。网上铺天盖地都是古怪的测试题。我相信,一个聪明的人,只要多看看这些资料,就基本掌握规律了。"

4. 中兴通讯的人才招聘——选聘一流人才

通讯公司的最大特点就是高速发展。对中兴通讯这类的行业开拓者来说,这里的高速发展有两个方面的含义:一是企业业务的高度膨胀,市场份额不断扩大;二是技术的更新换代持续加快。高速发展的公司面临的首要问题就是人力资源的扩张。人力资源短缺往往是限制业务拓展的主要障碍之一。比如,市场份额更多更大时,由于人手问题而无暇顾及一些客户就可能造成客户的流失。因此,中兴通讯一直非常重视招聘,并提出了"以一流的标准选聘和培训员工"的理念。

在招聘中,中兴通讯都会重点考虑人才的背景,对其所受教育的要求一般锁定在重点本科院校。对此,中兴通讯学院院长陈健洲解释说,我们不否定非重点高校的学生,但是我们认为在重点高校的范围内,优秀的学生比例要更高,更有利于中兴通讯选聘到一流的人才。中兴通讯的大部分岗位都要求员工有好的技术背景,因此对高校和专业都有一个较为明确的要求,此外,对工作经验及一个健康的体魄也要求较高。中兴通讯的面试非常严格，分为技术能力和素质考核两个方面，被面试者须通过 6—7 关，把关极其严格，实行一票否决制，而且中兴通讯的面试官都是通过专业培训的。中兴通讯的要求很简单：招聘到的人才既是优秀的人才，也是符合公司文化原则的人才。

5. 英特尔聘人的独特渠道

英特尔的招聘渠道很多，其中包括委托专门的猎头公司物色合适的人选。另外，通过公司的网页，你可以随时浏览有哪些职位空缺，并通过网络直接发送简历。只要我们认为你的简历背景适合，你就有机会接到面试通知。

还有一个特殊的招聘渠道，就是员工推荐。它的好处首先在于，现有的员工对英特尔很熟悉，而对自己的朋友也有一定了解，基于这两方面的了解，他会有一个基本把握，那个人是否适合英特尔，在英特尔大概会不会成功。这比仅两个小时的面试要有效得多，相互的了解也要深得多。英特尔非常鼓励员工推荐优秀的人才给公司，如果推荐了非常优秀的人，这个员工还会收到公司的奖金。当然，进人的决策者是没有奖金的。如果因为人情招了不适合的人，决策者会负一定责任，所以决策者会紧紧把握招聘标准，绝不会出现裙带关系。

6. 统一集团——先去扫厕所

统一公司要求员工有吃苦精神以及脚踏实地的作风，凡来公司应聘者公司会先给你一个拖把叫你去扫厕所，不接受此项工作或只把表面洗干净者均不予录用。他们认为一切利润都是从艰苦劳动中得来的，不敬业，就是隐藏在公司内部的“敌人”。

7. 日产公司——请你吃饭

日产公司认为，那些吃饭迅速快捷的人，一方面说明其肠胃功能好，身强力壮，另一方面他们往往干事风风火火，富有魄力，而这正是公司所需要的。因此，对每位来应聘的员工，日产公司都要进行一项专门的“用餐速度”考试——招待应聘者一顿难以下咽的饭菜，一般主考官会“好心”叮嘱你慢慢吃，吃好后再到办公室接受面试，那些慢腾腾吃完饭者得到的都是离开通知单。

8. 壳牌石油——开鸡尾酒会

壳牌公司组织应聘者参加一个鸡尾酒会，公司高级员工都来参加，酒会上由这些应聘者与公司员工自由交谈，酒会后，由公司高级员工根据自己的观察和判断，推荐合适的应聘者参加下一轮面试。一般是那些现场表现抢眼、气度不凡、有组织能力者得到下一轮面试机会。

9. 美电报电话公司——整理文件筐

先给应聘者一个文件筐，要求应聘者将所有杂乱无章的文件存放于文件筐中，规定在 10 分钟内完成，一般情况下不可能完成，公司只是借此观察员工是否具有应变处理能力，是否分得清轻重缓急，以及在办理具体事务时是否条理分明，那些临危不乱、作风干练者自然能获高分。

资料来源：钱诚整理自 2012 年 12 月 31 日中国人力资源网《十大名企的招聘案例分享》。（http://www.chinahrd.net/recruitment-selection/recruitment-strategy/2012/1231/184206.html。）

思考与讨论题

4.1 从战略人力资源管理视角,你对案例中的招聘策略有何评价?

4.2 为什么在不同行业领域,企业的招聘策略会有所区别?

4.3 你认为中国公司和外国公司在人力资源招聘方面有没有明显的差别?请举例说明。

第5章

战略人力资源选拔

大多数人都会有部分的长处，部分的短处，各尽所能，各得所需，以量才而用为原则。

——李嘉诚

权，然后知轻重；度，然后知长短。物皆然，心为甚，王请度之。

——《孟子·梁惠王上》

Whatever exists at all, exists in some amount. Anything that exists in amount, can be measured.

——E. L. Thorndike & W. A. McCall

【无论什么存在，都有量的表现。凡有量的表现，都是能够度量的。

——E. L. 桑代克和 W. A. 麦柯尔】

主要内容

- 选拔认识
- 选拔测试
- 选拔面试
- 录用决策

逻辑模型

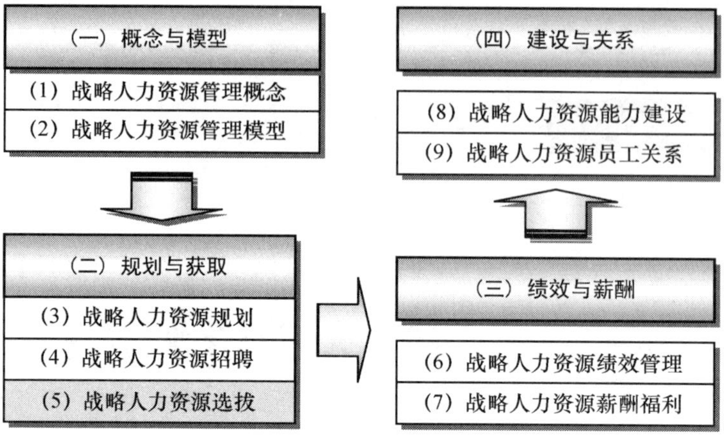

核心概念

选拔(selection)
选拔测试(selection test)
雇用测试(employment test)
信度(reliability)
效度(validity)
认知能力测试(cognitive ability tests)
身体能力测试(physical ability tests)
职业兴趣测试(occupational interest tests)
个性特征测试(personality inventories tests)
面试(interview)
结构化面试(structured interviews)
行为描述面试(behavioral description interviews)
情境面试(situational interviews)
非结构化面试(unstructured interviews)
压力面试(stress interview)
晕轮效应(hallo effect)
对比效应(contrast effect)

预期目标

通过本章学习,你可以获得以下知识和能力:

■ 认识选拔标准,了解选拔程序;
■ 深刻理解、熟练运用信度与效度概念;
■ 掌握重要的测试技术;

■ 知道面试的内容与步骤；
■ 清楚面试的类型与方法；
■ 认识面试中的常见错误。

开篇案例

GE 公司“机舱面试”选择接班人

GE 选择接班人的做法是投入大量的时间去了解几位竞争者。同时，花更多的时间去讨论他们的情况。通常由现任董事会确定继任人选择最佳程序方案。普通公司确定这样的方案，董事会投入的时间一般不超过 100 个小时，而 GE 的董事会却要花几千个小时。

杰克·韦尔奇(Jack Welch)领导的董事会如何选择杰夫·伊梅尔特(Jeffrey R. Immelt)任 CEO，可谈的话题还不多，但韦尔奇的前任如何慧眼识珠挑中韦尔奇为接班人，却有许多故事可讲。

1974 年，韦尔奇的前任、刚在通用电气公司任首席执行官三年的雷吉·琼斯(Reginald H. Jones)已经开始考虑继任人选。1978 年年初，雷吉·琼斯打算使继任人的竞争变得激烈起来。他开始对候选人搞了一系列活动，称之为“机舱面试”。每位候选人都被单独召来与琼斯相见，谁也不知道为了什么原因而召见，每个人都得发誓保密。后来琼斯极为得意地描述了这种会见是如何进行的：“你把一个人叫进来，关上门，拿出你的烟斗，设法让他放松一些。然后对他说：‘听我说，你和我现在乘着公司的飞机旅行，这架飞机坠毁了。谁该继任通用电气公司的董事长呢？’有些人想从飞机残骸中爬出去，可我说：‘不，不行。你和我都遇难了。该由谁来做通用电气公司的董事长？’好家伙！这个问题正像朝他们浇了一身冷水，他们迟疑了一会儿，转过身来。会谈一连持续了两个小时。从这种会见中能了解到很多事情。”琼斯了解到的事情，主要是谁打算和什么人合作，谁不喜欢什么人。

韦尔奇应召去见雷吉·琼斯时，完全感到意外。其他候选人被琼斯召见，回来都没有透露过。所以韦尔奇感到害怕，不知道会见的目的是什么。琼斯问他，对于推进公司的工作，他有什么建议。韦尔奇的回答是给人们更多的职权，让人们敢想敢为。他用礼貌的词语告诉这位首席执行官，这个地方“管得太严，太正规，太讲究繁文缛节”。琼斯问他，公司发展成这么大，是不是需要另外再任命一个总裁？韦尔奇回答说，不需要，因为那样会把首席执行官应有的权力剥夺掉一部分。公司应当将权力集中在一个人手里，另外有几名副董事长就行了。琼斯感到，韦尔奇的回答是经过深思熟虑的。他对交谈不感兴趣，仅仅在椅背上倾听着，做着笔记。在第一次面试中，候选人要回答这样的问题：除了他们自己外，他们愿意选择的三个人，并不要求按顺序排名。当琼斯要韦尔奇对其他候选人进行评价时，韦尔奇这个部门经理再次变得客气起来，“名单上的人都非常好。”韦尔奇回答道。琼斯问他，谁最有资格？“这还用说吗，当然是我啦。”韦尔奇回答道。他忘记了一条重要的规则，根据假设，他已经遇难了。

三个月后，琼斯将所有候选人召集来搞另一轮机舱面试。不过，这一次，人们预先都得到了通知，他们带来了大量的笔记材料。琼斯回忆第二轮面试时说："我把一个人叫进来，问：'还记得咱们在飞机里面的对话吗？''啊，记得。'然后他开始出汗了。'听着，咱们这回同在一架飞机里飞行，飞机坠毁了。我死了，你还活着。谁该来做通用电气公司的董事长？'"琼斯特别要求候选人提出三个候选人的名字，作为通用电气公司董事长的候选人，他自己也可以成为其中之一。有几个没有提出自己，另外几个提出了自己的名字。提过自己名字的人就要回答这样的问题：通用电气面临的主要挑战是什么？他准备怎样应付这些挑战？琼斯还要求这些候选人就通用电气公司的战略目标做出判断，并回答如何实现这些目标。

当时韦尔奇脑子里可能已经有了买卖各种企业的想法，但是他并没有讲出来。不过他的确严肃地表达出了"推向前进"的想法。琼斯对此恰好颇为感兴趣。"他有着极大的魄力。对于如何冲向前，处于领先地位，他有很好的想法……那是些关于如何做出有利的改变的想法。"

两次机舱面试之后，1978年春天，琼斯选择韦尔奇为通用电气公司的下一任董事长兼首席执行官。

资料来源：中国教育在线文章《GE公司"机舱面试"选择接班人》。2007年8月17日下载自中国人力资源管理网（http://www.chinahrd.net/zhi_sk/jt_page.asp? articleid=12843）。

思考题：

（1）你对GE公司"机舱面试"选择接班人的做法有何评价？为什么？

（2）GE的成功，很大一部分归功于领导人选择和员工招募的成功。结合GE案例，说明做好招聘选拔工作的重要性。

战略人力资源管理的成功，不一定意味着战略管理的成功；但是，战略人力资源管理的失败，必然导致战略管理的失败。成功的企业家，一定是成功的战略管理者，同时也一定是成功的战略人力资源管理者。

毋庸赘述，GE公司的领导者，如杰克·韦尔奇，肯定是伟大的战略人力资源管理者。长江实业（集团）有限公司及和记黄埔有限公司（和黄）董事局主席李嘉诚①，无疑也是杰出的战略人力资源管理家。李嘉诚的人才观极具价值："人才取之不尽，用之不竭。"大多数人都是既有长处又有短处，应该以量才而用为原则。② 李嘉诚坦言，正是良好的处世哲学和用人之道成就了他的今天。

用人之道，最关键的是识人之术。"识"人，即"选拔"人才。本章以选拔为题，分选拔认识、选拔测试和选拔面试三部分展开。

---

① 李嘉诚先生现任长江实业（集团）有限公司（http://www.ckh.com.hk）及和记黄埔有限公司（和黄）董事局主席，长江集团业务遍布全球55个国家，雇员人数约25万名。集团在香港共有9家上市公司，总市值约为8 290亿港元（2007年7月31日）。和黄是《财富》全球500大企业之一（参见 http://www.ckh.com.hk/big5/ about/about_chairman.htm）。

② 参见世界经理人—首席执行官频道（www.ceo.icxo.com）：《李嘉诚用人之道的关键》。2007年8月19日下载自：http://ceo.icxo.com/htmlnews/2007/08/07/845792.htm。

5.1　选拔认识

所谓选拔认识,就是在一般性层面,了解选拔的含义、重要性、标准和程序等内容。

5.1.1　选拔与招聘

什么是选拔(selection)? 如前所述,招聘与选拔是密切相关的两个环节。招聘是吸引并鼓励符合条件的人参加工作岗位竞争活动的过程,是“增加人数”的过程;选拔是从参加职位竞争者中把理想员工挑选出来的活动,是“减少人数”的过程。“增”是为了“减”,一增一减,“殊途同归”——招兵买马,敛人聚才。

乔治·伯兰德和斯科特·斯内尔认为,选拔是选择具有填补现有或预期工作岗位的相应资格人员的过程。(Selection is the process of choosing individuals who have relevant qualifications to fill existing or projected job openings.)①这一定义简明扼要,值得接受。说得再明白一点,选拔就是拣选,就是把最符合条件的人从众多候选人中拣选出来的过程。

招聘重要,但选拔更重要。选拔需要付出金钱和时间,一旦失败,成本无归。选拔失败一般发生在所选人才进入工作岗位之后。经过一段时间工作考验,如果发现新聘用人员的绩效达不到预期水平,特别是录用考察中认定的某些关键技能、知识或能力,没有得到证实或展示,那就可以视为选拔失败(或称为招聘失败)②,至少是招聘效率偏低。如果对新聘人员的表现“大失所望”,达到不得不解聘处理的地步,那招聘失败的损失就更大。

某地方政府发布广告,年薪 50 万元招聘一位“政府雇员”。经过“严格”选拔,签订一年合同聘用一位“人才”。结果,工作未满期,即发生解聘事件。“政府”指责“雇员”没有完成既定任务,而“雇员”抱怨“政府”没有提供能够有效开展工作的条件和环境。这是典型的(选拔)招聘失败。③

某大学招聘到一位自称“拥有两个博士学位,两次博士后研究经历,平均一年发表论文 100 多篇”的教授。结果工作不到一年,就发现存在一稿多投、不“亲自做学问”、无故不给学生上课等严重问题。网上出现大量指责某大学眼光太低、水平不高等帖子。不久,学校担心声誉受损,以解聘此人告终。

当然,选拔的重要性,不仅仅反映在成本上,还体现在价值创造上。成功的选拔,获取理想的人力资源,为促进组织战略目标的实现带来更大价值。

---

①　参见乔治·伯兰德和斯科特·斯内尔著:《人力资源管理》(英文第 13 版),东北财经大学出版社,2003 年 10 月第 1 版,第 184 页。

②　“选拔失败”经常被称为“招聘失败”。这是把“招聘选拔”视为一个整体过程的结果。学习、研究时区分招聘与选拔,但在实际中二者仅仅是一个过程的两个阶段而已。凡是选拔必要招聘;招聘就是为了选拔。有没有不是为了选拔的招聘呢? 请读者思考,举例说明。

③　从另一个角度看,这种(选拔)招聘失败,实际上是政府决策者的失败,是政府部门少数决策者形象工程的失败。1992 年在中国热起的所谓高薪“政府雇员制”,违反经济学和公共管理的基本逻辑,必然失败,而且事实上已经失败。参见王建民:《论政府雇员制应该缓行》,《甘肃行政学院学报》,2006 年第 4 期,第 31—34 页。这篇论文的“参政议政”版《论政府雇员制应该三思而行》,曾经发表在《北京观察》,2004 年第 8 期,第 48—50 页;九三学社中央以信息方式上报国家有关部门;新华社记者以内参形式上报国务院;主要观点被新华社等国内媒体广泛报道。

《知识·信息》

专栏5-1　王永庆:每十年创造一次成功法则

从16岁带着200元闯荡商场,一直到3年前他领导的台塑集团成为营收破万亿元的"两万亿帝国"。成功非并偶然,王永庆从学会走路起,每隔10年就领悟出一套成功法则,这也将是台湾最重要的资产。

10岁:吃苦耐劳,乐观务实

王永庆1917年出生在新店。由于王家几代人都以种茶为生,生活困苦,他才学会走路,就要跟着母亲四处捡煤块和木柴补贴家用。即使吃不饱、穿不暖,从小就得跟着做事,但王永庆从不喊苦。

直到他7岁,家里硬凑出几个铜板送王永庆去念书。小学念了两年后,父亲王长庚卧病在床,全家生活重担全落在母亲王詹祥身上。王永庆不忍心母亲辛劳,他边念书边做事,挑水、养鸡、喂鹅、放牛样样来。直到小学毕业,他不得不放弃求学,开始他闯荡天涯的日子。

生活如此困苦,王永庆都没有怨言吗?"做事不要有怨言,讲那么多,最后还是要做。做就对了。"王永庆经常这样告诫员工。

20岁:"瘦鹅理论"自我勉励

一如王永庆小时候就懂得做事不要抱怨,小学毕业后,王永庆的祖父王添泉就告诉他:"种茶这途,吃不饱也饿不死,你是读过书的人,不能困在这里,要立志出门闯天下。"于是王永庆走出山区,一个人孤零零到当时台湾的经济重镇嘉义找工作。

到嘉义米行工作的他,十分珍惜这份工作,更处处留意老板的每个动作、每句话。每天关门后老板怎么记账、如何核算成本,他都用心学习,睡前就回想当天所做的事,1年后,王永庆借了200元,自己当起米店老板,他每天比人家多营业4个小时;即使三更半夜,他也亲自把米送到顾客家中。

王永庆之所以如此用心看待米行工作,他自己认为,是受到小时候悟出的"瘦鹅理论"的影响。当时农村饲养的鹅只吃野菜野草,普遍营养不良。于是王永庆向这些农家收购瘦鹅,然后四处捡菜与碎米喂食。平时饿坏的鹅看到他准备的食物,就拼命吞食。原本只有2斤重的瘦鹅,最后重量都达7斤,这样就能卖个好价钱。

"我喜欢以'瘦鹅理论'来形容今天种种成就的由来。"王永庆生前曾说,"饥饿的瘦鹅,生命力强韧,胃口好,一有食物吃很快就肥起来。"王永庆拿瘦鹅比喻自己:"我幼时无力进学,长大后必须做工谋生,没有机会接受正式教育;像我这样身无专长的人,永远感觉只有刻苦耐劳才能弥补不足,这是上帝对我赐福。"

王永庆勉强自己,要学习瘦鹅忍饥耐饿的精神,等到食物来临时就要把握机会进食。他也从中体会到,企业经营不善,问题不全在员工,而在老板管理方法不当。就像鹅长得不肥,是主人没有将鹅照顾好。

30岁:永不放弃,愈挫愈勇

虽然王永庆从"瘦鹅理论"中悟到事业经营与管理的方法,但20岁后的他,事业却不顺利。

米店生意蒸蒸日上，王永庆接着开了碾米厂，自己买稻子碾米，利润高还能确保品质。但在王永庆25岁时，台湾稻谷因为缺乏肥料而歉收，再赶上战时日本实施配给制度，集中由一家碾米厂碾米，王永庆的碾米厂只好关门大吉。这是“经营之神”一生中首尝败绩。

隔年，王永庆在嘉义开砖厂，日本警察以“砖厂冒出的浓烟有损稻谷成长”为由命令砖厂在稻子开花时必须停工。后来，虽然他把砖厂搬到板桥，但最后仍因故关门。短短两年间，他的事业两度受创，却挡不住他创业的热情。隔年，王永庆开始做木材买卖生意，却因为缺乏经验而血本无归。这几年的时间可说是“经营之神”一生最暗淡的时期。

1945年台湾脱离日本统治，百废待举，需要大量木材从事建设，王永庆的木材厂才有了转机。三花棉业董事长施纯镒表示，王永庆创业过程历经千辛万苦，靠的就是他永不放弃的精神。“这不但是现代人少有的精神，就连我们那个年代，也没人能做得像王董事长一样，那种愈挫愈勇的态度，是他成功最重要的元素。”

40岁：洞烛先机，勇于挑战

王永庆，一位赤手空拳的农民子弟，终于靠木材生意展现经营实力。但后来竞争者越来越多，王永庆决定退出木材业，选择了自己完全外行的塑胶产业。

当时政府推出工业发展计划，包括利用美援兴建石化工业的基本原料“聚氯乙烯”。但政府找不到人执行计划，就开始调查在银行存款最多的企业家。“王永庆”这个陌生的名字出现在名单上。官员硬着头皮询问王永庆参与投资的意愿。

王永庆对塑胶产业其实是一知半解，勇于接受挑战的他却洞烛先机，一口答应参与计划。王永庆决定投资塑胶产业的消息一传出，他的朋友都劝他放弃，甚至还有人公然嘲笑他肯定要倾家荡产。但他要投资的决定绝非心血来潮。王永庆做了周密分析，并向许多专家讨教，甚至还借钱到日本考察。最后他认为，“烧碱”生产地遍布台湾，每年有70%的氯气可回收来制造PVC塑胶粉，这是发展塑胶工业的大好条件。

1954年，他和赵廷箴合作筹措了50万美元创办台塑。3年后投产，首批产品100吨只卖出20吨，但王永庆仍下令扩大生产。合伙人纷纷退出，他却决定背水一战，变卖家产让台塑成为独资企业，并成立南亚塑胶公司，跨足塑胶产品加工业。

回想起曾经变卖家产也要做下去的决定，王永庆曾表示，挑战来了不能闪避，“只要确认走在商机前面，就要勇于面对。”这样的理念造就了现在的台塑王国。

50岁：以省为基，勤劳朴实

王永庆因为做出产业垂直整合的决策，让他的事业步步高升。中年的王永庆，已成为台湾重要的企业领袖。但财富对他而言，却有着不同的意义。“赚1元不是赚，省1元才是赚”。一如童年时期克勤克俭，王永庆坚持用“省”来奠定台塑集团的价值。“勤劳朴实”也成为王氏家族的家训。

用了30年的地毯舍不得换；喝咖啡时奶油球还要用咖啡涮一涮以免浪费；一条毛巾用到破烂还舍不得丢；纸张不但要双面利用，正面四边留白也要利用；财务报表小数点后面的“.00”也被他认为浪费空间又浪费印刷机墨水。太多王永庆节省的小故事在企业内外流传着，也因此一点一滴累积出台塑的经营实力。

60 岁:跨区经营,放眼全球

20 世纪 70 年代,台塑已是台湾首屈一指的企业,但王永庆决定带着台塑向全球市场迈进。1976 年,南亚塑胶公司在印尼成立分公司,展开集团的首度海外投资;两年后,又在美国成立台塑美国公司,当时他已经 62 岁。

不过他却在 1992 年碰到钉子。当时,王永庆打算到中国大陆打造石化王国,也就是“海沧计划”,却被李登辉的“戒急用忍”政策阻挡。当时的“行政院长”郝柏村暗示,只要台塑违反政策就严办,严重阻碍了王永庆的计划。他甚至负气赴美不归,直到政府同意六轻案才愿意回台。

王永庆赴大陆发展的举动带动了台商赴大陆投资的热潮。王永庆也开始将大陆投资化整为零。

70 岁:勇于尝试,求新求变

虽然“海沧计划”成为王永庆最大的遗憾,但王永庆求新求变的精神,在 70 岁左右完全发挥。他带领团队进入高科技领域,兴建起一个全新的电子半导体王国。王永庆 70 岁时,长子王文洋担任南亚第四部经理,投资生产印刷电路板事业并逐渐打出知名度。于是,王永庆决定让这项事业从南亚分离出来,成立南亚印刷电路板公司,生产印刷电路板、铜箔基板、液晶显示器等产品。之后,台塑集团又成立福懋科技、台湾小松电子、台塑光电等。

80 岁:知恩图报,回馈社会

近年来,王永庆盖学校、建医院、关心员工生活,过去许多人都误认为王永庆严苛、无情。但在他过世后,“王永庆知恩图报”、“王永庆对员工关怀”等小故事,却一一被报道,他对社会的贡献也逐一受到检视。外界回过头来才了解,他为社会做了多少事。这也说明了王永庆真正成功之处,绝非仅在企业经营。就像萧万长说的,“王永庆是位很有爱心的企业家”。王永庆的历史定位将重新定义。他认真经营人生的态度,使他成为一位真正的成功者。

王永庆语录

- 天下的事情,没有轻轻松松、舒舒服服让你能获得的,凡事一定要经过苦心追求,才能真正明了其中的奥妙而有所收获。
- 追求舒适与快乐的代价,就是刻苦耐劳。
- 一根火柴不过一毛钱,一栋房子价值数百万,但一根火柴可以烧毁一栋房子。
- 要挖洞,就要挖大洞;要借钱,就要借大钱,不要到处借小钱。
- 我个人认为,我们输给人家的地方是生活以及工作的观念和态度。

资料来源:根据中国知网《每十年创造一次成功法则 》和百度知道《王永庆语录》(2013 年 3 月 20 日,http://www.cnki.com.cn/Article/CJFDTOTAL-BKHC200902023.htmhttp://tieba.baidu.com/f?kz=854810204)。

≺概念·要点≻

选拔，是选择具有填补现有或预期工作岗位的相应资格人员的过程；是把最符合条件的人从众多候选人中拣选出来的过程。

5.1.2 选拔的标准

选拔的人才是否理想？选拔绩效如何？选拔成功与否？这些问题都与标准有关。只有参照标准，才可能做出高与低、优与劣的判断。

就选拔雇员而言，标准是具体化的，不同组织有不同的标准；同时，也是一般性的，所有组织的具体标准，不可避免地拥有共同特征。

飞利浦公司一位地区人力资源负责人指出，被飞利浦认为有潜力的员工，至少需具备两方面的素质：一是领导能力，二是专业能力。两种能力兼备的人，才是飞利浦公司推崇的人才。飞利浦公司认为，领导能力主要表现在两个方面——绩效表现和人的发展。良好的绩效水平是必要的，但同时也应该有能力激励他人或下属，发挥潜能，努力工作。专业能力表现为工作技能和知识的水平，反映出一个人在自己所从事的专业领域研究与实践的深度和广度。①

宝洁公司（P&G）坚持“尊重每一位员工”（We Show Respect for ALL Individuals）的原则，“吸引和招聘世界上最优秀的人才”。“实行从内部发展的组织制度，选拔、提升和奖励表现突出的员工而不受任何与工作表现无关的因素影响。”宝洁公司坚信，“所有员工始终是公司最为宝贵的财富”。② 有专家认为，宝洁公司的人才标准有七条：强烈的进取心；卓越的领导才能；较强的表达交流能力；较强的分析能力；创造性；优秀的合作精神；正直的人格。③

通用电气（GE）中国公司一位人力资源负责人指出，GE 选人，一要评估专业素质和专业标准是否达到公司要求；二要考察价值观是否符合公司价值标准——坚持诚信、渴望变革、注重业绩；三要判断发展潜力。

索尼（中国）有限公司人力资源发展部负责人说，索尼公司按照“自由、创新”的企业文化内涵确定用人标准：好奇心、冒险精神、执着精神、灵活性和乐观精神。

---

① 参考薛亚芳 2005 年 1 月发表在《人才市场报》的文章：《飞利浦青睐怎样的人才？》（2013 年 3 月 15 日，中国养老金网：http://www.cnpension.net/index_lm/2008-06-19/236739.html）。

② 参见宝洁（中国）网页（http://www.pg.com.cn/about/pvp.asp）。

③ 详见专栏 5-2“宝洁公司的人才标准”。

联合利华[1]对应届毕业生的要求则是,“未来能够成为企业领袖的人”。联合利华(中国)公司有关负责人说,“推动企业成长的基本力量是那些具有领导才能、创新精神,并且有热情创造成功品牌的员工”。[2]

跨国公司无疑是具有丰富经营管理经验的企业。跨国公司的人才选拔标准,可以作为企业组织或一般组织理想的用人标准。概括起来有五条:诚实守信品质;团队合作精神;创造发明动力;领导协调能力;学习发展潜力。

在选拔人才过程中,要高度重视两种“匹配”目标的实现。一是人与工作的匹配(matching people and jobs),二是人与组织的匹配(matching people and organization)。人的知识、技能、经验和态度要符合组织对工作岗位的要求;人还要接受组织文化,了解、支持组织战略,能够为组织战略目标的实现做出贡献。

《知识·信息》

专栏 5-2　宝洁公司的人才标准

跨国公司欢迎什么样的人才?宝洁公司的人才观具有代表性,从中可以看出美国公司的人才标准。

宝洁公司:**“我们寻找人才”**。

我们寻找那些能对公司做出贡献,能开创一个新局面的人才。为我们工作的人具有不同的文化背景及学历,但他们都具有一些共同点。

(1) **强烈的进取心**——克服困难,完成工作。宝洁人都具有极强的主动性,坚韧不拔,独立自主地以极大的热情做好自己的工作。

(2) **卓越的领导才能**——领导和激励别人。宝洁人与同事有良好的工作关系,并努力帮助部属发挥他们的潜力。

(3) **较强的表达交流能力**——简明而有说服力地表达自己的观点。在对别人具有影响力的同时,宝洁人也善于以客观开放的态度吸取别人的建议、反馈。

(4) **较强的分析能力**——全面思考工作中的问题,并得出合理的结论。因为宝洁人具有较高的才智,他们能对瞬息万变的商业竞争及时做出反应。

(5) **创造性**——发现新的思想方法、新的工作方法以及达到某个目标的最佳途径。我们经常会面临前所未有的变化,只有更富有创造性地工作,向一些基本的假设、传统的观念提出挑战,才能驾驭它。

(6) **优秀的合作精神**——成功地领导一个集体以取得最佳成果。宝洁人懂得如何

---

① 联合利华(Unilever)是世界上生产快速消费品的主要企业之一。主要生产食品和家用、个人护理品两大类产品。联合利华有一段自我介绍的话:“我们以业绩与生产力作为企业的重心,鼓励员工在实践中创新,并要求他们对所服务的社区负有强烈的责任感。经济效益并不是衡量成功的唯一标准,对我们来说,奋斗的过程也同等重要。我们工作努力,注重诚信,尊重员工,尊敬顾客,同时关心周围的环境。”(参见联合利华主页:http://www. unilever. com. cn/ourcompany/aboutunilever/default. asp)

② 这里关于通用电气(GE)中国公司、索尼(中国)有限公司和联合利华公司的信息,参见《中国经济时报》傅继红、陈墨文章:《外企需要什么样的毕业生?跨国公司细说标准》(新华网 http://news. xinhuanet. com/ school/2003-07/10/content_965385. htm)。

激发热情，从而在工作中最好地发挥个人和集体的作用。

(7) **正直的人格**——按照宝洁的"公司信条"来工作。我们在每天的工作中都努力遵循诚实和正直的原则。

资料来源：改编自中国企管网《宝洁：人才的七个标准》（2013 年 3 月 10 日，http://www.china-qg.com/viewarticle.asp?id=2409）。

≺概念 · 要点≻

选拔人才通用标准：诚实守信品质；团队合作精神；创造发明动力；领导协调能力；学习发展潜力。

5.1.3　选拔的程序

战略人力资源的选拔工作，要按照一定程序进行。虽然组织的类型和需求不同，主持选拔工作的人力资源专家不同，在实际选拔实践中所遵循的程序和具体措施会有所差异，但根本上有一致之处。图 5-1 所示为常见的人力资源选拔程序。共有九个步骤：

第一步，应聘者填写申请表。用人单位招聘方设计申请表，请应聘者填写，获取所期待的或认为有价值的信息。这一步是"招聘"和"选拔"工作的分界线。符合条件的人员填写申请表成为应聘者，意味着"招聘"工作的结束，"选拔"工作的开始。

第二步，评价申请表和简历。由人力资源专家或招聘小组负责初步审阅申请表，以及要求附录的个人简历。在这一步将有大量申请者被淘汰出局。

第三步，HR 部门初次面试。由人力资源部门派出工作人员进行第一次面试，淘汰不合格者。

第四步，录用测试。对初次面试合格者进行多种形式的测试。

第五步，背景调查。调查测试合格者的学历和工作背景情况。调查的目的主要是核实应聘者所提供的个人信息的真实性，了解应聘者过去的工作绩效等情况。

第六步，HR 部门和专家初选。组织内部人力资源部门专业人员和从外部聘请的人力资源专家共同讨论，提出初步候选人名单。

第七步，用人部门和团队面试。由用人部门负责人和工作岗位所在部门同事，面试拟录用人员。有一些跨国公司或大型机构，实行面试一票否决制，即聘用新雇员的部门逐个面试候选人，只要有一人反对，即告淘汰。

第八步，健康检查。对面试合格的拟录用人员进行健康体检，目的是保证雇用者的身体条件能够胜任工作要求，同时还希望发现拟雇用者是否酗酒、吸毒或者携带着严重疾病病毒（比如艾滋病），以免在正式雇用后给组织带来不必要的麻烦，增加人力资源使用成本。

第九步，新员工录用决策。与体检合格者签约，正式建立雇佣关系。

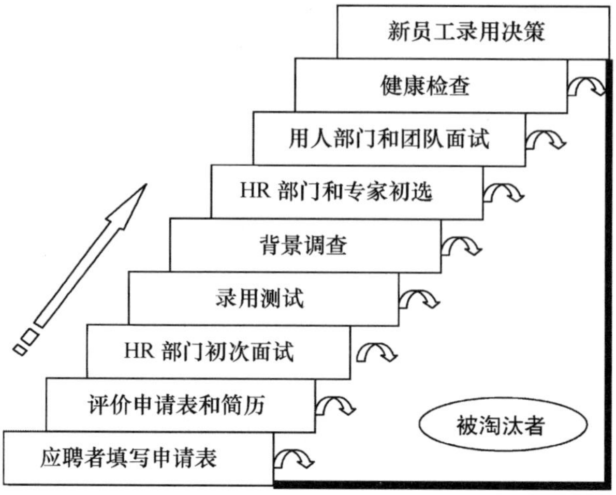

图 5-1　人力资源选拔程序

《概念·要点》

选拔的程序:(1) 应聘者填写申请表;(2) 评价申请表和简历;(3) HR 部门初次面试;(4) 录用测试;(5) 背景调查;(6) HR 部门和专家初选;(7) 用人部门和团队面试;(8) 健康检查;(9) 新员工录用决策。

5.2　选拔测试

选拔测试具有必要性。像其他任何测试一样,选拔人才的测试也要有信度和效度。信度和效度越高,测试的客观性、准确性和科学性越好。选拔测试有多种类型。

5.2.1　测试的原因

选拔测试(selection test),或称为雇用测试(employment test),可以界定为:对行为样本的客观性和标准化测度,以衡量一个人相对于其他人的知识、技能、能力和其他特征的水平。

【An employment test is an objective and standardized measure of a sample of behavior that is used to gauge a person's knowledge, skills, abilities, and other characteristics in relation to other individuals.】①

① 参见〔美〕乔治·伯兰德(George Bohlander)和斯科特·斯内尔(Scott Snell)著:《人力资源管理》(英文第 13 版),东北财经大学出版社,2003 年 10 月第 1 版,第 201 页。

如定义所述，选拔测试的是“行为样本”（a sample of behavior）——相关工作岗位活动的有代表性的典型行为。比如，招聘一位秘书，可以测试打字速度；招聘教师，可以要求试讲；招聘经理，可以测试沟通能力和领导能力。

为什么测试？测试，是在背景调查、简单面试等方法难以判断清楚应聘者真实情况时所采取的手段。测试有利于丰富信息、深化了解、准确判断。虽然测试需要付出成本，但选拔成功所带来的收益将得到保证和提高。据介绍，美国管理协会的研究表明“错误的选拔带给企业的损失是该岗位年薪的 50%—200%，并且选拔职位越高、时间越长，这个数字越高”。有专家研究发现，在选拔过程中，由主管随意指定人选的招聘成功率为 13%，由主管们层层推荐的成功率为 33%，经过评价中心测试选拔的成功率可以达到 80% 以上。①

测试所获取的是标准化信息。标准化意味着以相同方式、内容和标准评价每一位被测试者。这样的测试需要较高的科学性和技术性。测试的科学性和技术性，由信度和效度两个指标来判断。信度和效度越高，测试结果的参考价值越大。

5.2.2　测试的信度

信度，也称可靠性，英文 Reliability。先看几位专家如何定义这一概念。

雷蒙德 · A. 诺伊等：“我们把信度定义为一项测量不受随机误差影响的程度；绩效测量的一致性。”

【We define **reliability** as the degree to which a measure is free from random error; the consistency of a performance measure. 】②

乔治 · 伯兰德和斯科特 · 斯内尔：“面试、测试及其他选拔程序所产生的数据在一段时间内的可比性程度，称为信度。”

【The degree to which interviews, tests, and other section procedures yield comparable data over a period is known as **reliability.** 】③

加里 · 德斯勒（Gary Dessler）：“信度是指用相同或相近测试方式重复测试同一个人所获得的测试数据的一致性程度。”

【**Reliability** is the consistency of scores obtained by the same person when retested with the identical tests or with an equivalent form of a test. 】④

上述三个定义的切入角度和表述方式有所差异，但基本内涵几乎没有区别。概括而言，所谓信度，就是指用相同或相近的方法，对同一个人或同一组成员，在不同时间进行

---

① 参见管理人网信息：《企业中高层管理者选拔测评服务》（2007 年 8 月 27 日下载自：http://www. manaren. com/ blog/ 202038281/article/202072832_1. html）。

② 参见雷蒙德 · A. 诺伊（Raymond A. Noe）等著，刘昕改编：《人力资源管理》（英文第 5 版），中国人民大学出版社，2006 年 1 月第 1 版，第 153 页。

③ 参见〔美〕乔治 · 伯兰德（George Bohlander）和斯科特 · 斯内尔（Scott Snell）著：《人力资源管理》（英文第 13 版），东北财经大学出版社，2003 年 10 月第 1 版，第 186 页。

④ Gary Dessler, *Human Resource Management*, 8th Edition, Prentice Hall, 2000, p. 175. （清华大学出版社，2001 年 9 月第 1 版，影印版）。

多次测试的结果的一致性程度。

比如，今天对一位应聘者的测试结果，与昨天（或前几天）用同样方法和内容对这位应聘者进行测试的结果比较，一致性程度越好，信度就越高，这项测试也就越可靠。反之，测试结果的一致性程度越差，测试的信度越低，测试越不可靠。

信度是反映测试结果的稳定性和一致性的指标。为了同样的目的，用两种（如面试和笔试）或多种不同的方法对同一个或同一组人进行测试，也可以用信度评价测试的可靠程度。如果用不同方法测试的结果基本一致，则这几种测试方法的信度高。否则，测试信度低，方法不可靠。

有人对一个人的智力进行测试。周一测得的智商是90。方法没有变，周四又测，智商是120。有一家咨询公司，用一种心理学方法测评一位中层管理者的领导力，结果是“很强”；再用一种管理技术测评领导力，结果却是“一般”。这两个分别对“智力”和“领导力”测评的例子，信度如何？是可靠的测试吗？测试结果有决策参考价值吗？

≺概念·要点≻

信度，是指用相同或相近方法，对同一个人或同一组成员，在不同时间进行多次测试的结果的一致性程度。

5.2.3 测试的效度

效度，也称有效性，英文 Validity。这一概念如何理解？同样还是先借鉴一下国外专家的观点。

乔治·伯兰德和斯科特·斯内尔：“效度指一项测试或其他选拔手段度量的内容和度量的好坏；一项测试或选拔手段度量出一个人特征的程度。”

【**Validity** refers to what a test or other selection procedure measures and how well it measures it; degree to which a test or selection procedure measures a person's attributes.】①

雷蒙德·A. 诺伊：“我们把效度定义为测试表现与工作表现的相关程度。”

【We define **validity** as the extent to which performance on the measure is related to performance on the job.】②

加里·德斯勒：“对于雇员选拔而言，效度常指测试与工作相关的证据，换句话说，测试中的表现，是今后工作表现的有效预报。”

【With respect to employee selection test, validity often refers to evidence that the

---

① 参见〔美〕乔治·伯兰德（George Bohlander）和斯科特·斯内尔（Scott Snell）著：《人力资源管理》（英文第13版），东北财经大学出版社，2003年10月第1版，第186页。

② 参见雷蒙德·A. 诺伊（Raymond A. Noe）等著，刘昕改编：《人力资源管理》（英文第5版），中国人民大学出版社，2006年1月第1版，第157页。

test is job related, in other words, that performance on the test is a valid predictor of subsequent performance on the job. 】[①]

这三个定义各有合理和科学之处。取长补短,简而言之:效度是指测试和测试结果与真实情况和实际绩效之间的相关程度。如果所进行的测试确实测出了真实的情况,测试的结果与后来实际发生的绩效有密切的联系,那么这个测试的效度就高;否则,效度就低。需要了解一个人的沟通能力,测试的项目是现场写一篇作文;中文杂志招聘编辑,测试英语口语;填补公司会计岗位空缺,选拔时测试计算机操作能力……诸如此类的测试是无效度的测试(比如沟通能力和招聘编辑的测试),或者是低效度的测试(比如招聘会计的测试)。无效度或低效度的测试结果,不可能反映出需要了解的真实情况,也不可能保证测试中的表现与实际工作绩效的相关性和一致性。

高效度的测试应该具有高信度,但是高信度的测试不能保证高效度或有效度。比如,有人计划测量一个写字台的长度,但选的尺子刻度不准(尺子上标出的 1 厘米,实际上是 1.5 厘米)。甲测出写字台长度是 150 厘米;乙过了两天测量,也是 150 厘米;丙在一周后测量,也是 150 厘米。这个测量的信度很高,不同时间、不同人的三次测量结果一致,但是测试完全没有效度。原因是选择的"标准"错误(尺子不对),结果自然无效,写字台实际长度是 200 厘米。

效度要从具体的方面来反映。常见情况有以下两种:

(1) 内容效度(content validity),指一项测试对工作内容的反映程度。测试项目与工作内容的相关性越好,内容效度越高。

(2) 效标效度(criterion validity),指预测因子(简历、求职表、推荐信、测试结果等)和效标尺度(绩效评价方法、某些方面的绩效等级)之间的相关性。一般说来,相关性越高,测试(预测因子)对结果(效标)预测得越准确。[②] 效标是要证明测试结果与实际绩效的正相关关系。如果测试分数高,工作绩效就好,说明测试有效标效度。效标术语来自心理测量学。[③]

此外,还有表面效度(face validity)、结构效度(structure validity)、可预测性效度(predictive validity)、同时性效度(concurrent validity)等多种形式。

信度与效度是设计、实施选拔测试的基本要求。有信度、高效度的测试,才能够保证雇员选拔的适用性、准确性和有效性。

≺概念·要点≻

效度是指测试和测试结果与真实情况和实际绩效之间的相关程度。

---

① Gary Dessler, *Human Resource Management*, 8th Edition, Prentice Hall, 2000, p. 174. (清华大学出版社,2001 年 9 月第 1 版,影印版)。

② 威廉·P. 安东尼(William P. Anthony)等著,赵伟、徐建军译:《人力资源管理——战略方法》(第 4 版),中信出版社,2004 年 9 月第 1 版,第 253 页。

③ 参考〔美〕加里·德斯勒:《人力资源管理》(第 6 版),中国人民大学出版社,1999 年 6 月第 1 版,第 161 页。

5.2.4 测试的技术

通过测试人或人的行为获得客观、准确信息,难度比较大。人,有思维、有智慧、有思想,性格迥异,世界观、人生观、价值观不一,行为千差万别。如何选择合适的指标、方式和内容,既有信度又有效度地评价特定的个人或群体,是一件包含高密度技术含量的专业工作。

经过多年研究和实践,人力资源专家开发出许多种测试技术。主要类型包括认知能力测试、身体能力测试、专业知识测试、职业兴趣测试、工作样本测试、个性特征测试,以及药物检测、艾滋病检测等,如图 5-2 所示。

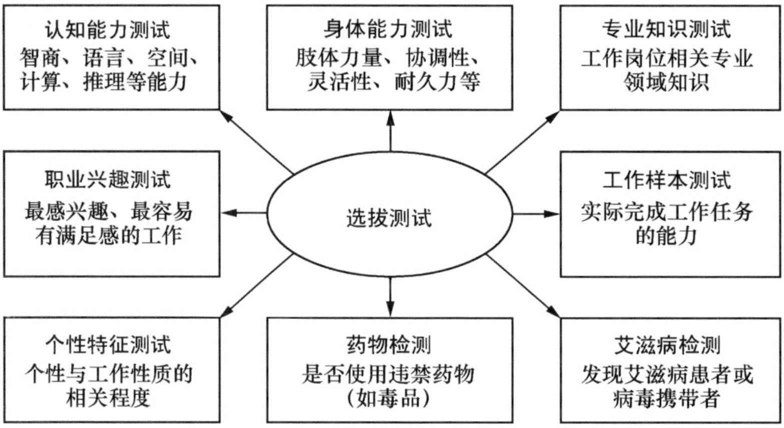

图 5-2 选拔测试常见类型

认知能力测试(cognitive ability tests),是指对人的思维能力的测试,如智力水平、口头表达能力、数理能力、逻辑推理能力等。一般通过笔试方式测试认知能力。有人设计出了非常专业化的方法,可以测试阅读理解能力、空间关系识别能力等具体项目。但是,许多专家认为,这类测试的有效性,只表现在所测试的能力与智力水平有一定联系这一点。实际上,一般的智力测验,比如智商(IQ)测验,通常就是可以用来预期多种工作绩效的很好的指标。①

身体能力测试(physical ability tests),简称体能测试,是指对人的肢体力量、协调性、灵活性、耐力等方面能力的测试。需要运用或依靠身体力量来完成的工作岗位,比如交通警察、消防队员、公司保安、街道清洁工、医院护工(护理员)等,在选拔雇员时,通常要进行与体能或运动能力有关的测试。

专业知识测试(job knowledge tests),是指针对工作岗位专业领域知识的测试。高等学校毕业生在求职时,第一关通常是笔试,其中一定比例(比如 20%)为专业知识(或工作岗位相关知识)试题。专业知识水平如何,可以通过所学专业、学习成绩、学历层次和就读学校等信息做出判断。如果信息仍不够充分,则可以设计试卷,考核相关知识。

① 参见〔美〕乔治·伯兰德(George Bohlander)和斯科特·斯内尔(Scott Snell)著:《人力资源管理》(英文第 13 版),东北财经大学出版社,2003 年 10 月第 1 版,第 202 页。

职业兴趣测试（occupational interest tests），通过评估一个人对工作或职业类型感兴趣的强烈程度，确定其适合的工作岗位和职业方向。一个人越是喜欢一项工作，越容易在这项工作中取得显著绩效。在职业生涯规划、人才选拔中，有必要测试职业兴趣，以鉴定受试者表白“有兴趣”的真实性，保证“工作与人”达到高度的合适。有许多人参加应聘，是以获得薪酬为目的，而不是为了满足兴趣。当然，获得薪酬是必要的和合理的，但是，对工作确实有兴趣也很重要。

个性特征测试（personality inventories tests），关注人的个性特征与典型行为，是鉴别个性特征差异的工具。对“能力差异”的研究，目的是鉴别能力差异，评定出能力等级。而对“个性差异”的研究，只需要鉴别出差异即可，不需要也不可能评定高低。个性特征没有好与坏的区别；个性特征测试得分的高低，完全没有优劣、好坏的涵义表达。有多种技术可以用来测试人的个性特征。在测评中最常用的是纸笔测验，又称为自陈量表式个性特征测验（self-report inventory）。这是一种问卷式的测验，量表中列出陈述性的题目，被测试者选择适合自己的陈述。自陈量表中所陈述的内容，为假定的行为或心理状态，一般以第一人称方式陈述。

工作样本测试（work sample tests），是考察应聘者完成典型工作（样本）的绩效，预测实际工作能力的测试。这种测试，可以针对运动技能——实际操作各种机器或设备，也可以针对语言技能，比如沟通、说服、演讲技能。有公司运用模拟生产线或产品组装线进行选拔测试。应聘者轮流上岗操作，测试小组观察、分析绩效，决定取舍。

药物检测和艾滋病检测，主要是防止吸食毒品或其他违禁药物者，艾滋病患者或病毒携带者，蒙混过关，“打入”组织内部。

5.3　选拔面试

面试，是选拔新员工的重要环节。通过面对面交流，可以掌握在书面材料评价和选拔测试中无法获得的信息，从而更全面、更客观地做出判断。这里主要介绍面试的内容、步骤、类型、方法以及面试中易犯的错误等内容。

5.3.1　面试内容与步骤

国外专家这样定义选拔面试（interview）：一场由一人或多人发起的对话，以便收集信息，评价求职者任职资格。（A selection interview has been defined as “a dialogue initiated by one or more persons to gather information and evaluate the qualifications of an applicant for employment.”①）

说得清楚一点，选拔面试就是为了直接获得来自应聘者的信息而进行的面对面交流活动。评价申请表，阅读求职信，调查工作和学习背景，是以间接方式了解、查证应聘者信息。针对应聘者的知识、技能和能力进行的测试，是从一个知识点、一项技能、一个角

---

① 参见雷蒙德·A.诺伊（Raymond A. Noe）等著，刘昕改编：《人力资源管理》（英文第 5 版），中国人民大学出版社，2006 年 1 月第 1 版，第 168 页。

度、一个侧面考察应聘者，获取的主要是个人书面陈述的或他人用尺度衡量的信息。在面试中，可以通过观察应聘者、听取口头陈述、激发现场反应，获得直观的"现场"信息。许多重要的、有价值的面试信息，无法通过笔试或其他形式的测试获得。

在面试中期望获得什么信息呢？一般有以下五方面：

(1) 外在特征。了解应聘者的形象、气质、言谈举止和服装发式等情况。个人的外在特征传递着健康状况、身体能力、价值观念、审美标准等多种信息。有些职业对身高、体重、面貌、胸围、臀围等外表形象有较高要求或一定要求，如职业模特、飞机乘务员、礼仪服务员、宾馆服务员、医生、护士、教师等。许多无关外表的职业，对应聘者的形象也提出要求。良好的外表形象，对职业发展有积极作用。(参见"知识·信息"专栏 5-3"美貌=高收入?")"以貌取人"虽然有不当，甚至有涉嫌违法之处，但在实践中很难避免。在中国目前的人力资源交易市场上，比较普遍地存在类似问题，通过立法保护求职者的平等权利很有必要。

(2) 内在素质。有经验的面试者，可以通过当面交流，获得应聘者学习能力、思辩能力、理解能力等内在素质的信息。内在能力的判断比较复杂，面试加上其他形式的测试，可以提高判断的准确性。对学习能力的判断尤其重要。21 世纪是学习的时代，个人要学习，组织要学习，城市和国家都要学习。学习能力决定知识与技能的获取能力；获取知识与技能的能力决定科学与技术发展水平；科学与技术发展水平决定国家的生产能力和国际竞争力。

(3) 工作能力。针对实际工作岗位的需要，评价应聘者对组织战略使命和规划，以及工作岗位的职责、任务、目标的了解程度。特别是要在交流中，了解应聘者履行岗位职责、完成工作任务、实现工作目标的能力与效率。

(4) 职业规划。凡是优秀的职业人，都会对自己的职业生涯有所规划。对自己的职业生涯没有想法、没有规划的应聘者，竞聘工作岗位的能力一定会大打折扣。没有职业目标，就没有努力的方向；没有职业规划，就没有工作效率。了解应聘者的职业发展方向和计划以及近期与远期目标，对照工作岗位的战略目标、工作计划、当前任务和长期需要，可以判断出应聘者与所应聘的工作岗位的匹配程度。

(5) 发展动力。有计划，没动力，照样一事无成。了解应聘者追求工作绩效或职业发展的动力，可以预期进入工作岗位后的绩效水平。每个人所拥有的知识、技能和能力构成其人力资本。人力资本产权具有特殊性。[①] 其中一条是"价值实现的自发性"，即把自己所学知识、技能，转化为有价值的产品或服务的主动性。"自发性"越大，工作动力越强，成为优秀员工的可能性越大。

图 5-3 为选拔面试内容示意图。

面试是最常用的选拔方法。面试的直观、现场与互动，可以提供大量有价值的信息。许多企业的"老总"，在雇员招聘的最后关口，往往会亲自出马，一锤定音。

面试是很有价值的选拔工具。但面试工具的价值，主要由面试者来体现。面试者的经验，对面试成功与否具有决定作用。

---

① 参见王建民:《人力资本产权的特殊性》,《财经科学》,2001 年第 6 期。

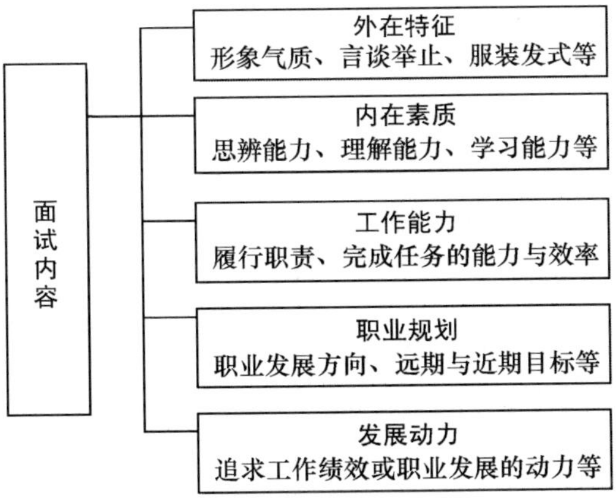

图5-3 选拔面试内容

《知识·信息》

专栏5-3 美貌 = 高收入?

国外一项研究结果显示,美貌人士从事高收入工作的机会更多,他们的收入相比于相貌平平者也要更高一些。

结论:高大苗条者收入较高

美国联邦储备银行2005年4月份出版的季刊《地区经济学家》,刊登了圣路易斯联邦储备银行根据以往多项研究或调查结果所做的一份分析报告。报告显示,外表形象好的人相比于普通人,从事高收入工作以及获得提拔的机会更多。

研究分析师克里斯蒂·恩格曼和经济学家迈克尔·奥扬是这份分析报告的作者。他们根据以往多项类似研究或调查结果,对外表与收入之间可能存在的联系进行了分析。他们的结论是:高大、苗条、美貌者的收入较长相一般的人高。

指标:容貌、体型和身高

根据恩格曼和奥扬的分析报告,容貌、体型和身高是影响人们收入的三项重要指标。

分析报告引用的一份研究显示,如果以普通长相者的收入作为基准,那么长相不及普通长相的人收入要比基准数低9%;相反,容貌较好的人收入要比基准数高出5%。另一份关于体重与收入关系的研究显示,体型肥胖与体型标准的女性在收入方面差距较大,后者比前者高出17%。同样的,个头高低也影响到收入多少。身高每高出2.5厘米,其收入平均增加2.6%。

误区:可能导致偏重外表

来自佛罗里达州的吉恩·西赖特对恩格曼和奥扬的分析报告表示认同。她说,这些结果与她在工作场合所见到的现象是一致的。但是作为一名人力资源顾问,她也对这样的现象表示担忧。

“从某种意义上说,出现这样的现象是因为他们(雇主)的偏好,他们可能更注重这方面(员工的外表)。”西赖特说,“他们忽略了与对工作至关重要的特征。”

“从长远角度来看,不利于人才的引进。有的人才华横溢,但他们并不高、不苗条、不漂亮。”西赖特警示。

资料来源:改编自新华网:《研究显示外表形象与收入有关,美貌 = 高收入?》(原载《新闻晚报》)。2007 年 9 月 3 日下载自 http://news.xinhuanet.com/world/2005-04/11/content_2813700.htm。

面试一般按照以下程序进行:

第一步,面试准备。最重要的是选择好面试者。一般由组织(如公司)负责人、人力资源部专业人员、用人部门代表(或负责人)、外聘人力资源专家等组成,确定其中一人为主持人,(必要时)安排一位专门的记录员。其次要事先阅读接受面试者的简历,如果发现有疑问之处应予以注明。再次要选择、安排好面试场所,比如一间安静的房间或办公室。当然,在面试之前,一定要有明确的工作目标,制订好工作计划,预备好提问内容(或出好题目)。

第二步,和谐气氛。面试主持人应该注意营造和谐、轻松、有序的气氛,缓解或消除应试者的紧张情绪。在心理紧张的状态下,应试者的表现往往会失常。面试者面对表现失常的对象,获得的只能是失真的信息,使评价失去意义。

第三步,提出问题。设计出合适的问题,等于成功的一半。设计良好的问题应该是有开放性答案的问题,避免提出可以用“是”或“否”回答的问题。成功的另外一半取决于如何提问。问与答,可以是一对一形式,也可以是小组形式,也可以由面试小组成员轮流向面试者提问。在提问过程中,应注意倾听应试者的回答,鼓励其充分表达出自己的观点。要尊重应试者,态度友好,平等相待,不需要纠正对方回答,也不需要解释正确答案。在面试实践中发现,不少面试者喜欢居高临下、指手画脚,还有的面试者态度粗暴、讽刺挖苦。这不只是面试者缺乏经验的问题,而是缺乏修养和道德的表现。有一个真实的案例:在一次面试中,一位专家瞪着眼睛,当众批评应试者“缺乏常识,乱说一气”,这位应试者走出面试室后,泪流满面,悲伤不已。

第四步,结束面试。尽量以肯定的语气结束面试。在打断应试者的陈述时应讲究技巧,拒绝应聘者时要注意策略。一般情况下,在结束面试之际,有必要告诉应试者,何时和以何种方式可以得到面试结果通知。

第五步,总结面试。应试者离开后,面试者应该尽快回顾面试情景,整理面试记录,总结面试过程,对应试者做出客观评价。

图 5-4 为选拔面试步骤示意图。

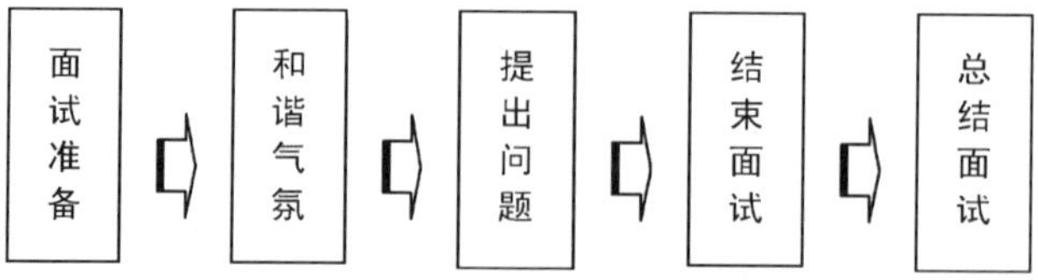

图 5-4　选拔面试步骤

《概念·要点》

面试是为了直接获得来自应聘者的信息而进行的面对面交流活动。

面试的直观、现场与互动，可以提供大量有价值的信息。

面试是很有价值的选拔工具。但面试工具的价值，主要由面试者来体现。面试者的经验，对面试成功与否具有决定作用。

5.3.2　面试类型与方法

面试有多种类型和方法。常见的类型有三种。

第一种，结构化面试(structured interviews)：面试者按照预先确定的一份问题清单发问，对应试者的回答进行统一标准的评价。

结构化面试在不同评估者之间有较高的信度(多位评估者的评价结果易于达成一致)，便于统一获取所有应聘者的必要信息。但是，结构化面试的限制因素较多，不利于获取结构化问题表格之外的相关重要信息。

常用的结构化面试分为两种：行为描述面试(behavioral description interviews)和情境面试(situational interviews)。行为描述面试依据的理念是"对未来绩效的最好预测因子是过去绩效"。[①] 关键问题是设计出一套"行为描述面试题"。如何设计？首先要针对设计面试的工作进行彻底的工作分析，一定要揭示出这项工作所要求的具体知识、技能和能力是什么，以及"在职者履行工作职责需要做出的恰当而重要的行为是什么"。接下来要设计用于面试的问题，这些问题应该可以引导应试者做出令人满意的行为。比如，如果这项工作要求密切的团队合作，面试的问题可以要求应试者描述如果他们需要完成一个需要多种技能和能力的大型复杂项目，他们会怎么做。[②]

情境面试，是指按照实际工作中会产生的情境提出问题的面试。假如面试的工作岗位是销售经理，可能要求应试者回答如何把某项新产品打入某个城市；面试的岗位是中学教师，可能要求应试者描述如果一位高二女生的成绩最近突然下降，他应该采取什么措施。情境面试一般由面试小组执行，每一位面试官独立评价，加总后取平均值即为应试者的总体评价结果。

第二种，**半结构化面试**(semi-structured interviews)：部分问题结构化的面试，即主要问题按照统一标准设计，次要问题有一定的自由发挥空间。面试前一般要制订计划，但在提问内容和方式上，可以灵活掌握。

第三种，**非结构化面试**(unstructured interviews)：面试者在一定的规范指导下，自选话

---

① Tom Janz, Lowell Hellervik, and David Gilmore, *Behavioral Description Interviewing*, Boston: Allyn and Bacon, 1986.

② 威廉·P. 安东尼(William P. Anthony)等著，赵伟、徐建军译：《人力资源管理——战略方法》(第 4 版)，中信出版社，2004 年 9 月第 1 版，第 258 页。

题，随机提问，互动交流，从自由谈话中对应试者的特征与素质做出判断。专家们对非结构化面试褒贬不一。赞成者认为，以相对自由的方式，有利于应试者充分展示自己的内涵，便于判断应试者是否具有灵活性、创造性等特点。反对者认为，非结构化面试的结果，在应试者和面试者之间，往往有很大的差异。面试者之间的信度偏低（数位面试者对同一位应试者的评价结果，难以或无法取得一致意见或相近的评价结果），几乎不能获取有效或有价值的信息。为此，建议不要使用非结构化面试这一甄选工具。实际上，面试高手还是可以使用。

除了上述三种类型之外，面试还可以区分为多种方法（见图 5-5），如系列面试，指在决定录用某一位应聘者之前，由多位面试者分别对其进行的一系列面试；单独面试，应聘者与面试者一对一的面试；小组面试（panel interview），指数位应聘者与一位或多位面试者进行交流的面试形式；会议型面试，多位面试者同时会见一位求职者。

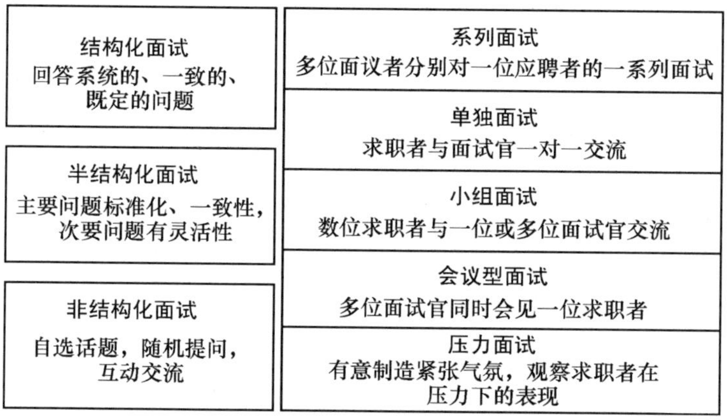

图 5-5　常用面试类型与方法

还有一种比较常用的方法——压力面试（stress interview），即有意制造紧张气氛，对应试者施加压力，观察应试者在压力下的表现。一般富有经验的面试者才能够运用好压力面试。面试之前，一定要确认实际工作中确实需要面对压力，比如刑事警察、消防队员、营销经理、急救中心医师等。面试中，把握好压力的“度”十分重要。压力太大或太小，都难以达到面试官所期望的应试者反应的激烈程度，无法获得预期的信息。

《概念·要点》

压力面试，即有意制造紧张气氛，对应试者施加压力，观察应试者在压力下的表现。压力面试的运用，难点是把握好压力的“度”。

5.3.3　面试常见错误

在面试中，由于主观和客观原因，经常会发生“错误”，导致面试信息失真，面试效率下降。常见错误有：

（1）“晕轮效应”（hallo effect）。它是指面试者把对应聘者某一特征（或行为）（无论正面还是负面）的评价，推论到其他多方面或所有方面的一种不良现象。这是一种“爱屋及乌”、“株连九族”或“一人得道，鸡犬升天”式的评价行为。如果一个人的穿着很职业化，面试者可能会认为此人在工作中一定也很职业；如果一个人的相貌比较“凶恶”，可能会把他与“打架斗殴”、“杀人放火”联系起来；如果一个人持有一流名校的博士学位，那他的知识水平、工作能力一定比非名校博士来得深厚和强大……想一想，我们在平时辨事识人的时候，是不是也经常会犯类似的错误？

（2）“对比效应”（contrast effect）。当面试者将应试者与前面几个应试者的表现相比较时就会发生。比如，如果前面几个应聘者的表现都比较差，那么，当前的这个一般水平的应聘者，有可能被评价为出色。反之，如果前面几个的表现都比较出色，当前这个比较好的应聘者，有可能被评价为一般或较差。[①]

（3）前后不一致。有时先松后紧，有时先紧后松。面试刚开始时，面试官精力充沛，思想集中，提问仔细，对应聘者的评价比较客观、准确。工作到后期，面试官很可能会筋疲力尽、思维混乱，只得快马加鞭、草草了事。观察发现，有不少机构的选拔面试要进行一整天，上午的评价显然要比下午的评价认真、准确和有效率。

（4）漫不经心。有些面试者有时会对应聘者表现出漫不经心的态度，使应聘者感觉到自己被冷落，结果对回答问题变得很消极。这样，就难以了解应聘者的真实能力，甚至使应聘者对招聘企业的诚意和品质产生怀疑。

（5）忽视非语言行为。应聘者上阵之前一般都有精心准备，面试时往往会表现得思维敏捷、对答如流，但其中不免有一些“表演”的成分。非语言的面部表情、肢体动作等特征，很可能承载着有价值的信息。[②]“只记录语言内容、不收集非语言信息”的现象，在人力资源选拔面试中比较普遍地存在着，值得引起重视，注意纠正。

《知识·信息》

专栏 5-4 乔布斯用人九法则

法则一：网罗一流人才

乔布斯说，他花了半辈子的时间才充分意识到人才的价值。他在最近的一次讲话中说：“我过去常常认为一位出色的人才能顶两名平庸的员工，现在我认为能顶 50 名。”由于苹果公司需要有创意的人才，乔布斯说，他大约把四分之一的时间用于招募人才。高级管理人员往往能更有效地向人才介绍本公司的远景目标。而对于新成立的富有活力的公司来说，其创建者通常在挑选职员时十分仔细，老板亲临招聘现场，则可使求职者以

---

① 这里对“晕轮效应”和“对比效应”的定义，参考威廉·P. 安东尼（William P. Anthony）等著，赵伟、徐建军译：《人力资源管理——战略方法》（第四版），中信出版社，2004 年 9 月第 1 版，第 257 页。

② 面试常见错误（3）—（7），参见酷职网《主考官招聘面试常见错误》（2007 年 9 月 5 日下载自：http://www.koojob.com/article/19329-1.htm），原载于《北京人才市场报》。

最快的速度了解和适应公司的文化氛围和环境。

法则二:一切要尽在掌控之中

在乔布斯的哲学里,苹果始终是也必须是一家能"全盘掌控"的公司。从硬件到软件,从设计到功能,从操作系统到应用软件,苹果的产品全部由自己打造,我们随时可以改变,创新每天都在发生,我们关注产品中的每一项技术,只有这样,每一项创新才能顺利变为产品。苹果的创新就在于我们能够掌握每一个零件。

法则三:没有 B 计划

对于乔布斯来说:只有 A 计划。在进入一个新的领域时,只倾注全力打造一款产品或服务,没有备选方案,没有退路。这样才能将最好的创意、技术、设计倾注到一款产品上,如 iPod、iPhone(手机上网)莫不如此。

法则四:追求残忍的完美

曾经有过这样的报道:新产品的一切工作都已完成,只待发布。乔布斯仅仅因为一个不起眼的细节(如还有两颗螺丝暴露在表面)而要求一切推倒重来。正是这个残忍的标准成就了苹果一个个令人惊叹的产品。

法则五:软件永远是核心技术

乔布斯意识到,"对未来的消费类电子产品而言,软件都将是核心技术"。坚持做操作系统和那些悄无声息的后端软件,比如 iTunes。

这样的苹果才不至于像戴尔、惠普或索尼那样,因为等待微软最新操作系统的发布而延迟推出硬件产品。这样的苹果不用看着微软干着急。而随意修改系统,还可以为 iPhone 和 iPod 制作特别的版本。这也是消费电子巨头索尼在随身听市场不敌苹果的原因。

法则六:谨慎与第三方合作

在乔布斯眼里,与其与平庸的公司合作不如不合作,那只会降低苹果的产品的品质。另外,受他人制约是不可容忍的。

法则七:秘而不宣

乔布斯把苹果公司的新产品研发计划看成是这个星球的最高机密,保密程度足以与 FBI 媲美。乔布斯在 2005 年 6 月的苹果全球开发者大会上宣布全面转向英特尔 CPU 时,才透露早在 5 年前,苹果已将操作系统 MACOSX 的代码按 X86 的架构重写,之前没有任何风声。还有一例:作为 iPhone(手机上网)的首个销售商,AT&T 旗下 Cingular 的高层也是在正式发布的两周前才看到 iPhone 的真实原型机,苹果甚至专门制作了几款假的 iPhone 原型机以掩人耳目。

法则八:产品必须带来可观利润

乔布斯认为又酷又新的产品不能带来可观利润,那不是创新,只是艺术。很显然,乔布斯在 1997 年重返苹果,第一件事就是砍掉经营了七年还在不断亏损的牛顿(Newton) PDA 业务。尽管这个产品极为创新、令人惊叹。而乔布斯在重返苹果后打造的 iMac、iPod、iPhone 都是又酷又赚钱的产品。

法则九:科技产品必须是令人惊叹且引导消费的

在乔布斯眼里,满足客户需求是平庸公司所为,引导客户需求才是高手之道。领先数步没有成为先烈,还为人疯狂喜爱并大掏腰包。乔布斯带领下的苹果做到了,糖果设计师设计的 iMac 出现后,人们才认识到电脑外壳原来可以是彩色的、透明的。iPod 的可人设计 + 在线购买的 iTunes 音乐商店打造了全程的音乐体验。iPhone 的发布让大家发现手机是可以没有键盘和触摸笔的,最好的操作工具是与生俱来、不会遗失、操作自如的手指。

还有报道说,乔布斯在推新产品时从来不会请调研公司进行市场调研。乔布斯认为那只会看到表面现象,让新产品的研发误入歧途。

当然,所有的法则都是为两个字服务——“创新”。

附:世界著名公司用人特色

微软:用人唯能

以比尔·盖茨为首的微软是世界著名的“工作狂”的乐园,员工的使命感强烈,求知欲旺盛,忠诚度极高。数据显示,微软的人才流动率是 IT 业中最低的,这与其独具特色的用人机制是分不开的。“让小组成员充分了解什么方面应该改善,更开放,使员工学会思考,激发他们的潜能”构成了微软的用人哲学。因此,能力、热情、自觉性及发展潜力是微软用人时考虑的首要因素。微软善于雇用从学校刚毕业的“新鲜人”,他们几乎占到被录用人员总数的 80% 以上。这主要是因为他们投入工作中的热情很高,更善于掌握新知识,对问题更敏感,更能发现各种不同知识领域间的联系,负担和压力较少,容易激发对工作的狂热,发挥自身潜力。

摩托罗拉:工作轮换

摩托罗拉公司自成立之日起,就将“尊重人性,为员工、客户和社会创造效益”作为指导企业发展的最高准则,形成了一套有效的管理制度。在用人方面,本着“在最恰当的时间将最好的人放到最恰当的位置上”的原则,在公司内部普遍实行工作轮换制度,使员工能够得到多方面的锻炼,培养跨专业解决问题的能力,也便于发现最适合自己的工作岗位。为此,摩托罗拉创建了真正的“跨国大学”,总部设在伊利诺伊州,全球共 14 所分校。美国政府曾提出,企业用于教育培训的资金占工资总额的比例不应少于 1.5%,而摩托罗拉则高达 3.6%,每年大约花费 1.2 亿美元以上。摩托罗拉大学的建立为员工提供了很多培训机会,完善了职工的职业生涯发展规划,同时使摩托罗拉拥有了大批人才。

英特尔:快速轨道

有人说,英特尔不仅生产计算机芯片,也生产 IT 产业的带头人。可见,卓有远见的人才战略保证了英特尔不断前进的动力。在用人方面,英特尔每年都举行一次员工评估活动。凡属同种工作、同等级别的全世界范围内的员工,都参照同样的标准——以结果为导向、具有冒险精神、良好的工作环境、质量、以客户为导向和纪律,即英特尔的价值观——分组进行评估。对于评估表现最好的员工,可进入“快速轨道”,公司为他们提供更多的培训,使其成长更快;在经济方面,增加工资,还可得到更多的股票期权。同时,公司中的每个员工在做好本职工作的前提下,都有纵向和横向的发展机会,以加快员工的成长。

索尼:不拘一格

建立于第二次世界大战后的索尼公司,在短短几十年内就荣登世界500强之列,在电子、电气设备行业中名列前十名,这些骄人的成绩与其重视人才、不拘一格使用人才的战略密切相关。索尼在招聘新员工时,对毕业母校采取了"三不"形式,即"不准问、不准说、不准写"。并且从20世纪70年代起就开始录用当地人做海外基地的经理,有两名在欧美地区工作的外国职员在1989年双双晋升为总公司的领导干部,开辟了日本企业全球范围选拔公司领导人才的先河,也为索尼国际化经营做出了巨大贡献。

资料来源:孙庆章根据新浪网《苹果CEO乔布斯用人九法则》和致信网《世界名企的用人之道》整理(2013年3月18日:http://tech. sina. com. cn/it/2009-02-01/18502783439. shtml;http://www. mie168. com/manage/2003-05/38592. htm)。

5.4 录用决策

战略人力资源选拔,经过审查、测试、面试等一系列环节,到最后一关,需要做出正式录用决策。首先要汇总在各个环节中取得的应聘者信息,然后,密切联系组织战略目标和需要,做出录用决策。

5.4.1 汇总应聘者信息

申请表、推荐信等文字材料,关于真实性的背景调查,知识、技能和能力的各项测试,单独或小组面试,压力面试等,通过这一系列活动,可以获得关于应聘者比较充分的信息。如果还有疑问,可以继续考察。不过,要考虑招聘的成本和效率,更需要考虑战略任务的紧迫性。

在不同的经济、社会制度环境和人力资源市场条件下,不同组织在招聘中所运用的获取信息的手段有所不同。表5-1所示,是美国公司常用的"选拔方法与使用频率"。①

录用决策之前,要汇总应聘者信息。汇总时,应该注意区分类型。一类是"能力"信息;另一类是"动力"信息。"能力"信息包括知识、技能和能力,是关于应聘者获得了什么和有可能做什么的信息;而"动力"信息,包括动机、兴趣、个性等,是关于应聘者是否愿意和主动把工作做好的信息。有"动力"没"能力",只可能落得好高骛远、纸上谈兵、空头支票的评价,结果很可能是碌碌无为;有"能力"没"动力",只会是目标混乱、精神疲惫、人心涣散,结果只能是无所作为。"能力"与"动力",一个都不能少!

---

① 威廉·P.安东尼(William P. Anthony)等著,赵伟、徐建军译:《人力资源管理——战略方法》(第4版),中信出版社,2004年9月第1版,第263页。

表 5-1　选拔方法与使用频率

方法	被公司采用的百分比(%)
介绍信核查	96
面试	94
申请表	87
能力测试	78
身体检查	50
心理能力测试	31
药物测试	26
人格测试	17
加权求职表	11
诚实性测试	7
测谎仪测试	5

5.4.2　做出战略决策

人力资源招聘,从组织战略目标实现的需求开始,也要以组织战略任务的有效完成结束。在做出录用决策时,首先要考虑的因素是应聘者成为组织正式成员之后,对落实组织战略目标、完成组织战略任务的贡献有多大。虽然出于储备人才的目的,可能会录用贡献小、潜力大的员工,但在战略竞争的压力下,引进为战略所用的人才是当务之急。

实施不同战略或发展到不同阶段的组织,在做出录用决策时,一般会有不同的考虑。采取收缩战略的组织,重点在提高运营效率,很少会大规模变动技术、结构或工艺,人力资源管理的重点,在于更好地利用现有员工的价值,而不是引进更高层次的人才。重要的工作是培训现有员工,不断提高绩效水平。即使有招聘,一般也仅限于初级岗位。与此相反,实施扩张战略的组织,急需具有技术创新能力和市场开拓能力的高层次人才,录用决策自然要依据“创新”和“开拓”这两项战略能力。

从招募人才的信息中,也可以获知组织战略目标的新变化。最近,同济大学广告“面向全球公开招聘 7 位院长”——这 7 个学院是医学院、生命科学与技术学院、材料科学与工程学院、法政学院、机械工程学院、外国语学院、传播与艺术学院。[①]“全球公开招聘”,先不论招聘的可行性和现实性如何,但其传达了战略目标的信息——“全面建设世界一流大学”。此外,还产生了广告效应。

① 参见 2007 年 9 月 1 日中央电视台网(cctv. com)报道:《同济大学全球招聘 7 位院长》(http://news. cctv. com/education/20070901/101722. shtml)。

≺概念·要点≻

应聘者信息,可以分为“能力”信息和“动力”信息两类。“能力”信息包括知识、技能和能力,是关于应聘者获得了什么和有可能做什么的信息;“动力”信息,包括动机、兴趣、个性等,是关于应聘者是否愿意和主动把工作做好的信息。“能力”与“动力”,一个都不能少!

❑ 要点回顾

■ 选拔,是选择具有填补现有或预期工作岗位的相应资格人员的过程,是把最符合条件的人从众多候选人中拣选出来的过程。

■ 选拔人才通用标准:诚实守信品质;团队合作精神;创造发明动力;领导协调能力;学习发展潜力。

■ 人力资源选拔程序共有九个步骤:(1) 应聘者填写申请表;(2) 评价申请表和简历;(3) HR部门初次面试;(4) 录用测试;(5) 背景调查;(6) HR部门和专家初选;(7) 用人部门和团队面试;(8) 健康检查;(9) 新员工录用决策。

■ 选拔测试,或称为雇用测试,可以界定为:对行为样本的客观性和标准化测度,以衡量一个人相对于其他人的知识、技能、能力和其他特征的水平。

■ 信度,指用相同或相近的方法,对同一个人或同一组成员,在不同时间进行多次测试的结果的一致性程度。

■ 效度是指测试和测试结果与真实情况和实际绩效之间的相关程度。

■ 人力资源选拔测试技术,主要包括认知能力测试、身体能力测试、专业知识测试、职业兴趣测试、工作样本测试、个性特征测试,以及药物检测、艾滋病检测等。

■ 认知能力测试,是指对人的思维能力的测试,如智力水平、口头表达能力、数理能力、逻辑推理能力等。

■ 身体能力测试,简称体能测试,是指对人的肢体力量、协调性、灵活性、耐力等方面能力的测试。

■ 专业知识测试,指针对工作岗位专业领域知识的测试。

■ 职业兴趣测试,通过评估一个人对工作或职业类型感兴趣的强烈程度,确定其适合的工作岗位和职业方向。

■ 个性特征测试,关注人的个性特征与典型行为,是鉴别个性特征差异的工具。

■ 面试,为了直接获得来自应聘者的信息而进行的面对面交流活动。面试的直观、现场与互动,可以提供大量有价值的信息。面试是很有价值的选拔工具。但面试工具的价值,主要由面试者来体现。面试者的经验,对面试成功与否具有决定作用。

■ 在面试中指望获得以下信息：(1) 外在特征；(2) 内在素质；(3) 工作能力；(4) 职业规划；(5) 发展动力。

■ 面试程序：第一步，面试准备。第二步，和谐气氛。面试者面对表现失常的对象，获得的只能是失真的信息，使评价失去意义。第三步，提出问题。第四步，结束面试。第五步，总结面试。

■ 面试常见的类型有三种：

结构化面试、半结构化面试和非结构化面试。结构化面试：面试者按照预先确定的一份问题清单发问，对应试者的回答进行统一标准的评价。两种常用的结构化面试是行为描述面试和情境面试。

■ 半结构化面试：部分问题结构化的面试，即主要问题按照统一标准设计，次要问题有一定的自由发挥空间。

■ 非结构化面试：面试者在一定的规范指导下，自选话题，随机提问，互动交流，从自由谈话中对应试者的特征与素质做出判断。

■ 压力面试：有意制造紧张气氛，对应试者施加压力，观察应试者在压力下的表现。压力面试的运用，难点是把握好压力的"度"。

■ 面试常见错误：(1) "晕轮效应"；(2) "对比效应"；(3) 前后不一致；(4) 漫不经心；(5) 忽视非语言行为。

■ 应聘者信息，可以分为"能力"信息和"动力"信息两类。"能力"信息包括知识、技能和能力，是关于应聘者获得了什么和有可能做什么的信息；"动力"信息，包括动机、兴趣、个性等，是关于应聘者是否愿意和主动把工作做好的信息。"能力"与"动力"，一个都不能少！

❑ 思考与练习题

5.1　招聘与选拔有何区别？
5.2　选拔的标准是什么？
5.3　请说明选拔的程序。
5.4　什么是信度？请举例说明。
5.5　什么是效度？请举例说明。
5.6　介绍几种重要的测试技术。
5.7　什么是面试？面试主要包括哪些内容？
5.8　面试有几种类型和方法？请举例说明。
5.9　面试中常见的错误有哪些？

❑ 案例研究

微软的选才之路

有一个流传很久的笑话，说是一次IBM和微软要举行谈判，为了缓和气氛，IBM的人特意去商店买了牛仔裤和T-shirt，而微软的人也特意穿上了西服，打上了蹩脚的领带。

很多人都知道微软的企业文化是宽容和自由，给员工一个充分发挥创造力的空间，这就要求微软的员工有相当的素质。因此，微软在招聘工作上一点也不马虎，而是有一套自己独特的方法和严密的体系。

那么，微软到底怎样选拔招聘人才呢？

微软搜寻人才的方式也很特别。当微软的用户在进行联机检索时，HR工作人员就会收集他们检索的有关信息，然后通过一个专用程序统计出用户所使用的关键词。从统计结果中可分析出此人是否具有较高的计算机技能（如他/她是否会使用C语言），并将其列为招聘对象。

通过了微软系统认证工程师考试的人员也会被录进微软的人才数据库，如果成绩比较好，微软公司也会根据得分情况决定是否让他来公司参加招聘考试。

对于那些得到宝贵应试机会的人来说，想要进入微软公司需要经历一次笔试、两次（四轮）面试，如果其中任何一个环节出现差错，就会有工作人员对你说遗憾了。

一、笔试

因为微软公司录用人员采用的是普遍撒网、重点捕捞的策略，所以每次都会通知很多人来应试（通常是400—500人），而最终只录用3—5人，这种1%的录用几率就需要在笔试过程中进行第一次筛选。

整个笔试的内容主要针对三个方面进行考察：知识面（20%）、编程能力（50%）和智力（30%）。

1. 在考察应试人员知识面的时候主要要求能够知道一些常用的术语，比如XML、NET、ASP、AOD等，一方面要知道这些缩写词完整的英文含义，同时还要将其翻译成中文。一般说来，了解这些词语最好的方法就是查看微软相关的资料，比如每个月最新版本的MSDN，或者平时多留心注意。

2. 因为微软的工作人员必须要具备相当的编程能力，所以应试者必须要对微软的VB、VC等编程工具非常熟悉，同时还要具备在短时间之内写出一段符合要求的程序，或者是在现有的程序中查找错误的能力。需要提醒应试者注意的是，编程方面的题目占据了50%左右的分数，所以这部分是成败的关键所在，一定要引起特别的重视。

3. 因为微软公司所需要的工作人员在各方面都是高素质的，所以必须要具备足够的随机应变能力以及与常人不同的思考方式，而智力题就是对此最好的考察方法了。通常这些智力题难度并不是很大，但是要求应试者有发散性思维和逆向思维能力，比如“一个房间门口有3个按钮，对应着房间内的3盏灯，要求打开一次房间门就可以判断出哪个按钮对应哪个灯”，“有12个球大小外观完全一样，其中有一个重量和其他的不一样，怎样用天平称 3 次找出这个球”,“男孩走 2 步的时候女孩需要走 3 步,现在男孩和女孩同时迈出左脚,问走到第几步的时候会再次同时迈出左脚”。此类题目数量一般在 4—5 道左右,有时候在别人的点拨之下很快可以找到答案,但是在有限的时间和紧张的压力下就显得稍微有些难度了。

二、第一次面试

笔试之后,微软公司会组织专人进行阅卷工作,然后确定分数线并通过电子邮件和电话通知部分成绩优秀的应试者参加第一次面试。和一般的面试不同,第一次面试需要你通过三轮五位面试人员的考察,而整个面试时间也很长,如果全部面试完毕需要大约 4—5 个小时左右。

1. 第一轮面试

第一轮面试是由微软公司现有的三位软件工程师对应聘者进行全方位的考察,这其中包括简单的网络组建、系统故障分析,也有涉及 Windows 2000 的 Active Directory 特性的问题,还有最新的 Windows XP 各方面新增特点与使用,这些对于经常使用 Windows 操作系统并且善于捕捉新事物、接触新产品的应试者来说倒也不是难事。

同时,工程师还会询问应聘者一些关于微软其他产品的使用与编程方面的问题。比如,设计一个 Outlook 和 Exchange 联合使用的方案、怎样将 Visual Studio .NET 的功能发挥到极限,等等。至于编程方面的问题多半是关于调用数据库、设计存储文件之类的,只要有实际编程经验,通常都不会觉得难。

在这轮面试的时候是很多人同时在一个大房间里进行,所以周围环境的干扰比较大,这要求应聘者回答问题的时候音量高一些,遇到一些比较繁琐的问题可以用文字形式辅助回答。但是如果遇到自己不会的问题最好直截了当地明说,否则会给面试人员留下不好的印象。

2. 第二轮面试

通过第一轮面试之后,还会有一位资深软件工程师对应聘者进行再次考察。提问范围仍然不出前面三位工程师的范畴,但是难度要大大增加,比如说通过实际案例说明 Windows 2000 Active Directory 的使用,说明系统故障产生的原因,对现有一段程序的优化,等等。也就是说不仅要知其然,还要知其所以然,这才最能够体现应试者各方面的综合素质。

3. 第三轮面试

通过了前面两轮面试之后,可以说微软应试之旅难度最大的部分已经完成了,但是下面的考察也并不轻松。微软公司怎么说也是一个知名的外企,员工怎么能不说英文呢? 所以接着就轮到一个外方人员进行英语方面的测试。他的测试就是听与说,主要通过自我介绍进行提问,比如家庭状况、现在的工作、为什么要到微软公司、对微软公司的看法,等等。其实这主要就是一些日常对话,涉及技术方面的内容很少,一般只要具备了英语 6 级水准,并且平日注意英语锻炼,通过这一关并不是难事。

在和外方人员面试之前,应聘者最好做一些准备。将有可能涉及的问题事先整理好,这样说得会流利一些,能够得到比较好的效果。另外,还可以通过服饰、包箱等物品辅助说明。笔者在微软面试时,在自己的手机上制作了一个 Microsoft 的图标,然后以这个图标为例向外国人讲解如何在电脑上制作,然后将其发送到手机里,结果外国人非常感兴趣,当然印象分也就不错啦。

需要强调的是,并不是每一个人都有机会在第一次面试的时候直接面对外国人,这是因为在前两轮面试的时候,所有的工程师都会在提问之后给你打分:Passed(及格)或者Failed(不及格),如果得到了3次"Failed"就彻底无缘微软公司了。

三、第二次面试

通过第一次面试之后,就意味着大半只脚已经踏入了微软公司的大门。之所以是大半只脚,是因为在最后一次面试之前每个应聘者都还有将近20个左右的竞争对手,但是最后所需要招聘的人数只有4—5个,因此第二次面试就是能否进入微软公司的关键所在。

第二次面试是微软分公司的老总和应聘者直接对话,微软在招聘时很注意不给应聘者造成压力,而是让应聘者成功地表现自己的才能。因此,这一轮谈话通常都是在轻松愉快的氛围中进行的,面试者会询问一些为人处世、待人接物以及对待工作和人生的问题,基本上也都是和技术无关的。

面试之后,微软公司会综合考虑应聘者的笔试成绩与两次面试得分,整个招聘过程至此才算是告一段落。

资料来源:中国企业培训网《微软怎样招人?》(2013年3月10日:http://www.chinacpx.com/zixun/51912.html)(未查到作者姓名,感谢作者!)

● 思考与讨论题

5.1 你对微软选拔人才的过程有何评价?为什么?

5.2 微软笔试内容构成:知识面20%、编程能力50%和智力30%。这是否意味着在大学期间,学习"知识",没有提高"编程能力"和"智力"水平重要?为什么?

5.3 面试在微软选拔人才过程中的重要性如何?微软的面试有什么特点?

第三篇　绩效与薪酬

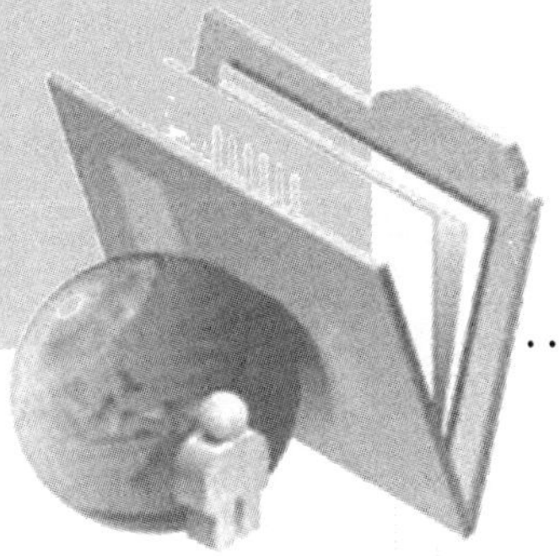

第 6 章

战略人力资源绩效管理

If you don't measure results, you can't tell success from failure. If you can't see success, you can't reward it. If you can't reward success, you're probably rewarding failure. If you can't see success, you can't learn from it. If you can't recognize failure, you can't correct it. If you can demonstrate results, you can win public support. ——David Osborne and Ted Gaebler

【*如果不考评结果，就不能区分成功与失败；如果看不到成功，就不能给予奖励；如果不奖励成功，就可能鼓励失败；如果看不到成功，就不能积累成功经验；如果辨不清失败，就不能改正；如果能够证实结果，就能够赢得公众支持。*

——戴维 · 奥斯本和特德 · 盖布勒】

主要内容

- 绩效管理的概念与模型
- 绩效管理的基本问题
- 绩效管理的信息与错误
- 绩效管理的方法
- 关键绩效指标与平衡计分卡

逻辑模型

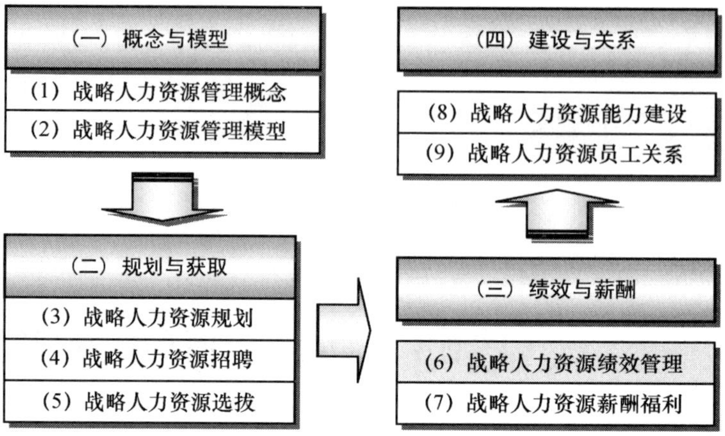

核心概念

绩效(performance)
战略绩效(strategic performance)
绩效考评(performance appraisal)
绩效管理(performance management)
绩效管理模型(performance management model)
特征法(trait methods)
比较法(comparative methods)
行为法(behavioral methods)
结果法(results methods)
关键绩效指标(key performance indicators)
平衡计分卡(the balanced scorecard)

预期目标

通过本章学习,你可以获得以下知识和能力:

■ 理解绩效管理的概念与模型;
■ 认识绩效管理的基本问题;
■ 了解绩效管理的信息与常见错误;
■ 了解绩效管理的基本方法;
■ 掌握关键绩效指标与平衡计分卡方法。

开篇案例

美孚公司：世界500强的平衡计分卡之旅

欧洲埃克森美孚公司是世界著名的能源企业，亦是世界最大的企业组织之一，2012年更是以全年销售额4.52万亿美元位居全球500强第二位，而在二十年前美孚石油还是一个每年只有670亿美元收入的公司。美孚公司取得如此骄人的业绩，其实施的标杆管理和平衡计分卡等先进管理方法大有贡献。

润滑油经营单元是美孚营销与炼油公司的一个重要部门，拥有雇员900名，年销售额10亿美元，成品润滑油在美国市场份额为12%，新型环保润滑油产品系列在美国有超过50%的市场份额。在实施平衡计分卡的过程中，润滑油经营单元走到了整个公司的前列，它的主要做法包括：

- **建立平衡计分卡目标**

以战略目标为依托，整合所有业务，使整个内部流程通畅；同时，使所有员工基于业务流程参与到战略目标的实现中来。

- **按职能部门成立工作小组**

为实施平衡计分卡项目，美孚润滑油部门成立了七个小组，包括混合工厂管理者小组、混合工厂筹划监督小组、工业用油和汽车用油营销代表小组、客户反映中心代表小组、领导人员代表小组。

- **重整内部业务流程**
- **建立部门、小组、个人绩效因果树**

通过绩效因果树将润滑油部门的经营策略、远景目标和小组、个人的工作任务结合起来。通过四个方面(财务方面、客户方面、内部经营方面、学习与成长方面)，将各层次绩效及各层次绩效之间的因果关系体现出来。同时，建立适当的指标和目标值，激励各级员工，引导他们的工作朝有利于部门业绩目标实现的方向发展。依照因果树，各小组成员可以明确自己所处的位置，以及在总体计划和目标实现中所需完成的工作内容；各小组成员通过将个人目标和企业目标联系起来，也可以对他们的工作结果对部门资本利润率的影响有更清晰的认识。

- **依据因果树，建立部门、小组、个人的平衡计分卡**

其中，小组又为个人在建立计分卡时设立了特殊标准：个人计分卡必须支持管理者的计分卡；计分卡必须包括一个目标和支持其他部分业务的指标；每个管理者必须有目标和指标，并且指标与评估和雇员发展相关；计分卡必须包括提前和滞后反应的指示器；一个最低目标和各方面的指标体系；至多15个指标；任何改变需要管理者和雇员一致同意。

- **建立统一的管理者和雇员奖惩制度，并一贯坚持**

建立员工的内部流程培训等。美孚润滑油部门的平衡计分卡设计和实施过程，展现了这一战略绩效管理系统的实施关键。

首先，必须采取有效措施，将组织、部门、个人的目标联系起来，把组织战略逐层分解，最终落实到员工，使低层次目标能够体现高层次目标。这样员工工作目标的完成才能促进组织战略的实现。美孚润滑油部门采用因果树的方式将部门各层次目标有机地结合起来。

其次,建立互相关联的各层计分卡,将所有高层计分卡通过指标与低层计分卡联系起来。美孚润滑油部门建立了部门计分卡、小组计分卡、个人计分卡,它们之间通过因果树联系起来。例如,部门计分卡中资本利润率指标的完成,不仅受车间小组成本效率指标的影响,还受营销小组的销售利润指标、订单完成指标的制约,而销售利润指标、订单完成指标又与营销人员个人计分卡中客户保持率、客户满意度、目标客户销售量等指标相关。

此外,建立统一的奖惩制度,创造以人为本的企业环境至关重要。因为一切绩效评估依据统一的标准,一切奖惩依据统一的制度,雇员受到公平、公正的对待,能激发他们的积极性。同时,也使员工的注意力集中在主导性指标的完成上。建立员工的内部流程培训,使部门内部每个雇员了解整个流程及各岗位设置的原因,明晰自己的岗位责任,使流程前后各环节人员能互相支持,有效衔接,以促进每个雇员、每个小组的计分卡目标的实现,最终实现利润和工作效率的大幅提升。

资料来源:钱诚改编自"中国劳动咨询网"《实现绩效管理:美孚公司平衡计分卡之旅》(2013 年 3 月 10 日:http://www.51labour.com/show/33884.html)。

思考题:

(1)"平衡计分卡"的主要特点是什么?

(2)绩效评价和"平衡计分卡"有什么联系?

(3)战略管理与绩效管理有何联系与区别?

无论工商管理还是公共管理的实践活动,主要的目的就在于保持、改善和提升组织绩效。卓越的组织绩效,是完成工作计划、实现战略目标、维持和促进组织存在与发展的必要条件。

绩效卓越与否,既不可能无为而治,也不可能一蹴而就。绩效需要建设,绩效需要经营,绩效需要管理。

6.1 绩效管理的概念与模型

什么是绩效?什么是绩效评价?什么是绩效管理?绩效管理遵循什么样的概念框架和演绎逻辑?答案将在本节呈现。

6.1.1 绩效与绩效管理

英特尔公司[①]前总裁安迪·格罗夫(Andy Grove)谈到,在英特尔,我们估计一位主管

① 英特尔公司(Intel Corporation)是全球最大的半导体芯片制造商。成立于 1968 年,具有 44 年产品创新和市场领导的历史。1971 年,英特尔推出了全球第一个微处理器。微处理器所带来的计算机和互联网革命,改变了整个世界。2011 年年营业额 540 亿美元(2013 年 3 月 17 日百度百科:http://baike.baidu.com/view/15281.htm?fromId=2396)。

可能将8小时中的5小时用于做每个雇员的评价……如果这种昂贵的工作能改进一位雇员的工作绩效,哪怕是一年中的一小段时间的绩效,就很值得主管为此付出时间。[①] 绩效评价真的如此重要和有价值吗?

首先要明确什么是绩效。中文"绩效"是新词,源于英文 performance,是 perform(to take action in accordance with the requirements of,根据要求采取行动)之后的结果,"所完成的事;成就"(something performed; an accomplishment)的意思。

在管理学领域的理论和实践中,"绩效"已经成为重要的关键词。基本含义是"成绩和效果",可以定义为"个人、团队或组织从事一种活动所获取的成绩和效果"。实际上,绩效就是结果,就是收获,就是进展情况,是投入了要素之后的产出,付出了成本之后的收益。凡是有活动,就会有结果,即绩效。绩效有大有小,有好有坏。

按照活动参与的主体是个人、团队还是组织,可以分为个人绩效、团队绩效和组织绩效。三种绩效可以以毫无关联的形式独立存在。对于一个组织内的关联活动而言,个人绩效、团队绩效和组织绩效既有区别又有联系。一方面,三种绩效的层次不同、大小有别;另一方面,三者又联系密切,团队绩效取决于个人绩效,组织绩效决定于团队绩效。

需要注意的是,团队绩效虽然取决于个人绩效,但并不是团队中个人绩效的简单加合;团队绩效,有可能大于团队中个人绩效之和(合作,高绩效团队),也有可能小于个人绩效之和(不合作,发生内耗)。同理,组织绩效有可能大于或小于组织中所有团队绩效之和。一般而言,团队和组织绩效,要大于其组成部分绩效之和。这是团队和组织之所以存在的根据或理由;否则,组建团队、建立组织的意义就会大打折扣。

在战略管理视角,可以定义战略绩效(strategic performance)概念。按照上述绩效概念的逻辑,战略绩效无疑可以界定为:"个人、团队或组织从事与战略管理有关的活动所获取的成绩和效果。"执行战略任务、落实战略目标、实现组织使命,在围绕组织战略管理开展的一系列活动中,行为主体所采取的行动,总是能够创造成绩、产生效果,即总是会获得绩效。

成绩如何、效果怎样?只有考查之后才能判断。有的绩效十分简单,比如营销部上月销售585件产品,本月销售632件,本月销售成绩比上月好。又比如小商户销售商品,卖了一件是一件,卖了一斤是一斤,月末拿出账本一算,就可知道结果。但是,大多数工作的绩效,内容丰富、结构复杂、形态各异。比如,一家中国国有企业董事长兼总经理的工作,企业中高层管理者的工作,服务行业员工的工作,大学教授的工作,政府公务员的工作,等等。诸如此类工作的成绩和效果,很难以简单、直接、确定的方式去衡量。这需要专门人员运用专门技术来测量、测度、评估、评价、考评、考核或考查。

为了研究和运用便利,本书把考查工作成绩和效果的活动,统称为绩效考评(performance appraisal)。具体的内涵是:考查和评价个人、团队或组织从事一种活动所获取的成绩和效果的过程。如果没有特别说明,在本书中,"绩效考评"概念,具有与"绩效评价"、"绩效评估"和"绩效考核"一致或基本一致的内涵和外延。

---

① 转引自詹姆斯·W.沃克(James W. Walker)著,吴雯芳译:《人力资源战略》,中国人民大学出版社,2001年4月第1版,第224页。

安迪·格罗夫谈到,英特尔的主管要花 2/3 的工作时间“评价”每一位员工的“绩效”,这里的“评价绩效”或“绩效评价”,等同于“绩效考评”。用“考评”可能比“评价”或“评估”更达意,是在“考查”之后再做出“评价”。

绩效考评不同于绩效管理(performance management),二者既有联系又有区别。按照本书一贯的认识,管理是指包括计划、组织、领导和控制四个环节的系统过程。那么,绩效管理,就是在事关绩效事宜方面,开展四个环节的系列活动:计划——识别绩效、选择内容、确定标准、制订考评方案;组织——优化资源配置、有效落实考评方案;领导——做好指挥、协调工作;控制——监督实施过程,及时反馈信息,必要时做出调整。绩效管理活动由四部分组成:绩效计划、绩效考评、绩效反馈和绩效改进。联系到对绩效的界定,绩效管理概念可以定义为“对个人、团队或组织在从事一种活动中所获取的成绩和效果,进行系统性计划、考评、反馈和改进的过程”。

绩效考评是绩效管理活动中最重要的也是最关键的一个环节。绩效考评的质量和效率,对整个绩效管理活动具有决定性的影响。同时,高质量、高效率的绩效管理工作,是做好绩效考评工作的前提条件和重要保障。

某大学和教学科研人员以三年为期签订工作合同。教学科研工作分为三种类型:教学型、科研型和教学与科研型。每种类型都确定了成果核算标准和合格分数值。比如,教学科研型,教授岗位每年完成教学 200 分、科研 200 分为工作“合格”。对未达到合格标准者,三年算总账,给予转岗、降职、缓聘或解聘等多种方式的处理。每到年初,就要上网填写大量表格,呈报上年度教学科研活动和成果,经院(系)和校级两次审核,人事部门盖章确认年度工作绩效。对于所谓“双肩挑”——既是机关干部,又是教授、研究员的人员,副处级减免一半工作量,正处级减免全部工作量。

在这个大学的例子中,整个过程属于绩效管理活动,而年初报送成果、审核绩效,属于绩效考评范畴。

〈概念·要点〉

绩效是指个人、团队或组织从事一种活动所获取的成绩和效果。战略绩效可以界定为个人、团队或组织从事与战略管理有关的活动所获取的成绩和效果。

6.1.2 战略与绩效管理

2004 年 7 月,TCL 公司制定并实施国际化战略,多媒体(TMT)事业部并购法国汤姆逊公司彩电业务,双方合资成立 TCL 汤姆逊公司(TTE)。这次战略行动,让 TCL 几乎在一夜之间一举成为全球彩电业“霸主”。然而,两年之后,TCL 的绩效却远没有预期的那么好。截止到 2006 年 9 月 30 日,TMT 在欧洲业务上的累计投资损失约 2.03 亿欧元(约合人民币 20.3 亿元)。之后,TCL 集团公布重组方案,意味着 TMT 暂时放弃了欧洲业务。[①]

由 TCL 的例子可以看出,假定战略是正确的,但是如果没有取得良好的绩效,再好的战略也没有意义。战略的成败以绩效的好坏为标志,而绩效的好坏在一定程度上取决于绩效管理的水平与质量。

建立合理、有效的绩效考评制度,是保证绩效管理质量的重要条件。定期以个人、团队和组织为对象进行绩效考评,有利于及时发现个人工作、团队合作和组织运行中出现的问题,及时采取措施,保证和促进战略目标的顺利实现,或者适时地对战略规划做出调整。

≺概念 · 要点≻

战略的成败以绩效的好坏为标志,而绩效的好坏在一定程度上取决于绩效管理的水平与质量。

6.1.3　绩效管理模型

如前所述,管理模型是"对管理实践或管理理论中一个系统、一种理论或一类现象本质的或直观的描述"。[②] 那么,绩效管理模型(performance management model)就是指对绩效管理实践本质的和系统的描述。对于组织层面的绩效管理过程而言,基本的逻辑是根据组织战略,确定组织生产与服务活动;再根据组织活动,确定组织绩效管理计划。然后,实施绩效考评计划,反馈绩效考评结果。最后,对照绩效标准,判断是否需要采取措施改进实际绩效。图 6-1 为组织绩效管理模型示意图。

对于团队绩效管理,基本的逻辑与组织绩效管理相同。主要的区别是主体为小规模的群体,是按照既定原则——充分利用个体比较优势、最优化资源配置、最大化整体能力——建立的团队。团队完成组织赋予的战略任务,需要进行一系列团队活动。对团队活动成绩和效果的管理,同样需要经历绩效的计划、考评、反馈和改进四个环节。一般而言,现代组织是为了完成某项艰巨任务或者为了获得高绩效而组建团队。有效考评团队绩效,及时反馈绩效信息,能够为提升现有团队的工作效率提供依据,为新团队的组建提供经验。

图 6-2 为员工个人绩效管理模型示意图。组织中员工有什么样的行动,就会有什么样的结果。员工绩效决定于员工行为。员工的行为由员工个人所拥有的人力资本以及组织战略和组织制度三方面的因素决定。员工个人的人力资本,包括知识、技能、能力和态度。人力资本的数量、质量、结构和层次,对员工个人的行为模式、行为能力和行为水

① 参见 2007 年 2 月 9 日央视国际报道:《〈对话〉现场 TCL 董事长李东生坦陈国际化道路成败》(http://www.cctv.com/program/dialogue/20070209/108235.shtml)。

② 参见本书 2.1.3 管理模型。

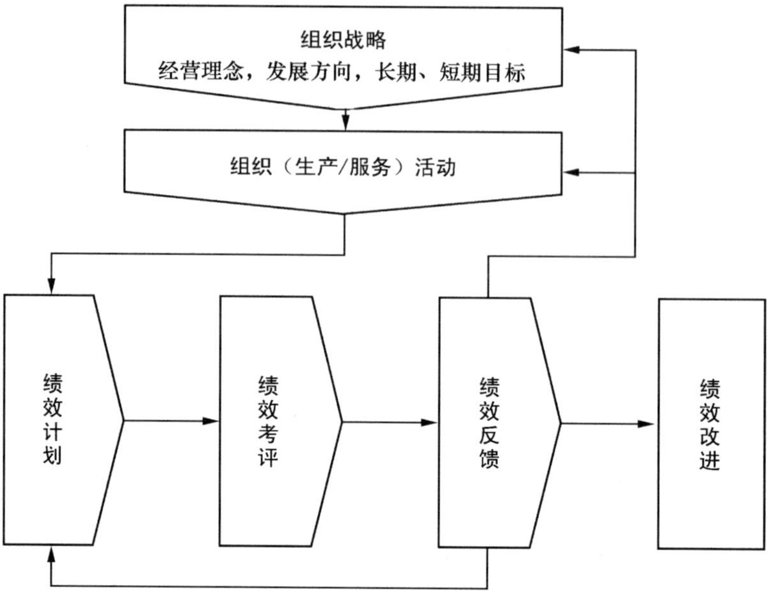

图 6-1　组织绩效管理模型

平具有决定性影响。组织战略规定组织任务、界定组织活动；员工作为组织生产力要素是组织活动的主体。组织之所以成为组织，是因为建立并依据一系列制度开展活动。个人行为以符合组织制度为前提，是组织有效运行的必要条件。

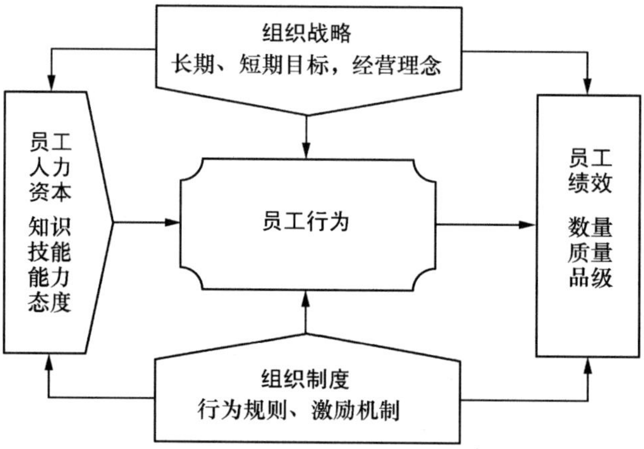

图 6-2　员工个人绩效管理模型

建立合理制度，考评员工个人绩效，及时与员工本人沟通考评信息，有利于帮助员工找出差距，改进工作，取得更好成绩。此外，还有利于增进员工个人目标与组织目标的一致程度，进一步推动组织绩效的保持和提高。

图 6-3，是王建民针对中国地方政府机构绩效考评所设计的逻辑模型。[①] 具体问题在论文中有详细阐述。这里需要提出的是，政府绩效管理不同于企业绩效管理。对政府公

---

① 参见王建民：《中国地方政府机构绩效考评目标模式研究》，发表于《管理世界》，2005 年第 10 期。

务员(官员)的考评,不同于对机构(领导班子)的考评。在中国政府绩效管理实践中,照搬西方国家公共部门绩效考评经验,或者简单运用营利部门绩效管理模式,不仅是不恰当的,甚至是有害的做法。为绩效考评而考评,既浪费资源又扰乱工作秩序和人员心理,应该尽量避免。

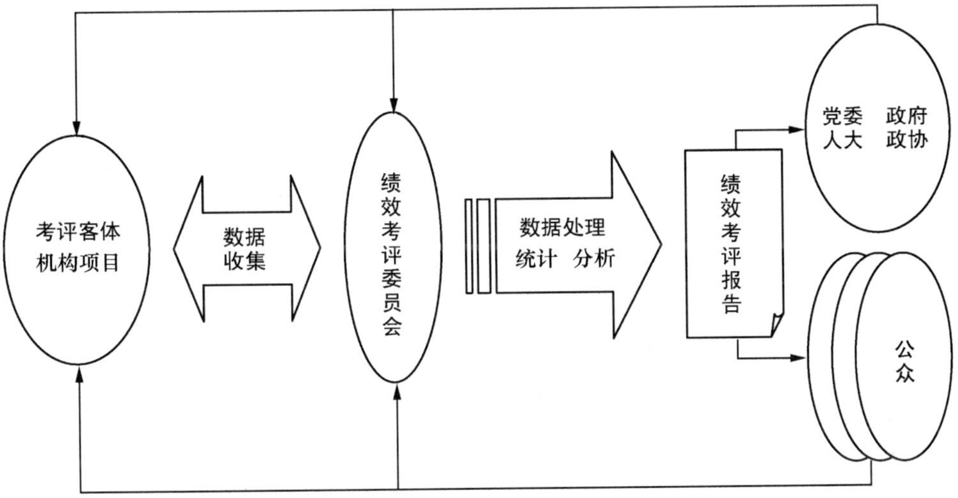

图 6-3 中国地方政府机构绩效考评模型

研究发现,针对地方政府官员的绩效考核模式,容易引发"政绩工程"泛滥的问题。根源主要在于"政绩"评价机制产生误导效应——党政领导干部管理部门被西方新公共管理理论"误导",构建并实施了合理性严重不足的工作绩效管理模式;在问题模式中的评价机制的驱动下,被评价者行为"扭曲",出现了滥用资源、大搞"政绩工程"建设的现象。①

6.2 绩效管理的基本问题

无论工商业组织还是公共部门机构,开展绩效管理活动,都是一个比较复杂的系统过程。实施前需要做好充分的准备,包括认识绩效管理的目的,明确绩效管理活动的主体,确定绩效管理的对象——客体,确立绩效标准与考评原则,选择绩效考评指标等内容。

6.2.1 绩效管理的目的

为什么要进行绩效管理?北京一家银行的行长说,上级组织给她下达了任务,压力很大。压力不能让行长一个人扛着,要分解到部门,具体到员工。要让部门负责人、让员工承担一部分责任。建立绩效管理制度,可以产生追求绩效的压力。有压力才有动力。有动力,才能够提高工作效率。高效率,才有好成绩。只有员工做好了工作,部门完成好了任务,整个公司才能够取得令人满意的成绩,行长才能够以良好的绩效向上级领导汇报。②

① 参见王建民 2012 年 7 月 20 日发表于人民日报社《人民论坛杂志》上的《政绩考核模式"误导"中国》(总第 372 期)一文(2013 年 3 月 15 日,人民论坛网:http://www.rmlt.com.cn/qikan/2012-07-17/49339.html)。

② 根据王建民 2008 年 1 月 11 日对北京某银行行长的访谈记录整理。

为什么要进行绩效考评(performance measurement)？美国东部弗吉尼亚(Virginia)州费尔法克斯县(Fairfax County)负责人认为,考评绩效最主要的原因,是居民对政府反应更快、竞争力更强的不断要求。收入的增长有限,但居民对政府服务质量的要求却越来越高。通过评估绩效,有利于寻找改进和提高工作质量的办法。正如《政府再造》(*Reinventing Government*)作者戴维·奥斯本(David Osborne)和特德·盖布勒(Ted Gaebler)所言,之所以考评绩效,是为了了解结果,判别成败,奖励成功,促进工作。绩效考评有五点好处[①]:支持战略规划和目标;增强责任感;提高决策水平;改进客户服务;优化资源配置。

为什么要进行绩效管理？其实道理很简单。基本的出发点,是为了掌握个人、团队或组织所开展的生产或服务活动的成绩和效果的信息。获得绩效信息的目的,有利于改进工作,提升成绩,强化能力,促进战略目标的实现;可以为薪酬与福利分配方案的制订提供依据;能够为人员晋升与职务变动提供参考信息。

6.2.2 绩效管理的主体

绩效管理主体,是指这项活动的决策者、执行者和作业者。从管理职能角度,绩效管理主体,可以理解为计划、组织、领导和控制绩效管理活动的有关人员。

在企业组织中,绩效管理主体一般包括公司高层决策者(董事会)、执行者(中高层经理)、人力资源部门专业人员(需要时可以从外部聘请专家)、相关业务部门负责人和专职人员。这是指在企业组织内部实行绩效管理活动的主体。如果是针对一个团队或者员工个人,情况会有所差异。一般而言,绩效管理主体或评价者,应该是绩效的直接接受者、感受者、观察者或者产生于绩效的利益相关者。

图6-4所示,为企业中针对员工个人的绩效考评主体。这就是所谓的"360°评价"。围绕在一位员工周边的绩效相关者全方位的评价。在实际工作中,做到"全方位"并不容易,有时也没有必要。要根据具体情况和组织需要确定。

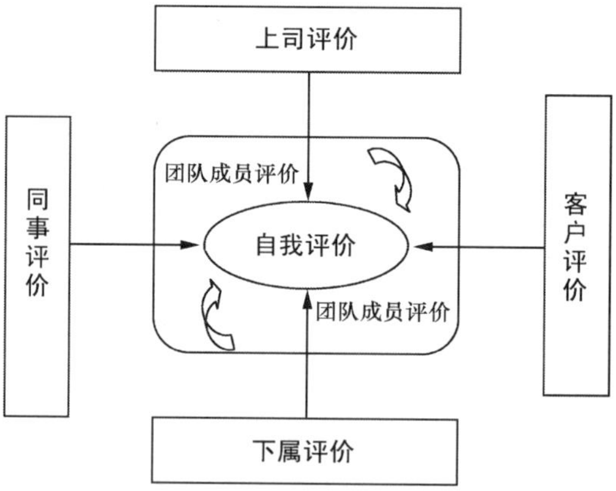

图6-4 员工个人绩效考评主体

① 详见本章开篇名言。参见王建民:《美国地方政府绩效考评:实践与经验——以弗吉尼亚州费尔法克斯县为例》,发表于《北京师范大学学报(社会科学版)》,2005年第5期,第103—107页。

《概念·要点》

绩效管理主体，是指绩效管理活动的决策者、执行者和作业者。从管理职能角度，绩效管理主体，可以理解为计划、组织、领导和控制绩效管理活动的有关人员。

6.2.3　绩效管理的客体

所谓绩效管理的客体，实际上就是指所管理的绩效的类型和内容。在不同的组织，或相同组织的不同部门或团队，对于承担不同任务的员工，工作的内容不同，绩效管理所涉及的"客体"就有所区别。

企业管理者的绩效管理客体是经济指标（利润率、市场占有率、销售额、股票价值等）；大学教授的绩效管理客体是教学、科研成果（完成了多少教学工作量、发表了几篇什么级别的论文、出版了什么著作、指导多少名研究生等）；对于政府官员，绩效管理客体当然是政绩——不同级别和岗位的官员，政绩指标又有所区别。

"知识与信息"专栏 6-1 是中国西部某省下达给省辖某市的绩效指标体系。这些绩效指标的第一责任人，理论上是市长，实际上是市委书记。为此，市委书记很着急，赶紧找专家帮助建立绩效评估系统。

请读者思考，这份下达给市政府的绩效指标体系，如何分解到各个部门或机构？建立什么样的制度，能够有效地在这个城市实施绩效管理？如何才能保证表中各项绩效指标能够顺利得到落实？

《知识·信息》

专栏 6-1　中国某市绩效指标体系

类别	主要指标	目标要求
经济发展	生产总值	增长 10%，达到 130 亿元。
	财政收入	地方财政收入增长 19%，达到 4.5 亿元。
	固定资产投资	全社会固定资产投资增长 29%，达到 135 亿元；确保在本市当年投产和新开工的省级重点项目按期投产运营和开工；招商引资取得新成效。
社会发展	社会事业	职业教育招生达到 1.3 万人；新增合疗县区 3 个，平均参合率达到 86%；农村"两馆一站一室"建设全面完成。
	人口出生率	人口自然增长率控制在 4%。
人民生活	居民收入	农民人均纯收入增长 7%，达到 1 750 元；城镇居民人均可支配收入增长 10%，达到 8 650 元。
	就业	新增城镇就业岗位 0.8 万人；城镇登记失业率控制在 4.0%。
	社会保障	农村低保人数达到 6 万人。
	扶贫开发	启动建设重点村 166 个。

（续表）

类别	主要指标	目标要求
资源环境	节能降耗	万元生产总值能耗4.4%，降至0.98吨标煤/万元。
	环境治理	城市空气好于二级以上的天数不少于295天；化学需氧量排放减少0.5万吨，控制在1.2万吨；二氧化硫排放量减少0.04万吨，控制在1.39万吨。
	土地管理	完成与省政府签订的耕地及基本农田保护目标责任书规定的任务。
	绿化造林	绿化造林26.9万亩。
社会安全	社会稳定	群众对社会治安满意度达到80%以上；完成“一控双降”任务。
	安全生产	安全生产死亡人数控制在224人；杜绝一次死亡30人以上的特别重大生产安全事故。
班子和队伍建设	领导班子建设	贯彻落实科学发展观，坚持民主集中制原则，提高领导和驾驭全局的能力。
	依法行政	坚持依法行政，妥善处理改革发展稳定中的重点难点问题。
	基层党组织建设	全面加强党的基层组织建设，发挥好党组织的战斗堡垒作用和党员的先锋模范作用。
	党风廉政建设	加强思想道德和法纪教育，履行“一岗双责”，进一步做好党风廉政建设和反腐败的各项工作。
	精神文明建设	深入开展群众性精神文明创建活动，提高公民素质，倡导社会主义道德新风尚。

资料来源：根据北京师范大学汪大海教授课题资料改编。保持原表格结构不变，只对具体指标数字做了调整，以便读者可以看到省级政府给地级市政府下达的绩效指标的原貌。

6.2.4 绩效管理的原则

绩效管理的主要目的，在于了解信息、掌握情况、改进工作、提升业绩。这对于组织领导者和高层管理者来说当然没有问题，他们自然是乐此不疲。绩效管理的主要措施，往往是由他们制定，针对高层以下的人员来实施。

但是，对于受到绩效管理作用力的相关人员来说，感受则大不相同。被评价的事，自然是越少越好。如果一定要评价，也应该评当其时，评价合理，评而有效。盲目效仿他人的做法，落得为评价而评价，甚至走向反面，则对于绩效的保持与提升，只能是有害而无益。

有一位老科学家在一次座谈会上谈到，他领导的一个课题组，半年前才获准的一项国家重点课题，半年后就要求报送成果。研究工作刚起步，哪来像样的成果？不报又不行，没办法，只好拿过去的成果充数。在不少公立大学，教师每年都要接受评价，指标没达到要扣工资；三年算总账，绩效没达到一定标准的要降职处理。大多数教授人心惶惶，不敢开工大作品，用“短平快”的小成果应付评价。评价的目的是提高教学科研水平，结果是水平提高谈不上，“学术垃圾”倒是制造了一大片。

绩效管理是一件极其慎重的事。为了避免上述问题的发生，有必要讨论在开展绩效管理活动时应该注意遵守的五项原则：

第一，战略相关原则。绩效指标基于战略目标。主要的绩效管理活动，一般要围绕组织战略目标展开。通过实施绩效管理，促进组织战略目标的实现，为组织赢得竞争优势，实现可持续发展。

第二，客观公正原则。绩效评价指标的选择，绩效管理主体和客体的确定，要做到真正反映客观实际，公正、平等地对待每一位被评价者。

第三，适用可行原则。绩效管理的基本模式、关键指标、作业方式等，要注意适用性和可行性。适用于管理现实，切实可行，行之有效，才有意义和价值。

第四，认同接受原则。绩效管理活动，要得到被评价者个人、团队或机构的认同和接受。事先没有比较充分的沟通，组织决策者（及其上级）授意人力资源管理部门单方面制定并实施的绩效评价制度，往往会遭到被评价者的反感和抵制。在没有充分表达个人意志的民主环境的情况下，抵制很可能转化为消极怠工，或者另谋它就，导致优质人力资源流失。

第五，激励促进原则。有价值的绩效管理活动，要对被评价者有激励效应，对个人或组织完成战略任务有促进作用。在实际工作中，要注意及时与被评价者沟通绩效信息，为改进工作提出意见和建议。只有这样，才有利于达到绩效管理本身的目的，有利于实现组织战略目标。

≺概念・要点≻

绩效管理活动应该遵循的五项原则：第一，战略相关原则；第二，客观公正原则；第三，适用可行原则；第四，认同接受原则；第五，激励促进原则。

6.2.5　绩效考评指标的选择

绩效考评是绩效管理的中心环节和核心内容，而绩效考评指标体系的设计与选择，又是绩效考评的关键步骤。考评指标选择不当，不但考评不到真实绩效，而且有可能导致工作的混乱和工作人员诚信的丧失。根据权威的官方期刊《半月谈》记者报道，湖南一乡长自曝政绩造假内幕，悲愤地感叹“我们被变了味的指标考核逼成了骗子”！详见专栏6-2“乡长：被变了味的指标考核逼成了骗子”。

≺知识・信息≻

专栏 6-2　“我们被变了味的指标考核逼成了骗子”

《半月谈》记者最近到湖南南部某地采访，当地一位乡长向记者猛烈抨击当前基层政绩考核中弄虚作假、打肿脸充胖子之风。该乡长反映的问题有一定典型性，引人深思。

乡长自述：我在湘南一个乡镇政府干了 11 年，当乡长两年了。县委、县政府对乡镇的政绩考核在很多方面背离实际，逼着乡镇干部造假。一些干部甚至认为，干工作就是一级骗一级。造假好的干部反而得到提拔，这就形成了错误导向。而农民最讲实事求是，打心眼里看不惯乡镇干部这种做法。

先说农民人均纯收入吧。我们乡 1.9 万人，农民占 95%，人均耕地 0.87 亩，主要收入靠打工。农民生活水平在全县比较靠后，可上报的农民年人均纯收入数字并不落后，2005年报的是4 300多元，2006年增加到4 600多元。实际上，农民可用现金少得可怜，平均起来每年也就600—700元吧。每年开春，大多数农户买了农药化肥、缴了孩子的学费就没啥钱了。乡政府门口有个长途汽车站，每年春节刚过，民工就争着上车去广东，把路都堵塞了，看得我们真心酸。有一部分村民在附近煤矿挖煤，做苦劳力。挖矿环境恶劣，有个自然村只有500来人，就有25个农民得了不同程度的尘矽病。农民人均纯收入数字报得这样高，主要是以前为达到"小康"考评标准，满足上级领导"政治需要"而盲目造假的结果。几年前，我们乡曾有一次报得比较实际，当时全乡21个村中有8个排在全市倒数10位，乡领导被县领导批得狗血淋头，第二年就只有壮着胆子虚报了。农民人均纯收入数字虚高还有一个严重后果，就是导致自筹建设资金的压力超过了农民的实际承受能力。

招商引资的考核最离谱。县委、县政府将投资规模500万元以上的招商引资项目列入乡镇考核指标，而且要求至少有一个外资企业。我们乡交通不便，也没有很多资源，招商引资很难，但我们乡2005年报了3个，2006年报了4个。考核方案要求很具体，要看企业工商执照、纳税证明，还要检查现场。我们就从市里请来一个老板，让他帮忙出具各种证明材料的复印件，再找一个临时性的工地做摆设，把考核组带过来。对于我们这套假把戏，考核组的人也非常清楚，但大家都不说破，因为考核组的人也知道，这项指标的下达本身就不合实际。上级既然要考核某样东西，哪怕弄虚作假，我们也要想尽一切办法"搞妥当"。

再说沼气池建设。建沼气池本是好事，能够提供生态燃料，节约能源成本，但有一个前提：农民必须养猪。我们乡很多农民不养猪，没有沼气原料，可是县委、县政府去年还是给我们乡下达了建41个池的任务。建一个池，除了上面下来的配套资金，乡政府要补600元钱。乡政府总共花了近6 000元钱，建成的池子实际上没用，全是废物，是做给上面看的！像这样为了完成上级任务而需要出钱的事还不少。乡镇财力非常紧张，现在全乡的债务有350多万元。

考核中的浪费也很严重。上级前来考核，每项工作的汇报都要装订成一大本"书"，其实领导并不仔细看。我们经常把旧的资料复印，改一下数字，就成了新总结，实际一文不值。领导却很满意，说首先你们乡态度就很好。上级各个部门要求我们挂各种"领导小组"之类的牌子，自己用木材做不行，还需要用铝合金的料，以示重视。为了这些形式主义的牌子和总结材料，2005年我们乡至少花了6万元。现在上级一些部门还要求将这些东西扩展到每个村，如开展某项工作时，村里要贴多少横幅，挂多少牌子。在统计部门汇总排列各种考核数据时，我们凭关系找熟人，刺探某项工作排到县里第几位。如果打听到其他乡镇把分加上去了，名次超过我们，我们就得赶紧再找人"公关"。我所在的是一个农业乡，怎么可能跟那些有煤矿的乡镇比经济总量、比工业产值？但考核政策却是"一刀切"。

政绩考核中这些不切实际的做法，对我们干部和群众影响很大。一些干部的精力主要用在讨上级欢心，在办公室闭门造车炮制成绩，这些干部作风飘浮，使得我们有些工作落实不下去，政令不通。有些问题不是县委、县政府自身就可以解决的，我们期望全党上下大兴求真务实之风。

资料来源:参见《半月谈》,段羡菊采访整理:《“我们被变了味的指标考核逼成了骗子”——湖南一乡长自曝政绩造假内幕》。2008 年 2 月 8 日转引自新华网(http://news.xinhuanet.com/politics/2007-07/31/content_6461033.htm)。引用时文字略有改动。

有专家认为,设计指标体系应该坚持相关性、可比性、重要性、经济性、科学性和稳定性六项原则。[①] 这位专家的观点很正确。坚持这六项原则,有利于设计出科学、合理、可行和适用的指标体系。

有一家企业把绩效考评指标分为三类:(1) 能力指标——员工获得期望绩效的能力与水平;(2) 态度指标——员工在创造绩效的过程中所表现出来的主动性程度、责任感强度等内容;(3) 业绩指标——员工在创造绩效过程中所取得的实际成绩。以能力、态度和业绩这三项指标为基础,设计具体项目,进行绩效考评。

美国弗吉尼亚州费尔法克斯县,对政府机构绩效考评的指标体系由投入、产出、效率、服务质量和结果五项指标组成。“投入”指用于制造产出的有价值的资源;“产出”指生产服务的数量或个数;“效率”指单位产出所用的投入或单位投入的产出;“服务质量”指消费者对项目的满意程度;“结果”指一个项目或一项服务产生的定性结果,即为消费者带来的最终好处。详见表 6-1“美国费尔法克斯县绩效考评指标体系”。

表 6-1 美国费尔法克斯县绩效考评指标体系

指标	定义	举例
投入	用于制造产出的有价值的资源。	预算或支出的金钱;员工付出的工时。
产出	生产服务的数量或个数。产出是活动导向的、可测量的,而且通常是可控制在管理之下的。	有效会面的次数;图书馆出借图书的册数;接受免疫儿童的人数;处理订购单的数量;运送病人的人数。
效率	单位产出所用的投入或单位投入的产出。	每份鉴定的成本;每位专家所评审的计划。
服务质量	消费者对项目的满意程度;服务提供的准确或及时程度。	对服务表示满意的被调查者百分比;每位数据录入员的差错率;提交一份设备使用规则的平均天数。
结果	一个项目或一项服务产生的定性结果,即为消费者带来的最终好处。外部力量有时会限制管理控制。结果指标表达“为什么”提供服务的最后理由。	火灾中死/伤人数下降;工作 6 个月以上接受岗位培训者的百分数;12 个月未再次受到审判的青少年百分数;没收动物被收养/领回的比例。

资料来源:Performance Measurement Team Department of Management and Budget 2004, *Fairfax County Measures for Results: A Guide to Advanced Performance Measurement*. (From Harvard University Library e-resources, in January, 2005, at Kennedy School of Government, Harvard University)(这里的译文引自王建民:《美国地方政府绩效考评:实践与经验——以弗吉尼亚州费尔法克斯县为例》,《北京师范大学学报(社会科学版)》,2005 年第 5 期。)

---

① 参见苗俊峰:《政府绩效考评指标体系》,2006 年 7 月 14 日《中国财经报》(2008 年 1 月 18 日,下载自中国财经报网址:http://www.cfen.cn/loginCt/pageprocess? pageurl = jjj/2006-07/14/content_269064.jsp)。

据报道，国家人事部《中国政府绩效评估研究》专家组，设计了比较复杂的指标体系，包括职能指标、影响指标、潜力指标，包括 3 个一级指标、11 个二级指标、33 个三级指标。目的是“全面系统地评估中国地方各级政府，特别是市县级政府的绩效和业绩状况”。[①] 直观感觉，指标越多，考评越全面、越系统。但实际上，指标越多，操作难度越大，实施成本越高，适用性越低，可行性越差。上述美国弗吉尼亚州费尔法克斯县用五项指标考核政府机构的经验值得借鉴。

考评省级政府的整体绩效并进行全国比较并没有多少现实意义。各省在物力资源、人力资源和历史文化等方面差别很大，没有可比性，而且也没有比较的必要。对一个地方政府内各个机构的绩效进行考评和比较，意义更为重大。考评指标的选择，应该以简单、适用、可行、有效为标准。研究者借鉴国际经验，结合中国实际，设计了中国地方政府机构指标体系。共由六项指标组成：服务质量、投入资源、产出结果、工作效率、遵纪守法和执行指令。各项指标的定义和解释与举例，见表 6-2“中国地方政府机构绩效考评指标体系”。

表 6-2　中国地方政府机构绩效考评指标体系

指标	定义	解释与举例
服务质量	服务对象对所接受服务的满意程度	接受服务的公众对政府服务的满意度，是评价服务质量的最佳依据，比如，企业客户对工商局服务的满意度；纳税人对税务局服务的满意度
投入资源	为产出结果所消耗的全部资源	机构运行或项目实施中所耗费的公共资源——人力、物力和信息资源，如政府机构的办公费、人员工资，项目支出
产出结果	利用投入资源所完成的主要工作之和	机构在一定时段内所完成的主要工作任务——定量统计和定性描述相结合，如公安局破获刑事案件的数量
工作效率	每单位产出所消耗的资源；提供服务的快捷、准确程度	产出同样结果所投入的资源越少，效率越高；批复报告、审批申请、办理手续、答复意见等，时间越短、差错率越低，效率越高，如办理行政审批手续，由过去一个月减少到一周
遵纪守法	组成人员遵纪守法情况	机构或项目组成人员违法、违纪的人次与严重程度（如贪污腐败总金额），如窗口机构服务人员被群众投诉的人次
执行指令	执行上级指示和命令情况	上级机构负责人和主管人员，对下级或对口机构，令行禁止、完成任务、落实计划等的满意度

资料来源：王建民，《中国地方政府机构绩效考评目标模式研究》，《管理世界》，2005 年第 10 期。

6.3　绩效管理的信息与错误

确定绩效管理方案、选择绩效考评指标之后，决定性的步骤是组织实施绩效考评活

① 参见刘世昕：《中国政府绩效评估体系面世 33 指标将评政府绩效》，《中国青年报》，2004 年 8 月 2 日。

动。最关键的环节是获取绩效信息。绩效信息的质量如何,对考评的成败有决定作用。绩效管理中的控制和绩效信息的反馈,同样是十分重要的环节。

6.3.1 绩效管理信息的获取

在许多企业,员工所完成的工作容易量化,业绩一般都有记录,考评绩效需要什么信息,一查便知。当然,也有许多时候,员工的业绩很难用数字去衡量,这给绩效考评信息的获取带来一定难度。比如,服务部门、科研机构、政府机关的工作,就不易用定时(期)、定量的办法进行衡量。

某市有一项绩效考评指标是“绿化造林 26.9 万亩”。这“26.9 万亩”的数字如何获得?依靠基层干部报告?如何保证上报的数字不加“水分”?北京大学一位教授建议用直升机航拍,然后按照测量比例换算得到准确数字。这种办法可行吗?

一个中日合作研究课题,根据课题组成员之一的一位中国籍副教授介绍,日本方面要把在中国的访谈录音译成日语。问如何支付译者稿费,回答是由学生自己报告翻译时一共用了多长时间,按照所用的时间确定稿酬。用时多,说明难度大,稿费就高。按照这种方法评价译者绩效的办法,令课题组的一位中国教授惊讶不已,问“学生多报花费的时间怎么办?”回答是“学生不会那么做!”

绩效考评最重要的是获取信息或“数据”(data)。有专家认为①,“数据”指的是“历史的或通过计算、实验取得的事实或者统计数字”。数据有定量和定性两类。前者为“硬数据”,后者为“软数据”。优质数据具备三个特征(即“3R”):可靠性(reliable)、相关性(relevant)和典型性(representative)。

在收集数据或考评绩效过程中,应该注意坚持“SMART 原则”:战略性(strategic)、可测度(measurable)、精确性(accurate)、可靠性(reliable)和时效性(time-based)。

前述的美国费尔法克斯县,绩效考评的数据主要有六个来源:(1) 本机构记录;(2) 外机构记录;(3) 个人;(4) 一般公众;(5) 训练有素的观察者;(6) 机械测量。研究者认为,不同来源的数据,各有千秋,往往优点与缺点并存。比如,本机构数据易得,但不全;个人信息直接,但易于片面;测量数据客观,但易受仪器精度和操作者熟练程度的影响。收集数据常用的方法有查阅摘录、问卷调查、个别访谈和专家评级等。采用不同的方法,在花费成本、对数据采集者培训量、完成时间和回应率等方面有所差异。收集到的数据,应该按照简洁、易懂和满足受众需要原则整理,主要以各种图表的形式表示。②

综合起来看,在收集数据时,要高度重视“硬数据”。但是,在重视“硬数据”的同时,也不能忽视“软数据”的作用。数据的“软”和“硬”,主要取决于工作的性质。要根据工作的特点和考评的目的,决定获取绩效信息的结构。

“3R 原则”和“SMART 原则”具有重要的借鉴意义和利用价值。

---

① Performance Measurement Team, Department of Management and Budget 2004, *Fairfax County Manual for Data Collection for Performance Measurement*, p. 1. (From Harvard University Library e-resources, in January, 2005)

② Performance Measurement Team, Department of Management and Budget 2004, *Fairfax County Manual for Data Collection for Performance Measurement*, pp. 19—24. (From Harvard University Library e-resources, in January, 2005)

《概念·要点》

在收集数据或考评绩效过程中,应该注意坚持"SMART原则":战略性(strategic)、可测度(measurable)、精确性(accurate)、可靠性(reliable)和时效性(time-based)。

6.3.2 绩效管理信息的沟通

有一则现代寓言:一把坚固的大铁锁挂在铁门上,粗壮有力的铁杆费了九牛二虎之力,就是无法把他撬开。这时,纤细柔弱的钥匙来到铁锁旁,钻进锁孔轻轻一个转身,只听得"啪"一声脆响,铁锁打开了！铁杆很是郁闷:"我这么强壮,费了那么大力气都打不开,你那么文弱,轻而易举就把他打开了,为什么会这样呢?"钥匙轻声细语,一语道破"天机":"因为我最了解他的心。"

是啊,"了解他的心"真是太重要了！当事人或利益相关者之间信息的交流和信任的建立,对于私务、家务、商务、政务和国务,都具有重要意义和价值。基本上可以这样认为,即误解的存在、矛盾的出现和冲突的发生,就是沟通不畅导致信息失衡、信任丧失的结果。

在绩效管理中,情况也是如此。绩效考评的过程和结果,往往会涉及绝大多数员工的切身利益。如果管理者和员工之间,没有就绩效管理的目的、计划、措施和结果进行充分交流,员工对于绩效管理活动给自己的利益带来的影响,就很难形成清楚和积极的预期,组织决策者和管理者所期望的绩效管理能够带来的收益,一定会大打折扣。

一位美国专家认为,绩效管理是一个持续的交流过程。这一过程应该按照员工和其直接主管之间达成的协议来保证完成。在协议中,对未来工作的目标要有明确的理解和认识,并将可能受益的组织、经理及员工都纳入到绩效管理系统中来。[①] 这位专家所强调的沟通对于绩效管理的重要性,可以从理论和实践中找到比较充分的证明。根据沃森·怀亚特(Wastson Wyatt)2006年对美国和加拿大职员的研究结果表明,有效的员工沟通,对于获得更高的财务绩效有积极作用。研究发现,具有最有效沟通机制的公司,在2000年到2004年期间,获得了91%的投资回报。美国普林斯顿大学的专家,通过对一万余份相对成功人士档案的分析发现,智慧、专业技术和经验只占成功因素的25%,而75%的贡献来自于良好的人际沟通。[②]

有效的绩效管理沟通,不应该限于绩效考评信息反馈的单一环节,而是要贯彻在整

---

① 这位专家的观点以及这一节对绩效沟通的讨论,借鉴了博思创业(www.bscy.com.cn)咨询公司专家的文章:《"沟通"贯穿于绩效管理的始终》(2008年1月17下载自HR管理世界网:http://www.hroot.com/article /html/2006-5-8/20065814449.htm)。

② 转引自博思创业公司专家的文章:《"沟通"贯穿于绩效管理的始终》。

个管理过程之中。实施计划之前，要通过多种形式在全体员工中间传播绩效管理知识、说明绩效管理的意义和必要性、介绍本组织拟开展的绩效管理的计划。实施中，要就绩效目标的设定反复征求利益相关员工的意见和建议，最好能够征得 2/3 以上员工的同意。绩效管理的实施方式和具体程序，也应该及时告知相关员工，尽可能得到员工的理解与配合。最后获得的绩效考评结果，应该以公开通报或个别传达等方式，及时通报当事的员工、团队、部门或全体员工。必要时，与绩效相关者一起分析评价结果，制订并监督整改方案的执行与落实。

≺概念·要点≻

有效的绩效管理沟通，不应该限于绩效考评信息反馈的单一环节，而是要贯彻在整个管理过程之中。

6.3.3　绩效管理中的常见错误

"前事之不忘，后事之师。(Past experience, if not forgotten, is a guide for the future—lessons learned from the past can serve as a guide for the future.)"(《战国策·赵策一》)

"前车之鉴"——"前车覆，后车诫。(The overturned of the cart ahead is a warning to the cart behind.)"(《汉书·贾谊传》)①

中国古人的伟大智慧，对现代管理实践也有重大的启示意义。在绩效管理中，了解曾经发生的错误或出现的问题，有利于在后来的实践中掌握正确的方向和采取有力的行动。

多数研究者认为，绩效管理中常见的错误主要有以下几种：

(1) 晕轮效应错误。考评者为被考评者的一个特征或品质的表象所迷惑，对其他特征或品质视而不见。正所谓"一叶障目，不见泰山"。比如，一名员工个性温和、态度友善，在考评其工作绩效时可能会获得不应有的高分；另一名员工竞争意识强烈、工作十分专注，虽然业绩比较突出，但因为与他人交流不多，可能会被人以"骄傲"为由，得到较低评价。

(2) 近因效应错误。对新近发生的信息印象更深刻，过去的信息易于被淡化。考评者倾向于以新近发生的信息为依据，对受考评者在考评期内的全面绩效做出评价。一般的认识是，一个人新近的良好表现意味着"觉悟、进步"，也许事实并非如此，但可能就会因此而得到更好的评价。

(3) 马太效应错误。过去一向表现优秀并在考评中多次获得良好评价的员工，由于"优秀"思维的惯性使然，在下一次的考评中，也会习惯性地获得高分评价，而实际上绩效

① 这两句古语引自中国社会科学院语言研究所词典编辑室：《(汉英双语)现代汉语词典》(2002 年增补本)，外语教学与研究出版社，2002 年 11 月第 1 版，第 1535、1533 页。

水平已经下降。一向业绩不佳的员工的情况正好相反,即使工作已经进步,但仍然会受到“不佳”思维习惯的歧视,被人打出低分评价。

(4) 宽严不当错误。考评者为避免引来争议或麻烦,采取相对宽泛、松懈的标准进行评价,绩效水平往往会普遍较高;或者考评者是个完美主义者,凡事高度认真严格,按照详细而严格的指标进行考评,导致多数人的绩效考评结果处于偏低水平。这两种做法均属于宽严不当。

(5) 相似相容错误。研究表明,人们易于对与自己的性格、经历、境遇相似的人产生宽容心理。正所谓:“惺惺惜惺惺,好汉惜好汉。”在绩效考评中也是如此,考评人往往会对与自己有某种共同特点的员工产生宽容心理,对其绩效给予较高评价。

(6) 心理盲点错误。考评人自己有某方面缺点,对具有同样缺点的员工,由于这种缺点的存在而导致的对工作绩效的影响视而不见或忽略不计。这种情况可以称为心理盲点错误。

(7) 自我标准错误。考评者以自己的绩效水平,而不是以组织战略需要的绩效水平作为衡量标准,去评价其他员工的绩效。强我者,优;弱我者,劣。

(8) 主观偏好错误。考评者以自己的偏好或价值观作为判断标准,对自己喜欢的人和事,或符合自己价值观的行动和结果,给以较高评价;反之,给以较低评价。

≺概念·要点≻

绩效管理中的八种常见错误:(1) 晕轮效应;(2) 近因效应;(3) 马太效应;(4) 宽严不当;(5) 相似相容;(6) 心理盲点;(7) 自我标准;(8) 主观偏好。

6.4 绩效管理的方法

绩效管理的方法,因组织而异,因人而异,有多种选择。常见的方法可以分为特征法、比较法、结果法和行为法四种类型。① 此外,还有关键绩效指标和平衡计分卡等系统性的战略绩效考评方法。本节重点介绍这四类常规方法。

图 6-5 为常用的绩效考评方法。

---

① 这里对绩效管理方法的介绍,主要参考:(1) 威廉·P. 安东尼、K. 米歇尔·卡可马尔和帕梅拉·L. 佩雷威著:《人力资源管理——战略方法》(第 4 版),中信出版社,2004 年 9 月第 1 版;(2)〔美〕乔治·伯兰德和斯科特·斯内尔著:《管理人力资源》(英文版),东北财经大学出版社,2003 年 10 月第 1 版;(3) Gary Dessler, *Human Resources Management*, 8th edition, 清华大学出版社和 Prentice Hall,2001 年 9 月第 1 版(影印版);(4) 彭剑锋主编:《人力资源管理概论》,复旦大学出版社,2005 年 12 月第 1 版。

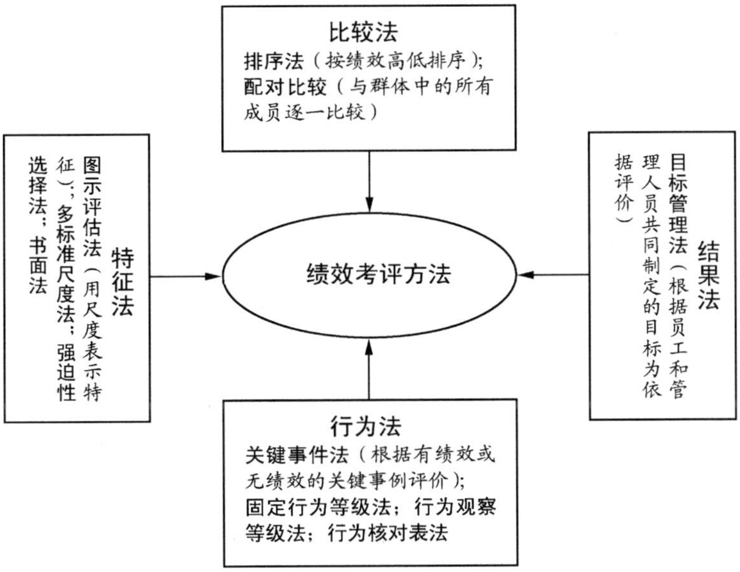

图 6-5　常用绩效考评方法

6.4.1　特征法

特征法(trait methods),是衡量员工所拥有的某些特征的显著程度的考评方法。这些特征对于完成工作任务和实现组织目标具有重要意义,包括可靠性、创造性、主动性和领导力等。特征法可以分为图示尺度法(graphic rating scales)、混合标准尺度法(mixed-standard scales)、强制选择法(forced-choice method)和文字描述法(essay method)等形式。

(1) 图示尺度法——又称图尺度评价法,是以图表的直观形式,把某种特征划分出不同等级,给出每一种等级的定义和特征描述。考评者对照确定的等级标准,对被考评者做出评价。表 6-3 是这一方法的一个例子。对照“评价等级说明”所描绘的状况,可以对一个人的工作绩效等级做出判断,表示为“O”—“U”级别。如果标为“N”,表示对接受评价者的绩效等级“不做评价”。

(2) 混合标准尺度法——图示尺度法是用一个尺度衡量一种特征,而混合标准尺度法可以同时衡量几种特征。特征是用陈述语来描绘;针对每一句陈述语,可以做出“好于(＋)”、“一样好(0)”和“差于(－)”三个级别的评价。对照特征陈述语给一位员工的行为赋值“＋”、“0”或“－”。这位员工所得到的“＋”、“0”或“－”,可以从“分数对照表”(scoring key)中查到具体分值。最后,根据总分值多少,可以对这位员工的几个特征做出评价。

表 6-4 是混合标准尺度法的一个例子。表中用九个陈述句来描述员工的“缺勤率”、“工作热情”和“工作能力”三个特征。对照每一个陈述,可以判断出某一位员工的行为是“好于(＋)”、“一样好(0)”还是“差于(－)”陈述描绘的情景。在每一陈述前标出“＋”、“0”或“－”。加总,看分别得到几个“＋”、“0”或“－”。加总结果可以在“分数对照表”中换算为具体分数值。根据分数值,可以对被评价员工的三个特征做出评价。

(3) 强制选择法——从一组陈述中选择一个,描述被考评者的特征。每一种陈述,都分别表示工作的成功或不成功两个结果。这种方法有较大局限性,许多绩效管理者已经放弃了这种方法。

(4) 文字描述法——要求考评者用一段书面文字最恰当地描述被考评者的特征。

表 6-3　图示尺度法示例

等级符号	等级	评价尺度	评价等级说明
O	杰出 (outstanding)	100—90	各方面的绩效都十分突出,明显优异于其他人的绩效
V	很好 (very good)	90—80	大多数方面的工作绩效都明显优于职位要求;工作质量高,考核期间一向如此
G	好 (good)	80—70	达到称职的和可信赖的工作绩效水平,符合工作绩效标准的要求
I	需要改进 (improvement needed)	70—60	某一方面的绩效存在缺陷,需要改进
U	不令人满意 (unsatisfactory)	60 分以下	工作绩效水平总的来说无法让人接受,必须立即加以改进,绩效处于这一等级的员工不能增加工资
N	不做评价 (not rated)		在绩效等级表中没有可以利用的标准,或者因时间太短而无法得出评估结论

资料来源:根据彭剑锋主编,《人力资源管理概论》,复旦大学出版社,2005 年 12 月第 1 版,第 364 页表 7-4"评价等级说明表"改编(对表头和评价等级说明中的文字进行了修订)。

表 6-4　混合标准尺度法示例

说明:阅读每一个陈述。使用下面的标准对这个人的每一个相关陈述打分。将你的回答写在每个项目前面的括号内。		
标准	+	员工的绩效**好于**这个陈述中所描述的行为
	0	员工的绩效和陈述中所描述的行为**一样好**
	-	员工的绩效**差于**这个陈述中所描述的行为
(　　)1		除非有极其紧急的事情发生,否则一直坚持工作
(　　)2		总是自愿接受困难的任务
(　　)3		一个月缺勤少于两次
(　　)4		在个人完成的所有工作中几乎都出现了错误
(　　)5		只愿意接受过去做过的工作
(　　)6		尽管很少,但是在这个人上报的工作中有时要做一些修改
(　　)7		如果被要求这么做,会接受那些有挑战性的任务
(　　)8		每星期缺勤超过两次
(　　)9		完成的任务总是非常正确
注　意		陈述 1(高)、3(中)和 8(低)代表了**缺勤率**的三个水平; 陈述 2(高)、7(中)和 5(低)代表了**工作热情**的三个水平; 陈述 9(高)、6(中)和 4(低)代表了**工作能力**的三个水平。
分数对照表 (scoring key)		从行为的角度确定每种反应的特殊性,将这些特征与下面的矩阵(略)相比较。每一行的末尾显示了每种特征的分值。

资料来源:参见威廉·P. 安东尼、K. 米歇尔·卡可马尔和帕梅拉·L. 佩雷威著,《人力资源管理——战略方法》(第 4 版),中信出版社,2004 年 9 月第 1 版,第 366 页图表 10.8。

6.4.2 比较法

常见的比较法(comparative methods),有交替排序法(alternative ranking method)和配对比较法两种方式。此处简要介绍交替排序法。

交替排序法是根据某些工作绩效考评要素(或特征),将员工们从绩效最好的人到绩效最差的人进行排序。具体做法是:

(1) 列出需要接受评价的所有人员名单;

(2) 将不是很熟悉,因而无法对其做出准确评价的人员从名单中剔除;

(3) 针对每一种要素(或特征),考察员工绩效,按照表现好坏排出次序;

(4) 继续选择、排序,直到全部被考评者排序完成。

6.4.3 行为法

行为法(behavioral methods),可以分为关键事件法(critical incident method)、行为锚定等级法(behavioral anchored rating scale)、行为观察等级法(behavior observation scales)、行为核对表法(behavioral checklist method)等多种形式。此处简要介绍关键事件法。

所谓关键事件,是指在某个工作领域或某项工作中,员工的行为产生了很好的、成功的,或者很坏的、失败的结果。比如,一位电脑公司的会计师,发现专营本公司品牌的电脑专卖店里,顾客因为商品有一点瑕疵要退货,和销售人员发生了争执,这位会计师主动和总公司营销部联系,及时为顾客解决了问题。总公司得知这一情况,特别奖励了这位员工。又如,一位汽车公司的员工,发现停在路边的一辆本公司产的轿车的雨刷器坏了,他自费到公司买来一个,帮助换好。显然,这是两件好的关键事件。

坏的关键事件,如以下两种行为。一位办公室秘书,收到一份来自上级的信件,三天后的下午拆开信封发现,里边是一个重要会议通知,开会时间就在第二天上午。有一位大学教授,粗暴对待为自己工作的研究生。经常让研究生加班做试验,稍有不当便厉声训话,有时一训数小时,甚至发生用肢体冲撞学生的事件。此外,还不时以不准答辩相威胁。

通过调查、记录、评估一位员工在关键事件中的表现,可以获得这位员工某些方面的特征或本质的信息。这就是关键事件法。

行为锚定等级法,是一种比较成熟的对员工绩效进行衡量的方法。考察客体是员工的行为,而不是态度、激励或潜力等因素。通过对行为的详细描述性事例,既包括正面绩效也包含负面绩效,按照一定的规则,得出绩效排序。

6.4.4 结果法

结果法(results methods),是以结果而不是特征或行为作为依据考评员工绩效的方法。重要的方法是目标管理法(management by objectives,MBO)。

目标管理是一种管理哲学,1954 年由彼得·德鲁克提出。德鲁克指出:“企业绩效要求的是每一项工作必须以达到企业集体目标为目标……期望管理者达到的绩效目标必须源自企业的绩效目标。”“绩效评估方式不一定都是严谨精确的量化指标,但是却都必须清楚、简单而合理,而且必须和目标相关,能够将员工的注意力和努力引导到正确的方向上,同时还必须很好衡量,至少大家知道误差范围有多大。”①

以组织目标为标准的绩效管理方法,是根据组织战略目标确定绩效衡量标准,再分解为部门绩效目标。部门上司与下属协商确定个人绩效目标,进行中期考核,了解个人目标进展情况,必要时局部调整。考评期结束时,对照实际绩效与既定绩效目标情况,对员工的绩效水平做出判断。考评结果要向上级和组织战略目标制定者反馈。图 6-6 所示为“目标管理法程序”示意图。从步骤三到步骤四“上司与下属员工协商确定工作目标与绩效标准”十分重要。充分的沟通和协商是顺利实现绩效目标的重要保证。

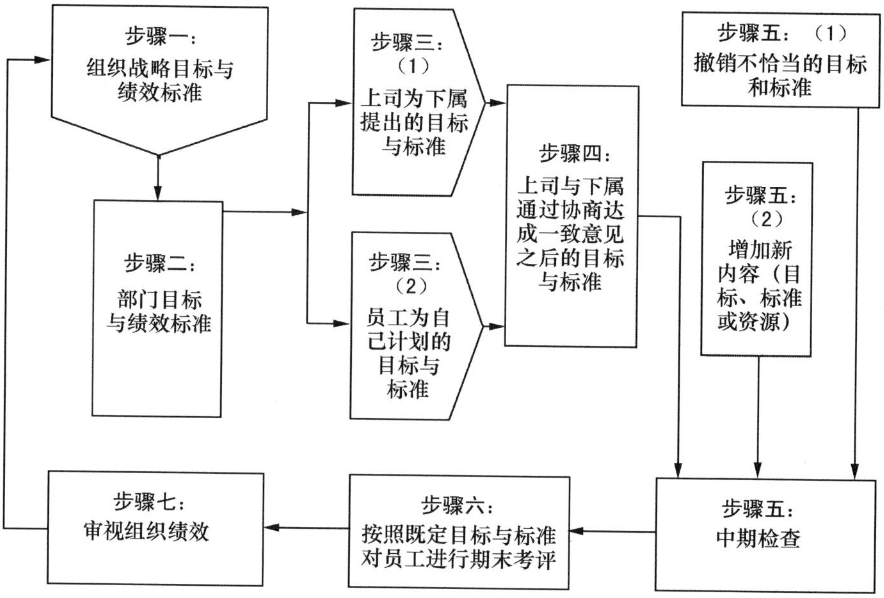

图 6-6 目标管理法程序

6.5 关键绩效指标与平衡计分卡

关键绩效指标(KPI)与平衡计分卡(BSC),是两种更有系统性并且与战略目标的实现联系更为紧密的绩效管理方法。关键绩效指标,是对组织绩效产生关键性影响的指标。关键性绩效指标,是对组织战略目标进行分解与细化的结果。平衡计分卡方法,从四个维度衡量组织绩效,在世界 500 强企业中广泛应用。

6.5.1 什么是关键绩效指标

KPI 是 key performance indicators,译为“关键绩效指标”。也有称为 key success indicators(KSI)的,直译为“关键成功指标”。如何界定 KPI?

---

① 参见彼得·德鲁克:《管理的实践》,机械工业出版社,2006 年 1 月第 1 版,第 102、110 页。

关键绩效指标“是一家公司或某一个行业，为了实现组织战略和运行目标，考评或比较绩效所采用的一组量化测度指标。关键绩效指标，以重要程度或绩效标准为基础，随公司或行业不同而变化。”

【A set of quantifiable measures that a company or industry uses to gauge or compare performance in terms of meeting their strategic and operational goals. KPIs vary between companies and industries, depending on their priorities or performance criteria.】①

“一家公司必须建立战略和运行目标，然后选择最能反映这些目标的关键绩效指标。例如，如果一家软件公司的目标是在行业内实现最快速成长，那么其主要绩效指标可能是核计年度收益。公司的关键绩效指标会在年度报告中予以说明。……关键绩效指标，为组织追踪和预期业务绩效提供至关重要的信息。”

【A company must establish its strategic and operational goals and then choose the KPIs which best reflect those goals. For example, if a software company's goal is to have the fastest growth in its industry, its main performance indicator may be the measure of revenue growth year-on-year. A company's KPIs will be stated in its annual report. …Key Performance Indicators (KPIs) provide vital information to the organisation for tracking and predicting business performance against strategic objectives.】②

简而言之，关键绩效指标，是组织战略目标逐层级分解细化之后的具体的和重要的工作目标。评估和监测这些关键的绩效指标，对于保证和促进组织战略目标的实现有重要作用。

≺概念·要点≻

关键绩效指标，是组织战略目标逐层级分解细化之后的具体的和重要的工作目标。评估和监测这些关键的绩效指标，对于保证和促进组织战略目标的实现有重要作用。

6.5.2　关键绩效指标体系的运用

运用“关键绩效指标”体系的关键，是确定关键的绩效“指标”。一般认为，所选择的关键绩效指标，需要具备“SMART”特征，即具体(specific)、可测量(measurable)、可行性(achievable)、结果导向或相关(result-oriented or relevant)、时限性(time-bound)。建立关

① 参见国外专业网站介绍 http://bsc.awardspace.info/? gclid = CJ3xoL-x_ZACFQkhewod7FMeRA。
② 参见国外专业网站介绍 http://bsc.awardspace.info/? gclid = CJ3xoL-x_ZACFQkhewod7FMeRA。

键绩效指标体系,需要遵循以下原则:

一是战略目标原则。关键绩效指标必须根据组织战略目标、部门目标和个人目标来确定。

二是工作质量原则。高质量、高效率的工作行为,是组织获得、保持和提升竞争力的重要基础和保证。识别、确定和监控工作质量指标,具有重要作用。

三是可操作性原则。从技术上保证关键绩效指标体系具有良好的可操作性。可操作性不良,整个指标体系和考评活动的价值将大打折扣。

四是过程控制原则。建立关键绩效指标体系,要优先考虑工作流程的输入和输出状况,将两者之间的过程视为整体,实行端点控制。

关键绩效指标考评方法,有优点,但也有缺点。优点有三个:

第一,目标明确,促进组织战略目标的实现。通过对组织战略目标的分解和具体化而建立的关键绩效指标体系,可以使员工的绩效行为与组织绩效目标的一致性程度提高,为组织战略目标的实现奠定良好基础。

第二,理念创新,为客户创造价值。关键绩效指标体系,提倡为组织内外部客户创造价值的思想,有助于促进以市场为导向的经营思想的形成。

第三,有利于增进组织利益与个人利益的一致性。战略性的指标分解,把组织战略目标转化为个人绩效目标。员工在实现个人绩效目标的同时,也是在实现组织的总体战略目标,合二为一,和谐共赢。

关键绩效指标考评方法的缺点,同样可以归纳为三点:

(1) 指标难以界定。关键绩效指标是倾向于定量化的指标。那些定量化的指标,能够切实对组织绩效产生关键性影响,即使运用专业化的工具和手段,也有较高的界定难度。

(2) 易于形成僵化方式。过分依赖考评指标,缺乏对人为因素和弹性因素的考虑,可能会使考评方式僵化,引发争议和矛盾。

(3) 适用岗位有限。有不少岗位,不适用关键绩效指标考评方法。比如管理岗位,绩效周期需要很长时间,绩效行为不明显,不宜运用关键绩效指标来考评绩效。

《概念·要点》

建立关键绩效指标体系,需要遵循的四项原则:一是战略目标原则;二是工作质量原则;三是可操作性原则;四是过程控制原则。

6.5.3 什么是平衡计分卡

平衡计分卡,译自 balanced scorecard(BSC)一词。什么是平衡计分卡?先看来自“平

衡计分卡研究所”(The balanced scorecard Institute)[①]的解释:

> 平衡计分卡是一种战略规划与管理的系统方法,在全世界的商业和产业组织、政府机构和非营利组织中广泛应用,整合业务活动与组织使命与战略,改善内部与外部沟通,监控基于战略目标的组织绩效。平衡计分卡由罗伯特·卡普兰(Robert Kaplan,哈佛大学商学院)和戴维·诺顿(David Norton)两位博士首创,作为一种绩效考评框架,把战略性非财务绩效测度指标,引入到传统的财务测量之中,给业务经理和高层执行者提供了一种更加“平衡”的组织绩效理念。
>
> 【The balanced scorecard is a strategic planning and management system that is used extensively in business and industry, government, and nonprofit organizations worldwide to align business activities to the vision and strategy of the organization, improve internal and external communications, and monitor organization performance against strategic goals. It was originated by Drs. Robert Kaplan (Harvard Business School) and David Norton as a performance measurement framework that added strategic non-financial performance measures to traditional financial metrics to give managers and executives a more “alanced” view of organizational performance.】[②]

平衡计分卡是一种战略性的绩效管理方法。这与传统的以财务为导向的方法有所区别。在传统的绩效指标体系中,一般只着重于对最终营运结果的评估,主要强调财务导向、部门或个人绩效最大化,资源利用有片面化倾向,重视以个人为中心的学习活动。在战略性绩效指标体系中,强调战略导向、组织整体绩效的最大化、资源整合及以组织整体成长为趋向的学习和标杆比较。详见表 6-5“传统指标体系与战略性绩效考评指标体系比较”。[③]

---

① “平衡计分卡研究所”(www. balancedscorecard. org),是一家战略管理集团公司,向商业组织、政府机构和非营利组织提供平衡计分卡最佳应用的培训和咨询服务,领域包括战略绩效管理和测度以及转轨与变革管理。【The Balanced Scorecard Institute, a Strategy Management Group company, provides training and consulting services to commercial, government, and non-profit organizations in applying best practices in balanced scorecard (BSC), strategic performance management and measurement, and transformation and change management. (http://www. balancedscorecard. org/AbouttheInstitute/AbouttheInstitute/tabid/64/Default. aspx)】

② 参见“平衡计分卡研究所”(www. balancedscorecard. org)介绍“关于平衡计分卡(About the Balanced Scorecard)”。2008 年 1 月 20 日下载自(http://www. balancedscorecard. org/BSCResources/AbouttheBalanced Scorecard/tabid/55/Default. aspx)。

③ 整理、改编自黄超吾:《策略性绩效管理——平衡计分卡》,2008 年 1 月 20 日下载自人本平衡计分卡网(www. rbsc. com. cn)(http://www. rbsc. com. cn/docc/discuss. shtml)。

表 6-5　传统指标体系与战略性绩效考评指标体系比较

传统指标体系	战略指标体系
(1) 财务导向 •过去财务性结果记录 •有限度的流程弹性 •独立于战略之外 •用来作为财务的调整 (2) 部门/个人的最大化 •降低成本 •垂直沟通 (3) 资源片面化 •成本、产出及品质均被独立评估 •无相互取舍的问题 (4) 个人学习 •提供个人激励	(1) 战略导向 •未来顾客需求的满足 •尽量保持流程弹性 •结合战略理念 •用来作为流程的调整 (2) 公司整体的最大化 •改善绩效 •平行沟通 (3) 资源整合 •品质、时间、成本均被同时评估 •公开讨论相互取舍问题 (4) 组织学习 •提供群体激励

平衡计分卡作为一种战略绩效管理工具,主要从四个方面来考评企业战略绩效:

第一,财务方面(the financial perspective),企业经营的直接目的和结果是为股东创造价值。尽管由于企业的战略不同,在长期或短期中对于利润的追求会有所差异,但是,长远来看,利润始终是企业所追求的根本目标。

第二,客户方面(the customer perspective),在客户至上的年代,如何向客户提供所需的产品和服务,从而满足客户需要,提高企业竞争力,已经成为企业能否获得可持续发展的关键。客户方面所关注的,正是从质量、性能、服务等方面,考验企业的表现。

第三,内部流程方面(the business process perspective),考察企业是否建立起合适的结构、流程和机制,在这些方面存在哪些优势和不足。

第四,学习与成长方面(the learning & growth perspective),企业的成长与员工和企业能力素质的提高密切相关。从长远角度来看,企业唯有不断学习和创新,才能实现长期的持续的发展。

平衡计分卡体现什么"平衡"? 主要体现三种平衡:

第一,短期与长期的平衡。企业的目标是获取最大利润;企业的建设要获得持续的收入而不是某一次的"中大奖"。平衡计分卡正是以战略的眼光,合理地调节企业长期行为与短期行为的关系,从而实现企业的可持续发展。

第二,财务与非财务指标的平衡。虽然利润是企业的最终目标,但财务指标却与客户、内部流程、学习与创新等非财务指标高度相关。只有在几个方面都得到改善,企业的战略才能得到实施。

第三,指标间的平衡。对四个指标一视同仁,赋予相同权重,没有侧重。

四个方面构成一个整体的循环,如果在某一方面有所偏废,那么即使其他三方面做得非常好,企业最后也还是必然会失败。因为循环发生了断裂,到后期必然成为"木桶"的"短板",成为企业发展的桎梏。

图 6-7 所示为"平衡计分卡模型"。财务、客户、内部流程和学习与成长四个方面,构成实现组织战略与使命的决定因素。四方面因素形成循环,既相互促进又相互制约,四者缺一不可。

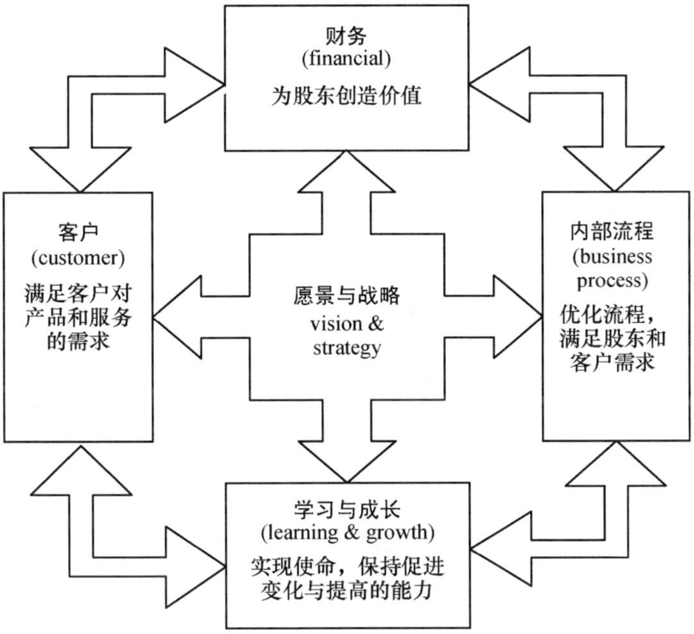

图 6-7　平衡计分卡模型

《概念·要点》

建立平衡计分卡是一种战略绩效管理和系统战略管理工具。从财务、客户、内部流程和学习与成长四个方面全方位考察、评价和促进组织绩效，促进组织战略管理目标、使命和愿景成为现实。

平衡计分卡体现三种平衡：(1) 短期与长期的平衡；(2) 财务与非财务指标的平衡；(3) 指标间的平衡。

6.5.4　平衡计分卡的应用

平衡计分卡已经从一种绩效管理工具，发展到系统化战略管理思想框架，成为目前世界上最流行的管理工具之一。平衡计分卡专家主张，从财务、客户、内部流程和学习与成长四个角度，全方位审视、认识和推动组织战略实施与组织使命的实现。

平衡计分卡如何应用？罗伯特·卡普兰和戴维·诺顿在《平衡计分卡——化战略为行动》一书中介绍了应用方法。[①]

首先要确定构建平衡计分卡的目的。这需要在组织高层管理者群体内部，就引进和

① 参见罗伯特·卡普兰和戴维·诺顿著，刘俊永、孙薇译：《平衡计分卡——化战略为行动》，广东经济出版社，2004 年 6 月第 1 版，第 237—249 页。

实施平衡计分卡的意义、作用和价值达成共识。得到最高决策者和大多数高层管理人员的支持。

其次，选择实施平衡计分卡计划的主体。认识并就平衡计分卡的推行问题达成共识之后，需要选择合适的人选来担任平衡计分卡设计师或实施方案的领导者。设计师要全权负责平衡计分卡的设计和开发所需要的理念、结构和方法。

再次，建立平衡计分卡的流程。流程由四个阶段组成：(1) 确定衡量结构；(2) 建立对战略目标的认识；(3) 选择和设计指标；(4) 制订实施计划。

最后，需要确定实施平衡计分卡的时间表。典型的平衡计分卡方案，从制订到实施，通常要持续16周左右的时间。

在上述四个步骤中，最关键的是建立平衡计分卡的流程。在这一阶段的四个环节，共需要完成10项任务。

在"确定衡量结构"环节，需要完成第一项任务——选择适当的业务部门(SBU)。从一个适当的业务部门开始，然后再建立整个组织的(公司)层级的方案。第二项任务，是要确定所选择业务部门(SBU)与总公司的联系。

在"建立对战略目标的认识"环节，需要完成第三项任务，进行第一轮座谈——对每一位管理者进行90分钟座谈。座谈之后是总结，这是第四项任务。第五项任务，是进行第一阶段的讨论，以便就平衡计分卡方案达成一致意见。

在"选择和设计指标"环节，需要完成两项任务：子团队会议和第二阶段执行研讨会。

在"制订实施计划"环节，有三项任务：(1) 制订实施计划；(2) 第二阶段执行研讨会；(3) 完成实施计划。

具体而言，在一个企业实施平衡计分卡战略绩效管理技术，一般要经历以下步骤：

(1) 确立或审视公司的愿景与战略。

(2) 在企业的高层管理者中对公司的愿景与战略形成一致意见。

(3) 为四方面的具体目标找出最有意义的绩效衡量指标。

(4) 加强企业内部的沟通与培训，广泛传播平衡计分卡的知识与要求。

(5) 分解与具体化绩效衡量。结合公司计划和预算，确定年度、季度和月度绩效衡量指标数值。指标间的因果关系需要高度关注。

(6) 建立绩效薪酬奖励制度与平衡计分卡考评结果之间的联系。

(7) 在实施中定期征求员工意见和建议，及时研究反馈信息，在必要时修正平衡计分卡衡量指标，或者对公司战略做出必要调整。

平衡计分卡在工商组织中广泛使用，并开始进入公共部门管理实践中。这一技术，处于不断发展和完善之中。

"知识·信息"专栏6-3，简要介绍了平衡计分卡的新发展——战略地图[①]，同时附录"平衡计分卡小史"和"平衡计分卡发展阶段"两项内容。读者不妨一读。

---

① 关于"战略地图"的知识，参见罗伯特·卡普兰和戴维·诺顿著，刘俊永、孙薇译：《战略地图——化无形资产为有形成果》，广东经济出版社，2005年6月第1版。

《知识·信息》

专栏 6-3　战略地图——平衡计分卡的新发展

战略地图(strategy maps),由罗伯特·卡普兰(Robert S. Kaplan)和戴维·诺顿(David P. Norton)提出。他们是平衡计分卡的创始人,在对实行平衡计分卡的企业进行长期的指导和研究的过程中发现,企业由于无法全面地描述战略,管理者之间及管理者与员工之间无法沟通,对战略无法达成共识。"平衡计分卡"只建立了一个战略框架,而缺乏对战略进行具体而系统、全面的描述。2004 年 1 月,两位创始人的第三部著作《战略地图——化无形资产为有形成果》出版。

战略地图,是以平衡计分卡的四个层面——财务层面、客户层面、内部层面、学习与成长层面——的目标为核心,通过分析这四个层面目标的相互关系而绘制出的企业战略因果关系图。

战略地图通过结构化的方式描述战略,或者说为企业提供一个检查战略的标准化清单。对于企业已经制定的战略,则可以对照战略地图来检查有无缺失的因素。

战略地图保留了平衡计分卡的基本框架,同样是"财务、客户、内部流程、学习与成长"四个基本层面,但又有新的发展——每一个层面更加细致。卡普兰和诺顿认为,战略地图与平衡计分卡相比,增加了两个层次的内容。一是颗粒层,大家可以看到每一个层面下都可以分解为很多要素;二是增加了动态的层面,也就是说战略地图是动态的,可以结合战略规划过程来绘制。

财务目标的长短期战略平衡,是战略地图在财务层面首先要达到的目标。卡普兰和诺顿认为,衡量一个战略是否得到有效执行,要通过长期股东价值来判断,这与传统判断战略执行的标准一致。但是,在战略地图中,强调股东价值的长期性,因此又将股东的价值分解为生产率战略和增长战略。生产率战略考虑的是企业短期财务成果的实现,增长战略则强调企业长期财务成果的实现。对财务指标批评最多的是"事后、短期、急功近利、使经理人更加短视"等,而卡普兰和诺顿通过战略地图,克服了传统财务评价指标的不足。在财务层面,战略地图追求财务目标的长短期战略平衡,同时也为战略地图的整体框架奠定了基础。

在客户层面,卡普兰和诺顿引进了一个新的概念——客户价值主张。平衡计分卡强调,要想使股东满意,必须使客户满意,要使客户满意,必须了解客户的需求。企业满足了客户的需求,就意味着为客户创造了价值。企业以什么样的方式来为客户创造价值或者传递价值,这种传递价值的方式就是客户价值主张。客户价值主张可以分解为三个方面:(1) 企业提供的产品、服务特征;(2) 企业和客户的关系;(3) 企业以怎样的品牌、形象出现在客户的面前。不同的企业有不同的客户价值主张。

战略地图提供了一个模型,不管企业选择怎样的战略,采取什么样的客户价值主张,都能通过上述三个方面加以描述,而且这三个方面还可以进一步细分。比如,产品特征包括"产品价格、质量、可用性、可选择性功能"等,这些都是描述产品特征的具体要素;企业和客户之间的关系,可以通过你提供的服务,和客户建立的关系,得到具体的描述。

在明确客户价值主张之后,企业就知道用什么样的方式向什么样的客户提供什么样的产品,也就是说要“有所为有所不为”。不是说所有的客户都要成为企业的目标客户,有的人可能不是企业的目标客户,企业的产品也不是为百分之百的客户服务,可能为10%的客户服务,也可能为80%的客户服务。

附录一:平衡计分卡小史

1992年第1/2月号的《哈佛商业评论》上,发表了罗伯特·S.卡普兰(Robert S. Kaplan)与戴维·P.诺顿(David P. Norton)关于平衡计分卡(Balanced Scorecard,简称BSC)的第一篇文章《平衡计分卡——绩效衡量与驱动的新方法》。

从此,人们不再只从一家企业的财务指标来判断业绩好坏,而是从包括财务、客户、内部管理以及学习与发展四个方面来考察。

1993年9/10月号的《哈佛商业评论》上,他们又发表了《平衡计分卡的实际应用》(Putting the Balanced Scorecard to Work)一文,介绍了多家公司成功实施平衡计分卡的案例。

1996年,关于平衡计分卡的第一本专著《平衡计分卡:化战略为行动》(*The Balanced Scorecard: Translating Strategy into Action*)出版,将平衡计分卡由一个绩效衡量工具转变为战略实施工具,标志着这一理论的成熟。

2001年,两位作者出版新作《战略中心型组织:实施平衡计分卡的组织如何在新的竞争环境中立于不败之地》(*The Strategy Focused Organization: How Balanced Scorecard Companies Thrive in the New Competitive Environment*),将过去十几年中平衡计分卡在各类组织中的应用做了一个盘点。

在过去的15年里,平衡计分卡理论有了极大的发展,在实践上,得到了越来越多组织的认可。

附录二:平衡计分卡发展阶段

平衡计分卡自提出以来,大体经历了三个阶段:

(1) 第一代平衡计分卡阶段,即1986—1993年,传统BSC时期。

主要对片面依赖财务指标的观念提出质疑,认为单纯依靠财务指标衡量企业经营的好坏,是存在问题的,并提出四个角度(即财务角度、客户角度、内部流程角度和员工学习与成长角度)分析框架,多方位考评企业绩效,既要看结果,更要注重过程,设置均衡的衡量指标体系。这时,平衡计分卡主要被看作是一个绩效考评工具。

(2) 第二代平衡计分卡阶段,即1993—2001年,BSC + MAP(strategy map,战略地图)时期。

这一时期运用战略地图工具来解决如何筛选和归类衡量指标的问题。提出衡量指标要与企业特有的战略意图结合,企业应根据自身价值设置具有战略意义的衡量指标体系。如果不能准确地通过战略地图来描述、明晰自身战略,就不能通过BSC正确地衡量、沟通战略,也就不可能形成有效地执行战略的管理战略体系。

(3) 第三代平衡计分卡阶段,即2001年起,BSC + MAP + SFO(strategy-focused organization,战略中心型组织)时期。

此时的平衡计分卡,已上升为战略性绩效管理体系,作为战略执行工具来使用,并突出 BSC 实施原则和实施过程。要求企业围绕战略蓝图设计核心指标，并建立基于平衡计分卡的战略管理体系，以避免漫无目的的战略行动。同时，把指标集中于正确焦点上，通过沟通、协调平衡各指标的资源匹配与战略执行，集中调动人力、物力和财力，协调一致地去实现企业的战略目标，其内涵已远远突破了传统四个角度的概念。

资料来源：根据百度百科“战略地图”介绍改编（2013 年 3 月 10 日：http://baike.baidu.com/view/530770.htm）。其中，“平衡计分卡小史”，根据世界经理人网页资料改编（http://cho.icxo.com/htmlnews/2004/02/12/78915.htm）。“平衡计分卡发展阶段”根据“人本平衡计分卡网”文章：《平衡计分卡的发展》整理、校订（2013-3-10：http://www.rbsc.com.cn/Html/Article/RBSC/0751510354277433.shtml）。

❑ 要点回顾

■ 在管理学理论和实践中，“绩效”已经成为重要的关键词。基本含义是“成绩和效果”，可以定义为“个人、团队或组织从事一种活动所获取的成绩和效果”。实际上，绩效就是结果，就是收获，就是进展情况，是投入了要素之后的产出，付出了成本之后的收益。凡是有活动，就会有结果，即绩效。绩效有大有小，有好有坏。

■ 战略绩效可以界定为：个人、团队或组织从事与战略管理有关的活动所获取的成绩和效果。执行战略任务、落实战略目标、实现组织使命，在围绕组织战略管理开展的一系列活动中，行为主体所采取的行动，总是能够创造成绩、产生效果，即总是会获得绩效。

■ 绩效考评的内涵是：考查和评价个人、团队或组织从事一种活动所获取的成绩和效果的过程。绩效管理概念可以定义为：对个人、团队或组织在从事一种活动中所获取的成绩和效果，进行系统性计划、考评、反馈和改进的过程。

■ 绩效考评是绩效管理活动中最重要的也是最关键的一个环节。绩效考评的质量和效率，对整个绩效管理活动具有决定性的影响。同时，高质量、高效率的绩效管理工作，是做好绩效考评工作的前提条件和重要保障。

■ 绩效管理模型，是指对绩效管理实践本质的和系统的描述。

■ 绩效管理的目的，是掌握个人、团队或组织所开展的生产或服务活动的成绩和效果的信息。获得绩效信息，有利于改进工作，提升成绩，强化能力，促进战略目标的实现；可以为薪酬与福利分配方案的制订提供依据；能够为人员晋升与职务变动提供参考信息。

■ 绩效管理主体，是指绩效管理活动的决策者、执行者和作业者。从管理职能角度，绩效管理主体，可以理解为计划、组织、领导和控制绩效管理活动的有关人员。

■ 绩效管理的客体，是指所管理的绩效的类型和内容。在不同的组织，在相同组织的不同部门或团队，对于承担不同任务的员工，工作的内容不同，绩效管理所涉及的“客体”就有所区别。

■ 绩效管理活动应该遵循的五项原则：(1) 战略相关原则；(2) 客观公正原则；(3) 适用可行原则；(4) 认同接受原则；(5) 激励促进原则。

■ 绩效考评最重要的环节是获取信息或“数据”——历史的或通过计算、实验取得的事实或者统计数字。数据有定量和定性两类。前者为“硬数据”，后者为“软数据”。优质数据具备三个特征（即“3R”）：一是可靠性（reliable）；二是相关性（relevant）；三是典型性（representative）。在收集数据或考评绩效过程中，应该注意坚持“SMART 原则”：战略性（strategic）、可测度（measurable）、精确性（accurate）、可靠性（reliable）和时效性（time-based）。

■ 有效的绩效管理沟通，不应该限于绩效考评信息反馈的单一环节，而是要贯彻在整个管理过程之中。

■ 绩效管理中常见的错误主要有以下几种：(1) 晕轮效应错误；(2) 近因效应错误；(3) 马太效应错误；(4) 宽严不当错误；(5) 相似相容错误；(6) 心理盲点错误；(7) 自我标准错误；(8) 主观偏好错误。

■ 绩效管理的方法，因组织而异，因人而异，有多种选择。常见的方法可以分为特征法、比较法、结果法和行为法四种类型。

■ 关键绩效指标（KPI）与平衡计分卡（BSC），是两种更有系统性并且与战略目标的实现联系更为紧密的绩效管理方法。

■ 关键绩效指标，是对组织绩效产生关键性影响的指标。关键性绩效指标，是对组织战略目标进行分解与细化的结果。关键绩效指标，是组织战略目标逐层级分解细化之后具体的和重要的工作目标。评估和监测这些关键的绩效指标，对于保证和促进组织战略目标的实现有重要作用。

■ 建立关键绩效指标体系，需要遵循四项原则：战略目标原则、工作质量原则、可操作性原则和过程控制原则。

■ 平衡计分卡是一种战略绩效管理和系统战略管理工具。从财务、客户、内部流程和学习与成长四个方面全方位考察、评价和促进组织绩效，促进组织战略管理目标、使命和愿景成为现实。平衡计分卡体现三种平衡：(1) 短期与长期的平衡；(2) 财务与非财务指标的平衡；(3) 指标间的平衡。

❑ 思考与练习题

6.1 什么是绩效？什么是战略绩效？绩效与战略有何关系？

6.2 什么是绩效考评？什么是绩效管理？

6.3 绩效考评与绩效管理之间有何关系？举例说明。

6.4 如何理解绩效管理模型？

6.5 为什么要进行绩效管理？

6.6 绩效管理的主体如何确定？举例说明。

6.7 什么是绩效管理的客体？举例说明。

6.8 工商组织和公共部门的绩效管理有何联系与区别？

6.9 绩效管理应该遵循哪些原则？为什么？

6.10 获取信息在绩效管理中有何重要意义？

6.11　绩效管理的方法有哪些？

6.12　什么是关键绩效指标？结合案例说明如何运用关键绩效指标方法考评绩效？

6.13　什么是平衡计分卡？

6.14　如何建立平衡计分卡管理系统？结合案例说明。

6.15　简述平衡计分卡的发展历程。

6.16　如何理解“战略地图”和“战略中心组织”？

❑ 案例研究

摩托罗拉:用绩效管理走向成功

摩托罗拉的绩效管理体系,绝不仅仅是为员工薪酬调整和职位晋升提供依据,其最终目的是实现公司与员工的共同成功。

绩效管理是人力资源管理中的重要组成部分,在世界通信业巨头摩托罗拉看来,绩效管理的重要性是其他环节所不能替代的。摩托罗拉对绩效管理做出这样的定位和表述:“当我们中间的所有人都在为整个团队的共同目标而努力工作,并且以自我领导的方式服务于我们的顾客时,摩托罗拉才会成功。”

绩效管理的内涵

摩托罗拉给绩效管理下的定义是:绩效管理是一个持续不断进行的沟通过程,在这个过程中员工和主管以合作伙伴的形式就下列问题达成一致:

(1) 员工应该完成的工作(组织目标);

(2) 员工所做的工作如何为组织目标的实现做贡献;

(3) 员工现有的工作能力与所要完成的工作目标之间是否有差距,差距多大(行为目标);

(4) 通过具体的内容描述确定怎样才算把工作做好;

(5) 员工和主管怎样才能共同努力帮助员工改进绩效;

(6) 如何衡量绩效;

(7) 确定影响绩效的障碍并将其克服;

(8) 制定员工职业发展的短期目标与长远目标。

从这个并不烦琐的定义里可以看出绩效管理在摩托罗拉的地位。摩托罗拉的绩效管理不是一个一次性的评估,而是一个持续改进的过程。在这一过程中,通过管理者与员工的不断沟通和实践,使得每一个员工都能实现自己所设定的目标。绩效管理关注的是员工绩效的提高,而员工绩效的提高又是为组织目标的实现服务。员工完成了组织目标就意味着公司的成功,员工通过完成组织目标提高了自己的行为目标则意味着个人的成功。因此,可以说,摩托罗拉的绩效管理就是实现公司与员工共同成功的过程。可见,摩托罗拉的绩效管理将员工和企业的发展绑在了一起,同时也将绩效管理的地位提升到了战略的层面,战略地看待绩效管理,战略性地制定绩效管理的策略并执行策略。

另外,定义还特别强调了员工和主管是合作伙伴的关系,这种改变不仅仅是观念的改变,而是更深层次的观念创新,给了员工更大的自主和民主,也一定程度上解放了管理者的思维。随着这种观念的深入,员工和主管的关系将更加和谐,之间将会有更多的互助,互补提高,共同进步,这也正是绩效管理致力要做到的工作和完成的任务。

同时,定义也强调了具体的可操作性,工作内容的描述要具体,衡量的标准要具体,影响绩效的障碍要具体,只有具体的东西,才有解决的操作性,因此,具体两个字包含着极其深刻的内涵。在摩托罗拉看来,沟通也是一个特别强调的用词,没有沟通的绩效管理无法想象,没有沟通的管理也不能给我们希望,因此,强调沟通,实施沟通在绩效管理中显得尤其重要。在定义之外,摩托罗拉进一步强调绩效管理是一个系统,用系统的观点看待绩效管理,将绩效管理置于系统之中,使其各个组成部分互相作用,并以各自独立的方式一起工作去完成既定的目标。

绩效管理的组成

在摩托罗拉看来,绩效管理是:

(1) 一个公司总体人力资源战略的一部分;

(2) 评价个人绩效的一种方式;

(3) 重点放在员工个人综合技能提高上的一种过程;

(4) 将个人绩效与公司的任务与目标相联系的一种工具。

摩托罗拉认为绩效管理有以下组成部分:对员工的绩效达成共识,根据事实而不是印象;评出绩效的级别;不仅是评估员工,而且是解决问题的机会。最终形成书面的讨论结果,并以面谈沟通的形式将结果告知员工。考核结束,不是说绩效管理就到此为止,还有一个非常重要的诊断过程。

绩效诊断和提高

这个过程是用来诊断绩效管理系统的有效性,用来改进和提高员工绩效,其主要包括以下四个方面:① 确定绩效缺陷及原因;② 通过指导解决问题;③ 绩效不只是员工的责任;④ 应该不断进行。

关于这一点,摩托罗拉也有一个非常实际有效的衡量工具,包括以下10个方面:

(1) 我拥有针对我工作的具体、明确的目标;

(2) 这些目标具有挑战性,但合理(不太难,也不太容易);

(3) 我认可这些目标,它对我有意义;

(4) 我理解我的绩效(如何评估是否达到了所设定的目标);

(5) 我认为那些绩效标准是恰当的,因为它们测量的是我应该做的事情;

(6) 在达到目标方面我做得如何,我能得到及时的反馈;

(7) 我觉得我得到足够的培训,使我能得到及时准确的反馈;

(8) 公司给我提供了足够的资源(例如钱、仪器、帮手等),使我达到目标成为可能;

(9) 当我达到目标时,我得到赞赏和认可;

(10) 奖励体系是公平的,我因为自己的成功而得到奖励。

每一项有5个评分标准,这样通过打分可以得知一年以来的绩效管理水平如何,差距在哪里,从而做到拾遗补缺,改进和提高绩效管理的水平。

此外,摩托罗拉的绩效考核表里没有分数,而是运用等级法,实行强制分布,这样既能分出员工绩效的差别,又尽可能地避免了在几分之差上的无休止的争论。

在与薪酬管理挂钩上,摩托罗拉也采取了简单的强制分布,而不是绞尽脑汁地去精确联系,因为这样既耗费时间,也偏离了绩效管理的方向,绩效管理致力的是员工绩效的提高,而不仅仅是为了薪酬管理服务。

保证绩效评估的公平性

摩托罗拉业绩评估的成绩报告表(scorecard)是参照美国国家质量标准制定的。各个部门根据这个质量标准,针对具体业务制定自己的目标。摩托罗拉员工每年制定的工作目标包括两个方面:一个是战略方向,包括长远的战略和优先考虑的目标;另一个是业绩,它可能会包括员工在财政、客户关系、员工关系和合作伙伴之间的一些作为,也包括员工的领导能力、战略计划、客户关注程度、信息和分析能力、人力发展、过程管理法。员工制定目标的执行要求老板和下属参与。员工在工作中有一个联系紧密的合作伙伴,摩托罗拉称之为重要工作伙伴(key work partner),他们彼此之间能够相互推动工作。跨部门同事和同部门同事之间有紧密联系,使考核达到360度的平衡。

有些人在工作中的重点不是客户,而是怎样使他的老板满意。这种情况也导致评估误区,出现两种不好的情况:一个是员工业绩比较一般,但是老板很信任他;另一种是后加入团队的员工,成绩很好,但是没有与老板建立信任的交情。人力资源部的细致工作就变得非常重要了。人力资源部会花很多精力在工作表现前25%和后5%—10%的员工身上。有时候如果这个人很有能力,但老板不重视,人力资源部会帮他找一个好老板。

如果员工对评估有不公之感,可以拒绝在评估结果上签字。每个员工的评估表会由自己的主管和主管的主管签字,所以他的上级会知道其中有问题,并会参与进来,了解其中的情况,解决存在的问题。

评估的质量如何与管理者的关系很大。摩托罗拉非常注重管理者的素质,因为管理者是制度的执行者,所以选拔管理者有许多明确的条件。摩托罗拉有许多针对领导者的素质培训和职业道德培训。除此之外,摩托罗拉还给他们跨国性的培训,让他们在全球范围内做项目,让他们知道做事方法不只一种。如果管理手段不妥,犯了严重管理过失,摩托罗拉会将管理者撤掉。

摩托罗拉之所以要构建起这样一套科学周密的绩效管理体系,绝不仅仅是为员工薪酬调整和职位晋升提供依据。摩托罗拉绩效管理的目的是:使个人、团队业务和公司的目标密切结合,在工作要求和个人能力、兴趣和工作重点之间发展最佳的契合点,也就是通常意义上所说的"实现公司与员工的共同成功"。

摩托罗拉对副总裁候选人的素质要求有四点:(1) 个人的道德素质高;(2) 在整个大环境下,能够有效管理自己的人员;(3) 在执行总体业务目标时,能够执行得好,包括最好的效果、最低的成本、最快的速度;(4) 能够创新,理解客户,大胆推动一些项目,进行创新改革。

资料来源:钱诚改编自世界经理人网站《摩托罗拉的绩效管理》(2013年3月10日:http://blog.ceconlinebbs.com/BLOG_ARTICLE_118105.HTM)。

● 思考与讨论题

6.1 从摩托罗拉的绩效管理实践中,能够概括出哪些有价值的经验?

6.2 结合摩托罗拉绩效管理的做法,说明建立绩效考核体系的重要性。

6.3 绩效考评和员工发展有何联系?如果你是一家公司的CEO,你认为公司是否有责任考虑员工的发展问题?

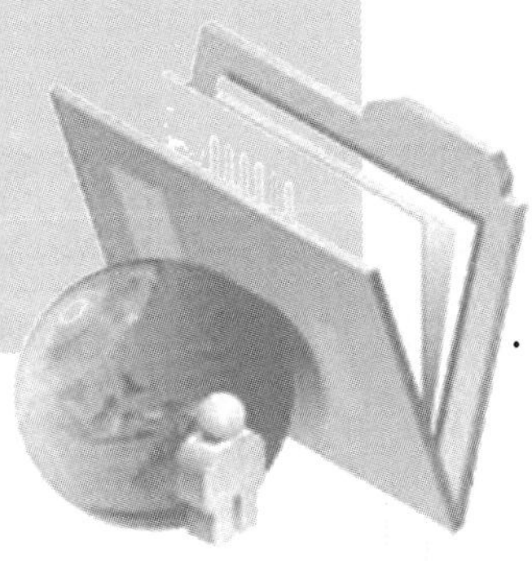

第7章

战略人力资源薪酬福利

Compensation must always try to balance recognition of the individual with stability and maintenance of the group.

——Peter Drucker

【薪酬必须要能够做到将个人稳定的认识和组织的持续性平衡起来。

——彼得·德鲁克】

The best possible compensation plan is of necessity a compromise among the various functions and meanings of compensation, for the individual as well as for the group. ...The preference should be for simple compensation systems rather than for complex ones. It should be for compensation systems that allow judgment to be used and that enable pay to be fitted to the job of the individual rather than impose one formula on everybody.

——Peter Drucker

【无论是对个人还是对组织而言，最理想的薪酬制度必然是各项职能之间的一种折衷，是个人对薪酬的各种看法之间的一种折衷。……一套好的薪酬制度应该是简单的，而不是复杂的。好的薪酬制度，应该能使人对其加以判断，使个人所得与职位相吻合，而不是强加到个人头上的一种模式。

——彼得·德鲁克】

主要内容

- 薪酬福利与战略
- 薪酬的决定与构成
- 福利的形式与作用
- 薪酬与福利的设计

逻辑模型

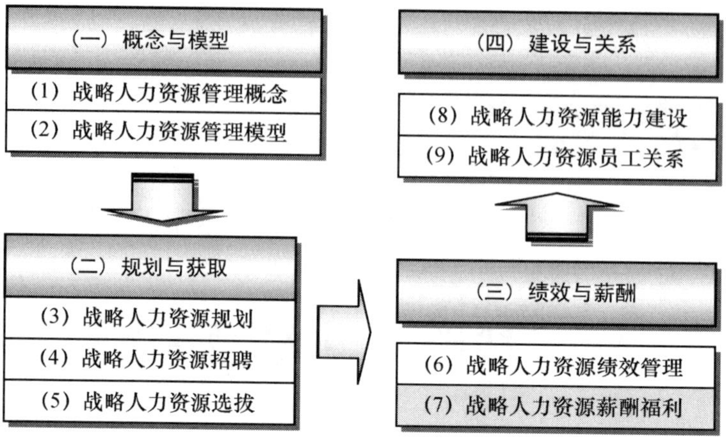

核心概念

薪酬(compensation)
福利(benefits)
动机期望理论(expectancy theory of motivation)
个体差别法则(law of individual differences)
总体薪酬(total compensation)
货币薪酬(monetary compensation)
非货币薪酬(non-monetary compensation)
直接薪酬(direct compensation)
间接薪酬(indirect compensation)
补充性报酬福利(supplement pay benefits)
保险福利(insurance benefits)
退休福利(retirement benefits)
雇员服务福利(employee services benefits)
薪酬调查(salary survey)
工资曲线(wage curve)

预期目标

通过本章学习,你可以获得以下知识和能力:

- 认识薪酬与福利概念及其与组织战略的关系;
- 理解薪酬的决定因素与一般结构;
- 了解福利的形式与作用;
- 解析战略薪酬设计模型;
- 掌握战略薪酬设计程序与技术;

■ 了解高质量福利设计的条件。

开篇案例

美国三大零售企业的薪酬模式

美国著名的零售企业有三种典型的员工薪酬制度:一是固定工资加利润分享计划,以沃尔玛(Wal-Mart)为代表;二是单纯的销售佣金制度,以诺德斯特龙(Nordstrom)为代表;三是小时工资加销售佣金制度,以梅西百货(Macy's)为代表。

一、沃尔玛的固定工资加利润分享计划

沃尔玛公司1962年创立于美国西部的一个小镇,1991成为美国第一大零售企业,2011年名列世界500强第一,2012年销售额达到4 469亿美元。沃尔玛公司有折扣商店、仓储商店、购物广场和邻里商店四种零售业态,店铺4 694个,员工人数约100万人,分布在全球十余个国家。如此庞大的企业实现低成本高效率地运行,与其实施的员工薪酬制度有着重要的关系。沃尔玛的薪酬制度是:固定工资 + 利润分享计划 + 员工购股计划 + 损耗奖励计划 + 其他福利。

沃尔玛公司不把员工视为雇员,而是看成合伙人(associate)。因此,公司的一切人力资源制度都体现这一理念,除了让员工参与决策之外,还推行一套独特的薪酬制度。

沃尔玛的固定工资基本上是行业较低的水平,但是其利润分享计划、员工购股计划、损耗奖励计划在整个报酬制度中起着举足轻重的作用。

利润分享计划:凡是加入公司一年以上,每年工作时数不低于1 000小时的所有员工,都有权分享公司的一部分利润。公司根据利润情况按员工工薪的一定百分比提留,一般为6%。提留后用于购买公司股票,由于公司股票价值随着业绩的成长而提升,当员工离开公司或退休时就可以得到一笔数目可观的现金或公司股票。一位1972年加入沃尔玛的货车司机,20年后的1992年离开时得到了70.7万元的利润分享金。

员工购股计划:本着自愿的原则,员工可以购买公司的股票,并享有比市价低15%的折扣,可以交现金,也可以用工资抵扣。目前,沃尔玛80%的员工都享有公司的股票,真正成为公司的股东,其中有些成为百万和千万富翁。

损耗奖励计划:店铺因减少损耗而获得的盈利,公司与员工一同分享。

其他福利计划:建立员工疾病信托基金,设立员工子女奖学金。从1988年开始,每年资助100名沃尔玛员工的孩子上大学,每人每年6 000美元,连续资助4年。

沃尔玛通过利润分享计划和员工购股计划,建立员工和企业的合伙关系,使员工感到公司是自己的,收入多少取决于自己的努力,因此会关心企业的发展,加倍努力地工作。不过,这种薪酬制度也有局限性,对于那些温饱问题没有解决的员工来讲,他们更关心眼前固定工资的多少,而非未来的收入;对于处于成熟期的企业来讲,利润增加和股票价值的升值主要不取决于员工的努力,股票升值的潜力很小,这样就会使利润分享计划和员工购股计划不会为员工带来多少利益。利润分享计划和员工购股计划最适合成长性、发展型零售企业采用。

二、诺德斯特龙的单一销售佣金制度

诺德斯特龙是世界著名的百货商店，主要经营服装和鞋类商品。2002年，店铺数量达到175家，实现销售额近60亿美元，位列美国零售企业第37位，它以优质的服务而闻名于世，被称为世界上服务最好的商店。是什么制度使员工向顾客提供最满意的服务呢？其核心就是销售额提成或是佣金制度。

诺德斯特龙的薪酬制度是最为简单的，就是对全员实行销售额的比例提成制度，这是员工薪酬的全部，员工没有固定工资。对于不同商品，员工销售的提成比例不同，服装6.75%，男鞋8.25%，女鞋9%—10%，童鞋13%。诺德斯特龙公司成功地运用了销售额提成制度，这在全球零售业当中是极为少见的。

尽管销售额提成制度在诺德斯特龙取得了成功，但它的局限性也是相当明显的。主要表现在三个方面：一是可能导致员工向顾客推销他们并不需要的产品，使顾客产生反感；二是使员工之间产生恶性竞争，互相拉抢生意，破坏公司形象；三是使高峰时间上班的临时兼职人员得到更多的销售额提成，挫伤固定员工的积极性。诺德斯特龙成功运用销售额提成制度，是因为它已经形成了顾客服务和员工激励共同发展的企业文化，否则其劣势很难避免。

三、梅西百货的小时工资加销售佣金制度

梅西百货是美国的高档百货商店，主要经营服装、鞋帽和家庭装饰品，它同诺德斯特龙一样，以优质的服务赢得美誉。

梅西百货的基本理念是：顾客是企业的利润源泉，员工是打开这一源泉的钥匙。梅西的薪酬制度可以归纳为：小时工资加销售额提成，但不是将两种制度用在同一位员工身上，而是用在不同的员工身上。家具、男士订制服装、鞋类一直实行销售额提成制度，因为这些商品的销售业绩与员工的努力关系极大。而对于其他商品则实行小时固定工资制，因为这些商品的销售业绩与员工的努力关系不大。

完全的固定工资制度和完全的销售额提成制度都有明显的优点和缺点。零售企业成功的薪酬制度，是适合的薪酬制度。不同的企业、不同的商品、不同的文化，要求有不同的薪酬制度与其相适应。盲目照搬、片面模仿，不会取得理想的效果，必须结合企业实际情况进行固定工资、销售提成、奖金、福利及享受股票购买权等方面的合理组合。

资料来源：钱诚根据李飞发表于《中国人才》的《美国著名零售企业薪酬制度》一文改编（2013年3月10日，中国人力资源开发网：http://www.chinahrd.net/management-planning/birds-eye-view/2012/0713/148993.html）。

思考题：

（1）你对沃尔玛、诺德斯特龙和梅西百货的薪酬制度有何评价？

（2）假定成本相近，哪一种方式对员工的激励效果更好？为什么？请举例说明。

可以肯定地说，不是所有的人都在为了薪酬与福利而工作。但同样可以肯定的是，埋头工作而不求取薪酬与福利的人并不多见。付出劳动，获取报酬，是大多数从业人员生存的基础和发展的条件。非常高度的薪酬，特别丰厚的福利，当今以及未来相当长的时期内，都会是吸引、保持、激励和开发优质人力资源最基本和最有效的条件和手段。

优质人力资源决定战略成败！了解薪酬福利概念、理论和方法至关重要。本章讨论四方面的内容：(1) 薪酬福利与战略；(2) 薪酬的决定与构成；(3) 福利的类型与目的；(4) 薪酬与福利的设计。

7.1　薪酬福利与战略

薪酬福利问题是战略问题。基于战略，应该建立什么样的薪酬与福利制度？什么样的薪酬标准和福利待遇，有利于形成有效的激励机制，激发出强大的战略力量？在回答这两个问题之前，有必要明确薪酬与福利的含义。

7.1.1　薪酬与福利的定义

什么是薪酬？什么是福利？

关于“薪酬”，有各种说法，比如薪金、薪水、薪资、报酬、工资等。说法多的原因之一是对英文词 compensation 的译法不统一所致。我们熟悉的说法是“工资”一词。“福利”，英文是 benefits，说法比较统一。“薪酬”与“福利”这两个概念，还有内涵的边界需要界定的问题。因为不同学者，对这两个概念的涵义，往往有不同的理解。

结合多数专家的用法，采用“薪酬”与“福利”来描述被雇用者从雇用者那里所获得的全部收益的总和——称为“报酬”。其中，“薪酬”界定为主要以货币形式表现的具有直接性、确定性和及时性的报酬；“福利”界定为以货币或非货币形式表现的具有间接性、未来性和灵活性的报酬。

在中国，比较普遍的情况是“薪酬”按月发放，有确定的数额，在“工资条”上有清楚的记录。可以认为，“薪酬”概念等价于“工资”一词，前者是后者比较学术的用语。“福利”的信息一般不会出现在“工资条”上；提供什么、提供多少和提供方式，除了法定部分外，完全由雇用员工的组织决定。不同组织所提供的福利通常有很大差异。事实上，差异性就是福利的主要特征之一。

举例来说，一位中国国有企业的高层管理者，工资条上“应发工资”一项显示的数额每月平均 13 800 元，全年 165 600 元；年终奖金 50 000 元。两项合计 215 600 元。这两项是他的薪酬。后面这几项应该是这位“高管”的福利：专用一辆奥迪公务车；专职秘书；豪华办公室；以大大低于市场价的价格购置的一套 200 多平方米的精装修住房；每年至少两周的出国考察、学习机会；公司餐饮——一日两餐，每餐 2 元，饮品免费；公司不定期发放大米、橄榄油、海产品等。

在北京的一所大学，教授的工资水平与其他高校差不多。但是，每位教授有一间 10 多平方米的办公室，里边设备齐全，包括电话、电脑、投影仪、沙发和饮水机等，令其他学校的教授羡慕不已。这间办公室就属于福利范畴。

许多组织花大量时间和精力，在向员工提供什么样的“福利”上大做文章。请读者从另外的角度，继续思考开篇案例中提出的问题：不同的薪酬制度，哪一种对员工的激励作用更大？薪酬与福利，哪一种更具有战略意义？

<概念·要点>

被雇用者从雇用者那里所获得的全部收益的总和称为“报酬”。报酬分为“薪酬”与“福利”两类。

薪酬，是指以货币形式表现的具有直接性、确定性和及时性的报酬。

福利，是指以货币或非货币形式表现的具有间接性、未来性和灵活性的报酬。

7.1.2 战略性薪酬福利制度

薪酬与福利制度，对于组织战略目标的实现具有决定性的作用。组织实施新战略，通常都需要修订、调整或重建薪酬福利制度。比如，中国四大国有商业银行改制，实行市场化经营战略。其中最重要的变化之一，就是银行内部履行终身制服务职责的工作人员，转变成了签订有期限聘用劳动合同的人力资源，直面激烈的金融业人力资源职场竞争。这种变化对于聘用方银行和被聘用方员工而言，都意味着空前的挑战与机会。银行引进、保持、使用、激励和开发有市场竞争力的高质量专业人力资源，必须从构建新型的战略性薪酬福利制度做起。薪酬福利制度创新滞后，必然会遭遇高价值人力资源流失、在岗人力资源动力不足、部门工作效率偏低等问题，市场化战略的实施效果一定会大打折扣。

在加里·德斯勒(Gary Dessler)和曾湘泉主编的《人力资源管理》中，介绍了IBM构建战略性薪酬制度的案例。[①] 在20世纪90年代，IBM遭遇开发技术失败、大批客户流失的困境。董事会雇用路易斯·郭士纳(Louis Gerstner)担任“救火”CEO。郭士纳及时调整战略，打算把IBM从一个行动迟缓的巨人，转变成一个步伐矫健的胜利者。这一战略的实施，需要采取一系列行动：重组、裁员、文化转型——建立共享的、积极的“价值观、态度和行为模式”。郭士纳强调“盈利、执行、速度和决断”。

郭士纳懂得薪酬制度对于战略实施的重要性。着手改革公司实行了10年之久的“要素计点法”职位价值评价制度，提出四项计划：

第一，建立市场导向机制。把单一的薪酬结构，转变为按照“职位族”分类管理的多元化结构和绩效加薪制度。

第二，减少职位数，评价多元化，实行宽带薪酬。在IBM美国公司，职位名称数从5 000多个减少到1 200个，薪酬等级从24减到10。

第三，管理者参与。管理者在员工薪酬决定中发挥更多、更大作用。

① 参见加里·德斯勒和曾湘泉主编：《人力资源管理》(第10版·中国版)，中国人民大学出版社，2007年1月第1版，第384—385页。引用时在文字表述上有较大变动，但保持原文字包含的基本信息不变。

第四，扩大绩效薪酬比例。在郭士纳任职之后，大多数 IBM 员工“10% 甚至更多部分的现金薪酬”与绩效有关。绩效最高员工的绩效奖金，是绩效最低员工绩效奖金的 2.5 倍。

实践证明，郭士纳的战略性薪酬制度改革措施，收到了积极的、良好的效果。

≮概念 · 要点≯

薪酬与福利制度，对于组织战略目标的实现具有决定性的作用。组织实施新战略，通常都需要修订、调整或重建薪酬福利制度。

7.1.3　薪酬福利与战略激励

战略目标的实现，需要来自人力资源的强大力量的支持。而人力资源的力量，来源于人力资源构成要素的合理结构和有效机制。如前所述，人力资源是以人为载体的知识、技能和能力的集合。一般情况下，组织需要人力资源，实际上需要的是“知识、技能和能力”，而不是“人”本身。但是，“知识、技能和能力”的运用与发挥，完全由载体“人”来决定。

换句话说，载体个人是运用和发挥“知识、技能和能力”的唯一主体。让个人满意和快乐，是获取和利用个人所承载的资源的前提条件和必要手段。那么，如何让员工个人满意和快乐呢？当然是采取“投其所好”战略！了解员工需求，尽可能使其得到满足，员工自然会感到满意和快乐，进而会受到激励，努力按照组织战略指向的目标努力。

不过，这只是理想的逻辑路径。现实中的情况比较复杂：不同的员工，以及同一个员工在不同的职业生涯发展阶段，所产生的需求或期待的收益并不相同。大多数职业和生活处于发展的初级或中级阶段的员工，对金钱通常有较大的需求。工资越多，工作的积极性越高；待遇越好，工作的干劲越足。

图 7-1 所示，为“薪酬福利的激励机制”示意图。在组织内，如果员工工作努力，通常就会获得良好的绩效。如果绩效水平提高，员工获得的货币和非货币薪酬与福利相应地应该有所增加。如果薪酬福利增加的幅度符合员工期望，那么员工的满意度就会保持和提高。员工感到满意和快乐，就会继续努力或更加努力地工作。

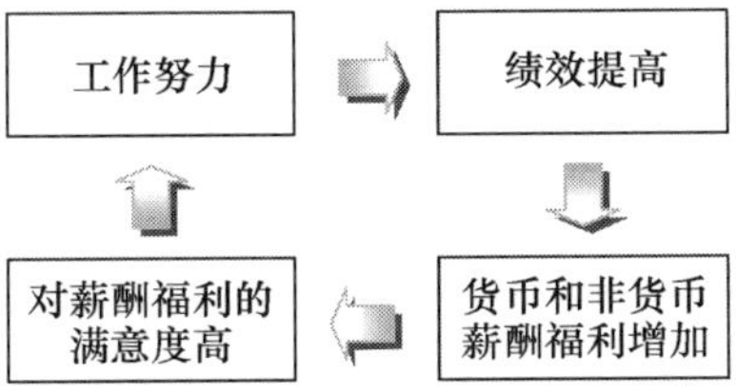

图 7-1　薪酬福利的激励机制

相反，如果员工的努力没有得到肯定，给予的薪酬福利没有反映绩效，那么员工工作的积极性就会大受影响。其所承载的知识、技能和能力的使用效率和利用价值必然下降。

乔治·伯兰德和斯科特·斯内尔在他们所著的《管理人力资源》中介绍了动机期望理论(expectancy theory of motivation)的一个观点:一个人动机的强烈程度,取决于预期收益的吸引力以及实际获取收益的可能性。[①] 图7-2所示为动机期望理论的激励逻辑示意图。与图7-1薪酬福利的激励机制示意图所表达的逻辑基本一致。同样需要注意,对员工的行为产生激励的强弱程度,关键是满足员工的"预期"——现实收益满足预期收益。什么收益更有价值,货币还是非货币,近期还是远期,主要取决于员工的个人偏好。满足员工预期的收益,才是有激励效应的收益。

心理学研究表明,由于人们在价值观、需求、个性、能力等方面有差异,因而对激励方式的反应有所不同。这在心理学上称为个体差别法则(law of individual differences)。[②] 设计战略性薪酬福利制度,应尽可能遵循这一法则。

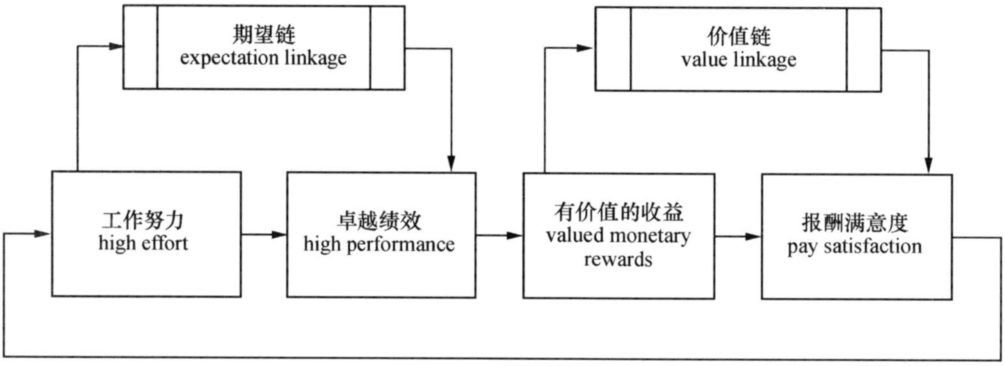

图7-2 动机期望理论激励逻辑

<概念·要点>

不同的员工,以及同一个员工在不同的职业生涯发展阶段,所产生的需求或期待的收益有所不同。

什么收益更有价值,取决于员工个人的偏好和预期。

满足员工收益预期的激励计划,才能够产生激励效应。

① 参见〔美〕乔治·伯兰德和斯科特·斯内尔著:《管理人力资源》(英文版),东北财经大学出版社,2003年10月第1版,第391页。

② 参见加里·德斯勒和曾湘泉主编:《人力资源管理》(第10版·中国版),中国人民大学出版社,2007年1月第1版,第400页。

7.2 薪酬的决定与构成

按照经济学逻辑,雇主一定希望少花钱多办事——付出的薪酬福利越少越好;雇员期待多拿钱少干事——薪酬福利越多越好。但“少”付费或“多”挣钱,一定有一个限度;“少”到一定程度或“多”到一定标准,就得适可而止。否则,就有可能发生不良反应。

如果在雇主支付薪酬和雇员获取收益之间达成一种平衡,那么双方一般就会相安无事。准确而言,是在一定时期内的平衡和在一段时间内的平静。随着时间的流逝,内外部条件总是会发生变化。此时,平衡就会被打破,波澜就可能泛起。

这里所谓的雇主与雇员之间的“平衡”问题,在管理学中就是薪酬的决定与构成问题。

7.2.1 决定薪酬的因素

薪酬由多种因素决定。组织的类型或性质不同,组织的内部条件和外部环境不同,薪酬的决定因素就有差异。

不仅如此,专家学者的认识能力和价值观念不同,对薪酬决定因素的判断与分析也会有所侧重或差异。打开教科书,读者经常会发现,不同作者对于什么因素决定薪酬等问题,往往有自己比较特别的观点。

图 7-3 所示“薪酬的决定因素”,集众家之说,具有一定的参考价值。

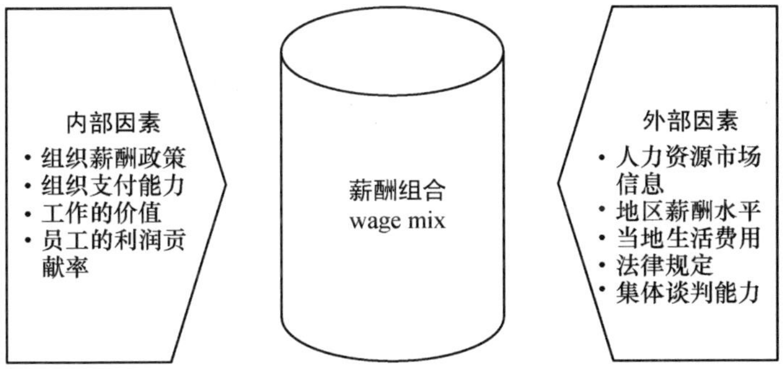

图 7-3 薪酬的决定因素

一般认为,薪酬由内部因素和外部因素两类因素决定。内部因素主要包括:

(1) 组织薪酬政策——作为市场微观主体的工商企业组织,通常会根据多方面因素制定薪酬政策。比如,有的企业实行“本行业领先水平”薪酬政策,有的企业实行“中等薪酬 + 远期收益”政策;还有的企业实行“低薪酬 + 高福利”政策。与私人部门情况不同,公共部门的薪酬相对稳定,组织内部薪酬政策的影响范围较小、程度较低。

(2) 组织支付能力——“水涨船高”。一般而言,在成熟的市场经济中,组织的实力越强,员工的薪酬和福利水平也越高。有一些企业可能出于“合理避税”考虑,会采取其他可以计入经营成本的方式向员工“转移支付”部分收益。比如,装修豪华办公室,购置高级轿车,赋予高档电脑使用权(所有权属于组织,登记为组织固定资产),以召开会议名义组织旅游活动,等等。

(3) 工作的价值——员工所承担工作任务的相对价值。比如,高层、中层和低层管理者,工作价值依次下降,给付的薪酬也相应降低。又比如,设计师和操作工,外科医生和理发师,大学教授和大学行政人员,前者所承担工作的价值高于后者,薪酬水平也应该高于后者。

(4) 员工的利润贡献率——员工对于组织利润的贡献率。贡献越大,薪酬越高。比如高绩效的市场营销人员的收入,可能远高于高级管理人员或研发人员。

外部因素主要有:

(1) 人力资源市场信息——薪酬水平由市场人力资源的供给与需求状况决定。如果职业市场上有数以百万计的大学生、研究生人力资源闲置,那么他们受雇后的薪酬达到的水平就不可能有高度。中国人力资源市场上高级技工严重短缺,在一些地方,技工的工资高于大学生甚至研究生。据介绍,在美国,同一所大学同一个级别的教授,薪酬水平并不相同。比如,工商管理、金融学、经济学、法学等专业的教授,特别是有较高知名度的教授,有比较广泛的非学术市场需求,大学为了保持这些教授安心教学与科研工作,支付给他们的报酬往往高于其他教授。

(2) 地区薪酬水平——一个地区的平均薪酬水平是决定薪酬的重要参考依据。低于这一水平,人力资源的保持、使用和激励等方面就会出现问题。

(3) 当地生活费用——当地普通居民的生活费用,是决定组织员工基本薪酬的基础和根据。

(4) 法律规定——法律对雇员最低薪酬标准、福利构成(如带薪休假、保险)等通常有明文规定。雇主不得违反。

(5) 集体谈判能力——工会组织的作用。在比较成熟的市场经济中,各类雇员自发建立或自愿参加工会组织,以便提升个人的谈判能力。健全的、有效发挥作用的工会组织系统,是市场经济发展的必然产物。工会组织越健全,集体谈判能力越强大,对雇员个人利益的维护和组织经营活动的规制越有利。

如上所述,薪酬由多种内部和外部因素决定。但是,在现实中,有些人所获的薪酬高得令人惊讶。似乎无法用价值、贡献、市场等因素来解释。据英国《每日电讯报》2008 年 2 月 12 日报道,英国电视第五频道新闻节目新主持人,前英国广播公司美女主播娜塔莎·卡普林斯基承认,她的年薪高得“离谱”。有报道称,她的年薪高达 100 万英镑。

35 岁的卡普林斯基坦言,自己的工作是“传播信息”,获得的薪酬是一大笔令人感到震惊的钱。她说:“我的工资高得非常离谱。”当被问及她是否值那么多钱时,她称:“第五频道看起来认为我值那个价,但是,人们能对此给出充分的理由吗?就我而言,清理垃圾的人应当获得 100 万英镑,医生因抢救他人的生命应当值 2 000 万英镑。回答这样的问题是不可能的。”①

---

① 参见 2008 年 2 月 12 日中国新闻网:《英著名美女主播承认她的百万英镑年薪“高得离谱”》(2013-3-6:http://www.chinanews.com/gj/oz/news/2008/02-12/1160325.shtml)。

每年100万英镑的薪酬，合195万美元，1 366万人民币[①]，每月平均16.25万美元。托尼·布莱尔在担任英国首相期间的薪酬是每月2.86万美元，一年34.32万美元；美国总统乔治·W.布什月薪3.35万美元，年薪40.2万美元；联合国秘书长潘基文月薪3万美元，年收入36万美元。卡普林斯基的年薪，是布莱尔的5.7倍，布什的4.9倍，潘基文的5.4倍（见表7-1）。

表7-1 世界政治首脑人物薪酬排行榜前10名

排名	姓 名	（时任）职务名称	月薪（万美元）	年薪（万美元）
1	李显龙	新加坡总理	5.00	60.00
2	乔治·W.布什	美国总统	3.35	40.20
3	安倍晋三	日本首相	3.12	37.44
4	伯蒂·埃亨	爱尔兰总理	3.00	36.00
4	潘基文	联合国秘书长	3.00	36.00
6	托尼·布莱尔	英国首相	2.86	34.32
7	安格拉·默克尔	德国总理	2.77	33.24
8	卢武铉	韩国总统	1.75	21.00
9	维克托·尤先科	乌克兰总统	0.65	7.80
10	弗拉基米尔·普京	俄罗斯总统	0.60	7.20

资料来源：根据《世界财经报道》（finance.icxo.com）：《世界各国首脑工资排行榜》（2013年3月10日：http://finance.icxo.com/htmlnews/2006/10/26/960401_0.htm）。说明：这是2006年公布的数据，首脑人物的职务为当时所任。尽管有人已经离职，但数据仍有一定参考价值，所以校订后继续保留。更新的数据见专栏7-1“各国元首薪酬大曝光”。

卡普林斯基薪酬决定的根据在哪里？难道是她的“价值”和“贡献”超过布莱尔、布什和潘基文？是“市场”因素决定的吗？难道一个新闻主播——即使是“妙龄美女新闻主播”的稀缺性，会高于首相、总统和联合国秘书长？

比较商业领导者和政治首脑人物的薪酬（见表7-2“2012福布斯美国公司CEO薪酬榜前20名”和表7-1“世界政治首脑人物薪酬排行榜前10名”），也可以提出类似的问题。为什么大型公司CEO的薪酬如此之高？比如，麦肯森公司CEO约翰·H.哈默格伦2012年的薪酬高达1.31亿美元，是奥巴马总统40万美元年薪的多少倍？328倍！

这里的比较，目的不在于否定商界人士的收益和为政界人物主张高薪，而在于提供薪酬差距的真实信息，以及为差距的存在寻找经济、政治和文化上的原因。寻找答案的任务，留待读者完成。

① 均按照2008年2月12日中国银行公布的外汇牌价计算。

表 7-2　2012 福布斯美国公司 CEO 薪酬榜前 20 名

排名	姓名	公司	年薪（万美元）	五年薪水（万美元）
1	约翰・H. 哈默格伦（John H Hammergren）	麦肯森/McKesson	13 119.0	28 502.0
2	拉尔夫・劳伦（Ralph Lauren）	拉尔夫・劳伦/Ralph Lauren	6 665.0	20 406.0
3	迈克尔・D. 范希特利（Michael D' Fascitelli）	沃那多房产/Vornado Realty	6 440.5	—
4	理查德・D. 金德（Richard D Kinder）	金德摩根/Kinder Morgan	6 094.0	6 094.0
5	大卫・M. 科特（David M. Cote）	霍尼韦尔/Honeywell	5 579.0	9 611.0
6	乔治・帕兹（George Paz）	ES 药品福利管理/Express Scripts	5 152.5	10 021.0
7	杰弗里・H. 博伊德（Jeffery H. Boyd）	Priceline. com/Priceline. com	5 018.5	9 030.0
8	史蒂芬・J. 赫姆斯利（Stephen J. Hemsley）	联合健康集团/UnitedHealth Group	4 883.5	16 930.0
9	小克拉伦斯・P. 卡扎洛特（Clarence P. Cazalot Jr.）	马拉松石油/Marathon Oil	4 371.0	6 723.0
10	约翰・C. 马丁（John C. Martin）	吉利德科学/Gilead Sciences	4 319.0	21 492.0
11	约翰・D. 雷恩（John D. Wren）	奥姆尼康集团/Omnicom Group	4 262.5	11 041.0
12	詹姆斯・戴蒙（James Dimon）	摩根大通/JPMorgan Chase & Co	4 199.5	14 092.0
13	莱斯利・穆恩维斯（Leslie Moonves）	美国哥伦比亚广播公司/CBS	4 148.5	15 289.0
14	霍华德・D. 舒尔茨（Howard D. Schultz）	星巴克/Starbucks	4 147.0	20 097.0
15	约翰・C. 普兰特（John C. Plant）	天合汽车控股/TRW Automotive Holdings	4 109.5	9 102.0
16	大卫・M. 扎斯拉夫（David M. Zaslav）	探索通讯/Discovery Communications	4 074.5	7 150.2
17	罗伯特・A. 伊格尔（Robert A. Iger）	沃尔特—迪斯尼/Walt Disney	3 983.0	15 698.0
18	理查德・C. 安德森（Richard C. Adkerson）	费利浦・麦克莫兰铜金公司/Freeport-McMoRan Copper & Gold	3 953.5	18 322.0
19	蒂莫西・M. 曼格奈罗（Timothy M. Manganello）	博格华纳/BorgWarner	3 927.0	8 302.0
20	保罗・E. 雅各布斯（Paul E. Jacobs）	高通公司/Qualcomm	3 633.0	8 939.0

《概念·要点》

薪酬由内部和外部两类因素决定。

内部因素包括:(1) 组织薪酬政策;(2) 组织支付能力;(3) 工作的价值;(4) 员工的利润贡献率。

外部因素有:(1) 人力资源市场信息;(2) 地区薪酬水平;(3) 当地生活费用;(4) 法律规定;(5) 集体谈判能力。

7.2.2　薪酬的一般结构

薪酬结构如何,并没有一致的认识。构成要素的多样性和观察视角的多变化,导致薪酬结构出现多种版本。图 7-4 为薪酬结构的示意图。虽然只是一己之见,但其中不乏其他专家认识中的合理元素。

由于薪酬与福利二者之间很难有清晰的界限,这里的“薪酬”中,实际上包含了若干可称之为“福利”的项目。为讨论方便,暂时不做区分。

如图 7-4 所示,组织中给予雇员的总体薪酬(total compensation),可以分为货币薪酬(monetary compensation)和非货币薪酬(non-monetary compensation)两类。货币薪酬又可以分为直接薪酬(direct compensation)和间接薪酬(indirect compensation)两类。

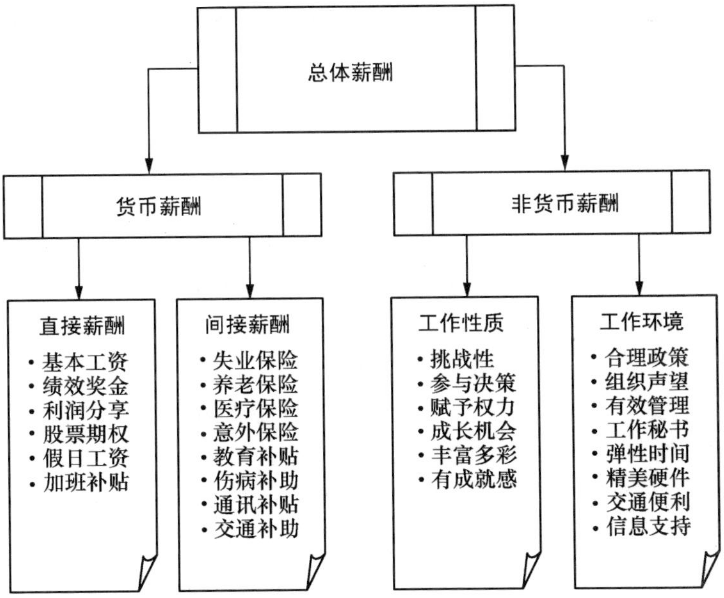

图 7-4　总体薪酬结构

直接薪酬有:基本工资、绩效奖金、利润分享、股票期权、假日工资和加班补贴等项目。间接薪酬包括:失业保险、养老保险、医疗保险、意外保险、教育补贴、伤病补助、通讯补贴和交通补助等内容。

非货币薪酬可以划分为工作性质和工作环境两个方面。工作性质包括:挑战性、参与决策、赋予权力、承担责任、成长机会、丰富多彩、有成就感等。工作环境包括:合理政策、组织声望、有效管理、工作秘书、弹性时间、精美硬件、交通便利和信息支持。

对所有雇员而言,货币薪酬都是最重要和最主要的收益。其中,直接薪酬又是最大的组成部分。直接薪酬主要是现期的和部分远期的直接发放给雇员的收益。间接薪酬是远期的或意外性的辅助性收益。市场经济越成熟,产业竞争越激烈,组织管理水平越高,经营绩效越好,间接薪酬的比例越高。

非货币薪酬越来越受到雇主的重视和雇员的欢迎。在雇员总体薪酬中,非货币薪酬比例的增加,往往意味着收益水平的提高、业务规模的扩大和管理水平的提升。就像一个经济体中第三产业比例的增加,意味着经济社会发展的先进性在增强一样,一个组织给予雇员的非货币薪酬比例的上升,也意味着这个组织的成长和市场地位的领先。换句话说,非货币薪酬的支付,是组织成熟和实力的体现。

这里需要注意,薪酬结构的变动,有其内在的动力和规律。

"知识·信息"专栏 7-1,提供了政治首脑人物薪酬排行榜的信息,不妨一读。请注意,按照上述对薪酬构成的解析,专栏中首脑人物的"薪酬"只属于"直接薪酬"范畴。众所周知,政治首脑人物一定还有大量间接的和非货币的薪酬。

《知识·信息》

专栏 7-1　各国元首薪酬大曝光

2011 年以来,俄罗斯和美国相继公布了各自领导人 2010 年的收入情况。从公布的情况来看,美国总统奥巴马"形势不妙",收入足足比 2009 年下跌了近七成,只能靠着几本书的版权收入撑门面;俄罗斯总统梅德韦杰夫虽然基本与 2009 年持平,但也好不到哪里去——因为收入比他多一半的普京都在喊穷……

普京:赚了还喊穷

年收入:504 万卢布(约合 17.8 万美元),涨跌:↑29.6%。

个人资产:1 500 平方米土地,一套 77 平方米住房,一个 12 平方米的车库,供无限期使用的一套 153.7 平方米住房和 18 平方米的车位。

而俄罗斯总理普京去年收入申报总额为 504 万余卢布,相比起 2009 年的 389 万卢布上升不少,更比总统梅德韦杰夫多赚了近一半的钱。普京个人持有的住房建设地块 1 500 平方米,77 平方米的一套住房,集体停车场的一个 12 平方米的车库,供无限期使用的一套 153.7 平方米住房和 18 平方米的车位。其夫人收入申报为 146 201 卢布。

不过,即使收入有所上升,但普京还是"喊穷"。最近一份正式的"财富声明"显示,普京的总资产价值在其第二届任职期间已经有所下滑。普京宣称,在他当俄罗斯总统的 8 年里,自己已经越来越穷。俄罗斯官方证实了普京的说法。

此外,俄罗斯自然资源部部长特鲁特涅夫去年薪资收入则为 1.147 亿卢布,是俄罗斯收入最高的官员。

梅德韦杰夫:小赚即是赢

年收入:338万卢布(约合11.93万美元),涨跌:↑1.2%。

个人资产:496万卢布存款,4 700平方米的租赁土地,一辆“胜利”牌汽车。

此前,克里姆林宫官方网站公布了总统及总统府行政人员2010年的家庭财产和收入状况。数据显示,梅德韦杰夫去年收入将近338万卢布,只比2009年多了4万余卢布。梅德韦杰夫在俄罗斯银行的14个账户中共有496万卢布的存款。此外,他还拥有4 700平方米的租赁土地、一辆1948年产的“胜利”牌嘎斯—20小汽车。

梅氏夫妇共同拥有面积为367.8平方米的住房。其夫人只有3个空账户,没有存款,拥有面积为32.5平方米的两个车位和一辆1999年产大众“高尔夫”牌小汽车。其子名下没有任何财产。

奥巴马:靠卖书“糊口”

年收入:172.8万美元,涨跌:↓68.8%。

收入内容:工资收入40万美元,其他收入大部分来自于著作权。

支出内容:向州政府纳税5.2万美元,向联邦政府纳税43.6万美元,慈善捐赠24.5万美元。

根据美国白宫4月18日披露的纳税申报表显示,美国总统奥巴马夫妇去年的收入大幅缩水。2010年,两人的税前收入约为172.8万美元,比2009年的550万美元足足减少了378.2万美元。而出书依然是他们的主要收入来源。

其中,奥巴马的总统工资收入大约为40万美元,其他主要为著作版权收入。奥巴马的两本自传《无畏的希望》与《我父亲的梦想》一直畅销不衰,并被译成多国语言。他去年又出版了一本儿童读物,也很受欢迎。

而在纳税方面,奥巴马一家向伊利诺伊州纳税约5.2万美元,向联邦政府纳税43.6万美元。此外,他将上任后所写的《我为你歌唱》这本书的税后收益全部捐赠给了渔人社基金会,用来帮助军人家庭,共计13.1万美元。美国第一家庭2010年对36个慈善机构共捐出24.5万美元。

白宫当天还公布了副总统拜登一家的收入情况。报税信息显示,拜登一家去年总收入大约为37.9万美元。

作为年收入超过25万美元的高收入人群,奥巴马一家仍享受前总统布什政府时期开始的减税政策,他的联邦收入税率仅为26%,而拜登一家的联邦收入税率为23%。

李显龙:新加坡总理

年薪:218万美元。

新加坡宣布提高公务员薪水的计划。其中,高级公务员和部长的薪水都有了大幅度的提高,部长年薪达到了126万美元,总理李显龙的年薪更是从162万美元提高到大约218万美元,调幅为28%。涨工资以前,李显龙的收入就在世界各国领导人中居前列。涨工资后,他的年薪是美国总统布什的5倍。李显龙说,他将把他工资中增长的部分捐给慈善机构。

奥廷加:肯尼亚总理

年薪:43 万美元。

拉伊拉·奥廷加,肯尼亚总理,肯尼亚反对党“橙色民主运动”领袖,2007 年总统大选候选人。肯尼亚能源部长(2001—2002)、公路、公共设施和住房部长(2003—2005)议员(1992 年当选)。前第一副总统奥金加·奥廷加之子。他的兄弟奥布鲁·奥廷加目前也是议员。

乔治·W. 布什:美国前总统

年薪:40 万美元。

美国纳税人每年为总统乔治·W. 布什支付 400 000 美元的薪水。如果与美国企业高管百万、千万年薪收入相比,会显示出惊人的差距:1960 年时,美国企业 CEO 的平均收入是美国总统的两倍,现在,已经是美国总统的 62 倍。而事实上布什可以说是有史以来工资最高的美国总统。布什的年工资高达 40 万美元,此外还有 5 万美元的附加开支、1 万美元的差旅费和 1.9 万美元的社会活动津贴。1999 年,美国国会和前总统克林顿批准给总统涨工资。但由于美国法律规定总统任期内的工资不能涨,因此 2001 年上台的布什成为第一个受益者。

戈登·布朗:英国前首相

年薪:37.5 万美元。

戈登·布朗接替托尼·布莱尔出任英国首相时,其年薪一夜之间就增加了约 10 万美元,虽然现在已经辞职,但其薪酬在欧洲领导人中鲜有比肩者。从担任英国财政大臣期间的 136 677 英镑飙升至 187 611 英镑(375 222 美元),这使得布朗成为欧洲薪酬最优厚的首相之一。但全球咨询公司合益集团 (Hay Group) 的研究却显示,布朗的薪酬与企业的同级管理人员相比仍然相去甚远。

合益集团的调查还发现,如果将薪酬与其必须处理的工作量挂钩,布朗则比不过其他国家的领导人了。该报告称,布朗的职责是管理英国的行政系统,任务之重仅次于法国总统尼古拉·萨科齐。萨科齐任职仅数月后法国议会通过投票,最近将萨科齐的薪酬翻了一番,达到 24 万欧元(34.6 万美元/16.75 万英镑)。

安格拉·默克尔:德国总理

年薪:31.8 万美元。

曾连续两年入选福布斯“最具影响力女性”榜单的德国总理安格拉·默克尔的薪水约为 318 000 美元。最近她对企业高管的过高薪水做出了批评。

默克尔每月的工资总收入为 2.3 万欧元,这包括了她作为德国总理和德国联邦议院议员的收入。法律规定已婚未育的德国总理基本工资为 1.58 万欧元,比国务秘书高三分之二,津贴则高三分之一。而同时担任德国联邦议院议员的默克尔只能拿议员工资的一半,另一半需上缴。

埃沃·莫拉莱斯:玻利维亚总统

年薪:2.16 万美元。

各个国家的从政者都会说,一份致力于公共服务的职业、对权力的行使以及决定其国家命运的机会将胜过单纯金钱回报的想法。当然,也有这种慈善性质、“1 美元 1 年”的国家首席执行官。2006年，玻利维亚总统埃沃·莫拉莱斯（Evo Morales）在上任的一个星期后兑现了竞选誓言，将自己的薪水减掉了一半，每月仅1 800多美元。在一次具有象征意义的运动中，这对削减其政府中官员的薪水发挥了作用，这项运动是为了结余更多的钱来为教师发工资，因为任何官员的薪酬都不能高过总统。

全球领导人总财富排行：泰王居首

1. 泰国国王：280亿美元

泰王成为全球最富国家元首。作为世界上在位时间最长的君主，82岁的泰国国王普密蓬·阿杜德同时也是最富有的国家领导人，他的财富包括大量土地和财产。但是泰国政府对于国王被评为世界上最富有领导人却存在争议，他们认为那些并不都是国王的个人财富，而是国家的财富。

2. 文莱领导人：189亿美元

文莱石油和天然气的巨大储量让该国领导人苏丹迈入世界最富有领导人的行列。他拥有无数豪华轿车，甚至在50岁生日时雇请流行天王迈克尔·杰克逊为其表演。

3. 阿联酋总统：168亿美元

同时作为阿布扎比酋长国酋长，哈利发为将阿联酋打造成文化中心花销甚巨。他是一名亲西方的领导人，同时也是一位骆驼赛爱好者。

4. 沙特国王：161亿美元

沙特阿拉伯巨大的石油储量是国王阿卜杜拉巨额财富的重要保障，他甚至拥有以自己名字命名的城市——“阿卜杜拉国王经济城”，这座城市正在沙特西海岸建造。

5. 意大利总理：84亿美元

贝卢斯科尼几乎对各种商业都感兴趣，包括电视台、杂志以及他钟爱的AC米兰足球队，这些商业活动让他成为意大利最富有的总理。但是许多批评家称，贝卢斯科尼是利用政治权利聚集起这些巨额财富的。

6. 列支敦士登王子：35亿美元

汉斯·亚当二世的财富主要包括王室家族所有的列支敦士登LGT银行，以及在奥地利的土地和宫殿。通过2003年公民投票，亚当扩大了自己在列支敦士登的权力。

7. 卡塔尔国王埃米尔：25.6亿美元

作为世界第三大天然气藏储国的元首，哈马德·本·哈立法·阿勒萨尼喜好艺术品、赛马以及骆驼赛，而这些都是烧钱的爱好。1996年他出资1.37亿美元，半岛电视台得以建立。

8. 巴基斯坦总统：16.8亿美元

扎尔达里是已故前总理贝·布托的丈夫，因为他的巨额财富被指是腐败所得，他获得了一个有意思的绰号“10%先生”，他被指控在海外拥有巨额财富。

9. 摩洛哥亲王：9.8亿美元

摩洛哥亲王艾尔伯特二世的财富主要包括艺术品、房地产以及国有的蒙特卡罗SBM集团。阿尔伯特一生未婚，但有两个非婚生孩子，其中一个男孩是与好莱坞影星格蕾丝·凯利所生的。

10. 智利总统皮涅拉

与意大利总理贝卢斯科尼相似，皮涅拉在智利是一位家喻户晓的大企业家，其身价高达十多亿美元。自20世纪90年代初从商界进入政坛以来，皮涅拉的政治影响力不断上升。

11. 阿曼首相:6.58亿美元

卡布斯·本·赛义德1970年推翻父亲的统治后接掌了权力。尽管在次贷危机中损失惨重，但卡布斯依然保留有大量财富。利用手中的财富，卡布斯在全国大肆兴建清真寺。

12. 赤道几内亚总统:6.4亿美元

特奥多罗·奥比昂·恩圭马·姆巴索戈曾被贴上最残暴独裁者的标签，2003年"反腐败"行动中，他将5亿美元的国家财富划入家族私人账户中。

13. 英国女王:4.2亿美元

即使不包括温莎城堡和皇家艺术收藏馆等国有资产，仅女王的住宅、商业利益、赛马、收藏的艺术品以及珠宝，也能让女王跻身于世界最富有国家元首行列。

14. 科威特埃米尔(国家元首):3.78亿美元

谢赫萨巴赫与大多数海湾国家领导人不同，科威特埃米尔沙巴的财富主要依赖于国家薪金。2006年他继承埃米尔宝座时，通过法律将他的年薪从2 500万美元调整到1.88亿美元。

15. 荷兰女王:1.89亿美元

尽管女王的母亲将家族主要的文化艺术品捐给了国民托管组织，但比阿特丽克斯女王依然有近2亿美元的资产。她的家族每年可以获得560万欧元的津贴，加上9 300万欧元的开支。

16. 斯威士兰国王:9 520万美元

姆斯瓦蒂作为100亿美元国家基金的唯一托管人，用国家资产增加了个人财富。他的13位妻子，每人拥有一座宫殿、一个扈从以及一辆宝马车。

17. 新西兰总理:3 500万美元

进入政坛前，作为投资银行家的约翰·基聚集了巨额财富。他不仅在新西兰拥有财富，而且在伦敦和夏威夷都有资产。

18. 韩国前总统:2 240万美元

李明博出身贫寒，直到出任现代集团首席执行官后才聚集起财富。2008年就职总统前，他曾被控欺诈。

资料来源:(1) 2011年8月26日新华网(来源:中国台湾网)《各国元首薪酬曝光:奥巴马年薪不及非洲小国领袖》(2013年3月6日，新华网:http://news.xinhuanet.com/world/2011-08/26/c_121913373.htm)。(2) 2011年8月25日中国经济网《奥巴马年薪不及非洲小国领袖》(2013年3月6日，中国经济网:http://intl.ce.cn/qqss/201108/25/t20110825_22648798_2.shtml)。

《概念·要点》

雇员可能获得的薪酬，分为货币和非货币两类。货币薪酬又分为直接薪酬和间接薪酬。非货币薪酬包括工作性质和工作环境两个方面。

非货币薪酬的增加，意味着收益水平的提高、业务规模的扩大和管理水平的提升。非货币薪酬的支付，是组织成熟和实力的体现。

7.2.3　薪酬构成：真实例子

表 7-3 所示，是生活在北京的一位大学教授 2007 年 8 月和 2013 年 1 月的工资单，信息完全真实。除此工资单所显示的收益之外，这位教授还有一项学校和学院给予的绩效奖励。在 2013 年 1 月的工资单中"部门酬金"，即所在学院给予该教授上一个学期的教学科研奖励。

表 7-3　北京某大学教授时隔六年两个月工资单比较

基本信息	姓名	（略）		年龄	52		
	性别	男		学位	经济学博士		
	职称	教授，博士生导师		岗位	教学科研（"985 工程"重点大学）		
	项目	2007 年 8 月	2013 年 1 月		项目	2007 年 8 月	2013 年 1 月
收入项目（元）	薪级工资	869.00	1109.00	扣款项目（元）	房费	215.00	215.00
	岗位工资	1420.00	1630.00		电费	30.76	97.17
	职务补贴	1070.00	1070.00		电视费	20.00	18.00
	职务补贴	—	1060.00		水费	—	32.00
	工龄补贴	27.00	33.00		天然气	—	28.70
	生活补贴	175.00	175.00		孩子学费	—	818.00
	书报费	27.00	27.00		工会费	7.10	8.15
	洗理费	20.00	20.00		失业保险	25.84	15.81
	提租补贴	115.00	115.00		税金	420.42	1 197.24
	补贴	10.00	10.00		住房公积金	866.00	1 524.00
	电话补贴	10.00	10.00		物业管理费	6.00	6.00
	岗位津贴	2 500.00	4 333.00				
	部门酬金	—	4 324.00				
应发工资（元）		6243.00	13 916.00	扣款合计（元）		1 591.14	3 960.09
发薪月份		2007 年 8 月	2013 年 1 月	实发工资（元）		4 651.86	9 955.91

比较时隔六年的两个月工资单，可以从中发现不少有意思的信息。

第一，工龄由 27 年增加到 33 年，每年 1 元，补贴由 27 元增长到 33 元。每工作一年增加 1 元的补贴，说明无视雇员在组织中贡献的长期性。

第二，享受"廉租房"。据了解，这位教授目前居住校园内两室一厅"公寓房"，使用面积约55平方米。租金每月215元,但补贴115元,实际支付100元。物业管理费很便宜,每月6元。六年内住房条件未改变。

第三,留有计划经济的痕迹。每月27元的"书报费"、20元的"洗理费"、10元的"电话补贴"和另一项10元的"补贴",已经失去意义,但至今没有调整。

第四,扣款增加。住房公积金由2007年的866元增加到2013年的1 524元;税金由420元增加到1 197元。2013年1月工资合计扣款近4 000元。

第五,工资增长缓慢。2007年8月实际收入4 650元;2013年1月的收入,减去不确定的、半年累计的部门酬金4 324元,加上在工资中直接扣除的孩子学费818元,大概可以从学校领到的工资6 400多元。这意味着这位现年52岁的教授,六年时间,工资实际增长了大约1 800元。①

<知识·信息>

专栏7-2 福布斯:2012中国上市公司CEO薪酬榜

福布斯中文版推出"2012年中国上市公司薪酬榜"。根据统计,2011年年薪超过百万元人民币的A股上市公司CEO达到创纪录的294位。他们从上市公司获取的薪酬总额达5.71亿元,或人均194万元。上榜人数及薪酬平均数分别较去年上升27%及1%。

而港股上市公司中,共有217位CEO的年度薪酬超过百万元人民币。他们2011财年从上市公司获取的薪酬总额为15.26亿元,人均703万元。与A股不同,基于股权的报酬构成了CEO薪酬的主要部分,约占总额的40%,其次依次为薪金、津贴及实物利益,花红,奖金等。

这是福布斯中文版首次对在香港上市的中资港股CEO的薪酬进行了全面梳理。福布斯中文版定义的中资港股包括:中国国有上市公司,以及主要资产来源中国内地、实际控制人为中国内地公民,及/或主营业务收入来自中国内地的在港上市公司,共447家。另外,对同时在多个市场上市的中国股票,我们以"A股优先港股,港股优先其他"为原则。

A股薪酬最高的5位CEO

A股上市公司中薪酬最高的为万科总裁郁亮,他的税前薪酬达到1 305万元,这也是万科高管年薪首次突破1 000万元。郁亮1990年加盟万科集团,2001年起担任万科总裁至今。2011财年,万科的销售额继续保持行业第一,但销售面积低于恒大地产,房地产行业老大的地位受到挑战。

中国平安董事长兼CEO马明哲以988万元的年度薪酬位列第二,他的薪酬与去年基本持平。中国平安吸收合并深圳发展银行的事宜尘埃落定。目前中国平安已经攒齐金融全牌照,并有意将触角伸向金融租赁领域。

第三名至第五名分别为中集集团总裁麦伯良(958万元)、深圳发展银行行长理查德·杰克逊(869万元)以及长城开发总裁郑国荣(759万元)。

① 参见王建民:《论中国高等教育"生产关系"变革:理性思考与战略选择》,《高等教育研究》,2006年第12期。

中资港股中薪酬最高的 5 位 CEO

中国多金属矿业有限公司行政总裁朱晓林以 2.35 亿元的薪酬名列榜首，其中基于股权的报酬为 2.33 亿元，约占薪酬总额的 99%。中国多金属于 2011 年 12 月 14 日在港上市，中国多金属矿业是云南省最大的铅及锌纯采矿公司，拥有大量高品位的银储量。

联想集团董事会主席及 CEO 杨元庆以 8 959 万元排名第二。去年杨元庆曾以 7 872 万元的薪酬位居榜首。2011 年杨元庆贷款从联想集团母公司联想控股处购得 7.97 亿股股票，使其在联想集团的持股比例达到 8.7%。在 PC 市场坐二望一的联想集团动作不断：与 NEC 成立合资公司，收购 Medion AG 等。

中国旺旺董事会主席兼行政总裁蔡衍明以 5 745 万元的年度薪酬排名第三，阿里巴巴集团首席执行官陆兆禧以 4 757 万元年度薪酬排名第四。阿里巴巴股东大会已经通过公司私有化要约，将以每股 13.5 港币的价格注销其上市股份，根据估算此次私有化将耗资约 190 亿港币。紧随其后的为人和商业董事会主席兼行政总裁戴永革。而中国最大的互联网企业——腾讯控股董事会主席兼行政总裁马化腾以 2 067 万元名列第 11 位。

A 股上市公司 CEO 薪酬榜特点

今年福布斯中文版首次将国有上市公司和民营上市公司混合排列。调查显示，A 股上市公司中，年薪超过百万元的 294 位 CEO 中，有 151 人来自民营企业，其他 143 人来自国有企业。从平均情况看，民营上市公司 CEO 较国企 CEO 年轻 2 岁，但平均薪酬不如国企 CEO 高。从所管理公司的平均市值看，国有上市公司 CEO 管理的平均市值为民营的 4.8 倍。在 A 股 CEO 薪酬榜上，从管理业绩看，国有上市公司在销售额和净利润增长上全面领先民营上市公司。

在 A 股上市公司 CEO 薪酬榜上，高薪 CEO 主要集中在金融、房地产、信息技术及医药等行业。其中来自于中小板及创业板的 CEO 有 83 位，约占总人数的 28%。中小板及创业板企业的高增长特性也赋予了 CEO 高薪的空间。

资料来源：根据 2012 年 6 月 27 日福布斯中文网《福布斯发布 2012 中国上市公司 CEO 薪酬榜》整理（2013 年 3 月 14 日：http://www.forbeschina.com/review/201206/0017913.shtml）。

7.3　福利的形式与作用

按照本章 7.1.1 的定义，福利概念，与薪酬概念的“直接性、确定性和及时性货币报酬”不同，具有“间接性、未来性和灵活性货币或非货币报酬”的内涵。福利有多种形式。福利表现出不同形式的原因，主要在于福利项目设计者对福利作用的追求。

7.3.1　福利的主要形式

福利有哪些形式？在加里·德斯勒和曾湘泉主编的《人力资源管理》（第 10 版·中国版）中介绍了四种主要的福利形式：

一是补充性报酬福利（supplement pay benefits）。这是指带薪不工作时间福利（benefits for time not worked)。雇员不工作,但雇主还得支付报酬。这种情况很多,比如为解雇员工支付的保险金、节假日、休假、事假、病假、产假等。这一部分福利的成本,占福利总成本的比重最大。① 德斯勒在书中还介绍了在美国社会中的组织关于这类福利的一些具体形式和规定。

二是保险福利(insurance benefits)。保险福利有法定和雇主自愿提供两种情况。据介绍,工伤保险在美国是法定福利。大多数雇主通常还会向雇员提供住院保险、健康保险、伤残保险以及人寿保险等类型的福利。②

三是退休福利(retirement benefits)。主要包括联邦政府要求的社会保险(social security)和雇主自愿提供的养老金计划(pension plan)。③

四是雇员服务福利(employee services benefits)。不少雇主还为雇员个人提供服务(如咨询服务)、"利家"服务(如托儿、老人看护等)、教育补助、管理者津贴(如为高层管理人员提供汽车、飞机交通补贴)等福利计划。④

需要注意,加里·德斯勒和曾湘泉在这部教材里介绍的福利形式和规定,只是发生在美国的情况。不同的经济,对福利有不同的规定、要求或传统。不同形式的福利适应不同的经济和组织。

举例来说,"较低的直接货币薪酬+较高的非货币福利",是符合中国经济和社会现实要求的中国国有企业经营者的薪酬结构。这些国有企业经营者的福利主要包括:(1)政治地位。许多大中型企业的负责人,一般都能够获得担任全国或地方各级人大代表、政协委员的机会。(2)廉价住房。不同级别的企业经营者,能够享受到国家有关部门安排的或廉价出售的住房。(3)免费交通。专用高级轿车、专职司机的情况很普遍。公务车基本等同于私家车,公务私事,随叫随到。(4)公费医疗保险。(5)公费餐饮。(6)公款通讯费。(7)出国"考察"。⑤

7.3.2 福利的重要作用

有研究者认为,"深得人心的福利,比高薪更能有效地激励员工。高薪只是短期内人力资源市场供求关系的体现,而福利则反映了企业对员工的长期承诺。"⑥这一观点有一定道理。人力资源的薪酬水平,主要由人力资源市场上的供求状况决定。

比如,市场上大学毕业生严重过剩,就业大学毕业生的初始工资就会下降。钱诚调查,2012年中国高校毕业生起点薪酬平均值每月2 708元,中位值2 500元,众数2 000

---

① 参见加里·德斯勒和曾湘泉主编:《人力资源管理》(第10版·中国版),中国人民大学出版社,2007年1月第1版,第442—447页。

② 参见加里·德斯勒和曾湘泉主编:《人力资源管理》(第10版·中国版),中国人民大学出版社,2007年1月第1版,第447—449页。

③ 参见加里·德斯勒和曾湘泉主编:《人力资源管理》(第10版·中国版),中国人民大学出版社,2007年1月第1版,第454—455页。

④ 参见加里·德斯勒和曾湘泉主编:《人力资源管理》(第10版·中国版),中国人民大学出版社,2007年1月第1版,第459—463页。

⑤ 参见王建民:《论国有企业经营者人力资本的收益权》,《北京师范大学学报(社会科学版)》,2004年第2期。

⑥ 参见2008年2月14日人力资源开发网《五花八门的福利》一文(http://www.chinahrd.net/zhi_sk/jt_page.asp? articleid=136567)。

元，最大值15 000元，最小值1 000元。2012年分地区高校毕业生起点薪酬调查数据如表7-4所示。[①]

表7-4 2012年分地区毕业生起点薪酬调查数据 单位：元/月

地区分类	平均数	25分位值	中位数	75分位值	众数
东北地区	2 772.27	1 800.00	2 200.00	3 000.00	2 000.00
华北地区	3 162.67	1 895.00	2 690.00	4 000.00	3 000.00
华中地区	2 373.69	1 500.00	2 000.00	3 000.00	2 000.00
华东地区	2 617.93	1 900.00	2 500.00	3 000.00	2 000.00
华南地区	2 654.43	1 900.00	2 500.00	3 000.00	2 500.00
西南地区	2 418.41	1 700.00	2 100.00	2 800.00	2 000.00[a]
西北地区	2 422.90	1 750.00	2 100.00	3 000.00	2 000.00

薪酬水平随着市场的变化而发生波动，是市场供需双方博弈的均衡解。福利则有所不同。福利受人力资源市场供需变化的影响较小。福利的提供，有法律对雇主强制要求的原因，但在很大的程度上，是雇主自愿的行动，能够体现出雇主对雇员价值的评价、需要的满足和情感的付出。丰富的、精心设计的福利，能够让雇员感受到安全、保障、重视、温暖和快乐，能够让雇员对未来的生活充满希望。感到快乐和有希望的员工，是忠诚于组织的员工，是高效率的员工，是组织获得高水平绩效和实现战略目标的基础和保证。

向雇员提供丰富多彩福利的组织，是有智慧的、负责任的和可持续发展的组织。福利激发动力，福利创造绩效，福利成就战略。

《概念·要点》

“深得人心的福利，比高薪更能有效地激励员工。高薪只是短期内人力资源市场供求关系的体现，而福利则反映了企业对员工的长期承诺。”

7.3.3 有价值的福利形式

这里举几种被一些大型营利和非营利组织实际采用的福利形式，供学习者认识、设计者参考和实践者借鉴。

团体旅游活动。有一家公司以组织年度团体旅游（境内和境外）的形式向员工提供非经济福利。公司鼓励员工家属参与，提倡“一人进公司，全家公司人”文化。

移动家庭医疗服务。Google向员工提供移动医疗服务，即公司派医生前往员工家中进行急诊。房地产与设施主管苏珊·瓦格纳在即将出差的前一天晚上，她刚学会走路的

① 参见人力资源和社会保障部工资所钱诚博士的《我国不同学历毕业生起点薪酬比较及影响因素研究》报告。（中国劳动保障科学研究院基本科研业务项目资助）。

孩子突然发烧病倒了。公司派医生及时赶到,为孩子诊治。瓦格纳说:"如果我一整夜都在急诊室里守候的话,那么第二天无论如何也无法出差。"公司人力资源主管布鲁梅尔估计,移动医疗服务每年有可能为公司节省100万美元。①

本土化与人性化元素。诺基亚公司在薪酬体系中表现出来的本土化与人性化的元素,仅在感性上就让雇员感到欢愉。比如在"诺基亚北京公司薪酬体系"的"现金福利"部分,可以看到一个排满中国节日的现金福利发放表:春节每个员工发放现金福利600元;元旦200元;元宵节100元;中秋节200元;国庆节300元;员工生日发放400元。② 生日福利仅低于春节福利,显然是在传达尊重员工个人的信号。

精神福利。正泰集团签约温州康宁医院设立的"阳光服务室",专门为员工提供必要的心理援助。"精神福利"成为浙江温州民营企业关爱员工的新方式。专家介绍,心理援助的对象不是病人,仍然是健康人,只是他有心理困惑,需要在专业人员的帮助下解脱。员工心理援助项目,是通过咨询、诊断、培训、指导等一系列过程,帮助员工解决各种心理和行为问题。③

公务出差保险。一家跨国咨询公司向全球员工提供公务出差保险福利计划,全部保险费由公司支付。员工一旦公务出差,即自动受保护。如在出差期间发生意外,保险公司将根据受伤或受损情况为员工的家人提供最高不超过6年年薪的公务出差保险补偿。④

7.4 薪酬与福利的设计

薪酬与福利是雇主的成本,是雇员的收益。"成本"与"收益"的矛盾如何化解?依赖制度。制度需要设计,而设计制度需要专门的知识与技术。

本节简要介绍薪酬与福利设计中的几个问题:(1) 战略薪酬设计模型;(2) 战略薪酬设计技术;(3) 福利设计的条件;(4) 弹性福利设计。

7.4.1 战略薪酬设计模型

战略薪酬设计按照图7-5所示的逻辑展开。⑤ 战略薪酬的设计原则有五项:

---

① 根据原载于《商业周刊》的文章:《Google公司员工福利诱惑动摇微软士气》。下载自人力资源开发网(http://www.chinahrd.net/zhi_sk/jt_page.asp? articleid = 134970)。

② 根据中国人力资源开发网刊载文章:《诺基亚薪酬内参重酬好员工》(http://www.chinahrd.net/zhi_sk/jt_page.asp? articleid = 132032)。

③ 参见2007年6月12日温州网—温州商报应忠彭:《精神福利:关爱员工新方式》(2008年2月15日下载自中国人力资源网:http://career.hr.com.cn/html/47698.html)。

④ 根据《牛津管理评论》(ICXO.COM):《名企五花八门福利大比拼》2008年2月15日下载自:http://oxford.icxo.com/htmlnews/2006/04/12/774231_0.htm)。

⑤ 图7-5"战略薪酬设计五维度模型",是在乔治·T.米尔科维奇和杰里·M.纽曼"薪酬设计四维模型"基础上的新发展。"薪酬设计四维模型"参见乔治·T.米尔科维奇和杰里·M.纽曼著,董克用等译:《薪酬管理》(第6版),中国人民大学出版社,2002年第1版,第10页。

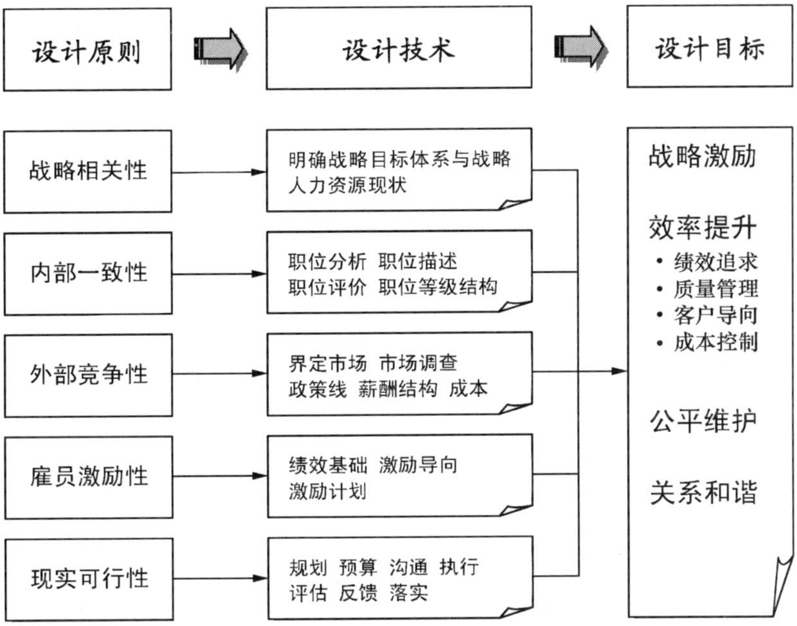

图 7-5　战略薪酬设计五维度模型

第一,战略相关性原则。薪酬的设计,要以组织战略目标的实现为出发点和归宿。组织为了生存与发展而实施战略,战略的实施需要强有力的人力资源的支持,而薪酬是人力资源保持和激发动力的基础与条件。

第二,内部一致性原则。在组织内部建立薪酬秩序和逻辑,实现同工同酬,级差合理,晋升有序。

第三,外部竞争性原则。在不同组织从事同类或同等难度工作的雇员,往往会相互比较薪酬福利。而且,出于竞争目的,有的组织会用高于对手的薪酬福利吸引优秀员工。为此,在薪酬设计中,需要根据组织自身条件,在一方面或多方面形成比较优势。

第四,雇员激励性原则。薪酬之所以需要设计,主要是为了获得激励雇员的良好效果。雇员的激励难度越大,对薪酬设计的要求越高。雇员接受、认可、欢迎、兴奋,依次为薪酬制度质量由一般到卓越的反映。设计质量高的薪酬福利制度,不仅要得到雇员的认可,而且要能够受到欢迎,最好能够让雇员感到兴奋。快乐创造生产力!

第五,现实可行性原则。薪酬设计需要高度关注现实性与可行性。无论多么精致的薪酬方案,如果没有现实性和可行性,那么,对于雇主而言就没有意义和价值。

薪酬设计有多种方法或技术可以利用。比如,为了体现内部一致性原则,可以采用职位的分析、描述、评价和等级结构的确定等方面的技术;为了坚持外部竞争性原则,需要利用科学有效的方法,界定市场范围、开展市场调查,优化薪酬结构、降低薪酬成本。

设计薪酬的目的,主要是激励战略人力资源,提升员工绩效,维护待遇公平,促进劳资关系和谐。

《概念·要点》

战略薪酬设计原则：第一，战略相关性原则；第二，内部一致性原则；第三，外部竞争性原则；第四，雇员激励性原则；第五，现实可行性原则。

7.4.2 战略薪酬设计程序与技术

图 7-6 所示为设计战略薪酬——主要是确定薪酬率——的一般步骤。[①] 分为五步：

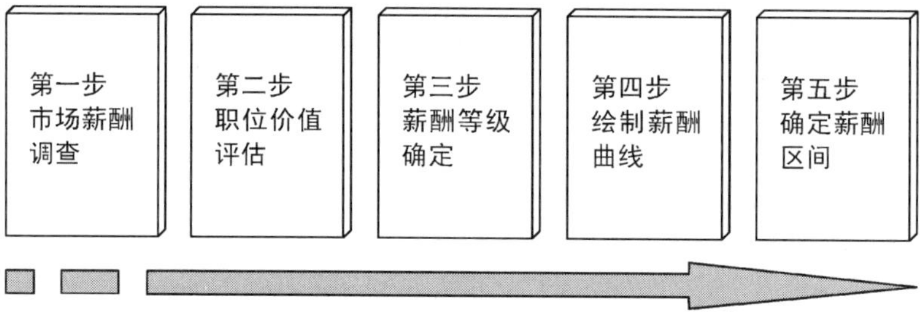

图 7-6 战略薪酬设计程序

第一步，市场薪酬调查。薪酬调查(salary survey)是必要的和关键的环节。主要目的是了解竞争对手或者同类组织的薪酬情况。许多企业会外包薪酬调查业务，请专业公司帮助了解市场信息。

第二步，职位价值评估。确定每一个职位的相对价值。

第三步，薪酬等级确定。根据职位的相对价值，确定薪酬的等级。把价值相同或相近的职位归于同一等级之下。

第四步，绘制薪酬曲线。薪酬曲线，又称工资曲线(wage curve)，用来确定每一个薪酬等级的薪酬水平。

第五步，确定薪酬区间。在同一个薪酬等级内界定变化范围。一个等级内有许多职位，不是给予所以职位相同薪酬，而是要对职位进行细分，支付有一定差别的薪酬。2007年年末，许多中国大学的教授的工资，被分为四个等级，最低四级，最高一级，薪酬有浮动区间。

战略薪酬设计技术，主要是指在薪酬调查、职位价值评估以及绘制薪酬曲线过程中所使用的方法。重点需要了解在职位相对价值评估中可供选择的方法[②]：

(1) 排序法。最简单和最常用的方法，通常根据工作“复杂程度”对岗位“价值”排出次序。

---

① 参考了加里·德斯勒和曾湘泉主编：《人力资源管理》(第 10 版·中国版)，中国人民大学出版社，2007 年 1 月第 1 版，第 364—373 页内容。

② 参考了加里·德斯勒和曾湘泉主编：《人力资源管理》(第 10 版·中国版)，中国人民大学出版社，2007 年 1 月第 1 版，第 368—371 页内容。

(2) 职位分类法。把所有职位分成几个“职位组”。

(3) 要素计点法。为每一个职位赋予一个“客观点值”。方法是:确定与报酬决定有关的要素;把每个要素分成几个不同等级;为每一个要素等级赋予一定点数。确定每个职位中所包含的薪酬要素等级数量。把每个职位中所包含的要素等级的“点数”加总,即可得到每一个职位的“点值”。

(4) 因素比较法。排序法的细化。对职位进行多次排序,每次根据不同的因素(如根据技能、知识等)排序,最后把多次排序的结果进行整合,得到各个职位的总体排序结果。

(5) 计算机化职位评价。利用计算机软件作为辅助工具进行排序。

≺概念·要点≻

确定薪酬率步骤:第一步,市场薪酬调查;第二步,职位价值评估;第三步,薪酬等级确定;第四步,绘制薪酬曲线;第五步,确定薪酬区间。

7.4.3 高质量福利设计的条件

什么是高质量的福利项目的设计条件?研究专家认为,合理的、效果良好的高质量福利项目,在设计中应该注意采取以下五项措施[①]:

第一,制定战略福利规划。根据组织战略目标的需要,制定相应的组织雇员福利战略规划。

第二,邀请雇员参与讨论。提供什么样的福利,要充分征求雇员的意见和建议。开展雇员福利需求调查,是设计高质量福利项目的前提条件。

第三,满足雇员多样化需求。根据雇员福利需求信息和雇员对福利项目的意见和建议,尊重多数人的选择,结合组织需要和约束条件,建立能够满足雇员多样化需求的福利制度。

第四,适度的灵活性。福利项目提供的内容、程序和范围等,应该有一定的可变性和可调整性。僵化的福利模式,不利于满足雇员多样化的需求。

第五,及时沟通福利信息。设计之前、实施之中和完成之后,都应该向全体雇员或相关人员及时通报信息。争取得到绝大多数雇员的理解、支持与配合。同时,应该在项目结束后征求相关人员的意见和建议,以便在今后的福利项目设计和实施中进一步提高质量。图 7-7 所示为高质量福利项目的条件。

---

① 参考了〔美〕乔治·伯兰德和斯科特·斯内尔著:《管理人力资源》(英文版),东北财经大学出版社,2003 年 10 月第 1 版,第 463—466 页基本思路。原文内容是:合理福利计划的要求(Requirements for a Sound Benefits Program)。

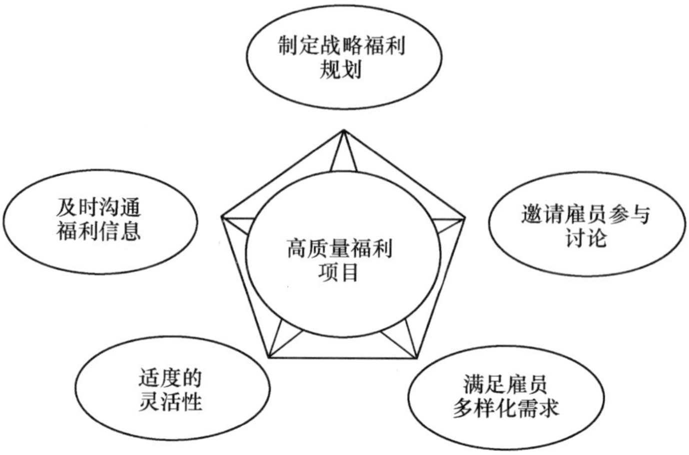

图 7-7　高质量福利项目的条件

〈概念·要点〉

高质量的福利项目的设计条件：第一，制定战略福利规划；第二，邀请雇员参与讨论；第三，满足雇员多样化需求；第四，适度的灵活性；第五，及时沟通福利信息。

7.4.4　弹性福利设计

所谓弹性福利，又称为自助餐式福利，强调雇员可以在组织提供的多项福利项目中，按照一定条件，自由选择适合自己需要的一套福利“套餐”，使每一位雇员都有属于自己的福利组合。当然，让每一位雇员都满意是不可能的，但是可以做到让多数人满意或基本满意。

弹性福利制度的设计需要考虑以下因素：

(1) 法律、法规和政策规定。福利项目的设计可以做到合理避税，但不得违法、违规或违反政府政策。

(2) 利弊分析。比较而言，弹性福利制度有利也有弊。事前分析，有利于规避不利影响，提高福利制度的适用程度和激励作用。

(3) 发现并满足雇员需求。

(4) 福利制度在实施中的成本。

(5) 加强信息沟通。

(6) 组织文化建设。

❑ 要点回顾

■ 被雇用者从雇用者那里所获得的全部收益的总和称为“报酬”。报酬分为“薪酬”与“福利”两类。“薪酬”——以货币形式表现的具有直接性、确定性和及时性的报酬；“福利”——以货币或非货币形式表现的具有间接性、未来性和灵活性的报酬。

■ 薪酬与福利制度，对于组织战略目标的实现具有决定性的作用。组织实施新战略，通常都需要修订、调整或重建薪酬福利制度。

■ 战略目标的实现，需要来自人力资源的强大力量的支持。而人力资源的力量，来源于人力资源构成要素的合理结构和有效机制。

■ 不同的员工，以及同一个员工在不同的职业生涯发展阶段，所产生的需求或期望的收益有所不同。什么收益更有价值，取决于员工个人的偏好和预期。满足员工收益预期的激励计划，才能够产生激励效应。

■ 薪酬由内部和外部两类因素决定。内部因素包括：(1) 组织薪酬政策；(2) 组织支付能力；(3) 工作的价值；(4) 员工的利润贡献率。外部因素有：(1) 人力资源市场信息；(2) 地区薪酬水平；(3) 当地生活费用；(4) 法律规定；(5) 集体谈判能力。

■ 雇员可能获得的薪酬，分为货币和非货币两类。货币薪酬又分为直接薪酬和间接薪酬。非货币薪酬包括工作性质和工作环境两个方面。非货币薪酬的增加，意味着收益水平的提高、业务规模的扩大和管理水平的提升。非货币薪酬的支付，是组织成熟和实力的体现。

■ 福利形式：(1) 补充性报酬福利；(2) 保险福利；(3) 退休福利；(4) 雇员服务福利。

■ “深得人心的福利，比高薪更能有效地激励员工。高薪只是短期内人力资源市场供求关系的体现，而福利则反映了企业对员工的长期承诺。”向雇员提供丰富多彩福利的组织，是有智慧的、负责任的和可持续发展的组织。福利激发动力，福利创造绩效，福利成就战略。

■ 战略薪酬设计五项原则：第一，战略相关性原则；第二，内部一致性原则；第三，外部竞争性原则；第四，雇员激励性原则；第五，现实可行性原则。

■ 确定薪酬率步骤：第一步，市场薪酬调查；第二步，职位价值评估；第三步，薪酬等级确定；第四步，绘制薪酬曲线；第五步，确定薪酬区间。

■ 职位相对价值评估方法：(1) 排序法；(2) 职位分类法；(3) 要素计点法；(4) 因素比较法；(5) 计算机化职位评价。

■ 高质量的福利项目的设计条件：第一，制定战略福利规划；第二，邀请雇员参与讨论；第三，满足雇员多样化需求；第四，适度的灵活性；第五，及时沟通福利信息。

❑ 思考与练习题

7.1　什么是薪酬？什么是福利？二者有何联系与区别？举例说明。

7.2　薪酬福利制度与组织战略有什么关系？
7.3　解释激励机制与员工个人偏好和预期的关系。说明原因。
7.4　货币薪酬与非货币薪酬有哪些联系与区别？举例说明。
7.5　非货币薪酬意义何在？结合具体案例说明。
7.6　福利有哪些类型？结合本地实际情况说明。
7.7　福利与薪酬哪个的激励作用更大？为什么？
7.8　解释战略薪酬设计原则。举例说明。
7.9　高质量福利设计需要考虑哪些因素？为什么？

❑ 案例研究

礼来制药的薪酬福利模式

单纯把员工的净收入拿出来比较，礼来公司只能算中上水平。在毕业生网站上，生产MM豆的食品公司“玛氏”，实习生月薪9 000元。还有几个国际行业垄断巨头，在薪资待遇上都提出了“第二年增长100%，第三年50%—100%，三年内拿到30万—50万元”的目标。然而相对高薪，外资企业建立的符合中国国情的薪酬福利制度，更具可复制性。礼来是美国的百年药企，1918年在上海设立中国办事处。11月10日，公司分别请了两位劳动法专家给上海和苏州的员工讲课。“我们内部律师已经领会新《劳动合同法》的实质了，有团队研究出相应措施，讲课是要使员工明确自己的权益。”人力资源部总监刘玉波说，“高度的诚实、正直，稳固的个人，和谐的关系，这是130年来的管理宗旨。”

一份有尊严的底薪

14点10分，一个女孩的生日宴会刚刚结束，已经过了正常午休时间，吴菲和一群同事喧闹着回到办公室。企业之家大厦是离上海新天地最近的写字楼，看着楼下晒太阳喝咖啡的人们，吴菲说：“这是我从伦敦商学院MBA毕业后的第一份工作，机会成本很大，只能成功，不许失败。”吴菲在英国的同学有很多人都去做咨询师，“如果念书压力太大，就会急于回返成本，咨询师的待遇可以满足。”吴菲刚进入公司时候，得到的是MBA的薪水和一个销售岗位，“我一开始也不理解，既然能支付超过我预期的报酬，为什么还要做基层的工作”。刘玉波的解释是，吃亏的不是你，而是公司，公司支付高额成本，并不是针对个人所做的工作。因为不只是根据业绩决定工资，而是根据对个人职业生涯的判断。“我们的假设是：所有员工都想把工作做好。”刘玉波说。

公司有一张四方形晋升表格，从底层销售到中国总经理一共有4个步骤。吴菲已经进入第二层级的“品牌经理”，“再往上有两条路，可以做中国的某个区域经理，然后是海外代表，或者职能部门，做部门的总监”。加薪或者升职，都有一个可参照的公式。外企的优点在于，一切制度起因都有一个参照物，那就是本国本土公司的薪酬制度。“礼来的总部在美国，我们各国同层级部门的同事经常一起开会，但是每个国家的法律、生活水平不同，我们都以当地法律为准，但核心是贯穿自己公司的理念。”

每个部门都有考核员工的表格，考核表上占据最重要部分的并不是业绩，这套考核表对于不同岗位有不同的设计,但基本体系是一样的,包括"遇到问题能不能及时和同事沟通","专业知识","对客户的了解和关系","对于别人的询问是否起到帮助作用","区域知识",还有业绩,这些标题的后面都会有罗马数字的级别。"这个考核系统非常严密,而且有硬性的数字支持。"在礼来公司全球30家分公司,这个考核系统的设计和标准都是一致的,"确保员工不仅仅为了薪水工作"。

根据薪酬福利机构的调查显示,成熟企业的一个标志是,员工底薪应该高于绩效工资。"即使是销售部门,底薪也很高,占据收入总额的60%—70%,少数是绩效工资。你卖出去多少产品并不重要,重要的是你是不是符合我们的规范。"刘玉波说,首先,你是与我们匹配的员工,我们为你的将来铺好路,然后才是你自己要做的事情。销售以外的部门员工都是固定收入。吴菲做销售员和品牌经理,薪水无差别,她属于"还蛮注重生活品质的"女孩,衣着精致,"但是用化妆品不大讲究,都买雅诗兰黛"。刘玉波说,"一份有尊严的底薪,保障公司希望提供的安全感"。

薪酬计算公式:上海白领和苏州工人

对于吴菲来说,"超过自己预期"的稳定收入并不是安全感的来源。"总经理每月和我谈一次,想要改变路线,公司给你很多选择,不用跳槽。我看到在这里工作很多年的人,觉得很心安。"吴菲是单身,暂时没有买房买车的计划,"不过我一来同事就对我讲,在这里工作,房子不会成为问题"。上海所规定的住房公积金额度当然远远赶不上房价的上涨。外资药企1995年开始大规模进入中国大陆市场,1995年是薪水增加幅度最快的时候,一年加薪约36%。"增加薪水由市场条件和通货膨胀率决定,除此以外,某一工作的价值由公司业务及文化决定。"2000年薪水增长幅度最慢,受市场仿制药和"非典"的影响,这几年又开始加快。

公司的薪酬福利部,每年都要做一次"加薪圆盘"。"年度薪酬福利周期表"是正规叫法。"从7月开始,也就是年中,对于年初的个人工作目标做一个评估,你年初自己定下的目标,要在哪些方面做出改善,我们要回顾。"这样,各部门开始制订明年的加薪计划,10月报总公司审批,1月做一个全年的绩效管理回顾,看看目标完成得怎么样,4月开始正式调整薪水。在上海的礼来公司,会根据全年业绩来制定一个总公司工资增长的平均值。"有时候这个数字很高,但是各部门会根据自己部门的整体状况调整,每个人都有自己的评估成绩,虽然你不知道别人加薪多少,但你能看到平均值,如果你低于平均值,就应该努力了。"

白领和工人的薪酬体系不完全相同。礼来在苏州的药厂坐落在苏州的工业园区。与街道狭窄、交通拥挤的苏州老城相比,拥有宽阔马路和现代感十足的建筑的工业园区仿佛是另一座城市。这座工业园区是参照新加坡模式设计的,工人臧玉琴解释说,为了纪念这个渊源,东西方向的街道名称里有一个苏州的苏字,南北方向的街道名称里用的不是新加坡的新,而是改用了星岛的星。除了这些看得见的效仿,体制上的借鉴更具实质意义。礼来药厂的厂长张春华向记者解释,苏州工业园区的薪酬政策正是借鉴了新加坡模式。礼来公司虽然是一家跨国企业,在全球范围内有统一的理念和管理体系,但是,薪酬福利的设计一定是本土化的。礼来苏州药厂的薪酬在礼来公司全球理念框架下,遵照的是苏州工业园区的薪酬设计。

药厂所有员工的工资由基本工资和绩效工资组成，基本工资的比例可以占全部工资的60%—70%，这是礼来公司的一个传统理念，“为了让员工有尊严地生活，不会因为绩效的波动而影响生活质量”。一线工人的工资并不是计件的，张春华厂长解释说，药厂非常忌讳计件工资。因为药品需要对病人负责，计件更强调数量而容易忽视质量。和上海一样，苏州药厂的工资更倾向于引导职工积极参与公司的活动、与同事友好相处，最后通过评估体系来确定工资。“这个评估体系是相同的。”除此，在加薪方面，每个员工一年可以拿到13个月的工资，年底考核中，不同绩效的员工还可以得到0到8周不等的工资。一个工作努力、绩效优秀的职工，他一年可以拿到15个月的工资。除此之外，礼来药厂也会根据总公司的加薪政策为员工加薪。臧玉琴并不愿意透露自己每月的工资，她说在厂里老员工都避免和新员工谈论薪水问题，不过，她告诉记者，6年来自己的工资大约涨了5倍。

“作为公司，我们只关注我们同等的对手，因此大家达成了协议，每年对彼此的薪酬水平做一个统计。”美世咨询公司是专为跨国公司设计薪酬福利待遇的机构，在中国设分公司的三十几家全球最大的医药公司，每年都会委托美世调查同行的薪酬福利体系。“我们的目的不是用高薪留人，而是保证具有竞争力的薪水。”美世咨询师丁一说，“薪水是受外部市场影响的，是按照劳动力市场、技术变化、产品的周期、公司业绩，是市场导向的。我跳槽了，薪酬差距可以用现金弥补。但公司不可能为了一个人改变公司的福利体系。”

能解决房子问题的福利体系

苏州工业园区绿草如茵，安静的厂房显不出忙碌。礼来药厂质检部门的工人臧玉琴看上去比实际年龄小得多。上周末，她刚刚和全厂的同事一起度过了家庭日，礼来苏州药厂租了4辆大巴，请职工和家人到太湖边的农林大世界采摘游玩。这个已经成为药厂传统的集体活动是臧玉琴对公司福利的第一个描述。臧玉琴的房子不在工业园区，骑电瓶车上班需要20分钟，算是全厂上班路途比较远的员工。臧玉琴每个月的工资额度中的44.2%会储蓄起来，其中22%她自己付，22.2%由公司来付，除此，还有“小猪计划”。

6年前从医药中专毕业的臧玉琴对未来有大约三种选择：去药店工作、在药厂的一线做工人或者做药品推销。臧玉琴当时的想法是，到药厂做工人然后学习更多的东西，在学校的推荐下，她和其他3名同学经过考试被礼来药厂录取。对比其他同学，臧玉琴觉得当初的选择是正确的。6年时间里，她拥有了一份稳定的工作，结婚、买房。由于自己的学历不高，工资要比在高新区从事IT业的丈夫低，“但是，福利他是没法和我比的”，臧玉琴坚定而骄傲地说。作为一个熟练技术工，在一家企业服务6年的臧玉琴的生活丰足而稳定。臧玉琴虽然只是中专毕业，但是与她那些从欧美商学院MBA毕业的同事一样，言谈中经常夹杂着英文术语。她告诉记者，在不忙的时候，同事们会早一些到厂里念念英语。在礼来公司，员工每年可以获得300美元的培训经费。公司鼓励员工学习与工作相关的技能。作为供职于外企的职工，很多人会把精力用在外语学习上。

苏州工业园区的房价这几年增长很快，每平方米价格可以达到7 000—10 000元。张春华厂长对记者说，在工业园里有许多不同类型的企业，不同行业的工资是没有可比性的。不过，这些企业的公积金却都遵照着工业园的统一政策。苏州工业园区有政府所辖的独立的公积金管理机构，每个职工不参加普通社保，工资的22%被存入公积金，单位相应也要拿出22%的数目，也就是说在苏州工业园区工作的职工每个月有工资的44%会被存入账户。这些钱可以用来偿还买房的贷款，也可以提取现金。这是最具吸引力的政策。

如果每个月，夫妻双方都有各自工资的44%来偿还贷款，“几乎相当于一个人的工资了”。张春华是在2000年左右买的房子，现在厂里很多工人都住得比他大，比他好了。他告诉记者，厂里有一对工人和小组长夫妻，买了一套130平方米的房子，整个厂有一半职工住在园区，上班开车5分钟。不过，张春华说，刚刚工作不久的小年轻买房子就有困难了，因为房价的增长速度已经超过了工资的增长速度，“但我们还有‘小猪计划’”。

吴菲的房子不会构成问题，不仅是因为她的薪酬。上海社保规定的“六险一金”是由礼来公司全额缴纳的，个人不用再交。“但是，对于高收入者来说，国家提供以外的更高的、增值的商业保险措施，比如住房、人身保险、医疗更加高额的保险，这些才是一个公司留住人才的福利。”在礼来的《福利手册》中，对员工的福利有更加清晰和细节化的保障措施。这些统称为“商业福利保险”。刘玉波强调，不能透露其中的一些具体数据，“福利政策才是一个公司竞争力的体现”。

“小猪计划”在上海被称为“礼来中国公积金”。将员工的收入进行公司统一的无风险的理财管理，这并不是礼来公司的创举。有很多外企对于员工的资产都有规划，甚至包括风险投资，不过在中国礼来公司，这项福利储蓄解决了大部分人的房子问题。“按照工资的1%—10%，你自愿储蓄，公司也储蓄相同的资金给员工，“礼来中国公积金账户”委托一家保险公司作为第三方管理，唯一要求是，入职满两年才可以提取。“这是礼来鼓励长期雇佣关系的一个法宝，全球通用。”这笔储蓄数额比较大，大部分员工都用这笔钱来付房子的首付，“每个月用这个还贷就可以了”。因此，对于礼来的员工，买房不会影响生活水平，“大家都还蛮轻松的，没什么压力”。不过这一两年上海房价飞涨，“要是刚进来的，压力也有一点了”。

最适合母亲的企业

王臻健一直在意脸上的痘痘不肯拍照。“如果养的是女孩，妈妈就会漂亮，养的是男孩，妈妈就会变丑。”和吴菲差不多大的王臻健刚从一家外企跳槽来到礼来就怀孕了。“我觉得前一个外资药企一直都让我待在一个岗位上，礼来可以给我更多的机会，我刚来的时候是做秘书，现在转做其他职位。刚来的时候，人力资源部的人就对我说，可以养孩子。”王臻健的工作要跟着医药代表跑医院，但是怀孕后不方便，公司也没有给她压力。明年3月孩子出生，“生孩子还能赚钱，因为产假可以拿到双倍工资”。根据劳动保护法规定，企业可以不发员工工资，由社保代发，但是礼来依然按照原来标准给产妇发工资，因此可以拿到双份。这是公司为员工另外提供的福利，叫做综合保障。“我们全球总部那才好，有幼儿园，有专门的母亲时间，礼来是一个受人尊敬的公司，所以才被杂志评选为全球最适合母亲的100家企业。”

刚刚休完假的人力资源部经理朱华穿着带卡通图案的粉色休闲服来厂里处理文件。8个月前，从澳大利亚一所商学院的MBA毕业之后，朱华来到苏州与丈夫会合。朱华有在外资汽车行业工作的经验，在她看来，选择礼来最重要的原因并不是工资和福利，她说，美国的一个资料表示，一个人跳槽之后的工资如果比原来的工资增长50%，3个月之后，他就会不满意自己的薪水。物质刺激是次要的。作为一个母亲，朱华希望有更多时间照顾家庭，原来的单位结构庞大、人员众多，人力资源的工作繁重而忙碌。苏州礼来药厂因为高度自动化，人比较少，组织机构并不复杂，朱华的工作相对轻松起来，现在每个周末她都要送儿子去学钢琴。“男孩子要感性一点。”朱华的家离工厂的距离只有5分钟的车程，家里如果有事也可以回去处理。

除此以外，医保的部分，无论住院、门诊还是重大疾病，也可以拿到单位再报销一次，而且是100%报销。公司还参保了额度较高的人身保险项目，包括意外死亡、意外伤残、交通、疾病死亡。独生子女、体检等各种国企的传统福利项目也全部具备。

高管的今天和明天

“我早就和公司签了无固定期限劳动合同，这个不用等到新《劳动法》来规定。”已经在公司服务13年的刘玉波，身后摆着一块红木镶银的英文牌，“刘玉波，感谢你在礼来工作10年”。在苏州厂长张春华的办公桌上有同样明亮的摆设。刘进入的岗位是销售，张则是物流，此后二人在各部门都工作过，并且都有海外工作经历，礼来没有空降兵，所有的高层管理人员都由本公司内部提拔。20世纪90年代刘玉波从一个外科医生下海，他习惯把15天年假放在孩子的假期里，“我年轻时也不知道休年假的滋味，来了外企慢慢懂得了，你休息是为了更集中精神地工作”。刘玉波笑着说，15天年假再要涨就要等到为礼来工作20年了。

“国家的保障制度是按照社会平均工资的倍数来缴纳，这并不能满足高收入群体的要求。”美世公司的咨询顾问丁一说，外资企业非常重视产生劳资纠纷给他们带来的影响，这与上市公司股价相关联。甚至在一些跨国公司，一个员工的离职会惊动高管。在这样的情况下，它更加注意遵守所在国的法律法规。而它的薪酬福利设计也有特别的地方：公司的传统理念与中国的政策法规相结合。丁一举例说，10年前大家的薪酬和福利相差不大，但是，5年前大家的薪酬相差就很大了。像刘玉波、张春华这样的高收入者，具有高福利传统，在国家社保制度之外，还增加补充福利计划，进行指标更高、范围更广的保障才是关键。

“要的不是你的产品卖出去多少，而是是否符合规章。如果违规操作，一点绩效工资也没有。”涂以松是公司里唯一被称为“老师”的人，虽然他还只是坐在公司靠墙的第三排，“最高层的有单独办公室，次级有靠窗的玻璃大隔断，但在公司大小事情我们都要问涂老师”。涂以松现在的头衔是“首席合规官”。“我们每一次吃饭应该花多少钱，每一个项目的流程应该是什么，每一个药品的销售渠道是什么？”1991年涂以松从华师大生物化学系毕业，分配到中科院上海院实验室工作。“当时我家里有房子，单位就把我派到了分房小组，反正也分不到你。我和太太都在中科院，我一个月能挣两三百块钱，第一个月在外企，拿800块钱。”学生物化学是非常容易出国的，“我有1/3同学都去了国外，除了那些人，现在我算是国内生活最好的了。”

涂以松和几位高管都是20世纪90年代中期选择进入外企，很快都进入了礼来公司。“我一直在不同部门间工作，但是上升到一定的位置，就到了一个限度，公司规模就是这样，但你可以变换工作的内容。”一个人的能力可以分级，每个岗位都有若干级别，互相转换也可以合理化，这中间需要一个叫做"黑带"的系统。"黑带是一个数学公式，由摩托罗拉和通用共同研制出来的，本来是用于质量监控，使产品的次品率小于十万分之六。"黑带后来被很多公司用在运作方面，"可以评价这个薪酬体系，人员内部流动的过程，是不是合理"。合规是每一个中层现在最喜欢介绍的字眼。"这是一个新设立的岗位，监督所有岗位的规章制度，并不断调整改进，有点像纪委的角色。"涂以松对工作内容保持着兴奋。

"从招聘进来到绩效评估到发展到升迁，美国总部都已经有了成熟的框架，礼来从1994年在上海设立分公司到现在，这个框架的基础都没有改变过，但是对于服务期很长的老员工，相应的退休计划我们还没有设计。我已经42岁，再过15年，也许会面对养老的问题，只有基本养老是远远不够的。以前从中科院出来的时候我没有考虑过，外企的福利制度确实让我们的生活改变了。我太太一直待在中科院，也赶上改革，拿点房补。"涂以松唯一的一点遗憾讲起来毫无避讳。刘玉波拿出一本厚厚的介绍"企业年金"的资料，"制定企业年金制度，正在我们的考虑范畴，保证员工退休后的生活水平，对我自己来说也一样"。

无形的心理契约

困扰张春华的问题是，周边药厂纷纷觊觎着自己厂里培养出来的熟练工人。药厂与普通制造行业的工厂不同，它要求工人有较高的职业技能，并且药厂工人的工资也高于制造业的工人。礼来药厂的工人大多来自于苏州的医药中专，经过考核进入工厂后还要进行培训、见习，"要培养一个成熟的工人，大约需要一年的时间"。如果说商品的价格是由社会必要劳动时间决定的，那么药厂工人的劳动力价格高也是有原因的。

员工和企业之间有一种无形的心理契约，作为企业要清楚每个员工的发展期望，并且满足它。而员工也要为企业的发展做出全力奉献，因为他们相信企业能实现他们的欲望。"我们这里的一个熟练工人跳槽到其他的药厂就能当上班组长甚至是经理。"本着同工同酬的原则，又不能给有跳槽意图的工人加薪，在这种情况下，如何留住工人却是考量管理者的智慧。张春华说，已经在考虑设立一些类似职称的头衔给优秀工人。不过，在臧玉琴看来，药厂的许多措施已经令她感动了。臧玉琴说，车间的椅子如果坐着不舒服就可以向相关的部门提出来，厂里很快就会更换。这是礼来药厂推行人体工效学的一个例子。张春华解释，经常在案头工作的人会得颈椎病、经常用嗓子的人会患咽炎，这些病都是因为长期从事一项工作而患的职业病，但是在中国，并不为人所重视。礼来每个车间都挂有人体工效学示意图，告诉工人正确的操作姿势，保护工人的健康。在张春华看来，这是最应该推广的一项活动。

药厂1996年建厂开始就把午餐承包给了一家法国的餐饮企业，"当时每人的午餐标准是26元，除了饭菜水果，怀孕的女职工还可以得到一瓶酸奶"。张春华开玩笑说，每个新员工都要被提醒注意体重问题，不过最近物价上涨，伙食有点下降，他正在考虑提高标准。苏州礼来药厂没有成立工会，一个叫做员工福利委员会的组织在行使工会的职能。委员会每年都会得到一定的经费用来丰富员工的业余生活，刚刚的采摘家庭日所需要的费用就要6万多元。"这些都是小钱。"张春华并不把这些开销放在心上，对于管理者，薪酬和福利并不是全部内容。

药厂的大门到主体建筑之间有宽阔的场地，厂里职工的车有福特、本田等。张春华说6年前他买车的时候，只能从桑塔纳、富康、捷达这一类车里挑选，他最后选择了一辆夏利2000并且一直开到现在。“厂里的操作工人开的车比我好，房子比我大，有什么关系?”他说，如果工人的家在苏州旧城，通过老城区改造可以拿到一大笔的补偿款，或者通过买股票，都会比厂长更有钱，“我在食堂打饭的时候，排在我前面的就是清洁工阿姨，美国总部的高层来我厂里也同样在食堂吃饭”。在礼来并没有体现等级差异的外在形式，臧玉琴叫厂长“张春华”，“要是听到张总还挺奇怪”。

礼来药厂在妇女节时邀请美容顾问来公司讲解美容知识。朱华的皮肤很好，没有化妆。她说去国外开会的时候会成箱地带倩碧和欧舒丹送同事和朋友。朱华刚到药厂工作时看到“满厂都是水灵灵的姑娘”，“评价一个公司要看两个方面，一个是公司的厕所，从它可以看出一个公司的管理水平，另外一个就是看公司的美女多不多”。

资料来源：葛维樱、杨璐：《一个外企的薪酬福利模式》，2007年11月19日总第457期《三联生活周刊》(http://www.lifeweek.com.cn/iRelease/jsp/other/IssueView.jsp? issueid=457)。

❑ 公司信息

美国礼来公司简介

美国礼来制药(Eli Lilly and Company)是一家全球性的以研发为基础的医药公司，致力于为全人类提供以药物为基础的创新医疗保健方案，使人们生活得更长久、更健康、更有活力。

礼来制药与中国的渊源可以追溯到20世纪初叶。礼来于1918年来到中国，并将其第一个海外代表处设在上海，从而迈出了全球化的第一步。几经风雨历练，礼来于1993年重返中国。近20年来，礼来本着“植根中国，造福中国”的理念，着力拓展在华业务，目前已经形成从研发、生产到营销和流通在内的全产业链格局。自20世纪90年代末期以来，礼来在中国已投资逾20亿元人民币(约合3亿美元)。礼来中国如今已成长为礼来全球第二大分支机构，并跻身业界在华增长速度最快的制药企业行列。

礼来在苏州建立有礼来苏州制药有限公司，在上海张江高科技园区建有礼来研发中国总部和礼来中国研发中心，并在全国数十个城市建立了办事机构，在中国拥有员工近四千人，目前公司业务已经深入到中国近四百个城市。2011年，礼来中国市场的增长幅度达到31%，继续保持高于业界的增速水平，这也是礼来连续第十年在中国保持20%以上的增速。

道德规范

礼来公司的所有行为均遵守三个核心价值观的指导：

- 诚信至上

我们根据所有适用法律运营业务，在与客户、员工、股东、合作伙伴、供应商、竞争者和社区打交道的过程中坚持诚信的原则。

- 追求卓越

我们致力于寻求制药创新，提供优质产品，努力取得出色的经营业绩。我们不断寻求新的方式以改进我们的所有业绩。

- 以人为本

我们致力于维护以相互尊重、公开和个人诚实为基础的环境。“以人为本”的原则意味着我们关心并尊重所有与公司有关的人员，包括客户、员工、股东、合作伙伴、供应商与社区。

以这些价值观为基础，礼来坚持这一原则：奉行良好的企业管理理念，建立强大、独立而多元化的董事会成员组织。

多元文化

- 之于礼来，之于病患，多元文化都至关重要。
- 一直以来，多元文化都是礼来的重中之重。我们非常重视在公司内部增强多元性。毫无疑问，多元文化对我们的业务来说也大有益处，特别是随着我们的患者群构成越来越多元化。
- 多元文化必定会带来创造力。创造力促进创新。创新提高我们的产品功效，并促进业务成功。在当今瞬息万变的世界上，没有多元化的创意，我们将举步维艰。
- 礼来致力于融合所有员工的才能，鼓励员工从不同的视角，采取不同的方式对待工作。公司员工构成越多元，越能折射出公司市场的多元化，并更好地指导我们的决策。反过来也能让公司的业务蒸蒸日上。

概况一览

- 美国礼来制药公司于 1876 年 5 月 10 日成立，至今已有 136 年的历史；
- 公司总部设在位于美国印第安纳州的印第安纳波里斯市；
- 全球员工 38 000 名，其中约有 7 400 名员工从事药品研发工作；
- 礼来的临床试验研究遍布全球 55 个国家；
- 在全球 8 个国家设有研发中心；
- 在全球的工厂遍布 13 个国家；
- 礼来的产品行销于全球 125 个国家。

2011 年财务状况

(除以每股计算的数值外)

- 净销售额：242.87 亿美元；
- 净收入(根据报告)：43.48 亿美元；
- 每股盈利(根据报告)：3.90 美元；
- 每股支付股息：1.96 美元。

研究与开发

2011 年开支	50.21 亿美元/年
	4.18 亿美元/月
	9 700 万美元/周
	2 000 万美元/工作日

- 比2010年增加3%；
- 研发费用占销售额21%。

员工

- 参与礼来研发工作的员工人数7383人；
- 参与礼来研发员工占总员工比例为19%。

新药成本

- 发现及开发一种新药的平均成本为8亿—12亿美元；
- 从发现到上市的平均周期为10—15年。

荣誉和奖励

- 福布斯在线：美国最慷慨的公司；
- 《金融机构投资者》：美国与股东关系最好的公司；
- Med Ad News：全球最受尊敬的公司；
- 《科学》杂志：最适合科学家工作的公司；
- 《在职母亲》杂志：最适合职业母亲工作的公司。

资料来源：根据礼来公司网页资料整理、改编（2013年3月10日：http://www.lillychina.com/about/overview.cfm）

● 思考与讨论题

7.1 "成熟企业的一个标志是，员工底薪应该高于绩效工资。"你对这一观点有何评价？为什么？试举例说明。

7.2 "总经理每月和我谈一次，想要改变路线，公司给你很多选择，不用跳槽。我看到很多年在这里工作的人，觉得很心安。"让员工"心安"有什么重要意义？为什么？

7.3 如果你是中国一家大型国有企业的CEO，你认为礼来公司在薪酬福利制度方面的哪些做法值得借鉴？哪些做法在你的企业行不通？为什么？

第四篇　建设与关系

第8章

战略人力资源能力建设

教育塑造人性、传授知识、开发能力，生产职业市场需求的人力资本。脱离经济社会需求的教育培训活动，对于个人、家庭和社会并没有多少价值。

学习能力，成就人生，发展组织，强化民族。

强调学习，就是重视未来。没有学习，就没有能力，也就没有未来。

主要内容

- 开发的基本问题
- 开发需求分析
- 开发与职业发展
- 战略生产力开发
- 战略执行力开发
- 战略领导力开发

逻辑模型

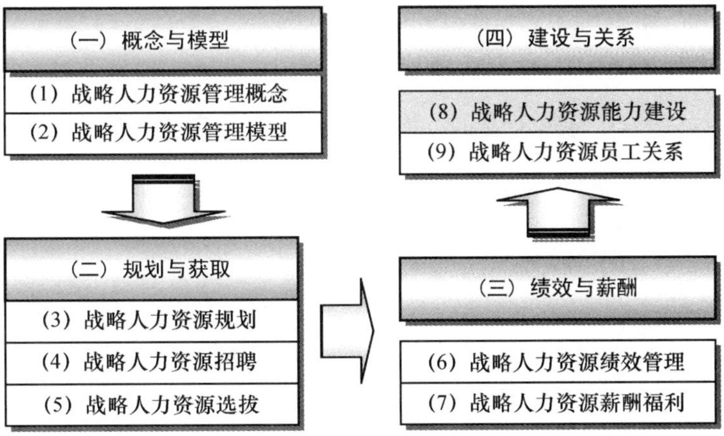

核心概念

战略管理(strategic management)
开发(development)
培训(training)
人力资源开发(human resource development)
需求分析(demand analysis)
职业发展(career development)
学习力(learning ability)
战略生产力(strategic productive force)
在岗培训(on-the-job training)
学徒式培训(apprenticeship training)
拓展训练(outward development)
电子化学习(e-learning)
战略执行力(strategic executive force)
战略领导力(strategic leadership)
领导(leader)
领导力(leadership)
领导力方格(leadership grid)

预期目标

通过本章学习,你可以获得以下知识和能力:

- 懂得开发与培训概念以及开发管理的程序和内容;
- 明确开发需求分析的原因、类型与方法;
- 理解开发与职业发展的相关性;
- 掌握战略生产力开发的有效途径;
- 了解执行力开发的战略手段;
- 认识战略领导力开发的特殊性。

开篇案例

迪士尼:"快乐培训"造就梦想

迪士尼的哲学观是:If you can dream it, you can make it(只要有梦想,你就可以实现)。迪士尼的创始人沃尔特。

迪士尼对员工的培训首先不是着眼于其素质和水平的提高,而是把它作为企业价值观和企业精神教育的一种重要手段。所以,迪士尼对所有员工的培训开始都是近乎宗教式的灌输,培训已成为企业长期坚持的核心价值工程之一。迪士尼要求每一个员工,不论是新聘任的副总裁还是入口处收票的业余兼职短工,都要接受迪士尼大学教授团的新员工企业文化训练课,以便让他们认识迪士尼的历史传统、成就、经营宗旨与方法、管理理念和风格等。

快乐培训的三个阶段

迪士尼非常注重员工的满意度。迪士尼大学门口有一块很醒目的、嵌着闪亮星星的牌子，上面写着“Welcome to Disney University——Where you are the star”（欢迎来到迪士尼世界，在这里你就是那颗闪烁的星星）。而且在培训期间，迪士尼公司会按照课时付给员工工资。老师授课时也非常注重员工的参与度，并且注重学习的游戏性。这些细节保证了员工拥有快乐的心情，并且最终将这种快乐带给游客。Disney 的培训分三阶段，分别是 Tradition（传统）、Discovery Day（探索迪士尼）和 On-work Training（岗位培训）。

第一阶段的 Tradition 是在迪士尼大学完成的。Tradition 培训是关于迪士尼文化、历史、现状、迪士尼服务水准、待客之道、各项制度、员工须知等内容。迪士尼的培训课程丰富多彩，涵盖各种语言培训、个人职业发展、Merchantainment（购物 + 娱乐，一种标准的体验经济营销方式）等。

迪士尼大学还训练员工观察每一位顾客，以便根据不同顾客对欢乐的不同感受，主动提供相应的服务。当课程结束时，老师对员工说：“你们即将走上舞台，记住神奇的迪士尼，创造并分享神奇的一刻，每天的迪士尼都不同一般，不一样的天气，不一样的观众，但迪士尼的服务及演艺水准始终是一样的。”在迪士尼上岗被称为“在舞台上”，员工被称为“Cast Member”。在迪士尼我们没有顾客，只有客人。

第二阶段是 Discovery Day（探索迪士尼）的培训。这一部分的重点是让员工通过实地考察熟悉迪士尼的文化。老师带领我们到各个公园实地考察，参与各项娱乐活动。记得在 Epcot（迪士尼世界四大主题公园之一）有一个 Cool Station，像是一个大冰窟，在里面你可以喝到来自世界各国的二十多种饮料，让我惊讶的是中国的“醒目”汽水也在其中，我们把它叫做“畅饮世界”（Drink Around the World）。

第三阶段是 On-work Training（在岗培训）。这是员工的 Show Time。当然，不是叫员工上台唱歌跳舞，这只是迪士尼的形象说法而已。在岗培训从入职开始就未曾间断过，这些培训包括：技能培训、紧急事变应付，如遇到炸弹恐吓、Y2K 的应变，游客满意服务（GSM），等等。在迪士尼大学，图书馆不叫 Library，而是被称为 Center of Excellence，即卓越中心。在这里你还可以获取许多其他培训资料与信息，有学习用的光盘、录像带、培训教材的磁带，以及各种有关迪士尼文化、表演艺术、动画艺术的图书等。

新员工培训

在来到迪士尼的当天晚上，新员工就会收到一份次日在迪士尼大学开始的学习计划及其他培训安排的时间表。时间表上不仅有在迪士尼大学工作技能方面的培训，还包含一些有关美国文化及佛罗里达地区概况的讲座。这对于新员工尽快熟悉迪士尼及周边地区的文化非常有帮助。在几天的培训中，所有新聘员工需要马上学会下列新的迪士尼语言：员工是“演员”；顾客是“客人”；一群人是“观众”；一班工作是一场“表演”；一个职位是一个“角色”；一个工作说明是一个“脚本”；一套制服是一套“表演服装”；人事部是“制作部”；上班是“上台表演”；下班是“下台休息”等。

一般来说，迪士尼的新员工培训都安排在特别设计的贴满创始人沃特·迪士尼肖像和他最出名的角色（例如米老鼠、白雪公主和七个小矮人等）的训练室里进行，经过精心挑选的培训导师用认真编写的脚本和特殊语言，通过反复提问及回答的方式来强化新员工加深对迪士尼的个性、历史传统、神话等的认识。

最典型的对话练习如：

导师：众所周知，麦当劳生产汉堡包。迪士尼生产什么呢？

新员工：迪士尼给人们带来欢乐！

导师：对极了。我们给人们带来欢乐。不管他们是谁，说什么语言，干什么工作，从哪里来，什么肤色，都要在此让他们高兴。你们不是被请来做工的，你们每一个人都是来我们的节目中扮演一个角色的。

在这种反复强化的训练中，迪士尼的宗旨（迪士尼给人们带来欢乐）已经被灌输进每个被培训者的脑海里，并融化到血液中。在员工以后漫长岁月的工作中，心灵深处总有一个随时提醒自己的预警系统——自己的责任就是给人们带来欢乐。在迪士尼大学的课本中，员工还可以读到这样的训练语言："在迪士尼我们可能会工作劳累，但是从来都不会厌倦。即使在最辛苦的日子里，我们也要表现高兴，要露出发自内心真诚的微笑。"

通过这种从文化、精神，到角色、语言的培训，迪士尼所有的员工都会对企业有一个比较深入的了解，为他们以后更好地适应迪士尼的工作打下良好的心理基础。

老员工培训

对于已经有一定经验的迪士尼员工来说，他们需要接受的培训更多，从内容到形式都非常丰富。当然，大多数的培训课程都是针对员工自身素质提高和职业生涯设计的要求予以设计和安排的，员工选择的余地也比较大。

迪士尼深知：没有快乐的员工，哪来快乐的顾客？欢乐＝财富！这也是这个世界最著名的娱乐业品牌的企业精神所在。公司每年会召开一次"员工大会"，向员工颁发 R. A. V. E. 奖（R-respect，A-appreciate，V-value，E-everyone）。因为迪士尼的工作人员来自世界各地，代表不同的文化。大家相处要学会互相尊重、互相包容，这也是迪士尼企业文化提倡的"Diversity"（多样生存，四海一家）。在迪士尼的员工手册上有一条关于"平等就业机会"的条文：对所有职员、求职者，公司不以种族、宗教、肤色、性别、年龄、国籍、生理缺陷等作为聘用提升的考虑因素。这种包容性的文化保证了迪士尼的创造力和活力，并最终成为企业最宝贵的竞争力。

资料来源：钱诚改编自《迪士尼的员工培训方式》（2013 年 3 月 10 日，中国人力资源开发网：http://www.chinahrd.net/talent-development/training-management/ 2010/0305/134925.html）。

思考题：

（1）如何理解"快乐培训"对迪士尼经营的重要意义？

（2）从迪士尼的培训方式中你得到哪些启发？

战略人力资源能力建设，基本等价于战略性人力资源的开发与培训概念。

组织战略与员工的培训与发展具有高度相关性。组织战略的实施，既需要物力资源，又需要人力资源。其中，人力资源发挥着决定性的作用。新战略的实施和战略实施中的调整，对人力资源所蕴含的知识、技能和能力的需求必然发生变化。解决"知识、技能和能力的需求"变动问题，一是从外部引进，二是在内部追加投资，即通过教育、培训等手段，改变现有员工人力资本的内容、构成、层次和质量，以满足战略需求。这一过程可以理解为对人力资源的开发过程。

本章专题讨论战略人力资源的能力建设，即开发问题。从基本问题开始，分析开发需求，阐释开发与职业发展战略的关系，然后，探讨战略生产力、执行力和领导力的开发特征与手段。

8.1　开发的基本问题

什么是人力资源开发？开发与培训是什么关系？开发管理分为几个步骤？开发包含哪些内容？

8.1.1　开发与培训

"开发"是英文"development"的译文。雷蒙德·A. 诺伊等专家认为，所谓开发，是指"有助于雇员做好未来工作准备的正规教育、工作经验、人际关系和对个性与能力的评估。"

【Development refers to formal education, job experiences, relationships, and assessment of personality and abilities that help employees prepare for the future.】①

雷蒙德进一步说明，开发是指"为了满足工作需求变动与客户和消费者需要变化，而进行的旨在提升雇员能力的知识、技能和行为方式学习过程"。

【Development: The acquisition of knowledge, skills, and behaviors that improve an employee's ability to meet changes in job requirements and in client and customer demands.】②

雷蒙德两次对 development 概念的界定，包含几个信息：

第一，"开发"着眼于未来，是为员工今后可能发生的工作变动的需要做准备，不是针对当前工作岗位的需要；

第二，"开发"是"acquisition"，即"获取、习得"这种的长期或比较长期的过程，不是短期、直接、简单的学习活动；

第三，"开发"是对员工系统化知识和技能（正规教育）、工作经验、人际关系、个性特点与工作能力等各个方面的提升与完善，不是以提高短期工作绩效为目的的专项工作知识和技能的掌握。

基于这样的理解，人力资源"开发"概念，可以用更具表现力和准确度的现代汉语表

---

① 参见雷蒙德·A. 诺伊（Raymond A. Noe）等著，刘昕改编：《人力资源管理》（英文第 5 版），中国人民大学出版社，2006 年 1 月第 1 版，第 297 页。

② 参见雷蒙德·A. 诺伊（Raymond A. Noe）等著，刘昕改编：《人力资源管理》（英文第 5 版），中国人民大学出版社，2006 年 1 月第 1 版，第 297 页。

述出来：人力资源开发，是指为了适应组织未来发展战略对知识和技能需求的变动，对员工知识结构、技能水平、能力强度、激励机制和工作经验进行优化或提升的过程。

接下来讨论什么培训。雷蒙德·A.诺伊等人在《人力资源管理》教材中这样阐释"培训"(training)概念："培训是指公司为了提高雇员任职能力而有计划地促进学习的努力。""培训：有计划促进雇员学习相关工作知识、技能和行为的努力。"

【Training refers to a planned effort by a company to facilitate employees' learning of job-related competencies.... Training: A planned effort to facilitate the learning of job-related knowledge, skills and behavior by employees.】①

雷蒙德等人的解释有合理性。培训，主要针对员工当前工作岗位的需要，有计划地向员工追加人力资本投资——知识、技能和能力，目的是改善和提高员工当前或近期内完成工作任务的质量。

在表现力和准确度俱佳的现代汉语语境中，可以赋予人力资源培训这样的涵义：制定并实施员工学习工作知识和技能计划，改善和提高员工完成工作任务、履行岗位职责、取得良好绩效的能力。

比较开发和培训的定义，二者的区别不言自明。详见表 8-1 所示。②

表 8-1 开发与培训比较

	开发(development)	培训(training)
着眼点(focus)	未来(future)	当前(current)
工作经验(相关度)(use of work experiences)	高(high)	低(low)
目标(goal)	为(未来)变化做准备(preparation for changes)	为当前工作岗位做准备(preparation for current job)
参与(participation)	自愿(voluntary)	必需(required)
内容(items / contents)	知识结构、技能水平、能力强度、激励机制和工作经验	知识、技能和能力
性质(characteristics)	习得、提升，长期过程	学习、掌握，短期活动

事实上，无论开发还是培训，都是指提高员工知识、技能和能力水平的过程或者活动。二者的目的具有一致性，都是为了增进组织利益，实现组织战略。主要的不同之处在于出发点的差异性，一是立足当前，二是着眼未来。培训实际上就是短期开发，而开发其实就是长期培训。开发与培训并没有本质区别。于是，有专家把开发与培训视同等价

① 参见雷蒙德·A.诺伊(Raymond A. Noe)等著，刘昕改编：《人力资源管理》(英文第 5 版)，中国人民大学出版社，2006 年 1 月第 1 版，第 185 页。

② 改编自雷蒙德·A.诺伊(Raymond A. Noe)等著，刘昕改编：《人力资源管理》(英文第 5 版)，中国人民大学出版社，2006 年 1 月第 1 版，第 297 页表 8.1。表中第二项"Use of work experiences"，应该指"需要工作经验的程度"。培训比开发与工作经验的联系更密切。培训要确定员工已经具备哪些工作经验，然后考虑在现有经验基础之上采取什么措施，可以提高绩效水平。开发是针对远期的可能性——预期未来可能会出现的新任务、新岗位对员工能力的需要，提前对员工加以培养或营造员工自我提高的环境。另外，表中"内容(Items / Contents)"和"性质(Characteristics)"两项比较是本书编著者的观点。

概念。在本书中,开发与培训概念基本等值,有时替换使用。

≺概念·要点≻

人力资源开发,是指为了适应组织未来发展战略对知识和技能需求的变动,对员工知识结构、技能水平、能力强度、激励机制和工作经验进行优化或提升的过程。

8.1.2　开发管理的步骤

开发过程、培训活动都需要管理,即需要精心计划、认真组织、有效领导、合理控制,以便节约资源、保持效率、卓越绩效。

管理过程一般分为四个步骤:

(1) 需求分析。是否有对员工进行开发或培训的必要,需要进行严格分析和论证。审视组织战略目标,核查完成战略任务对人力资源的需求,评估在职员工知识、技能和能力现状,比较人力资源需求与现有人员现状。如果有差距,则有开发和培训需求。

(2) 方案设计。第一要确认开发或培训所要达到的目标;第二要确定内容与方式;第三要明确合适的讲师或培训师人选;第四要制定学习中应该坚持的原则;第五要向接受培训的人员提出要求。

(3) 计划实施。制订具体的行动计划,明确领导者、执行者和作业者人选与职责。按照既定计划开展工作,监控整个进展情况,进行中期或多期检查。确保开发计划有序、高效地得到落实。

(4) 效果评价。审查开发或培训取得的成效是否达到预期目标;了解接受培训者观念、行为、绩效是否发生变化;总结开发、培训工作的效率和效果;向有关人员和机构反馈结论。

图 8-1 为"人力资源开发管理程序"示意图。如图所示的四个环节,都需要付出艰苦努力。开发需求分析,在实际操作中有一定难度。对需求什么和需求多少的判断,没有多少显著的、确定的信息可以为据,在很大程度上取决于分析师的经验。

方案设计环节最关键的问题是选择培训师或讲师。没有合适的、有能力的培训师,再好的设计也只能停留在文字上。优秀的培训师是决定人力资源开发成功与否的核心要素。

计划的实施相对比较简单,只要做好前期准备工作,实施过程就可以按计划进行。重点工作是管理者要注意做好与培训师的沟通、激励与约束工作。如果事先与培训师(特别是外聘的专家)就工作报酬、培训内容、预期效果等问题订立协议的话,实施过程出现问题的可能性就会大大降低。

效果评价环节困难比较大。效果好与坏,通常难以找到确切的根据。而且,即使取得了好的效果,也需要假以时日才可能得到证实。在获得确定的成效评价之后,应该把

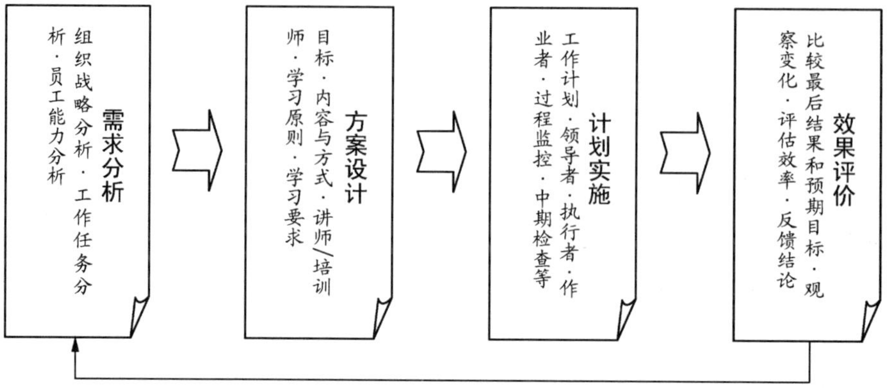

图 8-1　人力资源开发管理程序

结果及时反馈到需求分析管理者那里，对照期望的目标做出本期培训效果评估，为优化下一期开发或培训工作提供依据。

≮概念·要点≯

人力资源开发分为四个步骤：(1) 需求分析；(2) 方案设计；(3) 计划实施；(4) 效果评价。开发过程需要管理，目的在于节约资源、保持效率、卓越绩效。

8.1.3　开发的内容

战略人力资源开发是目的性很强的活动。关键的一点就是要满足组织战略的需要。在战略目标之下，一般都会有许多任务需要"人力"来完成。"人力"主要包括组织中员工所拥有的知识和技能，当然还包括员工的体能——作为一个生物体所拥有的肢体的运动能力。战略变化了，实现战略目标的任务也随之变化。

可是，员工所拥有的"人力资本"却是相对稳定的，不可能发生一蹴而就性质的变化。怎么办？开发！让员工的人力资本发生由少到多、由低向高、由简单到复杂、由一般性向专业化的转变。

简单一句"转变"，实际上包含着大量的劳动任务和运作成本——间接成本、直接成本；显性成本、隐性成本。"转变"之事，事关重大，行动之前明确内容——要开发什么能力？需要哪些知识和技能？

观察大型企业的教育与培训活动，可以发现所开发的内容主要包括四个方面：

一是公司制度与文化。一般针对新员工进行。主要目的是"型塑思想"——把新员工的"思想"在组织既定的"模具"里加以塑造的过程。包括向新人阐释组织使命与战略、讲述传统与价值观、介绍行为准则、说明奖惩机制、介绍薪酬福利制度等内容。有的公司将针对新员工的培训分为"历史篇"、"文化篇"和"常识篇"三部分。

二是岗位知识与技能。对即将上岗或已经在岗的员工进行岗位知识与技能培训。主要包括工艺流程、设备操作、工具使用、技术标准、产品规格等内容。当战略、业务、设备、工艺或技术发生变动时,这种培训就成为必然之需。

三是执行能力。管理者最重要的职责是执行——执行董事会的决定,执行上级的要求。执行能力,包括创新能力,创造性地完成上级交办的任务的能力。管理者执行能力的强弱,对于董事会或上级决策的成败具有决定性的影响。为此,公司经常会选择各种项目,不断对担负执行使命的经理人员进行培训。

四是领导能力。凡有下属者都需要发挥领导力,要具备指挥和激励下属节约成本、提高效率、创造绩效的能力。针对总裁、总经理等老"总"级的高层管理者或中层管理者的领导能力建设工作,在国际化大型企业里是经常发生的事。

政府机关、高等学校等公共部门,开发人力资源能力的需求越来越大。开发的内容,大致可以分为规章制度、工作知识、执行能力和领导能力四个方面。与企业人力资源开发内容的类型相似。

《概念・要点》

大型企业的人力资源开发,主要包括四方面内容:一是公司制度与文化;二是岗位知识与技能;三是执行能力;四是领导能力。

8.2　开发需求分析

人力资源开发活动,既消费资源,又产生效益。消费资源是必然的,但产生效益与否,却不是确定的。这需要对需求做出判断。需求分析的质量,直接决定开发收益的大小。

8.2.1　需求分析为什么

人力资源开发是培训和教育活动,难道不是多多益善?开发需求还需要分析?这里有一个案例:

某国一公司有位新上任的人力资源部部长王先生,在一次研讨会上了解到不少其他企业的培训经验,他认为很有价值。于是,他兴致勃勃地向公司提交了一份全员培训计划书,以提升人力资源部的新面貌。计划书很快获得批准。王先生踌躇满志地实施计划:对公司全体人员——上至总经理,下至一线生产人员,进行为期一周的计算机培训。为此,公司还专门下拨了十几万元的培训费。

可是,培训结束后,大家纷纷议论,对培训效果表示不满。除办公室的几名员工和 45 岁以上的几名中层干部觉得有所收获外,其他员工要么觉得收效甚微,要么觉得学而无用,大多数人竟一致认为:十几万元的培训费用只买来了一时的"轰动效应”。有的员工甚至认为，这场培训，是新官上任点的一把火，是花公司的钱往自己脸上贴金！最后的结果是，高层认为“钱没少花、精力没少投入，是中间管理层没做好”；中层管理人员则说“不明白现在的员工到底想要什么”；而一线工人埋怨“上面思路不明，瞎给我们吃药”。用心良苦的培训换来大多数人的不满。

听到这样的议论，看到这样的结果，王部长甚感委屈。在一个传统意识很浓的老国企，给员工灌输新知识，怎么会效果不好呢？他百思不得其解。在当今职场竞争十分激烈的情况下，学习计算机技能应该是很有用的呀！怎么会不受欢迎呢？①

这个案例表明，人力资源是不是需要开发，开发什么和怎么开发，确实需要评估。“王部长”开展的这次计算机技术培训活动，直接成本是“十几万元的培训费”，间接成本是接受和组织培训的人员一周所付出的时间和精力。收益有多少？“办公室的几名员工和45岁以上的几名中层干部觉得有所收获”，其他人员“收效甚微”。显然，这是一次失败的培训。失败的主要原因就是没有进行认真的需求分析。简单照搬“其他企业的培训经验”，给所有的人“吃一种药”，必然失败。

开发需要“诊断”，需要“对症下药”。

8.2.2 需求分析与组织战略

组织人力资源开发需要“对症下药”。开发为战略服务。开发所针对的目标就是战略需求。不同的战略有不同的目标；不同目标的实现，对人力资源开发有不同的需求。

表8-2所示为企业战略与人力资源开发需求关系。② 表中的观点可能只是“一家之言”，有参考借鉴价值，没有照抄照搬的意义。

表8-2 企业战略与人力资源开发需求

企业战略	战略要点	战略目标	关键事件	开发需求
集中战略	• 增加市场份额 • 减少运营成本 • 巩固并扩大市场地位	• 提升产品质量 • 提高生产效率 • 创新技术流程 • 优化产品供给	• 引进新技术 • 建立新工艺流程 • 培训在职员工 • 招聘业务骨干	• 产品质量意识与提高质量能力 • 新技术、新工艺知识与技能 • 市场开拓与产品营销能力
（内涵）发展战略	• 开拓新市场 • 开发新产品 • 发明新技术 • 吸收新资本	• 更大市场份额 • 更多营销渠道 • 增加产品技术含量 • 新产品问世 • 吸引投资者	• 打开了新市场 • 建立了新机构 • 创造了新的工作岗位	• 组织文化建设 • 创新能力 • 生产能力 • 管理能力

---

① 根据2005年9月7日《工人日报》:《员工培训:别拿一种药让所有人吃》(作者:文可鑫)改编(下载自《工人日报》网站:http://www.grrb.com.cn/template/10002/file.jsp? aid=235496&keyword=别拿一种药让所有人吃)。

② 表8-2“企业战略与人力资源开发需求”的思路,参考彭剑锋主编《人力资源管理概论》(复旦大学出版社,2005年12月第1版),第448页表9-1“企业经营战略对培训策略的要求”。表8-2内容,基本不同于该书表9-1。

（续表）

企业战略	战略要点	战略目标	关键事件	开发需求
（外延）扩张战略	• 并购其他企业	• 横向一体化 • 纵向一体化	• 整合人力资源 • 解聘富余人员 • 重组机构	• 统一组织文化 • 沟通协调能力 • 重组方法与技术
紧缩战略	• 节约支出 • 转换产品 • 剥离 • 清算	• 减少或停止投入 • 降低成本 • 出售旧资产 • 选择新目标	• 员工转岗 • 裁减人员 • 产品退出市场	• 领导与管理能力 • 沟通技巧 • 压力管理 • 职业生涯规划

8.2.3　需求分析类型与方法

人力资源开发需求分析（demand analysis for human resource development），分为三种类型：

（1）组织需求分析。从组织愿景、使命、战略和目标角度，预期人力资源需求变动情况，审视拟定的人力资源教育与培训规划，是否与组织使命保持一致，是否有利于组织战略的实施，是否能够促进和保障组织目标的实现。分析中，需要紧密联系组织未来 5 年、10 年或更长时期的战略目标，高度重视部门之间的合作与统筹，密切关注不同开发项目之间的联系与区别。

（2）任务需求分析。预测完成既定战略任务所需要的知识与技能，评估现有人员知识与技能存量。完成任务所需与可用存量比较，差额部分即为开发需求。道理很简单，但实际操作起来却难度十足。“任务所需要的知识与技能”如何测度？存在于人体中的“知识与技能”，看不见，摸不着，如何判断存量多少、结构如何？既然二者难以确定，“差额”又从何而来？难度的确不小，但办法还是有的。智慧的人力资源管理专家找到了解决问题的办法。

（3）员工需求分析。针对员工个人的分析。观察、了解员工是否具备所担任工作岗位要求的充分知识与技能。如果不足，即需培训。有一家公司在物流环节安装了先进的计算机信息管理系统。但不久发现，大多数员工英语能力不足，看不懂操作说明书和提示语。有一所重点大学的管理学院，按照规定需要为本科生开设“英汉双语”专业基础课，但绝大多数教师没有双语教学能力。有一家从事制造业的企业，在生产中引进了新技术，采用了新工艺，有不少员工难以适应和接受。诸如此类的问题，可以在员工需求分析中发现，并能够通过行之有效的措施加以解决。

需求分析方法主要有以下四种：

一是观察法。通过观察工作环境影响因素和工作进行情况，以确定培训需求。

二是调查问卷法。向相关人员发放问卷，获得工作岗位知识和技能需求信息，以及员工满足工作岗位知识和技能需求情况，以便制定出正确的人力资本投资决策。

三是专家访谈法。请专家对人力资源开发需求做出预期。

四是绩效评估法。根据绩效评估结果，决定开发内容和形式。

需求分析方法的有效运用，需要经验。

《概念·要点》

人力资源开发需求分析分三类:(1) 组织需求分析;(2) 任务需求分析;(3) 员工需求分析。需求分析方法主要有观察法、调查问卷法、专家访谈法和绩效评估法。

8.3 开发与职业发展

人力资源开发的客体或对象,无论是组织还是团队,最后总是要落实到个人。身在职业中的个人,运用凝聚在自己身体中的知识和技能,完成职业所赋予的任务。随着生命历程的变化,从业中的个人的职业生涯也会随之发生变化。处于不同职业生涯阶段的个人,对于从职业中所获得的收益有不同的要求和感受。与此同时,组织对于处于不同职业生涯阶段的员工所具备的知识和技能的使用价值,也会有清楚的认识。由此出发,设计满足组织需求并符合个人职业发展目标的人力资源开发活动。

一般而言,组织中的个人可以分为三类——生产作业者、组织管理者(比如企业的中、高层经理)和领导决策者(如董事会成员)。组织期望从这"三类人"的使用中获得不同价值,对于这"三类人"人力资本的投资自然有所区别。

8.3.1 职业人职业发展阶段

除了自主创业者和依赖继承或赠予资源生活的人,社会上大多数人都需要选择一种职业,成为一个职业人——在一个组织中从事某种工作的人。成为职业人,既是获得生活来源的主要途径,又是实现个人价值目标的必要条件。

要成为职业人,必须具备一定的、符合组织需要的知识、技能和能力,必须在激烈的职业市场竞争中赢得胜利。要成为职业人,需要选择合适的职业方向和职业领域,然后在既定的领域内选择合适的组织。职业选择,应该坚持"相对最优"原则,即在有限的时间和有限的范围内,选择相对最优目标。"绝对最优"可以向往和追求,但不应该等待和坚持。"相对最优"的选择,就是职业人最优的选择。在长期的"相对最优"选择中实现职业理想和价值。

图 8-2 为职业人的职业发展(career development)阶段示意图。

一般说来,职业人的职业发展或职业生涯可以分为五个阶段:

一是从业准备阶段,典型年龄区间为 0—25 岁。从出生到大学或职业教育毕业前这段时间,要接受家庭、学校和社会三方面的教育与培训,获取作为职业人基础的和必要的知识、技能与能力,初步规划职业发展方向与目标,基本确定职业发展领域和路径。

二是职业开始阶段,典型年龄区间为 18—25 岁。大学或职业教育毕业之后,要接受职业市场检验,向"相对理想"的招聘组织提出申请,在一系列选拔环节中赢得胜利,进入

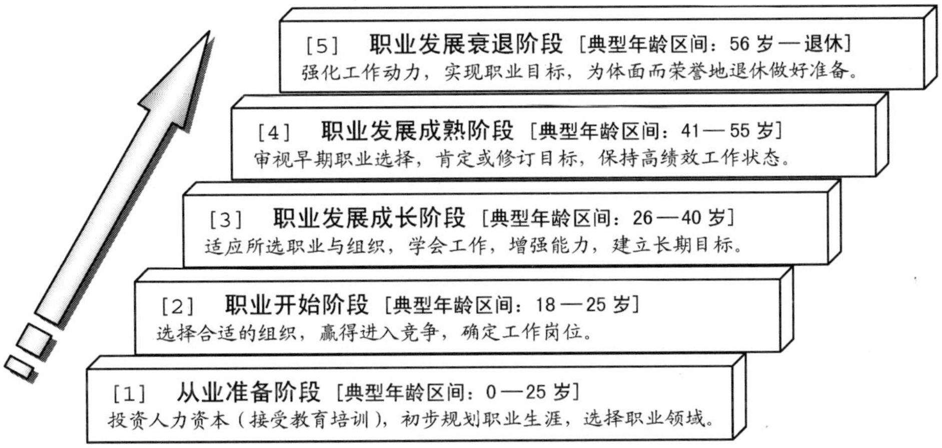

图 8-2　职业人职业发展阶段

"相对理想"工作岗位，开始职业生涯。

三是职业发展成长阶段，典型年龄区间为 26—40 岁。逐步适应所选职业和组织的要求与文化，熟练掌握工作技能，争取获得良好的工作绩效，在工作中不断磨炼和强化个人职业能力，初步建立长期职业发展目标。在此期间，如果出现难以适应工作岗位或者感到职业发展目标受到制约的情况，可以考虑在组织内部或向组织外部寻求新的工作岗位。

四是职业发展成熟阶段，典型年龄区间为 41—55 岁。这是职业人职业发展的成熟期和收获期。在此期间，需要审视早期职业道路的选择，充分肯定或小幅度修订职业目标，保持高绩效的工作状态，大规模收获职业发展所带来的成果。

五是职业发展衰退阶段，典型年龄区间为 56 岁至退休。这是职业发展的引退或停止阶段，也是职业发展成果的享用阶段。在此期间，还需要注意强化工作动力，为实现个人职业目标做最后努力，为体面而荣誉地开始职业后生活做好充分的精神和物质准备。有不少职业人，往往退而不休，继续寻找机会，从事兼职工作。

《知识 · 信息》

专栏 8-1　职业生涯规划要明白规律

年轻人常常迷茫于自己的职业未来，在一次次疲惫的颠簸后，不知下一个驿站又在哪里。只有明白了职业规律，才可能一步一个脚印奔向属于自己的事业目标地。

一、职业性格

举一个生活实例来判断人的性格类型。比如，"我"受朋友邀请欲前往赴约，由于前方的交通事故，"我"乘坐的公交车在途中塞车了，眼看约定时间就要到了，"我"会怎么做呢？

1. 监督人。"我"开始抱怨：警察都干什么吃了？纳税人的钱都让他们糟蹋了！一个司机违章害得一路人跟着塞车！还有那辆车，这么挤了，还在夹塞，这不是添乱吗？我们把这种人称为“监督人”。他们非常擅长发现问题,对问题有独到的见解。在常人看来简单的塞车,他把警察不作为、司机违章、车辆夹塞,基本上把塞车的原因都罗列出来了。当然,他们的见解或许很客观,或许很主观。

2. 幕僚人。“我”思考了一下:不如下车从车缝中挤到下一条马路,走另一条路去赴约?但是,如果事故处理得快,一会儿就完事了,我若先下车反而得不偿失。我们把这种人称为“幕僚人”。他们非常擅长提出解决问题的方案,但却总是徘徊在是与否之间,迟迟拿不定主意。他们的方案太多了,以至于每个方案都值得考虑,反而令自己难以抉择。

3. 协调人。“我”看了一眼拥堵的车流,掏出手机,告诉朋友:哥们,实在抱歉,我真没办法,我就怕塞车,提前1小时从家里走(其实,他刚离家10分钟),怕啥来啥,塞上了,唉,真不好意思,您再等我一会儿,估计一会儿就好了。挂了电话,“我”把衣服领子一竖,挨着座位靠背儿,睡着了。我们把这种人称为“协调人”。他们非常擅长沟通,在他们的沟通下,总会有意想不到的效果。他们时常撒谎,并且撒得很圆滑。他们总能跟亲戚朋友们打成一片,把人际关系搞得非常圆滑。不得不承认,他们总是那么幸运。

4. 行动人。“我”一看表,还有30分钟,再看看拥堵的车流,算了,不等了,立即下了公交车,沿着车流的方向,绕过了路口,打了一辆出租车,赶赴约会地。我们把这种人称为“行动人”。他们的行动永远多过语言,他们风风火火,在他们身上总能看到一股用不完的热情,他们用行动解释一切,他们没有犹豫不决。

5. 信息人。“我”打电话给交通广播电台,问他们这个路段多长时间能畅通,对方说,估计2个小时内。为了验证这个信息,“我”又问一个从出事方向步行过来的路人,那个路人说,来了许多警察,估计要1个小时。“我”又找了其他信息,“我”把得到的信息不断地告诉旁边的乘客。30分钟后,车流畅通了。我们把这种人称为“信息人”。他们努力收集各种信息,他们简直就是万事通,各种类型的知识,各种类型的情报,他们非常善于收集与观察。

事实上,我们可能不会是其中单纯的某一种人,而是他们的组合体。比如说,“我”既向朋友打了招呼(协调人),又急匆匆地赶赴约会地点(行动人),这并不影响我们的性格分类。

二、职业方向

不同的性格,适合不同的职业。如果我们顺应了它,就很容易取得职业成就,相反,就可能丧失职业优势。这是人们能否取得职业成就的主要原因之一。那么,性格与职业的关系是怎样的呢?

监督人,是指那些喜欢批评、评论、分析的人,所以,大家都怕他们,怕他们对自己说三道四,更怕揪自己的老底。这种职业一般有警察、法官、审计、律师、医生、评论员,等等。警察局里工作的人,并不一定是警察,也有搞政工的。

幕僚人,是指那些喜欢出谋划策的人,他们的点子很多,精于算计,这些人的“群众基础”也不好,他们太精明了。这种职业一般有参谋、企划、广告人、研究员、艺术家、工程师,等等。

协调人,是指那些喜欢与人打交道的人,他们活跃在人群之间,人们非常喜欢与他们相处,他们的人缘极好。一些尴尬的人际关系,在他们手里,总能搞得四平八稳,这种职业一般有销售员、联络官、公关员、办公室主任、秘书，等等。

行动人，是指那些不喜欢太多思考，只相信行动的人。他们不愿意那么多废话，喜欢第一时间里，以最快的速度解决问题。虽然有时解决方法笨拙了点，但总比白费口舌好得多。有时，他们也愿意搞搞借力打力。这种人适合的职业一般有办事员、管理者、军人、政治家，等等。

信息人，是指那些总能在第一时间掌握最充足信息的人。他们简直就是百科全书，他们的欲望就是能知道许多别人不知道的事。其中表现优秀的，可以称为“小广播”了。这种人适合做情报员、调研员、侦察员、会计、统计，等等。

很少人只具备一种性格，大部分人都是几种性格的组合体，所以，他们的许多性格都被另一种性格压抑着，不细加观察，很难分辨得出来。比如说，“小广播”由于还具有监督人的特点，理性压制了“小广播”，他也不怎么散布消息，但他的确很注重收集信息，这是表面较难分辨的。

拥有的性格越多，人格就越健全，适合他的职业就越多，获得的职业成就可能也会越大。如果一个“监督人 + 行动人”，他能在公安局谋得一个指导员或政委的职位，那应该是比较圆满的事了。一个“信息人”仅仅是知识、信息渊博点；如果“信息人 + 幕僚人”就能依据这些信息，做出出色的企划案；如果是“信息人 + 幕僚人 + 行动人”，这个企划案就能迅速实施；如果再加上“协调人”，就可以让参与方案执行的人乐此不疲；如果再加上“监督人”，就没人敢偷懒了，这是多么完美的事啊。

三、职业战略

有人说，我可以从这五种性格中找到自己的职业方向，但我就一定能成功吗？这也未必。在人生道路上，不可能事事都称心如意，总会有各种矛盾。比如，当我们遇到吃不上饭的问题时，首先要解决的是吃饭问题，而不是职业生涯。

这里有一个关键问题，就是职业战略。

某甲是一个“信息人 + 监督人”性格的人，适合他的工作是司法、监察类、情报工作，他却意外得到了一份月薪 1 万元的广告总监的肥差，他该怎么办？

(1) 逐步过渡。继续担当这个职位，逐渐向既定的职业方向努力。比如，发动下属想办法健全公司的法人治理结构，建立内部监察或监事会类的机构。

(2) 立即休克。辞去该职务，寻找一个与职业性格相符合的低级职位，哪怕是一般职员，从低职位做起，逐步升到高位。

职业战略决策并不容易，常常受到现实利益的诱惑，人们很容易丧失职业方向。正值壮年就发现，自己已走到职业尽头时，才感叹自己走错了路，便只能亡羊补牢了。无论是在企业，还是在政府，或者是行商，各种岗位都不是固定不变的，只要把握住大方向，一切将尽在掌握中。休克，是需要勇气的，有时还可能为之付出代价。

四、职业道德

损人利己，不应成为实现职业生涯规划的选择。

从唯物主义角度讲，只有对人亲善，人家才会回报以亲善。当我们总是损人利己时，就失去了人心，最终成为孤家寡人、四面楚歌。我们常常为了短视的利益，把人际关系搞得一团糟，必祸及日后。坚守职业道德，正是为自己的未来打算，给自己创造良好的机缘。

当我们为实现自己的职业生涯而绞尽脑汁时，一定不要让灰尘蒙蔽了心灵，要时刻以做人的良知提醒自己。比如说，为了获得相应的职位，有些人不惜向领导者行贿，这看起来是很正常的事，或者说，如果不按照这个潜规则行事，就不可能得到升迁。人们常常面临这样的尴尬，这还能坚守职业道德吗？

所谓“水满则溢”。一个人就相当于盛水的桶，当知识、能力积累到一定程度后，才华就会横溢出来。只要自己控制得住，没有一个领导者不喜欢人才的。当一个人的能力足够饱满，并愿意臣服时，他必然会被委以重任。我们不必牺牲尊严，换取本来不属于自己的东西。

五、职业配合

如果具备了这五种性格，他应该是很完美的人了，但这种人少之又少，绝大部分人都会有性格缺欠。既然一个人的性格会有欠缺，不如建立一个团队来弥补其中的不足。

1. 设计和谐的团队

我们发现监督人总是与幕僚人矛盾重重，当信息人融入到他们中间时，三个人的配合则非常默契。一个团队是否会和谐，要求领导者必须明白各种性格的人相处的规律，再根据这个规律，去安排人事组织，就会令团队和谐起来。

相同的道理，有些老板为了制衡一些人，不希望团队和谐，而是希望团队在和谐中保持摩擦不断，从而形成一种动态的平衡。尽管这有些不磊落，姑且也算是内部控制的一种吧，我们权且容忍，这也是能够做到的。

2. 性格健全的团队

其实，一个团队就像一个人一样，也有性格。我们常说企业文化，我们可以认为文化就是一种性格。当领导者的性格不够健全时，要转而寻求团队的性格健全。

比如说，如果领导者缺少幕僚人的足智多谋，他的团队活动就显得非常笨拙，甚至步履蹒跚。那么，领导者应该考虑增加幕僚人，来健全团队性格。一个具有健全性格的团队，也会远离失败。企业招聘也是如此，当发现整个团队中缺少协调人时，就要多招聘协调人了。

3. 左膀右臂的领导

我们说领导者最好是“行动人”，因为他的行动力最好，但现实中，不仅是行动人，任何一种性格的人都可能登上领导者的宝座。无论是谁当了领导，都必须找到自己的左膀右臂。

然而，领导者常犯自我主义的毛病，总感觉自己是最完美的，这只是孤芳自赏罢了。他可能在某方面有特长，但必须明确自己的弱点在哪里，并设法弥补它们。弥补的方法，就是增加自己缺少的那种性格，找到左膀右臂，从而形成正确的决策观点。

资料来源：孙庆章根据世贸人才网《职业生涯规划要明白规律》整理（2013-3-6：http://www.ncss.org.cn/zd/zygh/ghzd/258020.shtml）。（说明：在引用时未查到原作者姓名。感谢作者！）

≮概念 · 要点≯

职业生涯可以分为五个阶段:(1) 从业准备阶段;(2) 职业开始阶段;(3) 职业发展成长阶段;(4) 职业发展成熟阶段;(5) 职业发展衰退阶段。

8.3.2　组织中员工职业发展管理

随着组织的成长与发展,组织中的员工发生着成长、成熟与衰退的变化。员工的变化是生理机能变化的结果。对组织具有使用价值的是人力资本——知识、技能与能力。但是,人力资本以“人力”为载体,“人力”的变化必然引起人力资本使用价值的变化。因为在人身体中凝聚着的“知识、技能与能力”的使用或发挥,受载体人控制与支配,决定着使用的质量与价值。

为此,组织应该高度关注员工,特别是员工中的骨干成员的职业能力建设与发展,以便及时把握组织中人力资本的变动情况。图 8-3 所示为组织内员工职业发展管理过程示意图。员工职业生涯的管理,既有组织责任,也有员工个人的责任。

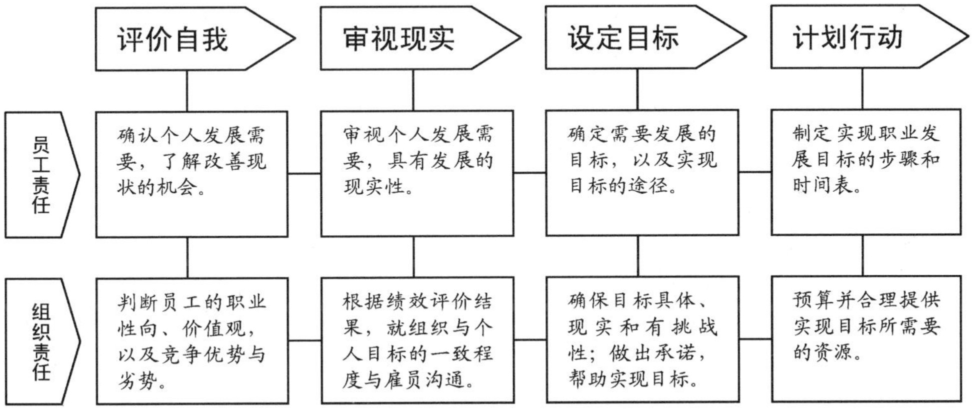

图 8-3　组织内员工职业发展管理

大规模、高层次和有潜力的组织,通常都会把员工个人职业生涯在组织中的发展纳入人力资源部门的议事日程和管理活动之中。组织对员工发展提供的帮助越多,员工忠于组织的程度越高,员工个人职业目标与组织期望目标的一致程度也越好,组织实际获取的人力资本的数量和质量越有保障。

员工职业发展管理,一般分为四个阶段:

一是“评价自我”阶段——员工个人要确认自己的发展需要,了解改善现状的机会;组织帮助识别员工的职业性向、价值观,以及竞争优势与劣势。

二是“审视现实”阶段——员工个人审视自己的需要,在当前和未来条件下的现实性与合理性;组织根据绩效评价结果,就组织要求与个人表现之间的一致程度以及组织对员工能力的期望与员工本人进行沟通,以便对员工个人如何在组织中发挥好作用,并使自己得到锻炼和提高达成共识。

三是“设定目标”阶段——员工选择合理的发展目标,明确实现个人职业目标的可能途径;组织确保员工目标具体、现实和有挑战性,并承诺提供帮助。

四是“计划行动”阶段——员工制定实现职业发展目标的步骤和时间表;组织编制预算,及时提供实现目标所需要的资源。

8.3.3 不同职业发展阶段的员工能力开发

掌握员工职业发展情况,是做好开发工作的重要条件。在员工职业生涯发展的不同阶段,应该实施有差别的能力开发计划。在8.2.1节“需求分析为什么”一节提到的那位人力资源部部长王先生,“对公司全体人员——上至总经理、下至一线生产员工,进行为期一周的脱产计算机培训”,给“所有的人吃一种药”,这种错误应该注意避免。

如何“对症下药”实施有差别的能力开发计划呢?一般情况应该是这样:对于处于职业开始阶段的员工,主要进行组织战略、岗位要求和组织文化培训。对于职业成长中的员工,重点提供新知识、新技能、新工艺、新模式等方面的培训。职业发展到成熟阶段,对培训的需求较少。如果组织战略发生重要变化,需要转换到新岗位,或者提升到更高职位,则需要进行相关内容的培训。职业发展到衰退阶段,组织可以利用的价值下降,开发的必要性降低。如果有培训项目的话,主要内容应该是发挥余热、离职准备、心理调整、新生活选择等。

8.4 战略生产力开发

战略目标只有在生产力的推动下才可能成为现实。符合战略需要的、足够强大的生产力,是组织落实战略规划的必要条件。组织从外部招募员工,满足战略对人力资本,即生产力的需求。但是,战略的变化需要及时调整、补充生产力,外部引进往往难以奏效。于是,产生了内部开发的必要性。通过开发——教育与培训活动,把学习力转化为生产力。

8.4.1 学习力与战略生产力

学习(learn)是一种通过体验或者传授而获得某方面知识或技能的活动。(Learn refers to gain knowledge of a subject or skill in an activity, esp. through experience or through being taught.)①个人为了获得生活与成长能力需要学习,组织为了满足生存与发展需求也需要学习。

学习是有成本的活动。既有学费等货币成本,也有时间、精力、智力等非货币成本。无论货币成本由谁承担,学习者个人都必须付出非货币成本。非货币成本的付出,需要动力。个人主动的学习或满足个人需要的学习,动力问题可以迎刃而解。但是,为了实

---

① 参见艾迪生·维斯理·朗文出版公司辞典部编,朱原等译:《朗文当代高级英语辞典》,商务印书馆、艾迪生·维斯理·朗文出版社中国有限公司,1998年8月第1版,第861页。

现组织战略目标,满足组织生产与竞争需要的学习,就必须解决好学习者——组织成员的学习动力问题。为此,需要人力资源管理专家做好培训需求评估工作,选择好学习者和指导者,设计好学习计划和实施程序。只有这样,才能够解决好员工的学习力问题。

什么是学习力(learning ability)? 一般可以理解为一个人在通过体验或者传授获得知识和技能的过程中所表现出来的动力强度、意志水平和认知能力。①

动力强度取决于学习的目标、兴趣和动机,目标越大、兴趣越浓、动机越强,动力强度越大。

意志水平由价值观念、心理素质、目标定位等因素决定。学习活动越符合个人价值观、心理素质越好、目标定位越清晰,意志力水平越高,参加学习活动越能够持久,效果也越好。

认知能力源于智力水平和知识基础,主要包括阅读能力、理解能力、分析能力、判断能力、记忆能力等方面,智力越发达,知识内容越丰富、结构越合理,认知能力越强,学习效率越高。

学习力越强,学习的效率和效果越好。学习力是决定个人和组织竞争力的核心要素。认识了学习和学习力的本质与特点,有利于做好组织战略生产力的开发工作。

所谓战略生产力(strategic productive force),是指在实现组织战略目标的生产(或服务)活动中生产者(或服务者)所发挥的作业能力(即劳动能力)的总和。为了获得充分的战略生产力,需要保持和强化员工的学习力,通过实施一系列教育与培训计划,不断把学习力转化为生产力。

在这一过程中还有一点需要注意,即学习者的学习效果问题。可以用学习曲线描述,如图 8-4 所示。

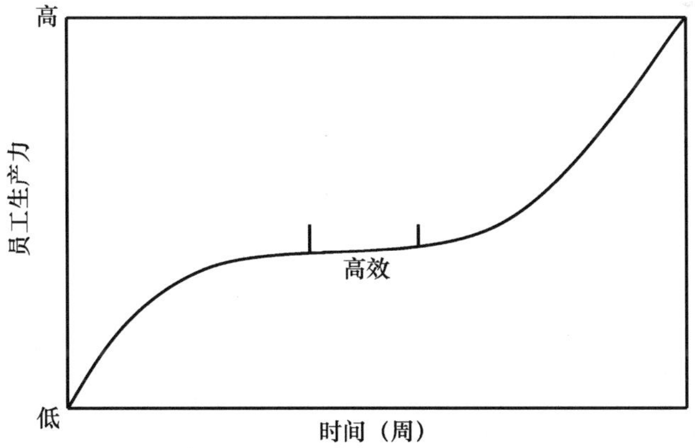

图 8-4　典型的学习曲线

图 8-4 所示为"典型的学习曲线"。一般而言,具有一定学习力的人,在通过体验和传授获取知识和技能的初期,学习绩效呈上升趋势;到中期会遭遇"高原效应"——进步缓慢或者停滞不前,此时常有人知难而退。有毅力者继续努力,"高原效应"就会失效,学

① 这里关于"学习力"的内容,参考了李德进发表在《人民论坛》2004 年第 9 期文章《学习和学习力》的思路(2007-11-07 人民网;http://www.people.com.cn/GB/paper85/13019/1170027.html)。

习绩效出现持续上升态势。这意味着在组织实施有针对性的教育与培训计划的早期阶段,员工的学习效果,即生产力水平往往会有比较显著的提高,到中期会出现停滞现象。人力资源开发管理者如果能够及时预期或识别到这种变化,采取行之有效的激励措施促进学习进程,"高原效应"有望得到较好抑制,学习绩效的持续增进和生产力水平的提高就可能成为现实。

《概念·要点》

学习力是指一个人在通过体验或者传授获得知识和技能的过程中所表现出来的动力强度、意志水平和认知能力。

战略生产力是指在实现组织战略目标的生产或服务活动中生产者或服务者所发挥的作业能力(即劳动能力)的总和。

8.4.2 提升战略生产力的有效途径

战略生产力主要是指组织基于战略的生产中生产者所具备的作业能力,即一线员工的劳动能力或工作能力。

提升组织战略生产力的途径,主要有以下七种方式。

(1) 在岗培训(on-the-job training):一边工作,一边接受上司或专业人员的指导,不断掌握工作岗位所需要的知识和技能,成为熟练的工作者。

(2) 学徒式培训(apprenticeship training):建立正式的师徒关系,由师父针对工作岗位要求,向徒弟提供理论知识和实践经验等多方面的指导与咨询服务。在技能水平要求较高,或者员工学习能力较低的情况下,学徒式培训方式比较有效。

(3) 课堂指导(classroom instruction):在课堂内对员工进行集中指导,传授知识和技能。也可以通过学员之间、学员与指导者之间的互动,比如案例分析,增进学习绩效,提高实际工作能力。

(4) 视听培训(audiovisual learning):通过感受音频和视频信号(如听广播或观看录像资料),获取有价值的知识或信息。

(5) 模拟训练(simulating training):通过模拟实际工作状态或情景,对员工进行培训。比如模拟生产过程、模拟营销市场、模拟商务谈判等。让员工扮演任职或拟任职角色,按照实际工作规范和要求上手操作或采取行动,指导者观察、评价,提出改进意见和建议。

(6) 拓展训练(outward development):也称为户外拓展训练或户外体验培训。许多企业或其他组织采用这种新兴的培训技术,目的是提高人际沟通能力、团队合作能力、组织协调能力、领导决策能力和个人心理素质。一般的过程是把平时在一起工作的人集合起来,带到一个完全不同于日常工作场景的户外环境或专门建造的设施中,进行体验式和参与式训练。拓展培训对组织具有增强凝聚力、提高竞争力和促进变革与学习的作用。对于参加训练的个人,具有多方面的作用,如释放生活与工作压力,调节心理平衡;认识自身潜能,增强自信心;提高自我控制能力,从容应对压力与挑战;强化探索精神与创新意识,培养进取心;学会更好地与他人沟通与合作,优化人际环境。[①]

(7) 电子化学习(e-learning):美国培训与发展协会(ASTD)给 e-learning 下的定义是"由网络电子技术支撑或主导实施的教学内容或学习"。e-learning 以网络为基础,具有极大化的交互功能;开放式的学习空间带来前所未有的学习体验。在企业人力资源开发中,e-learning 以硬件平台为依托,以多媒体技术和网上社区技术为支撑,将专业知识、技术经验等通过网络传送到员工面前。员工可以随时随地利用网络进行学习或接受培训,将学习力转化为个人的生产力,进而提升企业的竞争力。据统计,自 1998 年 e-learning 概念提出以来,美国 e-learning 市场的年增长率几乎保持在 80% 以上。增长速度如此之快,除了与企业对培训的重视程度日益提高有关外,更重要的原因是 e-learning 本身具有的特点:大幅度降低了培训费用,使个性化学习、交互式学习和终身学习成为可能。[②]

开发战略生产力,不仅要针对员工个人,而且要面向整个组织,要建设学习型组织。什么是学习型组织？请参见"知识 · 信息"专栏 8-2。

《知识 · 信息》

专栏 8-2　什么是学习型组织?

学习型组织概述

学习型组织是一个能熟练地创造、获取和传递知识的组织,同时也要善于修正自身的行为,以适应新的知识和见解。当今世界上所有的企业,不论遵循什么理论进行管理,主要有两种类型:一类是等级权力控制型,另一类是非等级权力控制型,即学习型企业。

学习型组织是由美国学者彼得 · 圣吉(Peter M. Senge)在《第五项修炼》(*The Fifth Discipline*)一书中提出的管理观念,企业应建立学习型组织,其含义为面临剧烈变动的外在环境,组织应力求精简、扁平化、弹性因应、终生学习、不断自我组织再造,以维持竞争力。知识管理是建设学习型组织的最重要的手段之一。

学习型组织不存在单一的模型,它是关于组织的概念和雇员作用的一种态度或理念,是用一种新的思维方式对组织的思考。在学习型组织中,每个人都要参与识别和解决问题,使组织能够进行不断的尝试,改善和提高它的能力。学习型组织的基本价值在于解决问题,与之相对的传统组织设计的着眼点是效率。在学习型组织内,雇员参加问题的识别,这意味着要懂得顾客的需要。雇员还要解决问题,这意味着要以一种独特的方式将一切综合起来考虑以满足顾客的需要。组织因此通过确定新的需要并满足这些

---

① 参见"百度知道":《拓展训练介绍》(http://zhidao.baidu.com/question/2618372.html? fr=qrl3)。另据介绍:拓展训练,Outward Development,意为一艘小船驶离平静的港湾,义无反顾地投向未知的旅程,去迎接一次又一次的挑战,去战胜一个又一个的困难。这种训练起源于二战期间的英国。

② 参见 2006 年 8 月 15 日《培训》杂志:《e-learning:学习的革命》(2007 年 11 月 9 日下载自新浪网:http://finance.sina.com.cn/leadership/sxypx/20060815/11472824038.shtml)。

需要来提高其价值。它常常是通过新的观念和信息而不是物质的产品来实现价值的提高。

学习型组织的内涵

（1）学习型组织基础——团结、协调及和谐。组织学习普遍存在“学习智障”，个体自我保护心理必然造成团体成员间相互猜忌，这种所谓的“办公室政治”导致高智商个体，组织群体反而效率低下。从这个意义上说，班子的团结，组织上下协调以及群体环境的民主、和谐是建构学习型组织的基础。

（2）学习型组织核心——在组织内部建立完善的“自我学习机制”。组织成员在工作中学习，在学习中工作，学习成为工作的新形式。

（3）学习型组织精神——学习、思考和创新。此处学习是团体学习、全员学习，思考是系统、非线性的思考，创新是观念、制度、方法及管理等多方面的更新。

（4）学习型组织的关键特征——系统思考。只有站在系统的角度认识系统，认识系统的环境，才能避免陷入系统动力的旋涡里去。

（5）组织学习的基础——团队学习。团队是现代组织中学习的基本单位。许多组织不乏就组织现状、前景的热烈辩论，但团队学习依靠的是深度汇谈，而不是辩论。深度汇谈是一个团队的所有成员，摊出心中的假设，而进入真正一起思考的能力。深度汇谈的目的是一起思考，得出比个人思考更正确、更好的结论；而辩论是每个人都试图用自己的观点说服别人同意的过程。

学习型组织应包括五项要素

1. 建立共同愿景（building shared vision）：愿景可以凝聚公司上下的意志力，透过组织共识，大家努力的方向一致，个人也乐于奉献，为组织目标奋斗。

2. 团队学习（team learning）：团队智慧应大于个人智慧的平均值，以做出正确的组织决策，透过集体思考和分析，找出个人弱点，强化团队向心力。

3. 改变心智模式（improve mental models）：组织的障碍，多来自于个人的旧思维，例如固执己见、本位主义，唯有透过团队学习以及标杆学习，才能改变心智模式，有所创新。

4. 自我超越（personal mastery）：个人有意愿投入工作，专精工作技巧的专业，个人与愿景之间有种“创造性的张力”，正是自我超越的来源。

5. 系统思考（system thinking）：应透过资讯搜集，掌握事件的全貌，以避免见树不见林，培养综观全局的思考能力，看清楚问题的本质，有助于清楚了解因果关系。

学习是心灵的正向转换，企业如果能够顺利导入学习型组织，则不仅能够达到更高的组织绩效，更能够带动组织的生命力。

资料来源：（1）百度百科“学习型组织”（2013 年 3 月 6 日：http://baike.baidu.com/view/99186.htm）；（2）MBA 智库百科“学习型组织”（2013 年 3 月 6 日：http://wiki.mbalib.com/wiki/%E5%AD%A6%E4%B9%A0%E5%9E%8B%E7%BB%84%E7%BB%87）。

《概念·要点》

提升战略生产力的途径主要有:(1) 在岗培训;(2) 学徒式培训;(3) 课堂指导;(4) 视听培训;(5) 模拟训练;(6) 拓展训练;(7) 电子化学习。

8.5　战略执行力开发

执行力是决定战略成败的关键因素。执行力不足,再好的战略蓝图也无法变成现实。加强执行能力建设,对于核心竞争力的保持与提升、战略目标的实现和组织使命的落实,具有极其重要的作用。

8.5.1　执行力的来源

战略执行力(strategic executive force),可以定义为组织执行者理解战略规划、领会战略决策、配置战略资源、完成战略任务的能力。执行者主要由组织中的中、高层管理人员组成。因此,组织战略的执行力,源于组织管理者,由管理者,特别是管理者核心团队成员的核心能力构成。

一般认为,优秀的管理者应该具备九种核心能力:(1) 战略思考能力;(2) 积极行动能力;(3) 知人善任能力;(4) 协调指挥能力;(5) 沟通关心能力;(6) 激发挑战能力;(7) 创新学习能力;(8) 自我认知能力;(9) 当机立断能力。

管理者核心能力	
战略思考能力	从战略高度思考问题,客观、全面、理性。
积极行动能力	目标明确,不畏困难,持久努力。
知人善任能力	洞察员工的品格、才能,安排最适合的岗位。
协调指挥能力	有效地组织、协调、控制下属,以团队方式开展工作。
沟通关心能力	善于沟通,了解下属的需要,真诚关心他人。
激发挑战能力	能够为下属员工创造具有挑战性的工作环境。
创新学习能力	及时学习新技术、新工艺、新管理知识,乐于创新。
自我认知能力	深知自己的优点和缺点、优势和劣势之所在。
当机立断能力	沉着、冷静,把握时机,快速决策。

图 8-5　管理者核心能力

8.5.2 战略与执行力

战略的成功与失败,甚至整个组织的生存与发展,都与执行力具有高度相关性。

有专家研究发现,执行力是企业管理中最大的“黑洞”。[①] 在现实中,大量企业在不断衰亡,甚至有许多企业还来不及诞生,就在雄心勃勃的筹划之后不了了之;更有成千上万的企业,竭力在市场竞争中寻求发展,最终却落得消亡的结局。人们通常会把责任归咎于战略决策者的失误。实际上,在大多数情况下,战略本身没有错,设计的营利模式也正确。原因在于执行不力!

人们不难发现,社会上有不少企业或事业组织,愿景、使命一箩筐,规划、计划一大堆,口号不绝于耳,但在许多事情上议而不决,决而不行,行而无力,管理制度不合理,激励机制不健全,资源利用效率低下,结果只有一种:失败!

问题已经发现,应该如何解决?有人认为,不可“头痛医头,脚痛医脚”,而是要建立一种“执行文化”,让执行有序、有效、有力。

TCL 集团公司董事长兼总裁李东生,为国际远征不利而自责。李东生认为,曾经推动 TCL 成功的因素,如今变成了阻碍 TCL 发展的桎梏,在文化和管理观念适应企业国际化经营方面遭遇到了最大的瓶颈。他说:“我没能在推进企业文化变革创新方面做出最正确的判断和决策;没有勇气去完全揭开内部存在的问题……我没有勇气去捅破它;在明知道一些管理者能力、人品或价值观不能胜任他所承担的责任的情况下,我没有果断地进行调整。”[②]

从李东生“自省”的话语可以看出,TCL 的问题还是出在“执行”环节。国际化战略没错,但战略执行不力。李东生在关键时刻的几个“没有”作为,导致了企业经营的不利局面。他用鹰的故事(见“知识 · 信息”专栏 8-3)激励自己,写作了系列文章《鹰之重生》。

“鹰”是否有如此“重生”的“故事”暂且不论,但一位企业家在经历挫折之后能够深入反思自己的决策并激励团队继续奋斗的做法,值得充分肯定和学习。

≺知识 · 信息≻

专栏 8-3 李东生:“鹰的故事”

这是一个关于鹰的故事。

鹰是世界上寿命最长的鸟类,它的年龄可达 70 岁。要活那么长的寿命,它在 40 岁时必须做出困难却重要的决定。这时,它的喙变得又长又弯,几乎碰到胸脯;它的爪子开始老化,无法有效地捕捉猎物;它的羽毛长得又浓又厚,翅膀变得十分沉重,使得飞翔十分

---

① 参见《世界品牌实验室》网(ICXO. COM)文章:《执行力:管理中最大的黑洞》(2007 年 11 月 28 日下载自:http://brand. icxo. com/htmlnews/2005/12/15/739143_0. htm)。

② 参见 2007 年 2 月 5 日《牛津管理评论》(ICXO. COM):《李东生:我缘何为 TCL 的国际化自责》(http://oxford. icxo. com/htmlnews/2007/02/05/998058. htm)。详见 TCL 公司网页刊载李东生总裁系列文章《鹰之重生》(http://magazine. tcl. com/article. aspx? id = 3268)。另见 2007 年 2 月 12 日央视国际(www. cctv. com)访谈:《李东生 · 远征心得》(http://www. cctv. com/program/dialogue/20070212/102304. shtml)。

吃力。

此时的鹰只有两种选择：要么等死，要么经过一个十分痛苦的更新过程——150 天漫长的蜕变。它必须很努力地飞到山顶，在悬崖上筑巢，并停留在那里，不得飞翔。

鹰首先用它的喙击打岩石，直到其完全脱落，然后静静地等待新的喙长出来。鹰会用新长出的喙把爪子上老化的趾甲一根一根拔掉，鲜血一滴滴洒落。当新的趾甲长出来后，鹰便用新的趾甲把身上的羽毛一根一根拔掉。

5 个月以后，新的羽毛长出来了，鹰重新开始飞翔，重新再度过 30 年的岁月！

李东生："《鹰》的故事告诉我们：在企业的生命周期中，有时候我们必须做出困难的决定，开始一个更新的过程。我们必须把旧的、不良的习惯和传统彻底抛弃，我们要勇敢放弃一些过往支持我们成功而今天已成为我们前进障碍的东西，使我们可以重新飞翔。这次蜕变是痛苦的，对企业，对全体员工，对我本人都一样。但为了企业的生存，为了实现我们的发展目标，我们必须要经历这场历练！像鹰的蜕变一样，重新开启我们企业新的生命周期，在实现我们的愿景——'成为受人尊敬和最具创新能力的全球领先企业'的过程中，找回我们的信心、尊严和荣誉！"

资料来源：参见 TCL 公司网页刊载文章：《鹰之重生——李东生总裁系列文章》（http://magazine.tcl.com/article.aspx?id=3268）。

8.5.3 执行力开发战略

开发执行力，既需要战略眼光，也需要战略行动。具有远见卓识的领导者，总是会站在组织战略的高度认识执行力开发的重要性，为把中、高层管理者培养成为高绩效的执行者，往往要采取一系列具有战略意义的行动。

执行力是具体的、实在的。具体的执行力，主要表现为解决实际问题的能力。有一家国际著名企业，在培养管理者分析问题、解决问题能力方面，采取了很有借鉴意义的做法。公司把来自不同部门的经理人员，以 5—10 左右为一组，建立学习团队。除了集中传授与提高执行力有关的知识与技能以外，主要活动是按照案例分析方式，研究、解决公司某一个部门出现的问题。团队成员各用所长，既分工又合作，深入实地调查，广泛了解情况，运用所学的概念框架和理论工具，分析发生问题的原因，在多次讨论和论证的基础上，提出解决问题的方案。解决方案一旦被采纳，团队所有成员将受到公司的物质和非物质奖励。同时，团队成员的学习绩效将记录在案，作为今后晋升职务和增加薪酬的重要依据之一。这种方法，不仅有利于培养经理人员界定问题、分析问题和解决问题的能力，而且有助于促进组织内部交流，特别是还能够节约公司向外部专业机构咨询的成本，受到实业界人士和专家学者的充分肯定。

有研究者认为，管理者执行力的提高，仅仅靠学习具体知识和技能是不够的。以解决问题为导向的短时间集中训练，也不可能建立增强执行力的长效机制。在日常工作中边干边学，不断积累，逐步提高，形成良好的思维习惯，是一条重要的途径。

戴夫·马库姆（Dave Marcum）等专家总结了成为高效经理人的八种思维习惯，摘录

如下,不妨一读[①]:

(1) 审视自我。若改变管理方式,首先要改变自己。

(2) 好奇求知。好奇心是商业思维的原动力,推动和激发思想的多样化。有好奇心、喜欢刨根问底的特点,有助于形成一种企业文化,鼓励大家提出问题,鞭策不善于思考的人。

(3) 抛去常规。解决方案的价值在于其所能够达到的最终结果,而结果有好有差。舍弃那些徒劳无功的解决方案。

(4) 挖掘证据。没有证据,就没有做事的根据——道理就是这么简单。

(5) 估量影响。一个解决方案的成本,可能比被解决问题的成本还高,这种情况并不少见。

(6) 纵观全局。对于公司的问题和机遇,要放宽眼界和思路,不仅考虑对财务的影响,还要全面了解并确认哪些人或事将受到影响。

(7) 审慎行事。任何解决方案在执行过程中都存在着障碍。处事要慎重。

(8) 溯本求源。透过问题的表象挖掘潜在的原因。一定要从问题的根源而不是表象着手。要经常问"为什么"。

开发经理人员的执行力,还有不少常规的方法,比如:(1) 岗位轮换——促进学习、交流不同岗位管理技能;(2) 研修班——在组织内部举办专门管理技术研修班;(3) MBA、EMBA 课程——资助或鼓励经理人员参加高级专业学位课程;(4) 研讨会——举办或鼓励管理人员参加管理前沿技术研讨会;(5) 管理知识(或技术)竞赛——定期或不定期举行竞赛活动,促进学习,发现人才,提升管理队伍竞争力。

《概念·要点》

高效经理人的八种思维习惯:(1) 审视自我;(2) 好奇求知;(3) 抛去常规;(4) 挖掘证据;(5) 估量影响;(6) 纵观全局;(7) 审慎行事;(8) 溯本求源。

8.6 战略领导力开发

战略领导力(strategic leadership),是领导者选择和执行战略的能力。领导者是战略决策者。领导者的战略决策对组织的存在与发展具有决定性的影响。领导者又是战略执行者。领导者只有把自己及其团队所制定的组织战略付诸行动和变成现实,才能够体现存在的意义和工作的价值。领导者的选择能力和执行能力,取决于领导者的领导力。

① 参见 2005 年 4 月 30 日《牛津管理评论》(ICXO. COM):《高效经理人的八个思维习惯》(2007 年 11 月 28 日下载自:http://oxford. icxo. com/htmlnews/2005/04/30/588539. htm)。

领导力的开发具有战略意义。

8.6.1 战略领导力

领导(leader)是指引领或指导小组、团队或组织的人。(a person who guides or directs a group, team, organization, etc.)①有能力的领导就像个好船长,能够在波涛汹涌、变化莫测的市场竞争之海中,带领大家驶过惊涛骇浪,到达胜利的彼岸。

领导力(leadership)是什么? 简而言之,领导力就是领导者所具有的能力。但是,许多专家和学者赋予了领导力更多、更丰富的涵义。

有人认为,领导力意味着富有远见卓识,意味着鼓舞人心和充满热情,意味着有爱心、有信任、有活力、有激情,意味着坚定和执着。有领导力的人,善于指导和培训,善于巡视和监督,善于在激烈的竞争中发现机会、赢得先机。

有专家指出,领导力就是在确立目标和获得成就的过程中影响组织活动的过程。("Leadership is the process of influencing activities of an organized group in its efforts toward goal setting and achievement."——R. Stogdill) ②

管理大师彼得·德鲁克认为,有效的领导力不是指如何做好演讲或者如何招人喜爱;领导力是由结果而不是某种特质决定的。("Effective leadership is not about making speeches or being liked; leadership is defined by results not attributes.")③

美国沃顿商学院凯瑟琳·克莱恩教授和她的同事们,研究了公共医院外科急救中心的领导力问题,提出了领导力概念的新模型——领导力是"一个系统或者是一种结构——不是一种个人特征,而是一种整体特征"。传统的领导力模型,是把领导力视为"一种行动风格、一种个性魅力、领导者和下属之间的互动特征……领导力因此不可避免地与担任了领导角色的人联系在一起。"克莱恩等专家提出的新模型,认为"领导力只是一个角色,说得更详细一点,是一个特定的、社会赋予的和社会强制的一整套职能,那些在一段时间内占据了小组内专家权威位置的人可以担当领导角色,而这样的人有很多。领导力……不是领导者个人特点的产物,而是组织或者单位规范、习惯以及角色定义的产物"。④

克莱恩提出:"对于一个公司来说,不应只注重如何挑选和培训更好的人才,还要考虑如何合理制定结构和规范,使得领导者更有效率。充分打造领导角色、制定清晰的标

---

① 参见艾迪生·维斯理·朗文出版公司辞典部编,朱原等译:《朗文当代高级英语辞典》,商务印书馆、艾迪生·维斯理·朗文出版社中国有限公司,1998 年 8 月第 1 版,第 859 页。

② 参见费欧娜·爱尔莎·丹特(Fiona Elsa Dent)著,田洁译:《领导力》,上海交通大学出版社,2006 年 1 月第 1 版,第 2 页。

③ 转引自费欧娜·爱尔莎·丹特(Fiona Elsa Dent)著,田洁译:《领导力》,上海交通大学出版社,2006 年 1 月第 1 版,第 2 页。

④ 参见美国沃顿商学院的管理学教授凯瑟琳·克莱恩(Katherine J. Klain)发表于"沃顿知识在线"(http://www.knowledgeatwharton.com.cn)的文章《急救中心里的团队合作:领导力的新模型》(2007 年 11 月 29 日下载自:http://www.knowledgeatwharton.com.cn/index.cfm? fa = viewArticle&articleID = 941&l = 1&&&languageid = 4)。

准，这样的话，无论是谁出任都能有效率地开展工作。”[①]

综合以上观点，并按照本书的逻辑和风格，领导力可以定义为领导者描划愿景、确定方向、决策战略、获取资源、指挥行动、实现目标的能力。简而言之，领导力就是领导者决策能力和执行能力的总和。

在现代市场竞争中，凡是具有一定规模的组织都离不开战略，凡是一定规模组织的领导总是会围绕战略展开。因此，可以认为这里所定义的领导力，基本等价于战略领导力概念。

<概念·要点>

战略领导力是指领导者描划愿景、确定方向、决策战略、获取资源、指挥行动、实现目标的能力，即领导者战略决策能力和执行能力的总和。

8.6.2 领导力与执行力

战略领导力是领导者战略决策能力和执行能力的总和。决策是重要的，但重要的决策只有在充分的执行力推动下才可能变成现实。当组织的领导者选择了正确的战略之后，领导者执行力的强弱就成为战略成败的关键。如前所述，TCL 李东生国际远征的失利，原因就在于执行力不足。[②]

世界领导力大师保罗·赫塞（Paul Hersey）[③]博士指出：成功企业的经验和研究结果表明，“执行力”问题就是“领导力”问题！[④] 换句话说，“领导力”的关键在于“执行力”。

以戴尔电脑的成功为例。迈克尔·戴尔（Michael Dell）不仅具有果断、正确的决策能力，而且具有强劲、高效的执行能力。有两个例子可以说明这一点。一个例子是戴尔电脑推动国际互联网的深度运用与普及化的过程。迈克尔·戴尔很早就意识到，互联网将彻底改变人的生活形态与工作习惯，而且是直销的一种利器，有必要大力宣传、推动人们

① 参见美国沃顿商学院的管理学教授凯瑟琳·克莱恩（Katherine J. Klain）发表于“沃顿知识在线”（http://www. knowledgeatwharton. com. cn）的文章《急救中心里的团队合作：领导力的新模型》（2007 年 11 月 29 日下载自：http://www. knowledgeatwharton. com. cn/index. cfm? fa = viewArticle&articleID = 941&l = 1&&&languageid = 4）。

② 参见本章 8. 5. 2“战略与执行力”。

③ 保罗·赫塞（Paul Hersey），世界组织行为学大师、领导力研究大师，美国领导力研究中心（CLS）创始人、主席。1969 年，保罗·赫塞出版经典之作《组织行为学》，他在这本书中全面阐述了情境领导模式。情境领导理论的核心是：一个好的领导不应只是一个命令者。他在领导和管理团队时，不应使用一成不变的方法，而应随着情况和环境的改变及员工的不同来调整自己的领导方式。1975 年，保罗·赫塞博士创建美国领导力研究中心。时至今日，全球已有 125 个国家的 2000 多万经理人接受过这一培训并运用保罗·赫塞博士的领导模型。其服务过的企业多数位于世界 500 强之列，如美孚（Mobil）、IBM 等。（根据 2005 年 6 月 26 日央视国际《对话》节目：《什么是“好领导”?》，http://www. cctv. com/program/dialogue/20050704/101761. shtml）。

④ 参见芮新国发表于 2005 年 4 月 29 日《中外管理》的文章《“执行力”的本质是“领导力”》。随后关于以戴尔电脑成功的例子，也参考自这篇文章（2007 年 11 月 29“学习型组织研修中心”网：http://www. cko. com. cn/web/articles/management/leadership/20050429/89，1542，0. html）。

对互联网的重视。为了做好这项工作,迈克尔·戴尔安排在公司内部到处张贴一种大海报。在海报上,迈克尔·戴尔本人一脸酷相,半侧着身子,一手直指向画外(观众),海报上印了一行大字:"Michael wants you to know the net!(迈克尔想要你了解互联网!)"戴尔还在好几次公开演讲中,热情洋溢地重申他对互联网的看法。此番努力的结果是:戴尔电脑有70%的营业额,可以通过网络下单成交,公司的多数管理制度及工具可以在网络上实行。

另一个是关于戴尔公司供应商的选择管理。戴尔电脑是依靠OEM模式来运营的企业,原材料供应商和产品制造商的管理是戴尔公司的关键。戴尔本人对此非常重视,不仅对各个供应商的报价和产品标准细节了如指掌,派高级管理人员不断巡视这些厂家,而且每年要亲自到供应商的生产现场考察数次,对生产细节深究不已。

迈克尔·戴尔既有决策能力又有执行能力,显然是具有良好领导力的好领导!什么是好领导?保罗·赫塞如是说:"我在137个不同的国家工作过,其中我学到很好的一点是各国的共同点超过了不同点,好领导的概念,在我所到之处都是相同的。要想成为一个优秀的领导者,就必须使领导行为符合被领导团队的绩效需求。我们有时需要方向和指导,我们有时需要对话和交谈,我们有时只需要合理的解释,我们有时只需要知道底线,然后放手去做。因此,不在于使用什么样的领导方式,而在于根据绩效需求,选择合适的领导方式。"①

≺知识·信息≻

专栏8-4 最具影响力商界领袖的经验

2000年6月,先锋集团的创始人,前任CEO约翰·博格尔(John Bogle)在沃顿商学院就领导力发表演讲。面对一群如饥似渴的商业精英,这位推广了指数基金,并且在此过程中把先锋集团发展壮大为一个掌管超过5 500亿美金资产的公司的传奇人物,用先锋集团一位经理詹姆斯·诺瑞斯(James Norris)的话来结束他的演讲:"当你试图揭示成就一名领袖人物的各种因素时,你总是设法去理解他们的所作所为,想找出背后的公式,但是这些努力最后只会让你灰心沮丧。这正如研究米开朗琪罗或者莎士比亚:你可以临摹,试图超越或者模仿,但其实没有任何固定的公式能让你照搬雕刻出另一个大卫,或者写出另一部哈姆雷特。我想,当什么都说了,什么都做了,最后的结论就是:有的人之所以成为领导者,是因为他们选择成为领导者。"

领导力的核心就是如此简单:一切事关选择和决心。如果这种说法是正确的话,那么,那些选择并且决定要做一个有影响力的商界领袖的人,就可以通过观察其他领导者,并把这种观察融合到自己的领导风格中去,从而获益。

全美收视率最高的商业电视节目《晚间商业报道》与沃顿知识在线共同评选出过去25年来最具影响力的25位商界领袖。一本由双方合力打造,并由沃顿商学院出版社出

---

① 参见2005年6月26日央视国际《对话》节目:《什么是"好领导"?》,http://www.cctv.com/program/dialogue/20050704/101761.shtml)。

版的新书由此诞生,标题为《持久领导力:当代25位最具影响力的商业领袖的经验》(以下简称《持久领导力》)。

最终入选的25名领导者是6位沃顿商学院的评委从观众推荐的700多人中评选出来的。按照英文字母顺序,他们分别是:

(1) 玫琳·凯·艾许(玫琳凯化妆品公司的创始人);

(2) 杰夫·贝索斯(亚马逊网上书店CEO);

(3) 约翰·博格尔(先锋集团创始人);

(4) 理查德·布莱森(维珍集团CEO);

(5) 沃伦·巴菲特(伯克希尔·哈撒韦公司CEO);

(6) 詹姆斯·伯克(强生前任CEO);

(7) 迈克尔·戴尔(戴尔电脑CEO);

(8) 彼得·德鲁克(教育家和作家);

(9) 比尔·盖茨(微软董事长);

(10) 威廉·乔治(医疗电子前任CEO);

(11) 路易斯·郭士纳(IBM前CEO);

(12) 艾伦·格林斯潘(美联储主席);

(13) 安迪·格鲁夫(英特尔董事长);

(14) 李·艾可卡(克莱斯勒前CEO);

(15) 斯蒂芬·乔布斯(苹果电脑CEO);

(16) 赫伯特·凯勒(西北航空董事长);

(17) 彼得·林奇(富达麦哲伦基金前管理人);

(18) 查尔斯·施瓦布(嘉信理财创始人);

(19) 弗莱德里克·史密斯(联邦快递CEO);

(20) 乔治·索罗斯(开放社会研究所创始人及主席);

(21) 泰德·特纳(美国有线新闻网创始人);

(22) 山姆·沃尔顿(沃尔玛创始人);

(23) 杰克·韦尔奇(通用电气前CEO);

(24) 奥普拉·温弗莉(哈珀集团董事长);

(25) 穆罕默德·尤诺斯(孟加拉乡村银行创始人)。

在《持久领导力》一书中,分析了商界领袖领导力的八大因素。这些因素或多或少都存在于上述这些人物中。

第一,他们能够建立强大的企业文化;

第二,他们敢于说真话;

第三,他们善于发现并且迎合未被开发的市场需求;

第四,他们能够看见别人看不见的事物,也就是说,比竞争对手或顾客更早发现潜在的赢利机会和新的趋势;

第五,他们善于利用价格来营造竞争优势;

第六,他们精于管理和建立企业的品牌(有些企业以他们自己的名字命名);

第七，他们非常善于学习；

第八，他们擅长管理风险。

资料来源：根据美国沃顿商学院"沃顿知识在线"（www. knowledgeatwharton. com. cn）《持久领导力：当代 25 位最具影响力的商业领袖的经验》一文整理、改编（http://www. knowledgeatwharton. com. cn/index. cfm? fa = viewArticle&articleID = 1000&l = 1&&&languageid = 4）。

<概念·要点>

战略领导力是领导者战略决策能力和执行能力的总和。决策是重要的，但重要的决策只有在充分的执行力推动下才可能变成现实。当领导者选择了正确的战略之后，执行力的强弱就成为战略成败的关键。

8.6.3　开发战略领导力

战略领导力开发，是一件既简单又复杂的事。说其"简单"，是因为领导力似乎是一种与生俱来的天赋和高度个性化的能力，主要依靠个人在自我学习、体验、领悟中就可以实现能力的增长；说其"复杂"，是因为领导力的形成机制具有多样性、特殊性和不确定性，仅靠个人的力量往往事倍功半。通过经验传授、集体研讨、专家指导等多种方式，有利于促进领导力的提高，收到事半功倍的效果。

沃顿商学院教授谈到，领导力的核心其实十分简单："一切事关选择和决心"。对于选择并且决定要做一个有影响力的商界领袖的人，可以通过观察其他领导者，并把这种观察融合到自己的领导风格中去，从而获益。[①] 这就是说，领导力能够在模仿中获得和提高。

有专家提出"把自己打造成领袖的七个要诀"：(1) 冲破心理障碍；(2) 敢在"工字铁"上跳舞；(3) 立志成就霸业；(4) 不要说"我试试"；(5) 善用资源和时间；(6) 节约会议成本；(7) 抵制骚扰。具体见"知识·信息"专栏 8-5。

罗伯特·布莱克（Robert Blake）和简·斯瑞格雷·穆顿（Jane Srygley Mouton）开发了一种称为领导力方格（leadership grid）的领导力开发管理工具[②]，如图 8-6 所示。

这是一种领导方式的诊断工具和领导力提升目标框架。领导力方格有两个维度，横向维度"关心生产"，纵向维度"关心人"。根据对生产和对人员关心的不同程度，可以在方格中找到某类型或者某一位领导者的坐标。方格中：

A 点（1，1），表示这位领导对生产和员工都漠不关心，可以称为"无所作为式管理"

① 详见"知识·信息"专栏 8-4"最具影响力商界领袖的经验"。

② 参见〔美〕乔治·伯兰德（George Bohlander）和斯科特·斯内尔（Scott Snell）著：《人力资源管理》（英文第 13 版），东北财经大学出版社，2003 年 10 月第 1 版，第 260 页。

(impoverished management);

B 点(1,9),表示重视员工之间的和谐关系,但对生产的关心程度偏低,称为“乡村俱乐部式管理”(country-club management);

C 点(9,9)是最理想的管理状态,对生产和人都高度重视,称为“团队式管理”(team management);

D 点(9,1),表示对生产高度关心,对人关心程度偏低,可以称为“权威—服从式管理”(authority-compliance);

E 点(5,5),属于“中间道路式管理”(middle-of-the-road management),对生产、对人都是中等程度的关心。

在培训专家指导下举行领导者参加的研讨会。对照两个维度,评估领导者管理特征,在方格中找到相应的位置。通过学习、交流活动,领导者不断自省、改进自己的风格,逐步向理想的方格 C 点(9,9)趋近。

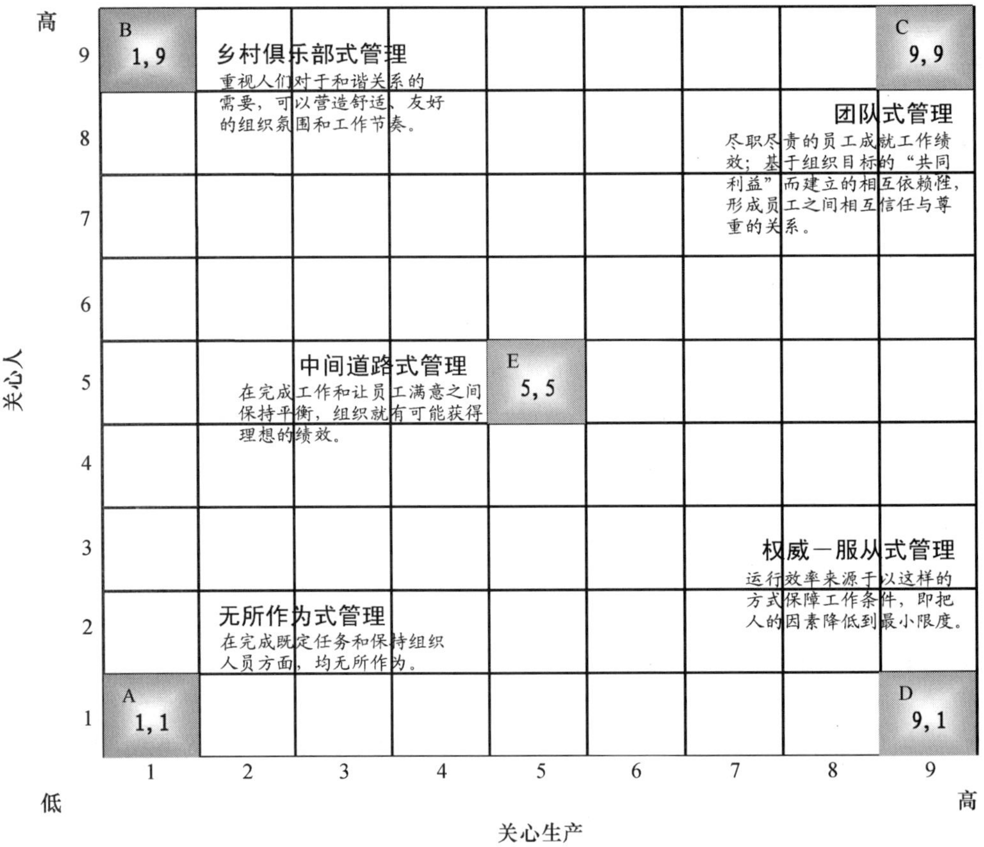

图 8-6 领导力方格图

《知识·信息》

专栏8-5 把自己打造成领袖的七个要诀

要诀之一:冲破心理障碍

“希望”是人生的锚。

“希望”就是还没有达到,但却想达到之目标。“希望”含有很多未知的成分。

人生就像大海一般,充满着生命力,但却经常遇到惊涛骇浪,哪怕无风也有三尺浪。我们像在大海中航行的邮轮,如果遇到大风浪,就要把锚抛下去。锚在海底拉到了某种物体,就能把船拖定下来。船在抛锚时有三个决定因素:

(1) 遭遇到大风浪,船不能自主的时候,才抛锚以求稳定;

(2) 锚要坚固,拉得住船,使它不再漂流不驻;

(3) 海底一定有物体,能够把锚钩住。

“希望”必须是现实的,经过努力能够实现的目标,这才是牢靠而稳固的锚。

要诀之二:敢在“工字铁”上跳舞

一个人成功与否,还在于他是否有胆量去尝试。

曾经有一个日本电器广告:在两座巍峨的大厦中间,横跨着一条“工字铁”,一帮年轻人在上面载歌载舞……

假若我们将这条“工字铁”放在平地上,我想大家都可以很轻松地从这一边走到另一边。但如果我们将同样的“铁架”横在上环港澳码头的信德中心与海港酒店之间,我相信绝大多数人都不敢走。其实,在铁架上的步行动作并没有分别,唯一的原因是我们心里的恐惧感在作祟。

许多时候,因为我们认为自己不行,所以便不能成功。

要诀之三:立志成就霸业

很多人失败或实现不了自己的理想,最大原因之一就是他们没有立大志,没有远大的目标。

春秋战国时代的一天,秦始皇出巡京城,城内到处张灯结彩,人们都跑到市集上来一睹秦始皇的风采。而就在大街的一角,有一位头发斑白的老人拖着一名青年,这青年见到远处坐在轿中的皇帝时,便大声对老人说:“项梁叔叔,我可以取代这个皇帝!”叔叔听了大惊,马上拉他离开,在他耳边说:“你疯了吗? 你可知这样说是欺君之罪吗?”这个小伙子并非别人,正是后来的楚霸王项羽。

立大志未必一定会成功,但无大志者一定无大为。

要诀之四:不要说“我试试”

要给人家留下一个好印象,赢得他人对自己的尊重,我们必须言而有信。一旦做了承诺,就要尽量把工作做得妥善。

沟通时用的辞令,可以影响他人对你的印象,也会影响你的行为表现。而当一个人说“我会试试”时,他已经为自己找好了借口。当他交不出成绩时,就会理直气壮地说:

"我不是说我只是试试吗？我根本没有答应你！"

相信大家都遇到过类似的情况。当别人说："过两天我会找你再谈。"事实上十个有九个都会去如黄鹤。如果对方说："后天下午四点左右我会给你做个汇报。"通常那才会有确实的行动。

要让人家觉得你是一个实干者，我们应说："我会，我能够！"

要诀之五：善用资源和时间

船票的权利

一位朋友购买了一张由英国伦敦到美国纽约的船票，准备一偿横渡大西洋的心愿。因为并不富裕，所以买了船票后，口袋里的钱所剩无几。于是，在上船前他买了一大块奶酪和几大盒饼干作为旅程食粮。

开始三两天，奶酪与饼干的味道还可以。几天之后，奶酪和饼干都变硬了，渐渐发出臭味。这位朋友每天盯着船上侍应生们捧着的美味食品——牛扒、龙虾、蔬菜等，无计可施。有一天，他腹似雷鸣，忍无可忍，猛地扑向手里端着三文鱼的侍应生，抱着他的脚哀求："求求你，我愿意到厨房洗碗、做甲板的清洁工作，请你给我一点食物吧！"

侍应生答道："先生，你不是买了船票才上船的吗？"

他答道："是呀！我是买了船票的啊！"

侍应生说："这些早午晚餐都是包在船票内的！"

这则笑话其实是我们很多人的写照。上天给了我们生命，就好像给了我们一张横渡大西洋的船票。这次旅行，好比人生的旅程，由出生到生命结束。在人生旅途中，上天为我们安排了很多美丽的事物，更赐予了我们非常丰盛的内在潜能与美德，为我们的人生准备了相当多的良机。唯独我们自己很多时候却不敢去企求，不敢去尝试，不敢去获取。只顾在自怜自悯的心境下去吃我们自己"乏味的干粮"，这都是因为我们信心不足。如果勇于尝试，充满自信，必能真正地创造出属于自己的前途。

记着，你我和世界上很多成功人士一样，都是买了船票的，请善用我们的权利！

要诀之六：节约会议成本

在信息发达、科技日新月异的现代社会，大家对"会议"一定不会感到陌生。但十之七八的企业，在举行"会议"之前没有制定一套完善的规则。开会对每一家公司来说都是一个昂贵的活动，因为其中包括了三项重要开支：

(1) 薪金：每位参会人员每分钟的价值；

(2) 福利：每位同事除了固定薪金外，还有接近薪金约25%的福利开支；

(3) 机会价值：每位参会人员都要暂时把平时应做的事放下。

著名的管理学家彼得·德鲁克先生说得很有道理：会议和工作不能同时进行。所以，除非开的会议相当重要并具有建设性，否则，我们就是浪费公司的资源。

然而，现今商业社会中，业务会议已司空见惯，一项深入的调查显示：市场推广人士平均每周开会21小时，CEO等则会花费近70%的时间开会。

我们在开会之前，请把这一切"价钱"都加起来。看了这个价钱之后，你可能会把一些没必要的会免除掉。

要诀之七:抵制骚扰

我们知道时间的重要性,作为一个成功的领袖,要善用手上的有限时间。但可惜的是,很多时候我们会被身边的人,于有意无意之间剥削了宝贵的分秒。让下属善用时间,要有一定的方式:

(1) 划分出既定时间段,例如把每天早上十点半至中午定为接见时间,其余时间作为工作及其他事务之用,拒绝会客;

(2) 与同事商量具体的决策性的事宜,要到会议室谈,并确定参会者不被中途打扰;

(3) 尽量在同事办公室谈工作,这样可以更好地控制时间;

(4) 谈话要简明扼要;

(5) 敢于说"不",否则会让自己的时间失去控制。

资料来源:根据《世界经理人文摘》(www. digest. icxo. com)网页信息《将自己训练成领袖七个要诀》整理、改编(2007 年 9 月 14 日下载自:http://digest. icxo. com/htmlnews/2006/11/03 /963707_0. htm)。

关于领导力开发问题,多数专家的观点还是认为主要在于自我体验、领悟和自省。传授知识和技能,教导原理和法则,不可能成为开发战略领导力的主要方式。

下面是与领导力培养有关的三个故事,[①]其中也许有值得领悟的道理,不妨一读。

故事一　哈佛商学院教授们分享一生最受用的忠告

哈佛商学院院长科拉克,回想小时候每天上学前母亲叮咛他:"你今天出门是要去当领袖的,千万明辨是非,不要被人家牵着鼻子走!"

在最后一堂课里,科拉克把这个影响他一生的忠告,送给即将展翅的哈佛毕业生。他知道,未来的某个关键时刻,他们很可能因这句忠告得到不同的人生。

忠告具有力量,因为它是人生经验的浓缩和菁华。接受一句忠告,抵得上拥有一千盎司的智慧。面对突如其来的挑战或危机,一句冷静的箴言, 也许就是拯救一家企业的关键。

故事二　邹开莲:当成就无法带来快乐……

这一天,Yahoo! 奇摩搜寻分类服务事业部总监黄蕙雯,硬着头皮进了总经理邹开莲的办公室,递上自己刚写好的报告,等着挨刮。她错失了一个项目的截止日期,使得业绩下滑,造成损失。

连续好几天,黄蕙雯没法睡觉,她和邹开莲认识多年,知道美式管理风格的邹开莲严格要求自己,只求最完美的结果。当然也不会轻易宽贷部属的错误。这一次,自己是犯了她的大忌了。

不料,邹开莲看完报告,只是温和地对她说:"We all learn from mistakes(我们都是从错误中学)。"黄蕙雯愣了一下,一股暖流涌进她的心里。"她(邹开莲)不知道那对我来说,是多大的一个 relief(解除痛苦)!"黄蕙雯同时惊讶于邹开莲的改变。

---

① 根据《世界经理人文摘》网页文章《哈佛院长不谈策略》一文改编(2013-3-15:http://digest. icxo. com/htmlnews/2006/10/16/944734. htm)。

邹开莲变了，如果是五年前，她看到这份报告，绝对不会是这样的反应。邹开莲拥有双硕士学位，一手创造出台湾的MTV台，成为台湾最年轻的电视台总经理。她的一切都赢过别人，包括高大英俊的男朋友，连公司里的短跑比赛，都能轻易拿到冠军。

这样的邹开莲重视绩效。不管对别人或对自己，她都以结果论英雄。追求业绩、数字、表现的邹开莲在职场上一再缔造辉煌纪录，她永远精神饱满、光鲜亮丽地出现在任何场合。但是，站在令人艳羡的山峰上，邹开莲却不快乐，也很少感到满足。"我好不容易才拿到一个什么东西，为什么马上又不快乐了?"

就在那一年的秋天，在一个偶然的机会，在一个神圣的地方，她看到一位伟大的哲人写的一本书里有这样一句："人的一生，是在定义你的性格。"这句话令邹开莲震撼不已，她终于了解自己为何长期以来都不快乐。因为她不断用别人的标准来看自己成不成功、快不快乐，人生有没有意义。任何工作，不管是家品、广告、唱片，只要她接了手，就得要"不负众望"创下纪录。她追求外在的成就，也活在别人的掌声中，曾经有一个周末的晚上没有人邀约她，她就整夜失眠。

看到了这句话，她慢慢想通了。"上帝不会问我说，邹开莲啊，你2005年第三季的表现为什么没有预期的那么好？他不会，他只会问我说，你是不是做出了好的决定，成为一个好的人?"过去的邹开莲，虽然拥有羡煞旁人的职场成就，但谈到对邹开莲这个人的感觉，大概就是"精明"、"干练"，或者是"活泼"，绝不会有人说她很"温暖"；但这句话却让她觉得，人生最有意义的目标，应该是让自己拥有温暖的性格。

之后，她开始试着当一个"温暖的邹开莲"。面对连续三个月，每星期一都要请假的同仁，她说："Why not?"。只要这是员工需要的，她的心中不会有杂音。如果是在过去，她表面上答应了，但心中不断烦着：项目延期会不会有问题？业绩怎么办？目标会不会达不到？

一句话，让邹开莲重新衡量人生，首先变成了给人以"温暖"的领导者！

故事三　李隆安：领悟水糅合混凝土，他改变领导风格

第一个、第二个、第三个……直到工程部维修处第五位工程师递交了辞职信，李隆安再也受不了了。1985年，他加入台湾爱普生科技，曾是当年表现最优秀的工程师，也因此升上了小主管。不过，才六个人的部门里，不出三个月，五位已经准备打包走人。

"我到底做错了什么?"李隆安扪心自问，要论勤劳，他比别人都认真，一忙起来，晚上就直接睡在公司；要问负责，他出手的，没有一件是不完美的案子。

但就是因为只相信自己的能力与意见，李隆安在同事眼中是"不用扮就是黑脸"的主管。他的指令一是一、二是二，要求就像军事命令般冷峻，没有商量的余地。

例如，他要求维修处工作环境一定要整齐干净，有同仁让他"提醒"了第二次还没改进，隔天桌上就会变得非常"干净"。工具早就被李隆安丢掉，只能自己摸摸鼻子，去垃圾桶捡回来。当时全公司都知道最凶的不是总经理，而是"李桑"（李先生）。"我是恨铁不成钢啊！"李隆安说。

沮丧与困惑之余，李隆安隐隐约约想起高中时代在杂志上看过的故事：要盖房子，要有水泥、沙和土，但是只要缺一样东西，上述这些材料就无法发挥作用。那就是水！水是糅合混凝土的角色。但是，最后房子要落成，水一定要离开、消失，混凝土才能凝固、房子才会坚固。

强势的李隆安过去没有办法体会这段话的涵义，但是经过这次在领导上的挫败，他终于回想起来，这个故事不正在提醒他：团队合作，就是要有人很柔和地去整合大家不同的意见或看法，而不是让团队全都听自己的。然而，这个去整合大家的人，最后不见得是能站在第一线接受掌声的成功者。

好不容易从一个工程师踏上主管的领导之路，他明白要走下去，自己一定要改变，于是痛下决心掏出三万多元上卡内基课程，想要摆脱“黑脸”的形象、难以沟通的个性。

锲而不舍地“修炼”十年下来，“李黑脸”不见了！台湾爱普生影像科技事业群协理黄志彬说，以往台湾爱普生及旗下三家子公司抢年度预算，到了李隆安这一关，不管是这家公司的计划，或是砍那家公司的预算，都是他一句话说了算。四家原本应该合作的公司之间，竞争得很厉害，私底下的埋怨也不少。

但是现在，预算提报上去，李隆安不像以往那样，心中已有了他自己的答案，大笔一挥就决定了一切，反而是把提案放一边，缓缓地问黄志彬：公司存在的价值是什么？部门的营销目标和方向又是如何？提案的内容有没有重新评估的必要？他说的每一句话，都是开放性的问题。

这让跟了他十四年的黄志彬很不能适应，狐疑了半天：“老板现在是什么意思？”他默默地把提案拿回去，重新与部门讨论一遍，去除掉与年度目标不相干的枝节。没想到，当每一家子公司都重新设想公司目标时，彼此互相折冲之下，编预算的季节不再你争我夺，目标也趋于一致，甚至因为大家都是自发性的调整，火药味也少了许多。李隆安乍看毫无意见的态度，其实是他平衡四家公司利益的融合哲学。

“升任主管对工程师来说就像一个山谷。”李隆安说，“跳得过去，海阔天空；跳不过去，就会摔得很重，也许粉身碎骨。”对他来说，这个节骨眼上，水与混凝土的故事就像为他在山谷上架起一座桥，让他走上总经理的位置。

❑ 要点回顾

- 组织战略与员工的培训与发展具有高度相关性。
- 人力资源开发，是指为了适应组织未来发展战略对知识和技能需求的变动，对员工知识结构、技能水平、能力强度、激励机制和工作经验进行优化或提升的过程。
- 培训，主要针对员工当前工作岗位的需要，有计划地向员工追加人力资本投资——知识、技能和能力，目的是改善和提高员工当前或近期内完成工作任务的质量。
- 开发过程、培训活动都需要管理，即需要精心计划、认真组织、有效领导、合理控制，以便节约资源、保持效率、卓越绩效。
- 人力资源开发分为四个步骤：(1) 需求分析；(2) 方案设计；(3) 计划实施；(4)

效果评价。开发过程需要管理，目的在于节约资源、保持效率、卓越绩效。

■ 大型企业的人力资源开发，主要包括四方面的内容：一是公司制度与文化；二是岗位知识与技能；三是执行能力；四是领导能力。

■ 人力资源开发活动，既消费资源，又产生效益。消费资源是必然的，但产生效益与否，却不是确定的。

■ 人力资源开发需求分析分三类：(1) 组织需求分析；(2) 任务需求分析；(3) 员工需求分析。需求分析方法主要有观察法、调查问卷法、专家访谈法和绩效评估法。

■ 职业生涯可以分为五个阶段：(1) 从业准备阶段；(2) 职业开始阶段；(3) 职业发展成长阶段；(4) 职业发展成熟阶段；(5) 职业发展衰退阶段。

■ 员工职业发展管理，一般分为四个阶段：一是"评价自我"阶段；二是"审视现实"阶段；三是"设定目标"阶段；四是"计划行动"阶段。

■ 学习是一种通过体验或者传授而获得某方面知识或技能的活动。学习力一般可以理解为一个人在通过体验或者传授获得知识和技能的过程中所表现出来的动力强度、意志水平和认知能力。

■ 战略生产力，是指在实现组织战略目标的生产或服务活动中生产者或服务者所发挥的作业能力(即劳动能力)的总和。

■ 提升组织战略生产力的途径，主要有：(1) 在岗培训；(2) 学徒式培训；(3) 课堂指导；(4) 视听培训；(5) 模拟训练；(6) 拓展训练；(7) 电子化学习。

■ 战略执行力，可以定义为组织执行者理解战略规划、领会战略决策、配置战略资源、完成战略任务的能力。

■ 优秀的管理者应该具备九种核心能力：(1) 战略思考能力；(2) 积极行动能力；(3) 知人善任能力；(4) 协调指挥能力；(5) 沟通关心能力；(6) 激发挑战能力；(7) 创新学习能力；(8) 自我认知能力；(9) 当机立断能力。

■ 战略的成功与失败，甚至整个组织的生存与发展，都与执行力具有高度相关性。

■ 戴夫·马库姆等专家总结了成为高效经理人的八种思维习惯：(1) 审视自我；(2) 好奇求知；(3) 抛去常规；(4) 挖掘证据；(5) 估量影响；(6) 纵观全局；(7) 审慎行事；(8) 溯本求源。

■ 战略领导力，是领导者选择战略的能力和执行战略的能力。领导者是战略决策者。领导者的战略决策对组织的存在与发展具有决定性的影响。领导者又是战略执行者。领导者只有把自己及其团队所制定的组织战略付诸行动和变成现实，才能够体现存在意义和工作的价值。领导者的选择能力和执行能力，取决于领导者的领导力。领导力的开发具有战略意义。

■ 领导是指引领或指导小组、团队或组织的人。

■ 战略领导力是指领导者描划愿景、确定方向、决策战略、获取资源、指挥行动、实现目标的能力，即领导者战略决策能力和执行能力的总和。

■ 战略领导力开发，是一件既简单又复杂的事。说其"简单"，是因为领导力似乎是一种与生俱来的天赋和高度个性化的能力，主要依靠个人在自我学习、体验、领悟中就可以实现能力的增长；说其"复杂"，是因为领导力的形成机制具有多样性、特殊性和不确定性,仅靠个人的力量往往事倍功半。通过经验传授、集体研讨、专家指导等多种方式,有利于促进领导力的提高,收到事半功倍的效果。

■ 领导力方格有两个维度,横向维度“关心生产”,纵向维度“关心人”。根据对生产和对人员关心的不同程度,可以在方格中找到某类型或者某一位领导者的坐标。

❑ 思考与练习题

8.1 什么是人力资源开发?分为几个步骤?开发内容有哪些?

8.2 解释人力资源开发需求分析的重要性。

8.3 人力资源开发与员工职业生涯发展有什么关系?

8.4 组织和个人在员工职业发展管理中分别发挥什么作用?

8.5 如何理解学习力与战略生产力的关系?

8.6 提升战略生产力有哪些有效途径?

8.7 什么是战略执行力?

8.8 如何有效开发执行力?

8.9 什么是战略领导力?

8.10 举例说明领导力与执行力的关系。

8.11 解释开发战略领导力的特殊性。

❑ 案例研究

微软:将学习力转化为竞争力

2005 年,微软全球技术支持中心发现自己正面临一个问题。中心有 600 名工程师,需要昼夜不停地为来自纽约、澳大利亚或者越南的全球客户服务。如何让有限的资源产生最大的效益,成为全球技术支持中心迫切需要解决的问题。

微软把这个问题的解决转化成了强大的竞争力。

构建学习的生态系统

“我们需要利用培训来为客户解决问题。这样的话,客户就不会因为有很多的问题打来电话,或者是写 E-mail 问我们这些需要支持的东西。”为此,微软做了一个非常聪明的决定,把内部学习力施加到组织外部。

“我们为客户提供了额外的价值,他们很乐意,而我们则因此减少了成本。”微软大中华区全球技术支持中心合作伙伴支持部经理邢志新说。他们将这一举措称为建立“学习的生态系统”。“我们每个部门都要为这个生态系统负责。我们专门建立了全球技术支持中心企业大学(GU)组织,来负责运转整个系统,我们需要工程师来设计课程,需要市场部门来沟通客户,需要客户来告诉我们他们为什么困惑,这是一个系统的事情。”

当然,回馈也是可观的。微软技术中心的工程师开发了课程,并亲自授课。但是他们并非全职,他们还兼职负责其他的项目。“这有利于工程师的知识增长。负责授课的工程师,同时每天还在接客户的项目,和客户交流。”微软大中华区全球技术支持中心企业支持部资深总监孙家供说:“这就像一条学习的生态链,让客户学会提升能力,然后利用我们的产品去开发更多的工具,让他们的公司更有竞争力。而客户的信息也会回馈到市场部门、研发部门,我们内部也在成长。我们常常说,你们的潜力是我们的动力,从另一个角度看,我们是在降低被动帮助客户和合作伙伴解决问题的数量。”

微软通过这个战略,把自己塑造成一个知识库。微软发现问题、解决问题、总结经验,并通报其他区域的客户,让不同地区的企业能够很快地了解并规避错误,预先掌握正确的解决方案。

为什么微软能够快速地实现这一战略?更多的观察表明,他们将一直以来渗透到血液中的学习因素复制到外部学习体系中。他们复制了学习方法、知识积累以及共享方式,并且把外部学习和内部学习融合到了一起。

构建“学习生态系统”的模式

这个学习生态系统被设定为三个主体:(1) 企业用户;(2) 合作伙伴;(3) 微软公开技术座谈和培训讲座。

课程的开发分为三个阶段。第一阶段是案例分析。微软累积了很多工程师的经验,分析了近6 000个案例,专心收集客户和合作伙伴出现的问题,深入了解他们需要帮助的最大问题。案例分析以后,进入第二个阶段——课程开发。微软利用现在的工程师,投入800多个小时,开发了20多门课程,覆盖了微软的主要产品。最后是实施培训阶段。客户的定制化需求会被考虑进去。

“第一个阶段,我们做了知识传承。第二阶段,我们不断地和我们的客户与合作伙伴进行互动,基于这些互动收集来的回馈,对我们的课程进行不断的完善。我们希望达到的理想状态是第三阶段,真的是基于我们客户的需要,客户提交他们的需求,我们提供培训,把我们的培训做成一种服务。”孙家供说。

与普通商学院相似的是,微软技术支持中心除了提供课程,还提供建立“社交圈”的机会。“如果这种生态链建设起来的话,我们可以从这个生态链当中及时发现在产品方面具备能力的合作伙伴,我们可以介绍这个合作伙伴去帮助有需要的其他的合作伙伴,让他们结对子,互相帮助。”

总结与培训

从2006年开始,微软建立了一个统一合作伙伴合作框架,微软内部有一个合作伙伴工作委员会,在这里面有个一揽子的合作伙伴培训计划,包括对合作伙伴的产品培训、市场培训和技术能力培训。在以信息技术与商业模式最佳结合为赢利根本的微软,资源利用最大化原则,让学习力成功转变为竞争力。

客户回到公司后,再培训他们公司的工程师,然后又通过工程师传递给他们的客户。不断总结,如滚雪球一般,形成知识库。

GU会利用公司内部不同的组织来了解不同客户的需求,并且还会采取虚拟的方式来测试课程设定是否正确。比如,微软经常邀请客户在公司内部模拟出设定问题的状况,然后一起当场解决。由此形成的解决方案,提前预防了问题的出现。

标准设定

微软的外部学习并非是一成不变的，而是一个逐步标准化的过程。一方面是对讲课工程师标准的认证；另一方面是对来听课的客户的认证。他们认为，同一个课程只能适合一类公司，如果课程对客户来说太深或者太浅，都会失效。他们所采取的解决方式就是，先通过网上的考试进行验证。然后把通过标准测定的不同公司放到不同的课程之中。

学习要打破边界

中欧商学院教授杨国安认为，组织学习力的最关键点在于，打破边界。而打破边界的第一步就是，找到边界在哪里。

边界在哪里？边界可能存在于层级的关系中，一线的员工很少能够把有趣的想法传达到高层。边界也可能存在于部门之间，往往好的学习经验很难从一个部门传递到另一个部门。边界也可能存在于与外部的隔阂中。

很多公司紧闭大门，不愿意与外界交换想法和信息。最后，边界还存在于不同地区。很多跨国公司很难把不同地区的经验整合到一起，就是因为地区在文化、地理上的差异。微软似乎正在打算建立一个无边界的组织。比尔·盖茨在 2002 年发起了一次变革。他决定将公司的业务重组为七个更具市场导向化的部门，赋予这些业务部门的领导人包括预算、人事和产品在内的决定权。这是微软历史上的一次大地震。2006 年微软再次做出了组织结构的调整，将原有的七大业务部门整合为三大业务平台，包括产品和服务部、商业部、娱乐和设备部，部分高层职位也随之做出相应调整。按照鲍尔默的说法，“合七为三”的决定就是为了使公司变得更为敏捷，部门总裁拥有更大的决策权。分析师罗勃·恩德勒(Rob Enderle)表示赞同，新的公司架构将使微软减少内部扯皮和沟通不畅，得以使产品更快地投放市场。

微软这么做的目的就在于，减少地区对于业务的影响力，同时不同部门之间也必须无缝接轨：因为以前业务不同，各自为营，而现在需要的是整合并激励互相学习。

微软公司全球技术支持中心总经理柯文达(Wing-Dar Ker)，曾经以屏幕阅读为例来证明部门合作的必要性，“如果你要把屏幕阅读和评注转化为一次美好的体验，那么 Windows 需要运转正常，安全系统需要运转正常，其他的应用软件也应该运转正常”。同时，还需要让每个团队有机会贴近他们自己的客户，响应客户的问题，并且拥有财务权、控制权以及自治权。“无论如何，我们需要使不同的市场客户的特定需求进入核心技术中。”

重组架构，纵横联合，在部门和部门之间、产品部和产品部之间建立紧密合作关系。频繁的沟通保证了这个庞大的国际组织，能够以最短的时间获得最高程度的一致认知。“我觉得在这方面微软做得还不错，尤其在客户服务与支持(CSS)组织里面。我直接向美国总公司负责全球客服与支持的副总裁汇报。当我们在讨论整个业务的发展趋势、研究我们的策略往哪边走时，层层向下的沟通其实很重要。除了区域经理做一些探讨和总结，每一个全球业务线的负责人，也会有定期的沟通。例如，每 3 个月或 6 个月有一个全球会议，直属全球层面领导的人都去参加。”柯文达认为，微软就像一个舰队，如果没有方向，团队自然不知道如何前进。而沟通就是达成一致目标的方式。当大家的目标一致后，使力的方向也就一致了，目标自然就达成了。不管是层级之间，还是部门之间，一旦边界被打破，自然新的学习动力就出现了。

站在价值链的最高点

柯文达指出："我们在制定组织架构和策略的过程中，一个关键的考量因素就是资源的分配和资源的运用。如果把资源分配和运用的范围局限在组织内部，那资源运用的范围就变得十分有限了。"

在中国，微软通过知识资源共享、上下游资源共享的原则，在微软中国的周围建立了庞大的生态链群。很多中小型本土公司获得了微软的资源支持，同时也为微软培育和支撑了一个庞大的市场基础。

微软同时还将一些业务外包。这对国内企业来说，第一，它会因此得到一个业务的来源、获利的来源；第二，它有能力去培养一些人才；第三，它会获得和积累一些来自微软的国际经验的支持，提升国际竞争力。

这样达成的效果是，等到IT服务业真的蓬勃发展的时候，这些企业就有了足够的能力、实力和品牌优势去参与竞争，甚至不仅仅是参与国内的竞争。

"如果说我们可以同时达到两个目的，第一得到一个很好的产品，第二又可以培育市场，这不是一个很好的双赢或多赢的局面吗?"微软资源共享的关键方式是知识链共享。他们把客户应用的知识、技术及管理经验整理为知识库，传承给合作伙伴，以使他们达到国际水准，获得国际业务。通过这样的方式，微软可以永远走在知识链的前面，服务全球客户，但同时通过合作并没有丢失其他的业务。市场做大了之后，微软依旧可以保持快速发展的架构和形态，一直走在前面，做更为复杂或精简的业务。

资料来源：参见中人网文章《微软：将学习力转化为竞争力》。引用时有文字表述上的改动。根据中人网信息，这篇文章作者为汤维维，原载于《商学院》。2007 年 9 月 18 日下载（http://www.chinahrd.net/zhi_sk /jt_page.asp? articleid =127803）。

● 思考与讨论题

8.1 如何理解"学习的生态系统"概念?

8.2 培训客户，提高客户自己解决问题的能力。微软如何在这一过程中获得收益?

8.3 把内部学习能力作用到外部，把学习力转化为竞争力。微软的这一战略对中国企业有哪些启示? 结合案例说明。

第9章

战略人力资源员工关系

良禽择木而栖，贤臣择主而事。

——中国智慧古语

Effective executives make strength productive.

Strong people always have strong weakness. Where there are peaks there are valleys.

People determine the performance capacity of an organization. No organization can do better than the people it has. The yield from the human resource really determines the organization's performance.

——Peter F. Drucker

【卓有成效的管理者利用员工的长处创造生产力。

人的能力越强，缺点也就越多。这就好比山峰越高，峡谷就越深。

人决定了组织的绩效能力。没有一个组织能比它的员工做得更好。人力资源所产生的成果决定了整个组织的绩效。

——彼得·德鲁克】

主要内容

- 员工权利与法律规定
- 雇佣关系与工会制度
- 组织制度与和谐文化

逻辑模型

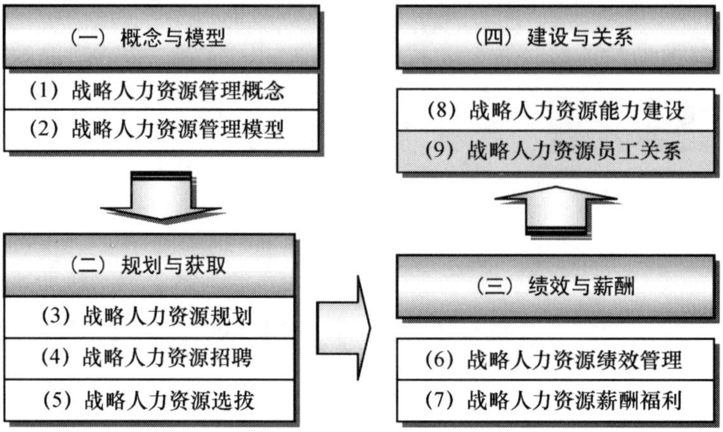

核心概念

雇主（employer）
员工（employee）
雇员（employee）
员工权利（employee rights）
雇用（employing）
被雇用的（employed）
雇佣关系（employment relationship）
工会（labor union）
集体谈判（collective bargaining）
真诚谈判（good faith bargaining）

预期目标

通过本章学习，你可以获得以下知识和能力：

■ 理解员工权利及其保护的必要性；
■ 掌握中国劳动法律制度的基本内容；
■ 了解工会制度的目的与中国工会运行模式；
■ 认识组织制度建设与员工关系管理的关系；
■ 认识组织和谐文化建设的重要意义。

开篇案例

北京首起无固定期限合同案判决

周女士在北京市乡镇企业大厦工作超过10年，其间出国一趟后，企业以各种理由拒绝其继续工作。周女士将企业诉至劳动仲裁委员会，要求签订无固定期限劳动合同，劳动仲裁委员会支持了周女士的要求，企业对此不满诉至法院。近日，北京市朝阳区法院判定周女士胜诉。据悉，这是北京市宣判的首起“签订无固定期限劳动合同”的案件。

周女士1989年到北京市乡镇企业大厦工作。2001年，周女士随丈夫到法国，她与乡镇企业大厦签订了一份为期一年的协议书，内容约定：周女士与乡镇企业大厦保留劳动关系；周女士出国期间，人事档案仍存放在企业，停发工资及各项补贴，各项社会保险手续由企业代缴，但费用由周女士自己支付。周女士此后出国的4年间，企业一直为其缴纳社会保险。

周女士2005年回国后，根据单位出具的缴费明细表，陆续交给乡镇企业大厦2.6万元作为4年来的社会保险费用。此后周女士多次要求回单位上班，但被乡镇企业大厦以各种理由拒绝。

2007年3月，周女士诉至北京市朝阳区劳动争议仲裁委员会，要求企业与其签订无固定期限劳动合同，返还应该由企业交纳的社会保险费用2.6万元，补发生活保障费及住房公积金。仲裁委经审理后，裁决乡镇企业大厦应与周女士签订无固定期限劳动合同，并支付生活费896元。

乡镇企业大厦不服裁决，2007年年底诉至法院。该企业表示，周女士出国前与企业签订了为期一年的劳动合同，到期后未回国，2002年双方劳动关系就已结束。因被告长期毫无音讯，企业对其按离职处理，只同意向周女士支付生活费896元。

法院经审理后认为：周女士出国前，双方约定保留劳动关系，该企业一直为被告办理缴纳社会保险手续，并存放了周女士的人事档案，故认定双方之间的劳动关系处于延续中。周女士在乡镇企业大厦连续工作已满10年，故要求签订无固定期限劳动合同于法有据，法院予以支持。

宣判后，单位拒不履行判决，于是周女士近日向朝阳法院申请强制执行，法院已受理此案。因此，该案成为《劳动合同法》正式实施以来，北京市受理的第一起强制要求单位签订无固定期限劳动合同的执行案件。

资料来源：2008年2月14日《京华时报》A07版（北京·社会），记者刘杰报道《首起无固定期限合同案判决》（http://epaper.jinghua.cn/html/2008-02/14/content_213428.htm）。引用时文字有改动。

思考题：

（1）你对法院的判决有何评价？

（2）如果你是北京市乡镇企业大厦的负责人，你如何解决与周女士的纠纷？

（3）你认为新劳动合同法的规定是否合理？为什么？

管理学大师德鲁克指出：“没有一个组织能比它的员工做得更好。”有一位著名企业家在听到人们对她领导下的公司取得的卓越绩效赞不绝口时，总是不假思索地回答：我们只是做得像我们的员工一样出色！2005年，在美国遇到一位在一家制药企业担任高级管理职务的美籍华人，他说经常请下属“吃饭”，问其原因，他的回答是：很简单，我的绩效取决于他们的绩效！

事实上,对于任何组织而言,员工绩效都是组织绩效的来源和决定因素。因此,组织领导者、经营者,如何处理好与执行者、生产者及其他所有员工的关系,或者说,雇主如何对待雇员,让员工、雇员快乐工作,努力创造绩效,具有极其重要的战略意义。

激励员工努力工作,取得良好绩效,首要的和最根本的做法,就是要尊重员工的劳动,维护员工的合法权益。在这一过程中,政府部门和工会组织同样发挥着重要作用。

9.1 员工权利与法律规定

受雇于雇主(employer)——组织或个人——的员工(employee,或称为雇员)有什么权利?在哪些方面需要保护?首先了解我们中国法律对劳动者权益保护的有关规定,然后再了解美国的情况。

9.1.1 员工权利与保护

对于员工权利(employee rights),两位美国专家的解释是“雇主公正对待雇员的保证,尤其是指对雇员隐私权的尊重”。(Guarantees of fair treatment from employers, particularly regarding an employee's right to privacy.)①

这应该是基于对美国现实情况的定义。对于员工的“权利”,只强调“公平”和“隐私权”即可。管中窥豹,略见一斑。由这一点可以看出,在美国发达的市场经济中,劳动者权利保障制度也已经建设到了发达水平。

但是,在发展中的或不发达的经济中,劳动者基本的权利,比如就业机会平等,同工同酬,按贡献分配,性别、体型、相貌、出身和种族等不受歧视,自由表达意见和建议的权利,享有健康和安全工作环境的权利,经常得不到保护。有时,甚至人格和尊严不受侵犯的权利,都不能够得到尊重。劳动者基本权利受到侵犯的事件,绝不是仅仅发生在低素质“土老板”控制的小企业中②,在高层次、大规模的人力资本生产组织(比如高等教育机构),或者是知识与技术的生产组织(比如研究所)中,都有可能发生。

在这样的经济环境中,为民的、负责的和有能力的政府,就会担负起保护员工权利的责任。通常会通过制定法律、法规和政策的途径,对雇主对待雇员的行为做出规定,为雇员向雇主主张权利提供依据,在雇员和雇主之间建立利益博弈的规则。

按照这个逻辑,员工权利,即雇员权利,其内涵可以界定为国家法律、法规和政策赋予雇员不受雇主侵犯的权利,包括人格、尊严和隐私不受侵犯的权利,就业与发展机会平等的权利,在安全与健康的环境中工作的权利,以及按时获得合理的货币和非货币报酬的权利等。

无论在什么样的经济中,无论是什么样的组织,雇员都处于相对于雇主的弱势的一方。政府部门对雇员权利的保护至关重要。而且,越是发达的经济和社会,对雇员权利

---

① 〔美〕乔治·伯兰德和斯科特·斯内尔著:《管理人力资源》(英文版第13版),东北财经大学出版社,2003年10月第1版,第548页。

② 比如惊动中国最高领导层的“山西黑砖窑事件”。参见新华网介绍:《山西黑砖场大案惊动中央》(http://news.xinhuanet.com/legal/2007-06/14/content_6239666.htm)。

的保护和尊重制度越完善。

尊重劳动,尊重劳动者,尊重包括雇员在内的一切社会劳动者的合法权益,是一个社会文明与进步的标志。

在本章开篇案例中,人民法院按照新的《劳动合同法》,支持了周女士对自己合法权益的主张。这意味着完善中的中国劳动关系法律保障制度建设取得了成效。

围绕着2007年6月29日第十届全国人民代表大会常务委员会第二十八次会议通过,2008年1月1日起实施的《中华人民共和国劳动合同法》,即"新劳动合同法",特别是其中对签订"无固定期限劳动合同"的规定,引起了一些企业和研究者的议论。"知识·信息"专栏9-1所示,是"新劳动合同法"中对签订"无固定期限劳动合同"的规定。

实际上,"无固定期限劳动合同"条款,并不是"新劳动合同法"的创新,而是对早在1995年1月1日起就开始施行的《中华人民共和国劳动法》第二十条(见"知识·信息"专栏9-1)规定的细化与完善。

一名雇员在同一个用人单位连续工作已经满"十年",而且双方"协商一致"同意继续保持雇用与被雇用关系(说明这位雇员对用人单位仍然或更加具有使用价值),难道签订"无固定期限"的劳动合同只是单方面有利于雇员发展吗?

有竞争力的和可持续发展的组织,有意识和有能力承担社会责任的组织,应该不会担心"无固定期限劳动合同"条款会带来什么不利的影响。

≺概念·要点≻

员工权利,即国家法律、法规和政策赋予雇员不受雇主侵犯的权利,包括人格、尊严和隐私不受侵犯的权利,就业与发展机会平等的权利,在安全与健康的环境中工作的权利,以及按时获得合理的货币和非货币报酬的权利等。

≺知识·信息≻

专栏9-1 "无固定期限合同"条款

《中华人民共和国劳动合同法》:

第十二条 劳动合同分为固定期限劳动合同、无固定期限劳动合同和以完成一定工作任务为期限的劳动合同。

第十三条 固定期限劳动合同,是指用人单位与劳动者约定合同终止时间的劳动合同。

用人单位与劳动者协商一致,可以订立固定期限劳动合同。

第十四条 无固定期限劳动合同,是指用人单位与劳动者约定无确定终止时间的劳动合同。

用人单位与劳动者协商一致,可以订立无固定期限劳动合同。有下列情形之一,劳动者提出或者同意续订、订立劳动合同的,除劳动者提出订立固定期限劳动合同外,应当订立无固定期限劳动合同:

(一) 劳动者在该用人单位连续工作满十年的;

(二) 用人单位初次实行劳动合同制度或者国有企业改制重新订立劳动合同时,劳动者在该用人单位连续工作满十年且距法定退休年龄不足十年的;

(三) 连续订立二次固定期限劳动合同,且劳动者没有本法第三十九条和第四十条第(一)项、第(二)项规定的情形,续订劳动合同的。

用人单位自用工之日起满一年不与劳动者订立书面劳动合同的,视为用人单位与劳动者已订立无固定期限劳动合同。

……

第三十九条　劳动者有下列情形之一的,用人单位可以解除劳动合同:

(一) 在试用期间被证明不符合录用条件的;

(二) 严重违反用人单位的规章制度的;

(三) 严重失职,营私舞弊,给用人单位造成重大损害的;

(四) 劳动者同时与其他用人单位建立劳动关系,对完成本单位的工作任务造成严重影响,或者经用人单位提出,拒不改正的;

(五) 因本法第二十六条第一款第(一)项规定的情形致使劳动合同无效的;

(六) 被依法追究刑事责任的。

第四十条　有下列情形之一的,用人单位提前三十日以书面形式通知劳动者本人或者额外支付劳动者一个月工资后,可以解除劳动合同:

(一) 劳动者患病或者非因工负伤,在规定的医疗期满后不能从事原工作,也不能从事由用人单位另行安排的工作的;

(二) 劳动者不能胜任工作,经过培训或者调整工作岗位,仍不能胜任工作的;

……

参照:《中华人民共和国劳动法》

第二十条　劳动合同的期限分为有固定期限、无固定期限和以完成一定的工作为期限。劳动者在同一用人单位连续工作满十年以上,当事人双方同意续延劳动合同的,如果劳动者提出订立无固定期限的劳动合同,应当订立无固定期限的劳动合同。

资料来源:根据《中华人民共和国劳动合同法》。2007 年 6 月 29 日第十届全国人民代表大会常务委员会第二十八次会议通过,2008 年 1 月 1 日起施行(中央政府门户网站:http://www.gov.cn/jrzg/2007-06/29/content_667720.htm)。另外,《中华人民共和国劳动法》,1994 年 7 月 5 日第八届全国人民代表大会常务委员会第八次会议通过,1995 年 1 月 1 日起施行。

9.1.2　中国法律规定

在中国,为了调整复杂的劳动关系,维护劳动关系各方面主体,特别是亿万劳动者的

权益,不断完善劳动法律制度。迄今为止,主要的劳动法律有四部(见表 9-1):

(1)《中华人民共和国劳动法》(简称《劳动法》)。自 1995 年 1 月 1 日起施行。立法宗旨是“保护劳动者的合法权益,调整劳动关系,建立和维护适应社会主义市场经济的劳动制度,促进经济发展和社会进步……”①

(2)《中华人民共和国就业促进法》(简称《就业促进法》)。自 2008 年 1 月 1 日起施行。立法目的在于“促进就业,促进经济发展与扩大就业相协调,促进社会和谐稳定……”②

(3)《中华人民共和国劳动合同法》(简称《劳动合同法》)。自 2008 年 1 月 1 日起施行。目的是“为了完善劳动合同制度,明确劳动合同双方当事人的权利和义务,保护劳动者的合法权益,构建和发展和谐稳定的劳动关系……”

(4)《中华人民共和国劳动争议调解仲裁法》(简称《劳动争议调解仲裁法》)。自 2008 年 5 月 1 日起施行。旨在“公正及时解决劳动争议,保护当事人合法权益,促进劳动关系和谐稳定……”

在这四部法律中,《劳动法》为上位法,而《就业促进法》、《劳动合同法》和《劳动争议调解仲裁法》属于下位法。上位法是高一个层级的法律,规定的全面性和原则性程度比较高;下位法是根据上位法的精神和原则,对其中某一个方面规定的具体化和完备化。有利于强化效力、遵照执行和完善措施。

在《劳动法》中,分别对“促进就业(第二章)”、“劳动合同和集体合同(第三章)”以及“劳动争议(第十章)”做了规定。根据经济和社会发展需要,为了更有效地开展就业促进工作,更好地保护劳动者合法权益,及时解决劳动争议,国家又分别制定了《就业促进法》、《劳动合同法》和《劳动争议调解仲裁法》。

这三部法律规制“用人单位”的行为,保护“劳动者”的权利。劳动者处于相对弱势的一方,法律保护的重点应该是弱者。对照法律条款,可以发现处处体现着对劳动者权益的保护。

此外,国家有关部门和机构还制定了多项法规、条例和政策,进一步保护劳动者的合法权益。比如,国务院制定了《职工带薪年休假条例》(自 2008 年 1 月 1 日起施行)。

调整和规范用人单位和劳动者行为,保护双方合法权益的中国劳动法律制度正在不断完善之中。③

---

① 参见《中华人民共和国劳动法》第一条。

② 参见《中华人民共和国就业促进法》第一条。

③ 西方国家,特别是美国,劳动法律制度比较健全。在中国国内流行的外版人力资源管理教材,主要来自美国。读者通过美国学者编写的教科书,可以了解到美国劳动法的制定和实施情况。这里不再重复介绍。在中国境内开业的“用人单位”和就业的“劳动者”,首先应该了解中国的劳动法律制度。

表 9-1 中国主要劳动法律

法律名称	通过时间	施行时间	主要内容
《中华人民共和国劳动法》	1994 年 7 月 5 日第八届全国人大常委会第八次会议通过	自 1995 年 1 月 1 日起施行	(1) 总则;(2) 促进就业;(3) 劳动合同和集体合同;(4) 工作时间和休息休假;(5) 工资;(6) 劳动安全卫生;(7) 女职工和未成年工特殊保护;(8) 职业培训;(9) 社会保险和福利;(10) 劳动争议;(11) 监督检查;(12) 法律责任。 共有十三章,一百零七条。
《中华人民共和国就业促进法》	2007 年 8 月 30 日第十届全国人大会常委会第二十九次会议通过	自 2008 年 1 月 1 日起施行	(1) 总则;(2) 政策支持;(3) 公平就业;(4) 就业服务和管理;(5) 职业教育和培训;(6) 就业援助;(7) 监督检查;(8) 法律责任。 共有九章,六十九条。
《中华人民共和国劳动合同法》	2007 年 6 月 29 日第十届全国人大常委会第二十八次会议通过	自 2008 年 1 月 1 日起施行	(1) 总则;(2) 劳动合同的订立;(3) 劳动合同的履行和变更;(4) 劳动合同的解除和终止;(5) 特别规定——集体合同,劳务派遣,非全日制用工;(6) 监督检查;(7) 法律责任。 共有八章,九十八条。
《中华人民共和国劳动争议调解仲裁法》	2007 年 12 月 29 日,第十届全国人大常委会第三十一次会议通过	自 2008 年 5 月 1 日起施行	(1) 总则;(2) 调解;(3) 仲裁——一般规定,申请和受理,开庭和裁决。 共有四章,五十四条。

9.2 雇佣关系与工会制度

从事任何一项生产活动——生产产品或服务的活动,都需要“人”和“物”两种资源。生产活动只要稍具规模,生产组织者就得借用外部资源。资金不足,可以从银行贷款。人员不够怎么办?外聘。正是外聘人员的需要,形成了雇佣关系,进而产生了工会组织。

9.2.1 雇用与雇佣关系

任何一种生产产品或服务的活动,都需要投入人力资源和物力资源两种要素。生产中所需要的人力资源,主要是指以人为载体的知识与技能。生产活动的投资者或组织者(甲方),根据岗位需要招聘、选拔适用的人员(乙方),与其签订劳动服务合同,甲乙双方约定在一段时期内,乙方所具备的知识与技能的使用权归甲方所有。甲方为此要支付乙方使用报酬。这时,甲乙双方就建立了雇用(employing)与被雇用的(employed)关系,即雇佣关系(employment relationship)。

雇用与被雇用是一种矛盾关系。雇用者希望被雇用者少拿工资多干活,而被雇用者希望多挣工资少干活。雇用者认为所支付的薪酬是合理的,但被雇用者认为偏低。雇用者让被雇用者加班加点干活,而且不支付加班费。被雇用者势单力薄,无力对抗,又担心失去“饭碗”,只好忍气吞声。尽管签订了劳务合同,对双方的权利和义务有约定,但任何合同都有漏洞。有时还会出现逃避责任或拒不执行等问题。如果诉诸法律,成本又太高。在这种情况下,被雇用者就会考虑采取其他更有效,而且成本更低的方式保护自己的权益。

自由市场经济国家的劳动者发现,保护自己利益的有效形式是建立集体组织,采取集体行动,即成立工会(labor union)。

9.2.2　工会组织的建立

在美国,早在 1790 年,熟练的手工业者(鞋匠、裁缝、印刷工人等)就组织了同业工会。1869 年,一群裁缝集会成立劳工骑士团(Knights of Labor),到 1885 年,骑士团成员达到 10 万人。1886 年,塞缪尔・冈伯斯(Samuel Gompers)创立了美国劳工联合会(American Federation of Labor)。随着经济的波动,参加工会的人数也发生着变化。在第一次世界大战结束之前,劳工联合会成员已经超过 500 万人。此后,人数有所下降。到 20 世纪 70 年代,工会会员人数达到顶峰,大约 2 100 万人。[①]

如今,在美国有 1 600 万以上工人加入工会,占全部就业人员的 16%。在联邦、州以及地方政府雇用的人员中,有 40% 大约 700 万人是工会会员。在其他国家,参加工会的雇员人数占全部雇员人数的比例较高:加拿大为 37%;墨西哥为 43%;巴西为 44%;意大利为 44%;日本为 24%。[②]

中华人民共和国的工会制度有特殊性。《工会法》第二条规定:“工会是职工自愿结合的工人阶级的群众组织。中华全国总工会及其各工会组织代表职工的利益,依法维护职工的合法权益。”第三条规定:“在中国境内的企业、事业单位、机关中以工资收入为主要生活来源的体力劳动者和脑力劳动者,不分民族、种族、性别、职业、宗教信仰、教育程度,都有依法参加和组织工会的权利。任何组织和个人不得阻挠和限制。”[③]

中国目前有多少工会组织和工会会员?根据中华全国总工会发布的《2006 年中国工会维护职工合法权益蓝皮书》统计,截至 2006 年 9 月底,全国共有 132.4 万个基层工会组织,比 2005 年同期增长 12.7%;工会会员总数达到 1.7 亿人,在 2005 年新增 1 334.5 万人的基础上又新增 1 964.8 万人,增长 13.1%。其中,农民工会员达 4 097.8 万人。在外商投资(含台港澳投资)企业中,已有 6.1 万个建立工会,覆盖单位 8.3 万家,会员达到 1 179.7 万人,组建率和职工入会率分别为 54.5% 和 55.5%。[④]

中国现行的工会组织管理制度,建立于计划经济时期,是适应计划经济运行模式的

---

① 参见加里・德斯勒和曾湘泉主编:《人力资源管理》(第 10 版・中国版),中国人民大学出版社,2007 年 1 月第 1 版,第 525 页“美国工会运动简史”。

② 转引自加里・德斯勒和曾湘泉主编:《人力资源管理》(第 10 版・中国版),中国人民大学出版社,2007 年 1 月第 1 版,第 524—525 页。

③ 参见《中华人民共和国工会法》(2008 年 3 月 2 日下载自中华全国总工会网站:http://www.acftu.org/template/10005/file.jsp?cid=805&aid=42620)。

④ 参见人民网报道:《2006 年中国工会维护职工合法权益蓝皮书概要》(2008 年 3 月 2 日下载自人民网:http://acftu.people.com.cn/GB/5732637.html)。

制度结构。随着经济运行模式向社会主义市场经济的转轨，工会的组织管理制度也应该发生相应变化。逐步创新、建立和完善适应中国社会主义市场经济制度发展要求，能够满足新时期中国劳动者要求的新型中国工会制度，势在必行。

在市场经济制度下，工会是劳动者为了维护自身利益而自主建立和自愿参加的组织。维护劳动者的合法权益，是工会组织存在的基础和工作的主要目标。

≺知识·信息≻

专栏 9-2　摩托罗拉中国强制裁员引抗议

2012 年 8 月 17 日赛迪网记者获得消息称，当日上午 11 点，北京地区摩托罗拉移动被裁员工今日 11:00 计划在公司门口举横幅，抗议暴力裁员。

“从接到裁员通知到签字，公司并未与员工有任何沟通与协商，单方面态度十分强硬，并且裁员标准并不透明。”一位摩托罗拉移动公司北京员工告诉赛迪网。

摩托罗拉移动现为谷歌公司子公司。2011 年 8 月，谷歌宣布以 125 亿美元收购摩托罗拉移动。

中国成摩托罗拉移动裁员“重灾区”

尽管目前中国已经成为全球最大的手机市场，但在摩托罗拉的裁员计划中，中国成了裁员“重灾区”。此前有报道称，中国裁员人数约占全球总裁员人数的 1/4，超过 1 000 人，但据赛迪网记者从摩托罗拉内部了解，中国裁员人数远远大于这个数字。

一位摩托罗拉移动北京员工告诉赛迪网记者，裁员主要涉及北京、上海、南京、杭州、天津五大地区，其中北京地区裁员最为严重，人数初步定在 700 人，绝大部分属于软硬件开发人员。更有甚者，南京、杭州、天津等地员工将全部裁掉！这个数量总和远远大于 1 000 人！

在此前的 8 月 13 日，谷歌与摩托罗拉移动宣布在全球裁员 4 000 名员工，约占 18 000 名员工的 20%，其中约 2/3 来自美国之外的地区，并关闭全球 94 个办事处中的 1/3。而中国区目前员工数量约为 5 000 名，此次裁员数量预计将超过 30%。

公司态度强硬仅给一天时间考虑

摩托罗拉中国员工透露，公司在裁员一事上态度极为强硬，不与员工做任何协商，如果不在劳动合同协议上签字，公司就视员工为“违约”，并自动解除合同。然而在此期间，员工从接到被裁通知到签字的期限仅为一天！

“而且解约协议公司不允许员工拿走，除了签字只能听之任之。在此之前公司和员工之间没有任何沟通，裁员的衡量标准及依据是什么，员工一无所知。”上述摩托罗拉移动中国员工告诉记者。

很多被裁员工拒绝在解除劳动合同的协议上签字，双方仍然处于僵持阶段。

据赛迪网了解，在摩托罗拉移动中国此次裁员名单中，不乏处于孕期、哺乳期的女性员工，更甚至包括在摩托罗拉工作达 20 年以上的员工，都在毫无沟通的情况下强行被裁。

摩托罗拉工会"形同虚设"

在此次裁员过程中,摩托罗拉工会没有起到任何作用。据悉,工会属于群众组织,代表企业员工的意志,为工人说话,其职责包括:劳动保护、安全监督、妇女工作、职工福利等。

但据摩托罗拉公司员工告诉记者,在此次裁员中,工会竟然在接到裁员书第一时间就签字同意,丝毫没有对裁员标准和制度产生质疑,更没有起到保护员工权益的任何作用。

在裁员过程中,摩托罗拉移动中国公司给予被裁员工的补偿为:工资全部发到 9 月 20 日,然后再加上"N+2"倍的平均月工资,未到期的期权则全部折现。其中 N 为员工服务年限,平均月工资的计算方式为过去 12 个月的收入总和的平均值。

尽管听起来补偿颇丰,但公司员工表示事实上并非如此,包括员工工作年限补偿、年假和额外公积金福利问题等规定,公司丝毫没有提及。

"我们维权的目的,是要求足够的知情权和协商权,公司不能单方面强硬解约",今日参加游行抗议的摩托罗拉移动员工告诉赛迪网记者。

资料来源:根据 2012 年 8 月 17 日赛迪网《摩托罗拉中国强制裁员 员工"考虑"时间仅一天》(2013-3-10 人民网:http://tc.people.com.cn/n/2012/0817/c183008-18769168.html)。

≺概念 · 要点≻

在市场经济制度中,工会是劳动者为了维护自身利益而自主建立和自愿参加的组织。维护劳动者的合法权益,是工会组织存在的基础和工作的主要目标。

9.2.3 工会制度的运行

工会是出于维护劳动者利益的需要而演化出的制度结构。工会组织活动的主要目标应该是维护和增进工会会员的合法权益——保障基本权利,改善工作条件,提高薪酬福利。但是,工会组织一旦建立,就会出现保持和扩大组织者和组织本身利益的要求。

工会组织开展活动,既需要物力资源,又需要人力资源。一般而言,工会组织的物力资源有三个来源:一是收取会员会费,二是收取所在组织缴纳的费用,三是获得国家或政府有关部门的资助。

这里主要介绍中国工会制度的有关情况。《中国工会章程》总则规定,"中国工会是中国共产党领导的职工自愿结合的工人阶级群众组织,是党联系职工群众的桥梁和纽带,是国家政权的重要社会支柱,是会员和职工利益的代表。""中国工会的基本职责是维护职工合法权益。"不仅维护职工的政治权利,而且要维护职工的劳动权利和物质文化利益。同时,还要把参与协调劳动关系,调节社会矛盾作为一项重要工作,努力促进经济发展和社会的长期稳定。①

《中国工会章程》第七章“工会经费和财产”第三十六条,对“工会经费的来源”做了明确规定。共有五个方面的来源:

(1) 会员缴纳的会费;

(2) 企业、事业及机关单位按全部职工工资总额的2%拨缴的经费;

(3) 工会所属的企业、事业上缴的收入;

(4) 人民政府和企业、事业及机关单位的补助;

(5) 其他收入。

这里需要特别注意的是,在中国,工会允许成立属于自己的“企业”、“事业”单位。单位的收益,要按照规定上缴所属的工会组织。

〈概念·要点〉

工会是出于维护劳动者利益的需要而演化出的制度结构。

工会组织活动的主要目标,应该是维护和增进工会会员的合法权益——保障基本权利,改善工作条件,提高薪酬福利。

9.2.4 集体谈判的逻辑

集体谈判(collective bargaining)是指工会组织为了维护和争取会员利益,派出代表与用人单位代表就有关事项进行讨论和协商的过程。

集体谈判是工会组织显示力量和发挥作用的主要方式。集体谈判是一个双方相互妥协的过程,而不能以强制要求对方接受全部条件为目的。为此,谈判需要建立在有理、有利和合理、合法的基础上展开,即要进行真诚谈判(good faith bargaining)。这意味着劳资双方要反复沟通,充分协商,认真听取对方的意见和要求,做出适当让步,努力达成协议。

根据美国的情况,有专家归纳出违反集体谈判逻辑的“不真诚谈判”的10种表现:

(1) 表面谈判。走过场,没有缔结正式协议的意图。

(2) 拒绝做出适当让步。

(3) 建议和要求不合理。

(4) 采取拖拉策略。

(5) 强加不合理的或苛刻的条件。

---

① 参见中华全国总工会网站登载《中国工会章程》(2008年3月2日下载自:http://www.acftu.org/template/10005/file.jsp?cid=807&aid=42622)。《中国工会章程》于2003年9月26日,在中国工会第十四次全国代表大会上通过。

(6) 单方面改变条件。说明雇主在谈判中不想达成协议。

(7) 资方回避工会代表。

(8) 在谈判期间采取不当过激行为。

(9) 资方拒绝提供信息。

(10) 忽视谈判项目。拒绝就必须谈判的强制性项目进行谈判,或坚持可以谈判的自愿性项目进行谈判。[①]

如何做好谈判工作? 里德·理查森(Reed Richardson)向谈判者提出了以下建议:

(1) 一定要为每一个谈判项目设置明确的目标,并且一定要清楚设立每个目标的原因。

(2) 要从容不迫。

(3) 若有疑问,及时与同事商量。

(4) 准备好数据支持你的立场。

(5) 对自己的主张要保持一定的弹性。

(6) 不要只在意对方所说的和所做的,而是要找出他们这样做的原因。

(7) 注意保全对方的面子。

(8) 高度关注对方的真实意图——不仅要注意对方的目标,还要注意目标的先后顺序。

(9) 做一个善于倾听的人。

(10) 建立一种公正而坚定的信誉。

(11) 学会控制自己的情绪,并将此作为一种手段加以利用。

(12) 每当你让谈判往前走了一步的时候,你自己一定要清楚下一步往哪里走。

(13) 用你的目标来衡量谈判的每一步。

(14) 要非常注意每个谈判条款的措辞;引发诉讼的往往就是措辞问题。

(15) 要记住,集体谈判是一个妥协的过程。世界上没有独占全部利益的好事。

(16) 努力了解人及其个性。

(17) 考虑当前谈判对未来谈判的影响。[②]

≮概念·要点≯

集体谈判是指工会组织为了维护和争取会员利益,派出代表与用人单位代表就有关事项进行讨论和协商的过程。

---

① 参见加里·德斯勒和曾湘泉主编:《人力资源管理》(第10版·中国版),中国人民大学出版社,2007年1月第1版,第543页。引用时在表述上有所改动。

② 转引自加里·德斯勒和曾湘泉主编:《人力资源管理》(第10版·中国版),中国人民大学出版社,2007年1月第1版,第545页。引用时在表述上有改动。

9.3 组织制度与和谐文化

雇主与雇员之间建立良好的关系,对于双方利益的维护,有百利而无一害。对于任何一个组织而言,做好员工关系管理,对于组织效率的保持和绩效的提高,具有重要意义。

劳动法律制度的建设,为雇主与雇员的行为方式提出规范,为双方关系的调整提供依据。这是来自社会的外部强制力量对劳资关系的协调建立基础。工会组织的集体谈判,往往意味着劳资关系的对立——在对立中寻求调和的出路。

一般而言,对立的成本总大于合作。雇主与雇员合作关系形成的关键,在于组织内部管理制度和组织文化的建设是否卓有成效。有效率的组织制度,能够产生适度的约束与激励效应,而成功的文化建设,有利于促进组织内人际关系的和谐。

9.3.1 组织制度的约束与激励作用

组织建立各种规章制度,初始的目的主要是“约束”员工的行为——要求员工按照组织管理者期望的模式行动,并对员工违反规则的后果做出规定。

约束是必要的,没有规矩不成方圆。杰克·韦尔奇在《自传》中谈到:“不管他们来自什么地方,GE 总是致力于发现和造就了不起的人才。”“我强调过很多观点,但我尤为注重把人作为 GE 的核心竞争力,在这一点上,我倾注了比其他任何事物都多的热情。”但是,杰克·韦尔奇强调指出:“在一个拥有 30 万名员工和 4 000 名高级经理的大企业里,我们所需要的绝不仅仅是能感触到的良好意愿,必须有一种合理的制度使员工们都懂得游戏规则。”①

需要注意的是约束员工行为的规则,要具有合理性、一致性、稳定性和可接受性。合理性是规章制度产生正效应的根本基础和必要条件。一致性意味着对所有相关人员一视同仁,让员工感到公平。规则在较长时期内的相对稳定性,便于让员工形成遵守规则的习惯和预期自己行为的后果。可接受性是指组织制定的规则,如果做不到全体员工一致同意,也要争取绝大多数人的支持,至少要得到多数员工的理解和认同。这一条很重要。员工的理解与认同,是组织制定和执行规章制度能够产生良好效果的重要条件。

组织制定和执行规章制度,必须尊重员工权利,维护员工尊严,重视员工价值。沃顿商学院管理学教授西格尔·巴萨德(Sigal Barsade)和博士生拉克希米·拉马拉杰(Lakshmi Ramarajan)的一项合作研究发现,在员工加入到公司的那一刻起,他们便开始寻求与组织之间的认同感,拉马拉杰说道:“当员工越是被视为群体中的一员而感受到尊重时,他们便越容易产生这种认同感。受到尊重是使员工能安心工作并且热爱自己事业的一种途径。相反,如果员工发现身边的同事得不到别人的尊重,他们便会形成公司不善待

---

① 参见杰克·韦尔奇和约翰·拜恩著,曹彦博等译:《杰克·韦尔奇自传》(第二版),中信出版社,2004 年 5 月第 2 版,第 118 页。

员工的共识。”①

员工所感受到的来自组织的尊重或轻视都将会对员工的倦怠情绪产生影响。巴萨德和拉马拉杰举例说明:“当员工们认为组织没有给予他们尊重或者尊严时,员工的工作热情将受此影响而锐减,士气不振,继而产生倦怠情绪。受到组织轻视的员工在给客户提供服务的过程中需要掩饰自己内心的真实感受。这种掩饰与压抑会加剧他们的情感耗竭(emotional exhaustion)症状,在对社会服务行业进行的调查研究中,情感耗竭正是构成员工倦怠情绪的一个主要因素。”②

基于“尊重员工权利,维护员工尊严,重视员工价值”的组织制度,是对员工产生“激励”作用的基础。组织制度的激励作用,远比简单的约束作用有现实意义和实际价值。激励能够激发动力,鼓舞干劲,增进绩效。为此,组织在制定规章制度时,应该以奖励性为主,减少惩罚性条款。

尊重员工权利的组织势必会得到员工的尊敬,以及社会的尊敬。得到员工和社会尊敬的组织,一定会在资源——人力资源和物力资源——的获取,产品或服务的需求,以及生产价值的实现等方面得到社会的支持,进而获得可持续发展的实力,奠定“基业长青”的坚实基础。

“知识 · 信息”专栏 9-3 是中国本土企业和学术机构发布的“2012 年度中国最佳雇主榜”的情况介绍。

《知识 · 信息》

专栏 9-3　2012 年度中国最佳雇主榜发布

2013 年 1 月 23 日,被誉为中国人力资源管理界“奥斯卡”的年度最佳雇主(2012)颁奖盛典在京盛大启幕,备受瞩目的“中国年度最佳雇主 30 强”及各单项奖得主一一揭晓,中国百余家杰出雇主 HR 齐聚一堂,共同见证了中国 HR 界的年度顶级盛会。此次盛典还发布了最佳雇主权威调研报告,对 2012 年职场动向做了深度剖析。

中国年度最佳雇主调查由国内知名人力资源服务商——智联招聘和北京大学企业社会责任与雇主品牌传播中心联合主办,旨在全面发现中国优秀雇主,推广雇主品牌理念。目前,中国年度最佳雇主评选已成为国内倡导雇主品牌的权威活动,同时也为企业招聘、求职者择业提供重要参考指标。

据主办方介绍,此次调查活动历时 4 个月,在全国 28 个城市联动,有 1 500 多家优秀企业入围,历经问卷、调研、企业和员工面访、专家评审等多个环节。调研采取的是外部公众调查和企业内部员工深度调查相结合的方式,全程由知名第三方学术机构——北京大学社会调查研究中心承担,从而保证了活动公正、公平、公开、公益和科学的原则。

---

①　参见“沃顿知识在线”(www. knowledgeatwharton. com. cn)2007 年 1 月 4 日发布的文章《与工作要求或个性相比,缺乏来自组织的尊重才是加剧员工倦怠的主因》(http://www. knowledgeatwharton. com. cn/ index. cfm? fa = viewfeature&languageid = 4&articleid = 1543)。

②　参见“沃顿知识在线”(www. knowledgeatwharton. com. cn)2007 年 1 月 4 日发布的文章《与工作要求或个性相比,缺乏来自组织的尊重才是加剧员工倦怠的主因》。

经过层层筛选评比，上海大众、腾讯、宝马中国、招商银行、辉瑞中国、万达集团、通用电气、中国南方航空、博世中国、SAP 中国、中国一汽、中国五矿、百度、徐工集团、壳牌中国、中外运—敦豪、甲骨文（中国）、中国电信、诺基亚（中国）、广发银行、中联重科、凤凰网、星巴克（中国）、第一财经、艺龙网、陕鼓集团、苏宁电器、希尔顿、东方航空等 30 家代表不同行业、不同领域的优秀企业，从中脱颖而出，荣膺“中国年度最佳雇主 30 强”的荣誉称号。同时，最受大学生、女性、职场人关注，以及最具社会责任的 10 佳雇主 4 个单项奖花落各家。这些优秀雇主的 HR 手捧 2012 中国最佳雇主年度奖的小金人，登上颁奖盛典的华美舞台，论道中国雇主品牌建设的成功经验。

据悉，中国年度最佳雇主调查建立了一个包含 6 大项一级指标和 18 项二级指标的综合指标体系，以刻画最佳雇主应具备的特征。调研数据显示，2012 年职场发生了重大变化，求稳趋向明显。在 18 项二级指标中，“完善的福利待遇”超越“有竞争力的薪酬”跃居首位，紧随其后的是：“企业具有良好的发展前景”、“和谐的内部人际关系”、“公正公平的用人原则”和“提升个人核心能力的机会”，可见当下职场的竞争性似乎并不及稳定性更受职场人士青睐。从 90 后新生代求职者来看，与 2011 年相比，他们更偏爱国企，近四成大学生希望去国企工作。同时，大学生“逃离北上广”的趋势愈加明显，2012 年希望在北上广工作的未超过一半，仅有 42.1%。

中国年度最佳雇主评审团专家认为，随着企业对雇主品牌建设的深入理解，越来越多的企业开始重视人才战略与可持续性发展的管理理念，人力资源 HR 的能动性被摆在突出位置。同时，随着时代的进步，雇主品牌的内涵在不断深化，要求企业雇主品牌建设与时俱进，不断创新，尤其要和新一代求职者的特点个性相结合。另一方面，求职者要多了解目标企业，辨别是否适合自己的发展，在选择理想雇主时更具针对性，实现求职者、企业双赢的局面。

资料来源：根据 2013 年 1 月 28 日智联招聘网《2012 年度中国最佳雇主榜单》整理（2013 年 3 月 10 日：http://article.zhaopin.com/pub/view/211451-26074.html）。

≺概念 · 要点≻

组织制定和执行规章制度，必须尊重员工权利，维护员工尊严，重视员工价值。

约束员工行为的制度，要具有合理性、一致性、稳定性和可接受性。

组织制度的激励作用，远比简单的约束作用有现实意义和实际价值。

9.3.2 组织和谐文化建设的意义

有专家评论沃尔玛公司的成功有三个重要因素。一是利用创新，牢牢把握生产率优势。沃尔玛的许多创新(如条形码、无线扫描枪、计算机跟踪存货等),不论大小,如今均已成为行业标准。二是遵循顾客至上的服务原则。“要做得比顾客所期望的更好”,这是山姆·沃尔顿(Sam Walton)总结的沃尔玛十大经营规则之一。三是以人为本的管理理念,以及由此形成的员工的强大凝聚力。员工被当成合伙人对待。公司给予员工分享经营信息的权利和共同承担经营绩效的责任。[1]

但是,山姆·沃尔顿在他的《自传》中讲过这样一句耐人寻味的话:公司飞速发展的真正源泉在于我们的管理者同我们的员工的良好关系,这是我们公司能够不断在竞争中获胜,甚至获得自己意料之外的成果的唯一原因。通用电气公司前董事长杰克·韦尔奇认为,山姆·沃尔顿了解人性,就像爱迪生了解创新发明,亨利·福特了解制造生产一样。他给员工最好的,给顾客最好的,任何和他有接触的人,都可以学到一些有价值的东西。[2]

沃尔玛公司创新与服务的水平取决于员工的工作质量。因此,所谓导致沃尔玛公司成功的三个因素,根本上可以归因于员工的贡献,归因于“管理者同员工的良好关系”,归因于山姆·沃尔顿奠基和建设的和谐的公司文化——了解人性,体察人心;给员工最好的,给顾客最好的。

管理理论和实践已经证明,和谐的组织文化,对于组织的成功具有决定性的作用。组织内部的人际关系的和谐,意味着管理者与员工之间、员工与员工之间,易于形成“沟通、理解、信任、支持、合作”的良好工作关系。组织内部和谐的工作关系,是激发工作动力的基础,取得工作成绩的保证,是一个组织获得持久成功的必要条件。

“知识·信息”专栏 9-4 提供沃尔玛公司文化的信息,值得关注。

《知识·信息》

专栏 9-4　沃尔玛公司文化:三项基本信仰

沃尔玛百货有限公司是在山姆·沃尔顿所倡导的原则上建立起来的。这些原则已体现在同事每天的辛勤工作及待客服务中,成为沃尔玛独特的企业文化,使沃尔玛更具竞争力。沃尔玛百货有限公司是由以下的基本信仰所指导:

三项基本信仰

尊重个人

尊重每位同事提出的意见。经理们被视为“公仆领导”,通过培训、表扬及建设性的反馈意见帮助新的同事认识、发掘自己的潜能。使用“开放式”的管理哲学在开放的气氛中鼓励同事多提问题、多关心公司。

服务顾客

“顾客就是老板”。沃尔玛公司尽其所能使顾客感到在沃尔玛连锁店和山姆会员商

---

① 参见山姆·沃尔顿等著,沈志彦等译:《富甲美国——沃尔玛创始人自传》,上海译文出版社,2001 年 7 月第 1 版前言。

② 《富甲美国——沃尔玛创始人自传》推荐前言。

店购物是一种亲切、愉快的经历。"三米微笑原则"是指同事要问候所见到的每一位顾客;"保证满意"的退换政策使顾客能在沃尔玛连锁店和山姆会员商店放心购物。

追求卓越

沃尔玛连锁店和山姆会员商店的同事共同分享使顾客满意的承诺。在每天营业前,同事会聚集在一起高呼沃尔玛口号,查看前一天的销售情况,讨论当天的目标。"日落原则"要求同事有一种急切意识,对当天提出的问题必须在当天予以答复。

文化故事:三米微笑原则

沃尔玛服务顾客的秘诀之一就是"三米微笑原则"。这是从沃尔玛百货有限公司的创始人山姆·沃尔顿先生那里传下来的。每当他巡店时,都会鼓励员工与他一起向顾客保证:"……我希望你们能够保证,每当你在三米以内遇到一位顾客时,你会看着他的眼睛与他打招呼,同时询问你能为他做些什么。"

这就是我们所说的"三米微笑原则",这是山姆先生从孩提时就得到了印证的原则。他总是雄心勃勃并喜欢竞争。还在他刚进入哥伦比亚州的密苏里大学时,就下定决心要当上校学生会主席。

他曾说过,"我很早就懂得要成为一名校园领袖的秘诀之一就是:要首先向对面走来的路人打招呼……我总是直视前方并朝每一位向我走来的人打招呼。"

"如果我认识他们,我会叫他们的名字;但如果我不认识,我仍然会与他们说话。不久,我就成了学校里认识同学最多的人了。他们认识了我并视我为他们的朋友。我积极参与竞选每一个社团的领导职位。"

山姆先生不仅被当时学校里的所有社团选为领袖,他还将其一贯奉行的哲学带进了零售领域。你每天都可以从世界各地的沃尔玛员工身上看到这一哲学。

资料来源:沃尔玛中国公司网站(www.wal-martchina.com)"关于沃尔玛——沃尔玛公司文化"(2013年3月7日:http://www.wal-martchina.com/walmart/culture.htm)。

《概念·要点》

了解人性,体察人心;给员工最好的,给顾客最好的。

组织内部和谐的工作关系,是激发工作动力的基础,是取得工作成绩的保证,是一个组织获得持久成功的必要条件。

❑ 要点回顾

■ 员工权利,即国家法律、法规和政策赋予雇员不受雇主侵犯的权利,包括人格、尊严和隐私不受侵犯的权利,就业与发展机会平等的权利,在安全与健康的环境中工作的权利,以及按时获得合理的货币和非货币报酬的权利等。

■ 在中国,为了调整复杂的劳动关系,维护劳动关系各方面主体,特别是亿万劳动者的权益,不断完善劳动法律制度。迄今为止,主要的劳动法律有四部:(1)《中华人民共和国劳动法》;(2)《中华人民共和国就业促进法》;(3)《中华人民共和国劳动合同法》;(4)《中华人民共和国劳动争议调解仲裁法》。

■ 雇用与被雇用是一种矛盾关系。自由市场经济国家的劳动者发现,保护自己利益的有效形式是建立集体组织,采取集体行动,即成立工会。

■ 在市场经济制度中,工会是劳动者为了维护自身利益而自主建立和自愿参加的组织。维护劳动者的合法权益,是工会组织存在的基础和工作的主要目标。

■ 工会是出于维护劳动者利益的需要而演化出的制度结构。工会组织活动的主要目标应该是维护和增进工会会员的合法权益——保障基本权利,改善工作条件,提高薪酬福利。

■ 工会组织一旦建立,就会出现保持和扩大组织者和组织本身利益的要求。

■ 集体谈判是指工会组织为了维护和争取会员利益,派出代表与用人单位代表就有关事项进行讨论和协商的过程。

■ 集体谈判是工会组织显示力量和发挥作用的主要方式。集体谈判是一个双方相互妥协的过程,而不能以强制要求对方接受全部条件为目的。为此,谈判需要在有理、有利和合理、合法的基础上展开,即要进行真诚谈判。

■ 组织制定和执行规章制度,必须尊重员工权利,维护员工尊严,重视员工价值。

■ 约束员工行为的制度,要具有合理性、一致性、稳定性和可接受性。

■ 组织制度的激励作用,远比简单的约束作用有现实意义和实际价值。

■ 了解人性,体察人心;给员工最好的,给顾客最好的。

■ 组织内部和谐的工作关系,是激发工作动力的基础,取得工作成绩的保证,是一个组织获得持久成功的必要条件。

❑ 思考与练习题

9.1 员工有什么权利?

9.2 为什么要保护员工权利?

9.3 中国主要的劳动法律有几部? 每部法律的立法宗旨是什么?

9.4 为什么会形成雇用与被雇用的关系?

9.5 简要介绍美国工会组织演变的历史。

9.6 中国的工会组织采取什么样的管理模式?

9.7 中国的工会制度需要在哪些方面加以完善?

9.8 尝试设计适应发达的中国社会主义市场经济要求的新型的中国工会制度。

9.9 如何建立有利于产生激励作用的组织内部管理制度? 举例说明。

9.10 组织和谐文化建设的意义何在?

❑ 案例研究

华为员工“集体大辞职”内幕

“任总最喜欢‘搞运动’。”肖可说。

肖可(化名)是华为工号在10 000以内的普通老员工,他指的这次运动是正被外界传得沸沸扬扬的“华为大规模集体辞职”事件:华为公司要求包括总裁任正非在内的所有工作满8年的员工,在2008年元旦之前,都要办理主动辞职手续,竞聘后再与公司签订1—3年的劳动合同;废除现行的工号制度,所有工号重新排序。

亲历离职　总监称“公司不是我们的家”

2008年10月下旬的一天,肖可和部门另外几名同事一上班就被叫进了总监办公室。总监不是他们的直接领导,而是上一级管理者。

“大家都了解怎么回事。”总监的开场白很自然。但接下来的话肖可听着多少有些受伤。“公司不是我们的家,大家要有打工意识。不要总谈感情,关键是要看自己能不能有发展,对公司的贡献和自己获得的回报是不是成比例。”

随后总监解释了相关政策,包括公司的补偿。肖可算过,按照赔偿原则,自己能够拿到20多万元人民币。对于像他一样工号4位数的老员工来说,这笔钱和他们一年在华为拿到的工资、奖金和股票分红相比,并没有多少分量。“据传这次赔偿总体费用是20亿元人民币,不知是真是假。”肖可对记者说。

在肖可他们这些老员工眼里,华为不该是一个匆忙应对新法,绞尽脑汁想办法的公司,而应该是一个按照自己的规划走在前面的公司。

之后不久肖可办理了离职手续。除了需要移交办公物品、文档,签署保密合同之外,还要附一份自愿离职申请,还有一份员工股票由公司保留6个月的协议。这只股票是公司内部用于分红的股票,也正是这只股票造就了华为的“小富豪”。按照旧的薪酬体系,一个业务总裁的月薪也许是3万元人民币,而一个技术6级的普通员工月薪也可能达到2万元,他们级别之间的收入档次就主要体现在股票分红上。肖可签订的这份6个月的股票保留协议表示:在接下来的竞聘上岗过程中,如果6个月内没能签约,股票就不再属于自己。

万一离开华为,肖可相信自己找一份新工作并不难。肖可最近经常接到猎头的电话,有时一天两个,但待遇都不能让他满意,他都推荐给了别人,这个“别人”不是现任华为员工,肖可内心深处还是“以华为为家”。

工号文化　从任正非起将重新排列工号

肖可常把自己划在早年进入华为的一拨里,以2001年为分水岭,后来进入的属于“新人”。区别在于,肖可他们这一拨多是以应届生和准应届生身份进入华为的,工号较小,一般在20 000多号以前。当然,任正非是001号。

在“新人”眼中,这一拨人也是“有钱人”的代名词,由于分得大量的股票,他们每年分红收益甚至超过工资。也正是这一批人此次在经历规模浩大的“离职运动”。

在外界将此次“集体辞职运动”解读为华为应对新《劳动合同法》的省钱举措，或者是借此打破长期存在的工号文化和解决企业竞争力问题时，肖可说他比较认同第二种说法。

肖可说华为的工号文化，除了让大家觉得工号靠前的人就是有钱人之外，在公司的很多方面也有很深的影响。

如在回复电子邮件方面。华为邮件使用 notes 系统，工号会出现在邮件中。由于华为的工号已经排到十万序列，名字很难标示一个人的身份，于是工号就成为人们猜测、识别来信者身份的一个线索。每天接收众多公司内部的邮件，多数是懒得回复的。

肖可说他的回复原则是：部门内同事的邮件要回复并处理。不认识发件者的邮件，工号靠前的，先查查对方有没有配秘书，配了就是大领导，马虎不得；没配秘书的，出于尊重（如共同打拼、素质良好、或许对方是业务骨干等都是尊重理由）也会回复。而工号靠后的，如果不是熟悉的哥儿们，则一律不予理睬。

这次的离职运动，其中一条措施就是，包括001号员工任正非在内，将重新排列工号。让工号失去已经被赋予的过多含义。

员工看法　事件短期会有一些激励作用

“这次也是为了保持竞争力的一个‘运动’。”肖可仍坚持这样认为，“我们虽然不是最初的创业者，但我们这些一毕业就进华为的人同样对华为有特殊的感情。任总也一直提倡主人翁精神，现在总监说出‘公司不是家，不要总谈感情’多少让我们有点伤心。”不过肖可说，跟当年联想裁员风波中“联想不是家”比起来，华为较联想处理得要好得多。

据了解，在华为此次“离职再上岗”事件之前，任正非在华为内刊发表了一篇题为“天道酬勤”的文章，讲述了华为员工奋斗的故事，以及公司面临的竞争局面。

“这次‘运动’会清理一些人，短期也会有一些激励作用，比如一些领导的离职，会让更多人看到机会。”但长期看，他无法评价。“有些更早进入公司的普通员工可能会因为担心自己在社会上的职业竞争力而在这场风波中受到冲击，如何保障他们的利益是公司应该周全考虑的。”肖可说。

华为“再创业”运动

华为总裁任正非常挂在嘴边的词汇中有一个是“沉淀”。在他看来，一个组织时间久了，老员工收益不错、地位稳固后就会渐渐地沉淀下去，成为一团不再运动的固体：拿着高工资、不干活。因此，他爱“搞运动”，任正非认为，将企业保持激活状态非常重要。

1996年，当时任市场体系总负责人的孙亚芳（现任华为董事长）就曾经带领自己的团队有过一次类似的经历。当时也是由于“沉淀”现象，号称为华为打下江山的市场部以孙亚芳为首，主动辞职，重新竞聘上岗。这次被称为“再创业”的“运动”，后来经常被华为内外部的人提起，作为保持华为人“狼性”的一个英雄壮举。在这次“再创业运动”中，有一些人离开了华为。

2000年，任正非在“集体辞职”4周年纪念讲话中，对1996年那次历史事件给予高度评价：“市场部集体大辞职，对构建公司今天和未来的影响是极其深刻和远大的。任何一个民族，任何一个组织只要没有新陈代谢，生命就会停止。如果我们顾全每位功臣的历史，那么就会葬送公司的前途。如果没有市场部集体大辞职所带来的对华为公司文化的影响，任何先进的管理，先进的体系在华为都无法生根。”

资料来源：2007 年 11 月 5 日《中国经营报》记者陆军报道：《我所经历的华为“集体大辞职”》（http://219.238.162.199/eReader/zgjyb/20071105_1728/popup.htm）。

❑ 公司信息

华为公司概况

华为是全球领先的信息与通信解决方案供应商。围绕客户的需求持续创新，与合作伙伴开放合作，在电信网络、企业网络、消费者和云计算等领域构筑了端到端的解决方案优势。致力于为电信运营商、企业和消费者等提供有竞争力的 ICT 解决方案和服务，持续提升客户体验，为客户创造最大价值。目前，华为的产品和解决方案已经应用于 140 多个国家，服务全球 1/3 的人口。

华为以丰富人们的沟通和生活为愿景，运用信息与通信领域专业经验，消除数字鸿沟，让人人享有宽带。为应对全球气候变化挑战，华为通过领先的绿色解决方案，帮助客户及其他行业降低能源消耗和二氧化碳排放，创造最佳的社会、经济和环境效益。

- 愿景使命：我们深信只有艰苦奋斗才能赢得客户的尊重与信赖。因此，我们坚持以客户为中心，持续为客户创造长期价值进而成就客户。正是这样的文化，激励着华为全球员工全力以赴地努力，才有了华为持续的成长。
- 公司战略：为适应信息行业正在发生的革命性变化，华为做出面向客户的战略调整，华为的创新将从电信运营商网络向企业业务、消费者领域延伸。
- 财务概要：2011 年，全球华为员工通过持续艰苦奋斗，基本实现了预期业绩，销售收入达到 2 039 亿人民币，实现净利润 116 亿人民币。
- 公司治理：公司坚持以客户为中心、以奋斗者为本的路线，持续改善公司组织、流程和考核，使公司获得有效增长。
- 研究开发：2011 年，华为研发费用支出为人民币 23 696 百万元，近十年投入的研发费用超过人民币 100 000 百万元。
- 网络安全：华为将构筑并全面实施端到端的全球网络安全保障体系作为公司的重要发展战略之一，并真诚地与各国政府、客户和行业伙伴等广泛交流与合作，共同应对全球网络安全方面的威胁和挑战。
- 发展历程：华为 1987 年成立于中国深圳。在 20 多年的时间里，华为全体员工付出艰苦卓越的努力，以开放的姿态参与到全球化的经济竞合中，逐步发展成一家业务遍及全球 140 多个国家的全球化公司。

资料来源：根据华为公司网页介绍整理。（2013 年 3 月 10 日：http://www.huawei.com/cn/about-huawei/corporate-info/index.htm。）

● 思考与讨论题

9.1　你认为发生在华为公司的“员工集体大辞职”事件的根本原因是什么？请说明理由。

9.2　华为公司的“工号文化”通过一次“集体辞职”就可以瓦解吗？为什么？

9.3　企业为什么不愿意与员工签订“无固定期限合同”？

附录一

主要参考文献

1. HR管理世界网(www.hroot.com)。
2. W.钱·金和勒妮·莫博涅著,吉宓译:《蓝海战略——超越产业竞争,开创全新市场》,商务印书馆,2005年5月第1版。
3. 保罗·尼文著,胡玉明等译:《平衡计分卡实用指南》,中国财政经济出版社,2003年8月第1版。
4. 彼得·德鲁克和约瑟夫·马恰列罗著,蒋旭峰、王珊珊等译,詹正茂审订:《德鲁克日记》,上海译文出版社,2006年1月第1版。
5. 彼得·德鲁克著,齐若兰译,那国毅审订:《管理的实践》(中英文双语典藏版),机械工业出版社,2006年5月第1版。
6. 彼得·德鲁克著:《卓有成效的管理者》,机械工业出版社,2005年8月第1版。
7. 毕意文和孙永玲著:《平衡计分卡——中国战略实践》,机械工业出版社,2003年9月第1版。
8. 查尔斯·R.格里尔著,孙非等译,《战略人力资源管理》,机械工业出版社,2004年12月第1版。
9. 德里克·钱农主编,范黎波译:《布莱克韦尔战略管理百科词典》,对外经济贸易大学出版社,2002年5月第1版。
10. 费欧娜·爱尔莎·丹特著,田洁译:《领导力》,上海交通大学出版社,2006年1月第1版。
11. 哈尔·F.罗森柏斯和戴安娜·麦克费林·彼得斯著,张庆等译:《全美最佳公司人力资源管理实践》,机械工业出版社,2003年6月第1版。
12. 加里·德斯勒和曾湘泉主编:《人力资源管理》(第10版·中国版),中国人民大学出版社,2007年1月第1版。
13. 加里·德斯勒著,《人力资源管理》(第8版·影印版),清华大学出版社,2001年9月第1版。
14. 加里·德斯勒著,刘昕,吴雯芳等译:《人力资源管理》(第6版),中国人民大学出版社,1999年6月第1版。
15. 杰弗里·梅洛著,吴雯芳译:《战略人力资源管理》,中国劳动保障出版社,2004年10月第1版。
16. 杰克·韦尔奇和苏茜·韦尔奇:《赢》,中信出版社,2005年6月第1版。
17. 杰克·韦尔奇和约翰·拜恩著,曹彦博等译:《杰克·韦尔奇自传》(第2版),中信出版社,2004年5月第2版。
18. 杰里·W.吉雷和安·梅楚尼奇著,康青译:《组织学习、绩效与变革——战略人力资源开发导论》,中国人民大学出版社,2005年4月第1版。
19. 劳伦斯·H.彼德斯、查尔斯·R.格里尔和斯图尔特·A.扬布拉德主编,牛雄鹰、魏立群译:《布莱克韦尔人力资源管理百科词典》,对外经济贸易大学出版社,2002年12月第1版。
20. 雷蒙德·A.诺埃等著,刘昕改编:《人力资源管理》(英文第5版),中国人民大学出版社,2006年1月第1版。
21. 雷蒙德·A.诺伊等著,刘昕译:《人力资源管理:赢得竞争优势》(第3版),中国人民大学出版社,2001年4月第1版。
22. 罗伯特·S.卡普兰和戴维·P.诺顿著,博意门咨询公司译:《组织协同——运用平衡计分卡创造企业合力》,商务印书馆,2006 年 12 月第 1 版。
23. 罗伯特・卡普兰和大卫・诺顿著,刘俊勇、孙薇译,王化成译校:《平衡计分卡——化战略为行动》,广东省出版集团、广东经济出版社,2004 年 6 月第 1 版。
24. 罗伯特・卡普兰和大卫・诺顿著,刘俊勇、孙薇译,王化成译校:《战略地图——化无形资产为有形成果》,广东省出版集团、广东经济出版社,2005 年 6 月第 1 版。
25. 迈克尔・A. 希特、R. 杜安・爱尔兰和罗伯特・E. 霍斯基森著,吕巍等译:《战略管理:竞争与全球化(概念)》,机械工业出版社,2002 年 7 月第 1 版。
26. 迈克尔・波特著,陈小悦译:《竞争优势》,华夏出版社,1997 年 1 月第 1 版。
27. 迈克尔・波特著,陈小悦译:《竞争战略》,华夏出版社,1997 年 1 月第 1 版。
28. 迈克尔・波特著,高登第、李明轩译:《竞争论》,中信出版社,2003 年 1 月第 1 版。
29. 《牛津管理评论》(WWW.ICXO.COM)。
30. 彭剑锋主编:《人力资源管理概论》,复旦大学出版社,2005 年 12 月第 1 版。
31. 钱诚:《我国不同学历毕业生起点薪酬比较及影响因素研究》报告(中国劳动保障科学研究院基本科研业务项目资助)。
32. 乔治・T. 米尔科维奇和杰里・M. 纽曼著,董克用等译:《薪酬管理》(第 6 版),中国人民大学出版社,2002 年第 1 版。
33. 乔治・伯兰德和斯科特・斯内尔著:《管理人力资源》(英文版),东北财经大学出版社,2003 年 10 月第 1 版。
34. 乔治・伯兰德和斯科特・斯内尔著:《人力资源管理》(英文第 13 版),东北财经大学出版社,2003 年 10 月第 1 版。
35. 人力资源管理世界(www.hroot.com)。
36. 山姆・沃尔顿等著,沈志彦等译:《富甲美国——沃尔玛创始人自传》,上海译文出版社,2001 年 7 月第 1 版。
37. 斯蒂芬・P. 罗宾斯和玛丽・库尔特著,孙建敏等译:《管理学》(第 7 版),中国人民大学出版社,2004 年 1 月第 1 版。
38. 托马斯・弗里德曼著,何帆译:《世界是平的——21 世纪简史》,湖南科学技术出版社,2006 年 11 月第 1 版。
39. 王建民:《构建基于“80/20 效率法则”的组织人力资本管理制度》,《经济管理》,2002 年第 21 期。
40. 王建民:《哈佛大学公共管理教育:观察与思考》,《高等教育研究》,2005 年第 11 期。
41. 王建民:《论国有企业经营者人力资本的收益权》,《北京师范大学学报(社会科学版)》,2004 年第 2 期。
42. 王建民:《论政府雇员制应该缓行》,《甘肃行政学院学报》,2006 年第 4 期。
43. 王建民:《论中国高等教育“生产关系”变革:理性思考与战略选择》,《高等教育研究》,2006 年第 12 期。
44. 王建民:《美国地方政府绩效考评:实践与经验》,《北京师范大学学报(社会科学版)》,2005 年第 5 期。
45. 王建民:《企业人力资本管理:产权特征》,《经济管理》,2002 年第 15 期。
46. 王建民:《中国地方政府机构绩效考评目标模式研究》,《管理世界》,2005 年第 10 期。
47. 王建民编著:《战略管理学》,北京大学出版社,2006 年 8 月第 2 版。
48. 王建民编著:《战略管理学》,北京大学出版社,2013 年 2 月第 3 版。

49. 王建民著:《人力资本生产制度研究》,经济科学出版社,2001 年 12 月第 1 版。
50. 王建民著:《研究生人力资本研究》(华夏英才基金学术文库),科学出版社,2010 年 1 月第 1 版。
51. 威廉 · P. 安东尼等著,赵玮、徐建军译:《人力资源管理:战略方法》(第 4 版),中信出版社,2004 年 9 月第 1 版。
52. 裔锦声著:《职场政治——华尔街人力资源案例》,作家出版社,2003 年 4 月第 1 版。
53. 詹姆斯 · W. 沃克著,吴雯芳译:《人力资源战略》,中国人民大学出版社,2001 年 4 月第 1 版。
54. 中国人力资源开发网(www. chinahrd. net)。
55. 中国人力资源网(www. hr. com. cn)。
56. E. W. Bakke, *The Human Resources Function*, New Haven: Yale Labor Management Center, 1958.
57. Performance Measurement Team, Department of Management and Budget 2004, Fairfax County Manual for Data Collection for Performance Measurement, p. 1. (From Harvard University Library e-resources, in January, 2005).
58. Peter Drucker, *Management: Tasks, Responsibilities, and Practices*, New York: Harper & Row, 1974.
59. Peter F. Drucker and Joseph A. Maciariello, *The Daily Drucker*, Harper Business, 2004.
60. Quinn, James B., *Strategic for Chang: Logical Incrementalism*, Homewood, IL: Richard D. Irwin, 1980.
61. Tom Janz, Lowell Hellervik and David Gilmore, *Behavioral Description Interviewing*, Boston: Allyn and Bacon, 1986.
62. W. Chan Kim and Renée Mauborgne, *Blue Ocean Strategy: How to Create Uncontested Market Space and Make the Competition Irrelevant*, Harvard Business School Publishing Corporation, 2005.

附录二

图 表 目 录

• 图

- **表**

附录三

<知识·信息>专栏目录

后　记

在第二版面世之际，还是希望把管理学大师彼得·德鲁克先生讲过的一个关于“追求完美”的故事留在后记里：

> 公元前440年，古希腊最伟大的雕刻家菲迪亚斯，受希腊雅典城的委托雕刻一座石像。他把石像的背面雕刻得和正面一样精致、完美。为此，工期晚了数月。雅典城会计官拒付报酬。会计官说：这座石像安放在神庙的顶上，而神庙又位于雅典最高的山上，人们只能看到它的正面，根本看不见背面，你怎么能向我们要雕刻正反两面的费用呢？
>
> “你错了。”菲迪亚斯反驳说，“上帝能看得见！”①

这个故事给我们的启示是：追求完美，是伟大的专业品格，有没有评价都要一如既往地坚持。

作为一名从事专业工作的专业人员，对这个故事中蕴含的理念完全认同。无论完成什么样的知识产品，都要全力以赴、精益求精，无论收益有多少，都要坚持这样做。

具体到这本书的编写，可以再次保证：一字一句，一图一表，力求新颖、精致、准确。凡有引用，均注明出处，按照专著的标准写作。不仅把“正面”刻画得精致美观，而且对只有上帝才能看得见的“背面”也精雕细刻。

30多年的学习和实践使我深刻认识到，作为大学教授，培养人才和创造知识产品，就是要坚持“追求完美”的精神，努力做好每一件事。发现有培养潜力的学子，给予引导与帮助，因材施教，把他们从父母的“孩子”、老师的“学生”，塑造为社会的“职业人”，从“合格”到“优秀”，再到“卓越”，是一项伟大的事业。在不断的学习和研究中，获得对事物本质性的认识，发现规律性的东西，为社会创造知识产品，是令人自豪的工作。

培养人才和创造知识产品是大学教授的使命。这两方面工作的完成，都不能以营利为目的，这是基本逻辑。凡是违背这一逻辑的人，势必浮躁浅薄、唯利是图，往往误人子弟、学无所成，最后落得名誉扫地的结果。但是，教授不以“营利”为目的，并不意味着教授的劳动可以免费提供，或者随意支付报酬。教授也是劳动者，需要获得合理报酬，需要保护合法权益。没有合理收益和社会认同，劳动的价值就难以实现，就没有持续努力工作的激励。

大学教授还有一项使命是提供社会服务，主要是为社会组织和个人提供咨询和培训

---

① 参见〔美〕彼得·德鲁克和约瑟夫·马恰列罗著，蒋旭峰、王珊珊等译，詹正茂审订：《德鲁克日记》，上海译文出版社，2006年1月第1版，第288页。

服务，分析和解决实际问题，传授理念、知识与技能。有些服务是公益性的，而有一些是商业性的；公益性不营利，甚至可以免费，但商业性则要遵循商业规则。管理学教授普遍深谙商业之道。

王建民
2013年6月26日
于北京

教师反馈及教辅申请表

北京大学出版社本着“教材优先、学术为本”的出版宗旨，竭诚为广大高等院校师生服务。为更有针对性地提供服务，请您认真填写以下表格并经系主任签字盖章后寄回，我们将按照您填写的联系方式免费向您提供相应教辅资料，以及在本书内容更新后及时与您联系邮寄样书等事宜。

书名		书号	978-7-301-	作者	
您的姓名				职称职务	
校/院/系					
您所讲授的课程名称					
每学期学生人数	______人_____年级			学时	
您准备何时用此书授课					
您的联系地址					
邮政编码			联系电话（必填）		
E-mail（必填）			QQ		
您对本书的建议：				系主任签字 盖章	

我们的联系方式：

北京大学出版社经济与管理图书事业部

北京市海淀区成府路 205 号，100871

联系人：徐冰

电话： 010-62767312 / 62757146

传真： 010-62556201

电子邮件：em_pup@126.com   em@pup.cn

Q Q：5520 63295

新浪微博：@北京大学出版社经管图书

网址： http://www.pup.cn